# CTTI智库报告(2022)

李刚 魏弋 主编

2022 Annual Report on the Development of CTTI Source Think Tanks

南京大学出版社

图书在版编目(CIP)数据

CTTI智库报告. 2022 / 李刚，魏弋主编. —— 南京：南京大学出版社，2024.11. ——（南大智库文丛 / 李刚主编）. —— ISBN 978-7-305-28471-7

Ⅰ. C932.82

中国国家版本馆CIP数据核字第2024ZJ6838号

| 出版发行 | 南京大学出版社 | | |
|---|---|---|---|
| 社　　址 | 南京市汉口路22号 | 邮　编 | 210093 |

丛 书 名　南大智库文丛
丛书主编　李　刚

**书　　名　CTTI智库报告（2022）**
　　　　　　CTTI ZHIKU BAOGAO (2022)

主　　编　李　刚　魏　弋
责任编辑　陈　佳

照　　排　南京南琳图文制作有限公司
印　　刷　江苏凤凰通达印刷有限公司
开　　本　718 mm×1000 mm　1/16　印张 23.75　字数 376千
版　　次　2024年11月第1版　印次　2024年11月第1次印刷
ISBN 978-7-305-28471-7
定　　价　128.00元

网　　址　http://www.njupco.com
官方微博　http://weibo.com/njupco
官方微信　njupress
销售咨询：(025) 83594756

\* 版权所有，侵权必究
\* 凡购买南大版图书，如有印装质量问题，请与所购
　图书销售部门联系调换

# 各章节作者名单

| 专　　题 | 执笔者 |
| --- | --- |
| 专题一<br>新时代新征程下中国特色新型智库建设 | 魏　弋<br>朱　雍 |
| 专题二<br>"中国智库索引"来源智库扫描 | 韩盈月<br>陈　洁 |
| 专题三<br>智库建设最佳案例汇编 | 席　玥<br>吴玉松 |
| 专题四<br>智库研究精品成果汇编 | 江子辰<br>苏丹淳 |
| 专题五<br>CTTI 2022 高校智库百强榜推介报告 | 陈　霏<br>朱　雍 |
| CTTI 来源智库目录（2022） | 魏　弋 |
| 附　录<br>2022 CTTI 高校智库百强机构简介 | 陈　霏<br>朱　雍 |

# 目　录

**专题一　新时代新征程下中国特色新型智库建设** / 001
　　一、我国特色新型智库发展环境的全景扫描 / 001
　　二、我国特色新型智库实体建设进展 / 016
　　三、我国特色新型智库学术研究进展 / 026
　　四、我国特色新型智库评价工作进展 / 039

**专题二　"中国智库索引"来源智库扫描** / 047
　　一、CTTI 系统概述 / 047
　　二、2022 CTTI 来源智库增补概况 / 070
　　三、CTTI 来源智库收录数据透视 / 075
　　四、CTTI 来源智库分政策领域测评分析 / 095

**专题三　智库建设最佳案例汇编** / 144
　　一、CTTI 智库建设案例综述 / 144
　　二、CTTI 智库建设最佳案例推介（节选）/ 148

**专题四　智库研究精品成果汇编** / 194
　　一、CTTI 智库精品成果征集与推介活动概况 / 194
　　二、CTTI 智库精品成果推介（节选）/ 197

**专题五　CTTI 2022 高校智库百强榜推介报告** / 247

　　一、高校智库建设的背景、意义与现状 / 247

　　二、CTTI 高校智库百强榜推介意义 / 255

　　三、CTTI 高校智库百强榜推介的原则、方法与流程 / 257

　　四、CTTI 高校智库百强榜推介体系及算法 / 261

　　五、CTTI 高校智库百强榜推介名单 / 270

　　六、CTTI 高校智库百强榜数据分析 / 273

　　七、高校新型智库建设中的特色亮点 / 276


**CTTI 来源智库目录（2022）** / 284

　　（一）党政部门智库(75 家) / 284

　　（二）社科院智库(55 家) / 287

　　（三）党校行政学院智库(46 家) / 289

　　（四）高校智库(709 家) / 291

　　（五）科研院所智库(36 家) / 320

　　（六）企业智库(17 家) / 321

　　（七）社会智库(33 家) / 322

　　（八）传媒智库(11 家) / 323


**附　录　2022 CTTI 高校智库百强机构简介** / 325

**后　记** / 371

# 专题一　新时代新征程下中国特色新型智库建设

## 一、我国特色新型智库发展环境的全景扫描

党的十八大以来,中国特色新型智库建设取得长足进步,为党和政府决策提供了有力的智力支持,在服务国家重大战略和经济社会发展上作出了重要贡献。随着党的二十大胜利召开,以及《国家"十四五"时期哲学社会科学发展规划》《"十四五"文化发展规划》等文件的陆续颁布,以习近平同志为核心的党中央对于新时代新征程下中国特色新型智库的建设提出了更高的期待与要求,着力打造一批具有重要决策影响力、社会影响力、国际影响力的新型智库成为时代命题。与此同时,经过十年发展,我国特色新型智库所处的发展环境已愈加贴合智库发展与建设需求,智库实体建设、学术研究与配套评价工作均取得显著进展。本专题通过对我国特色新型智库发展环境进行全景扫描、论述总结当前我国智库的理论与实践发展进展,描绘新时代新征程下中国特色新型智库建设现状。

### (一) 深化学习习近平总书记新型智库建设重要论述

习近平总书记强调须推动中国特色新型智库的建设与发展,将智库工作上升到关乎党和国家长远发展战略全局的角度,围绕国家治理体系与治理能力现代化和中国特色新型智库建设提出了一系列具有洞察力的新观点、新论断和新要求,进而形成了科学系统的新型智库观,成为我国特色新型智库建设的根本遵循。

#### 1. 深刻阐明了中国特色新型智库价值实现路径

习近平总书记于2013年4月15日对智库建设作出重要批示,明确要求智库积极为中央科学决策提供高质量的智力支持,2014年2月28日教育部发布的《中国特色新型高校智库建设推进计划》(以下简称"《计划》")中明确了高校智库战略研究、政

策建言、人才培养、舆论引导、公共外交的重要功能,可以看作是对我国智库基本功能的高度凝练与概括。近年来,以习近平同志为核心的党中央持续关注我国智库建设,在强化智库基本功能的同时,对我国特色新型智库功能设定提出了更高的要求。

**一是开展具有战略性、前瞻性的政策研究**。首先是坚持问题导向开展政策研究,党的二十大报告强调必须坚持问题导向,明确要求"我们要增强问题意识,聚焦实践遇到的新问题、改革发展稳定存在的深层次问题、人民群众急难愁盼问题、国际变局中的重大问题、党的建设面临的突出问题,不断提出真正解决问题的新理念新思路新办法",[①]要求我国智库需要牢固树立问题意识,深入研究并回答中央和地方政府关注的全局性、战略性问题,有针对性地开展决策咨询、嵌入政策过程、参加决策活动、跟踪决策进展,以此发挥智库服务政府公共决策的首要功能;其次是以系统思维开展政策研究,习近平总书记强调,"要坚持用联系的发展的眼光看问题,增强战略性、系统性思维,分清本质和现象、主流和支流,既看存在问题又看其发展趋势,既看局部又看全局,提出的观点、作出的结论要客观准确、经得起检验,在全面客观分析的基础上,努力揭示我国社会发展、人类社会发展的大逻辑大趋势"。[②] 我国特色新型智库要实现咨政价值,推进国家治理体系和治理能力现代化,则必须坚持系统观念,对全局和局部、当前和长远、宏观和微观具有更加深刻的把握,实现智库研究的全局性、前瞻性与整体性,以此更好发挥政策研究与咨政服务的功能;再次是结合时代需求开展政策研究。党的二十大报告对中国特色新型智库建设提出了新的议题,包括中国式现代化道路,构建中国特色社会主义新的话语体系和围绕数字经济、绿色经济、产业结构进行调整等多方面,为国家发展、打造中国式现代化道路提出新思想、新思路、新政策和新举措成为中国特色新型智库的核心目标。

---

① 习近平.高举中国特色社会主义伟大旗帜为全面建设社会主义现代化国家而团结奋斗:在中国共产党第二十次全国代表大会上的报告[EB/OL](2023-8-6). https://www.gov.cn/xinwen/2022-10/25/content_5721685.htm.

② 习近平.在哲学社会科学工作座谈会上的讲话[J].党史文汇,2016(6):4-13.

**二是实现具有时代性、原创性的理论创新**。习近平总书记于2022年4月25日在中国人民大学考察时指出"加快构建中国特色哲学社会科学,归根结底是建构中国自主的知识体系。要以中国为观照、以时代为观照,立足中国实际,解决中国问题,不断推动中华优秀传统文化创造性转化、创新性发展,不断推进知识创新、理论创新、方法创新,使中国特色哲学社会科学真正屹立于世界学术之林"。[①] 深厚的学术理论积淀是智库显著区别于一般咨询公司和内部政策研究机构的特征。智库影响公共政策的诸多创新性观点和关键性证据,归根结底都来自扎实的学术研究。学术性、理论性、创新性是我国智库的基本属性,也是主要功能。新时代背景下的中国特色新型智库肩负着增强我国哲学社会科学主体性、原创性的重要职能,因此亟须开展更加高质量、更具融合性的基础研究与应用研究,开创具有原创性、自主性的哲学社会科学理论成果,提高学术原创能力和国际竞争力,发展中国理论、繁荣中国学术。

**三是推动中外融通、影响全球的话语体系建构**。习近平总书记在2016年5月的哲学社会科学工作座谈会上指出"要鼓励哲学社会科学机构参与和设立国际性学术组织,支持和鼓励建立海外中国学术研究中心,支持国外学会、基金会研究中国问题,加强国内外智库交流,推动海外中国学研究。要聚焦国际社会共同关注的问题,推出并牵头组织研究项目,增强我国哲学社会科学研究的国际影响力。要加强优秀外文学术网站和学术期刊建设,扶持面向国外推介高水平研究成果。对学者参加国际学术会议、发表学术文章,要给予支持"。[②] 只有坚持开放精神,开门办智库,才能够真正构建起中外融通的话语体系,在全世界发出铿锵有力的中国声音。在国际化成为我国智库发展重要特点的同时,助力全球治理体系发展也成为我国智库的核心功能,通过完善国际合作交流机制,积极拓展智库对外合作交流,深度参与全球治理研究和政策对话,广泛宣传中国智慧、中国主张、中国方案,在国际舞台上树立中国智库品

---

① 张胜,王斯敏.研究益世学问 书写时代华章[N].光明日报,2022-05-12(7).
② 习近平:在哲学社会科学工作座谈会上的讲话[EB/OL](2023-8-10). http://www.scio.gov.cn/31773/31774/31783/Document/1478145/1478145.htm.

牌。例如,2019年4月在第二届"一带一路"国际合作高峰论坛召开之际,"一带一路"国际智库合作委员会宣告成立。这是响应习近平主席"要发挥智库作用,建设好智库联盟和合作网络"建议的重要举措,也是对中外专家关于搭建合作平台、推动"一带一路"学术交流机制化常态化意愿的积极回应。[①] 再如,随着中美关系发生历史性转变,从2021年5月开始,中国人民大学国家发展研究院(以下简称"人大国发院")搭建跨学科的学术和智库平台,整合全校多院系相关研究力量,定期召开"中美政经论坛",主要就中美两国的政治、经济、社会、外交等领域组织相关专家展开讨论,发布关于中美研究的最新学术成果,[②]成为智库强化国际交流、对外发声功能的成功案例之一。

**四是加强新型智库的信息功能与平台功能**。随着数字时代的不断发展,智库对于数据与信息的依赖性逐步增加,数字化赋能智库成为全新和必然趋势,新型智库的信息功能与平台功能更加突出。一方面,习近平总书记强调"数据作为新型生产要素,对传统生产方式变革具有重大影响",[③]需要加快建设"网络强国、数字中国,打造具有国际竞争力的数字产业集群"。[④] 在此背景下,智库如需改善"重形式传播、轻内容创新",实现研究质量提升、内容创新发展,则必须加强智库的信息功能,既提供研究所需的实时数据,又实现研究数据的收集存储,还进行研究议题的研判预测。与此同时,智库信息功能的实现离不开其与决策部门的即时交流与共建共享。当前国内外环境复杂险峻,各种社会矛盾和社会问题交替出现,形形色色利益诉求的梳理和表

---

① 中华人民共和国中央人民政府.互学互鉴的沃土 合作对接的桥梁 互利共赢的纽带:来自"一带一路"国际智库合作委员会的报告[EB/OL][2023-08-08]. https://www.gov.cn/xinwen/2019-04/29/content_5387595.htm.
② 中国人民大学国家发展与战略研究院.中国社会科学网:打造跨学科国际化高端智库[EB/OL](2023-08-10). http://nads.ruc.edu.cn/yjdt/c46271e6d64f4facb1e9e92453d89ea6.htm.
③ 习近平在中共中央政治局第三十四次集体学习时强调把握数字经济发展趋势和规律推动我国数字经济健康发展[EB/OL](2023-08-10). http://politics.people.com.cn/BIG5/n1/2021/1019/c1024-32258249.html.
④ 习近平主持中共中央政治局第二次集体学习并发表重要讲话[EB/OL](2023-08-10). https://www.gov.cn/xinwen/2023-02/01/content_5739555.htm.

达成为政治生活的常规内容,而不同类型的智库能够代表不同社会群体的利益诉求,借助实地调研、专家分析以及客观的立场,提请相关政策在制定的过程中,关注到更多社会成员的利益诉求,以此寻求政策效果的最大公约数。同时,由于智库在发展中会与许多群体产生联系,包括企业、学界、政界、媒体等,智库作为联结多方的纽带,常作为各领域政策议题的沟通讨论协调平台。因此,智库的信息功能与平台功能在数字中国建设背景下尤为重要。

**五是成为储才育才、民主协商的重要场所**。习近平总书记高度重视哲学社会科学人才培养,多次强调"全面建设社会主义现代化强国,要培养造就大批哲学家、社会科学家、文学艺术家等各方面人才"。一方面,作为知识的生产机构和传播机构,智库对于人才汇聚、储备与培养作用不言而喻。人才是智库建设的核心资源,专家的学术思想和对策研究经验是智库持久生命力的重要保障。当前我国特色新型智库中发挥"育才"功能的以高校智库为主,而对于党政智库、部委办局智库而言,往往会忽略人才培育这一重要职能,亟须深化智库人才培养体制机制,通过健全人才有序流动和动态优化等机制,推动我国智库成为储才育才的重要场所。另一方面,智库的功能发挥也离不开各类型、各来源、各渠道的人民协商。习近平总书记在庆祝政协成立65周年大会上将十八届三中全会概括的五种协商渠道细化为十种协商渠道,其中各类智库被总书记列入其中。协商的形式包括提案、会议、座谈、论证、听证、公示、评估、咨询、网络等多种形式。这就为智库赋予了民主协商和统一战线的职能,智库成为各方利益表达的场所。智库作为一个理性的、公开的、超脱的公共空间,作为民主协商的空间,可以对国计民生的重大政策问题进行讨论甚至交锋,这样就很有可能产生解决问题的新思维、新思路、新提法。而且作为政策协商空间,智库受到大众媒介和民粹主义影响较小,这有利于客观科学地进行政策辩论。

## 2. 加强中国特色新型智库的体系建设

习近平总书记对于中国特色新型智库建设总体布局的论述可以追溯到他在地方从政实践时期。在正定,他不仅主导建立了县顾问团,也要求各线各口根据需要设立顾问组;在福建,他不仅推动组建省顾问团,还推动成立数字、法律、国际等不同领域的顾问团。① 与此同时,总书记旗帜鲜明地指出中国特色新型智库"要坚持党的领导,把握正确导向",要求我国特色新型智库布局要以党和国家为中心,在强化党政内部决策咨询机构建设的同时,推动党校行政学院、科学院、社科院、高校等社会科学研究机构向现代智库转型发展。因此,习近平总书记指导下的中国特色新型智库布局是在坚持党的领导、围绕国家大局、服务中心工作下,兼顾高端智库打造与特色智库发展,实现各类智库的整合与协同。

**一是围绕党和国家大局搭建智库体系**。不同于西方智库独立于政党和政府、代表"第五种权力"的建设理念,我国特色新型智库布局应建立在坚持中国共产党的统一领导基础上,以健全党和政府的决策咨询制度为主要目的,充分发挥协商民主这一特有形式与独特优势,坚决贯彻落实习近平总书记"在党的领导下,以经济社会发展重大问题和涉及群众切身利益的实际问题为内容,在全社会开展广泛协商,坚持协商于决策之前和决策实施之中"的重要指示精神。与此同时,总书记始终强调守正创新的重要意义,这是智库体系搭建过程中必须坚守的原则,中国特色新型智库的布局必须坚持马克思主义基本原理不动摇,坚持党的全面领导不动摇,坚持中国特色社会主义不动摇,紧跟时代步伐,顺应实践发展。②

**二是高端先行、重点示范**。在国家层面,早在2015年11月9日中央全面深化改革领导小组第十八次会议审议通过《国家高端智库建设试点工作方案》,强调要建设一批国家亟须、特色鲜明、制度创新、引领发展的高端智库,③2017年5月23日习近平总书记在全面深化改革领导小组第三十五次会议上针对推动改革试点工作提出了

---

① 孟书强. 习近平关于加强中国特色新型智库建设重要论述的历史轨迹与理论渊源[J]. 中国延安干部学院学报, 2023(2):1-18.
② 习近平:高举中国特色社会主义伟大旗帜为全面建设社会主义现代化国家而团结奋斗:在中国共产党第二十次全国代表大会上的报告[EB/OL](2023-08-06). https://www.gov.cn/xinwen/2022-10/25/content_5721685.htm.
③ 中央全面深化改革领导小组第十八次会议通过《国家高端智库建设试点工作方案》[J]. 中国人才, 2015(23):5.

明确要求,强调"坚持试点先行,分类分层推进""搞好制度设计,有针对性地布局试点"。这表明抓好试点是改革破局、创新开路的关键所在,对改革全局意义重大。国家高端智库的建设与发展现已成为全国智库的标杆与示范。从省市层面来看,全国共有 27 个省、自治区和直辖市现已形成"重点高端智库+培育智库"的智库布局,这一战略布局有利于从全省层面实现新型智库的有效管理,既能够对已获批重点高端智库或重点培育智库的单位产生宏观科学的规范效应,通过资金支持、课题发布、人才流动等渠道加强智库建设,又能够对全省其他智库产生激励效应,通过定期遴选、自主申报等方式不断纳入各类咨政服务能力强的新型智库,扩大省级新型智库群。

**三是行业覆盖、全面突破**。一方面,不同行业领域的特色智库不断发展,国家和省市层面均在不同行业智库建设方面发力,积极落实习近平总书记关于行业建设的重要指示批示精神。例如,党的十八大以来,以习近平同志为核心的党中央在领导党和人民推进治国理政的实践中,始终把文化建设摆在全局工作的重要位置,不断深化对文化建设的规律性认知,文化与旅游行业智库成为服务国家文旅行业发展的重要支撑力量。在此背景下,国家文化和旅游部办公厅为统筹文化和旅游系统内外优质资源,加快构建布局科学、特色鲜明、定位清晰、规模适宜的行业智库体系,为文化和旅游领域创新发展提供决策参考和智力支持,确定了国家图书馆等 19 个单位入选首批文化和旅游行业智库建设试点单位,此外,河北、天津等多省市积极打造地方文旅智库,为服务地方文化发展提供智力支持。又如,围绕科技创新,习近平总书记提出一系列新思想、新观点、新论断、新要求,对我国科技创新发展作出前瞻性、战略性、全局性谋划,他强调"加快实现高水平科技自立自强,是推动高质量发展的必由之路",党的二十大报告中也提出"必须坚持科技是第一生产力、人才是第一资源、创新是第一动力",实现我国科技创新事业的飞跃发展,因此近年来我国科技创新智库也成为行业智库建设先锋,在中央和省委决策部署下,在中国科协相关文件的指导与监督下,截至目前已有包括河北省、辽宁省、云南省、江苏省等在内超过 10 个省份均出台了关于加强省级科技创新智库建设的实施意见和运行办法,并在省内认定一批高水平科技创新智库作为示范单位,将重点先行与行业覆盖融合布局,为我国科技创新贡献智慧。值得一提的是,湖北省审计厅于2021年印发《关于建立审计智库常态化开展行业领域综合研究分析的实施意见》,强调要建立12大重点行业领域研究智库,围绕经济运行、财政管理、金融、国有企业、农业农村、民生项目资金、政府投资、绿色发展、地方党政、高等院校、外资等领域推出一批专业性、建设性、引领性的研究成果[①],体现我国智库建设覆盖全行业、细化多领域的布局特色。

### 3. 强调中国特色新型智库责任担当

**坚持胸怀国之大者、滴水穿石的研究精神。** 习近平总书记指出"大时代需要大格局,大格局呼唤大胸怀。从'本国优先'的角度看,世界是狭小拥挤的,时时都是'激烈竞争'。从命运与共的角度看,世界是宽广博大的,处处都有合作机遇"。[②] 因此,我国特色新型智库肩负服务新时代国家外交工作、积极引导国际舆论等重要使命,为推动我国参与全球治理格局、实现人类命运共同体做研究是新时代新征程下我国智库的重要职责。截至2023年8月,CTTI来源智库中共有22家智库以"一带一路"研究命名,12家智库以"全球化""全球治理""全球战略""全球政策"研究命名,54家智库围绕包括国际教育、国际金融与贸易、国际航运、国际争端、国际战略、国际关系等开展政策研究,不仅产出了一批具有较高影响力的智库研究成果,为我国进一步制定外交政策、开展外事活动提供夯实的理论基础与真知灼见,更是以智库名义召开知名论坛与国际会议,增强我国在世界的能见度与发声水平,并在必要时成为国家合作的枢纽与桥梁,推动国际交流与合作。以新华社国家高端智库为例,2023年8月19日在南非约翰内斯堡举行的第六届金砖国家媒体高端论坛上,新华社国家高端智库发布了《迈向现代化强国的发展密码——习近平经济思想的时代特质和实践价值》和《改变中国的"第二个结合"——建设中华民族现代文明的理论创新与实践》两篇智库报

---

① 湖北省审计厅出台意见 推动12大行业领域研究型审计常态化[EB/OL](2023-8-10). http://news.cnhubei.com/content/2021-11/16/content_14252632.html
② 满怀信心,一起向未来[N]. 人民日报,2022-01-21(1).

告的英文版、法文版①，成为各国受众读懂习近平新时代中国特色社会主义思想的重要窗口，也以此为契机开启了金砖国家媒体和智库合作的广阔空间，"让智库合作成为金砖合作的一块'金字招牌'"，这一传播行为不仅体现了我国智库研究的深刻价值，更加体现了我国智库胸怀天下的研究精神，为解决世界难题提供中国思路与中国智慧。

**坚持厚植中华血脉的研究特色，为中国式现代化做研究**。习近平总书记多次强调"要围绕我国和世界发展面临的重大问题，着力提出能够体现中国立场、中国智慧、中国价值的理念、主张、方案。""解决好民族性问题，就有更强能力去解决世界性问题；把中国实践总结好，就有更强能力为解决世界性问题提供思路和办法。"②可见，我国智库肩负着将中国血脉转化为中国智慧、中国经验的重大责任，需要在智库研究过程中培养高度专业化的研究能力，在服务实践中充分彰显中国特色，以中国能力解决中国问题。总书记在第六次深改组会议上专门强调要"重视专业化智库建设"，这一方面是要求专业化智库具备专业精神，能够在开展应急型研究的基础上钻研战略性、长远性、前瞻性议题；另一方面更是要求专业化智库要有具有中国特色的主攻方向，要求智库产出专业性强、代表性强的"拳头产品"，以此突出我国智库的中国特色与优势，提升智库的整体影响力水平；不仅如此，建设专业化智库更要求我国智库拥有中国本土的研究方法、符合中国国情的运作流程和具有中国特色的管理体系，这就要求智库建设需要从实践发展中凝练为学科体系，以此形成本土化、原创性高的理论基础和研究方法。目前南京大学等高校已开始招收智库方向的硕博士生，利用信息资源管理学科理论与方法从事智库研究、评价和管理咨询。与此同时，智库领域的学术期刊建设也颇有成效，《智库理论与实践》由中国科学院主管、中国科学院文献情报中心和南京大学联合主办，编辑部设在中国科学院文献情报中心，由信息资源管理学

---

① 发展中国家专家热议中国发展之道[N].新华每日电讯，2023-08-21(2).
② 习近平.在哲学社会科学工作座谈会上的讲话[N].人民日报，2016-05-19(2).

科领域的知名专家担任主编与审稿人,现该期刊已被收录至CSSCI核心期刊扩展版名录,这些实践进展均是我国智库研究人员旨在发展起具有中国特色、中国风格、中国气派的智库学科体系、学术体系、话语体系所作出的贡献。

**坚持以人民为中心的研究导向,为增进公共福祉做研究**。早在2016年哲学社会科学工作座谈会召开之际,习近平总书记就强调了哲学社会科学研究离不开人民意愿与需求,他指出"我国哲学社会科学要有所作为,就必须坚持以人民为中心的研究导向。脱离了人民,哲学社会科学就不会有吸引力、感染力、影响力、生命力。我国广大哲学社会科学工作者要坚持人民是历史创造者的观点,树立为人民做学问的理想,尊重人民主体地位,聚焦人民实践创造,自觉把个人学术追求同国家和民族发展紧紧联系在一起,努力多出经得起实践、人民、历史检验的研究成果。"[①]此后,习近平总书记在学习贯彻习近平新时代中国特色社会主义思想主题教育工作会议上强调,要"善于换位思考,走进群众,真诚倾听群众呼声、真实反映群众愿望、真情关心群众疾苦,准确了解群众的所忧所盼"。[②] 因此,我国智库在开展工作时既要认定人民为一切研究的出发点,为人民发声、想人民所想,又要以服务政府部门制定出满足人民根本利益、打造更适合人民生活的宏观环境为根本目标,也就是说,中国特色新型智库始终需要坚持为人民做学问的研究立场,坚守人民性这一我国智库的本质属性。例如国家记忆与国际和平研究院将纪念馆观众留言分析作为智库重大课题立项,基于纪念馆观众留言这一第一手资料展开政策研究与学理分析,从人民意愿与角度出发提升智库研究的国际影响力,更加能够代表人民立意与期盼。

## (二)新型智库政策体系更加完善

### 1. 中国特色新型智库建设的顶层设计日趋完备

近年来,中央在围绕智库建设要求、形式、目标、功能、布局等做出规范的同时也

---

① 习近平.在哲学社会科学工作座谈会上的讲话[N].人民日报,2016-05-19(2).
② 中办印发《关于在全党大兴调查研究的工作方案》[N].人民日报,2023-03-20(1).

针对具体方面提供文件指导,以此形成较为完备的顶层设计体系。自 2013 年 11 月党的十八届三中全会审议通过的《中共中央关于全面深化改革若干重大问题的决定》(以下简称"《决定》")中首次提到"智库"概念,到 2014 年 10 月 27 日我国新型智库建设的首份发展纲要《关于加强中国特色新型智库建设的意见》(以下简称"《意见》")发布,中国特色新型智库建设工作就已拥有了中央层面的顶层设计规范,也被正式提升至了国家战略的高度。随后 2015 年 11 月 9 日通过的《国家高端智库建设试点工作方案》对我国智库的建设布局进行进一步规划,促进了我国智库标杆的形成与发展,此后,2020 年 2 月 14 日由中央全面深化改革委员会第十二次会议审议通过的中国指导性文件《关于深入推进国家高端智库建设试点工作的意见》,这既是对国家高端智库建设工作开展的价值与意义的肯定,也是为进一步推动中国特色新型智库高端化、专业化发展提供问题剖析和路径指南。

此外,中共中央直属机构也围绕自身工作需求制定了不同领域的智库工作指导文件,包括 2014 年教育部出台的《计划》,指明高校智库建设工作的具体内容,成为我国高校新型智库建设的总抓手;2015 年 6 月 24 农业部正式发布《关于加强农业农村经济发展新型智库建设的意见》,为规范和引导农业领域智库建设提供根本指南;2017 年 2 月 6 日中央全面深化改革领导小组第 32 次会议审议通过了《关于社会智库健康发展的若干意见》,并于同年 4 月 24 日由民政部、宣传部等 9 部门正式印发,进一步明确新时代中国特色社会智库的基本内涵和科学定义,为社会智库提供了顶层规划参考文件;2018 年 2 月 23 日交通运输部印发了《关于促进交通运输新型智库发展的实施意见》,统筹推进了部署智库单位在服务交通强国建设背景下的转型与发展。

### 2. 形成了哲学社会科学工作规划体系

除了上述关于智库建设的直接指导性政策文件以外,党的十八大以来也高度重视哲学社会科学工作,对研究制定哲学社会科学发展战略和发展规划提出明确要求。2017 年 3 月,党中央印发《关于加快构建中国特色哲学社会科学的意见》,2018 年 1

月,党中央决定成立全国哲学社会科学工作领导小组,统一指导和协调哲学社会科学工作,其中一项重要职责就是研究制定国家哲学社会科学发展中长期规划。全国哲学社会科学工作办公室立足职能定位,负责牵头编制规划,于 2020 年组织开展全国性社科大调研,摸清基本情况,为编制工作打下坚实基础。2021 年,组织召开 10 余场专题研讨会,广泛征求有关部门、科研机构和专家学者的意见建议,积极回应社科界的普遍关切,努力使《国家"十四五"时期哲学社会科学发展规划》(以下简称《规划》)在同党和国家现行政策相衔接的前提下,更加符合实际,并力求有所创新。[①] 在此背景下,2022 年 4 月,中共中央办公厅印发了《国家"十四五"时期哲学社会科学发展规划》,它是第一部国家层面的哲学社会科学发展规划,也是我国"十四五"时期发展规划体系的重要组成部分。《规划》要着力打造一批具有重要决策影响力、社会影响力、国际影响力的新型智库,为推动科学民主依法决策、推进国家治理体系和治理能力现代化、推动经济社会高质量发展、提升国家软实力提供支撑。一是深入推进国家高端智库建设,全面总结国家高端智库建设试点经验,进一步提升高端智库建设质量,聚焦关系全局、关系长远的重大战略问题,加强智库联合研究攻关,切实提升服务中央决策的能力和水平。二是推动各类新型智库建设,形成以国家高端智库为引领,各层次、各类别、各领域智库协调发展的中国特色新型智库体系,深入实施中国特色新型高校智库建设推进计划,建设高水平科技创新智库和企业智库,加强对社会智库的规范和引导。三是加强对智库建设的组织领导和统筹协调,充分发挥国家高端智库理事会作用,强化政策协调、工作推动、考核评估职能,加强对新型智库建设的科学规划和分类指导,完善不同类型智库的差异化政策供给,健全中国特色新型智库评价体系,建立适合不同类型智库特点的考核体系和考核方式。四是营造智库健康发展的良好环境,健全决策咨询程序,建立党委和政府决策、智库研究与社会实践高效互

---

① 全国哲学社会科学工作办公室负责人就《国家"十四五"时期哲学社会科学发展规划》答记者问[N].光明日报,2022-04-28(3).

动的决策咨询服务供给体系,推动决策部门加强与智库的信息共享和互动交流,实施中国特色新型智库高端人才培养规划,形成开放、竞争、流动的智库人才格局。

2022年8月,中共中央办公厅、国务院办公厅印发的《"十四五"文化发展规划》,进一步强调要"建设中国特色、中国风格、中国气派的哲学社会科学""深入推进中国特色新型智库建设",并对国家高端智库和部门、地方和社会智库分别提出具体要求,指出国家高端智库建设要"在战略研究、政策建言、人才培养、舆论引导、公共外交等方面发挥作用,形成结构合理的高端智库建设梯队";部门、地方智库建设则要"加强宏观指导和科学规划",同时还应当"加强对社会智库规范引导,统筹推进各类智库协同发展"。自此,全国各省根据两份国家"十四五"规划文件出台了省级哲学社会科学规划文件,根据地方智库建设实际进展、哲学社会科学发展进程和研究优势与特色进一步细化了"十四五"期间的战略发展规划。

### 3. 新型智库建设配套与保障政策逐步完善

为进一步提高全国智库的内部治理与运行管理水平,中央和各省(自治区、直辖市)相关部门也围绕智库建设中的具体需求出台了大量配套政策,包括专项管理办法和实施细则等,进一步规范了智库建设发展流程,细化其建设导向与目标。

第一,在智库人才培养方面,中共中央于2016年3月21日印发《关于深化人才发展体制机制改革的意见》,是我国首份针对人才发展体制机制改革的综合性文件,对推进人才管理体制改革、改进人才培养支持机制、创新人才评价机制、健全人才顺畅流动机制、强化人才创新创业激励机制、构建具有国际竞争力的引才用才机制、建立人才优先发展保障机制、加强对人才工作的领导等多方面进行系统规划与指导,成为我国智库建设过程中人才管理、引进与培养的官方指南与宏观思路。2023年8月27日,中共中央办公厅、国务院办公厅印发《关于进一步加强青年科技人才培养和使用的若干措施》,是落实中央人才工作会议部署的重要文件,为国家全方位培养和用好青年科技人才提供指导,也为我国智库进一步用好、育好青年科技人才提供指南,文件强调要引导支持青年科技人才服务高质量发展,鼓励青年科技人才深入经济社会发展实践,结合实际需求凝练科学问题,开展原始创新、技术攻关、成果转化,同时要更好发挥青年科技人才决策咨询作用,通过设立青年专业委员会等形式支持青年科技人才多层次参与学会组织治理运营,扩充专家库中的青年科技人才占比。

第二,在智库研究方法方面,大兴调查研究与强化数据驱动双管齐下。一方面,调查研究作为中共的传家宝,是实现正确决策的必然要求、是获得真知灼见的源头活水,是做好所有工作的基本功。因此,2023年3月19日中共中央办公厅印发了《关于在全党大兴调查研究的工作方案》,从宏观层面将调查研究作为智库的基本方法论,确保智库在实践中研究真问题、真研究问题,从一线发现问题、寻求方法、总结经验、产出成果、进行检验。另一方面,数据驱动已成为智库建设与发展的必然趋势。2015年8月,《国务院关于印发促进大数据发展行动纲要的通知》,强调要"建立'用数据说话、用数据决策、用数据管理、用数据创新'的管理机制,实现基于数据的科学决策。"[1]2021年3月,《中华人民共和国国民经济和社会发展第十四个五年规划和2035年远景目标纲要》正式发布,其中第五章开篇便提到"迎接数字时代,激活数据要素潜能……以数字化转型整体驱动生产方式、生活方式和治理方式变革。"[2]同年12月,国务院印发《"十四五"数字经济发展规划》,指出数据的爆发增长、海量集聚蕴藏了巨大的价值,为智能化发展带来了新的机遇。协同推进技术、模式、业态和制度创新,切实用好数据要素,将为经济社会数字化发展带来强劲动力。[3] 2022年12月,中共中央、国务院在印发的《关于构建数据基础制度更好发挥数据要素作用的意见》中强调要"充分发挥社会力量多方参与的协同治理作用""加快推进数据管理能力成熟度国家标准及数据要素管理规范贯彻执行工作,推动各部门各行业完善元数据管

---

[1] 中华人民共和国国务院.国务院关于印发促进大数据发展行动纲要的通知[EB/OL].http://www.ndrc.gov.cn/fzggzz/wzly/zcfg/20150g/t20150930_753447.html.

[2] 中国政府网.中华人民共和国国民经济和社会发展第十四个五年规划和2035年远景目标纲要[EB/OL][2023-6-12].https://www.gov.cn/xinwen/2021-03/13/content_5592681.htm.

[3] 国务院印发《"十四五"数字经济发展规划》[EB/OL][2023-6-12].https://www.gov.cn/xinwen/2022-01/12/content_5667840.htm.

理、数据脱敏、数据质量、价值评估等标准体系"。① 2023 年 2 月 27 日，中共中央、国务院印发了《数字中国建设整体布局规划》，指出建设数字中国是数字时代推进中国式现代化的重要引擎，是构筑国家竞争新优势的有力支撑，要求按照"2522"的整体框架进行布局，即夯实数字基础设施和数据资源体系"两大基础"，推进数字技术与经济、政治、文化、社会、生态文明建设"五位一体"深度融合，强化数字技术创新体系和数字安全屏障"两大能力"，优化数字化发展国内国际"两个环境"。作为国家治理体系和治理能力现代化建设的重要支撑力量，新型智库基于多源数据开展分析与研判工作，以此辅助党委政府科学决策、生产出对政府决策和大众认知产生影响的高质量成果，可以说数据已成为智库开展研究的重要基础资源，以多源数据为根基、以数字化技术为手段、以大数据人才为支撑成为新型智库数字化转型的基本原则，数据驱动型政策研究成为智库研究新范式。

第三，在智库经费管理与考核评估方面，中办、国办于 2016 年 7 月 31 日印发《关于进一步完善中央财政科研项目资金管理等政策的若干意见》，针对中央财政科研项目资金管理、中央高校和科研院所差旅会议管理、科研仪器设备采购管理、基本建设项目管理等方面提出诸多切实的改革措施，为各省管理智库经费提供顶层指导，促进形成更具活力的科技管理和运行机制。在该文件的总体指导下，北京、黑龙江、安徽、宁夏、江苏等地陆续出台了适应本地发展的专项经费管理办法，明确了专项资金的资助额度、开支范围、预算管理和使用监督等具体内容。此外，《国家高端智库专项经费管理办法（试行）》的颁布也为各省管理资助重点高端智库与培育智库的经费提供了参考与指导。另一方面，为了有效监督和评价智库建设成效，中央和各省市均制定了智库评估工作方案，不断完善监督考核机制，包括详细的考核评估指标体系、重点智库名单动态调整和新增智库制度等。其中国家高端智库评价以课题形式发布，对国

---

① 中共中央国务院关于构建数据基础制度更好发挥数据要素作用的意见[N].人民日报，2022-12-20(1).

家高端智库综合评价指标体系、三年综合评估等展开评价工作；在省市层面，以江苏省为例，于2023年8月出台了新修订的《江苏省新型智库管理与考核评估试行办法》，实行"实行年度绩效考核，根据考核结果进行动态调整，形成优胜劣汰、有进有出的竞争机制"。

## 二、我国特色新型智库实体建设进展

中国特色新型智库经十年发展，已成为国家治理体系和治理能力现代化的重要抓手，也成为哲学社会科学体系的重要组成部分。近两年来，在习近平总书记的高度重视和大力推动下，在中央和地方各类政策文件的支撑与规范下，我国特色新型智库的实体建设正逐步褪去"重数量，轻质量"等桎梏，呈现出机制创新、数据驱动、国际视野、共建共享等新特征。

### （一）聚焦机制创新，智库运营体系化取得长足进步

我国特色新型智库经十年发展，已逐步探索出具有中国风格的创新管理机制，智库建设体系化趋势显著，不同类型的智库普遍能够基于自身特色与优势、研究方向与领域打造特色运营体系，智库共建共享能力不断提升，以机制创新助推智库发展。

在我国新型智库建设发展的实践历练中，许多智库结合自身特点与资源优势总结出了符合智库特点和发展逻辑的特色运营体系以协助激发自身最大效能，创造更大的价值。西南政法大学总体国家安全观研究院用于助推智库跨越式发展根据国家安全专业智库需要形成的"一二三四"科研工作格局，即坚持总体国家安全观这一核心理念，促进国家安全学和法学的两个学科交融，抓紧国家安全思想理论、国家安全法治、非传统安全治理三个特色研究方向，实现引领国家安全研究、反哺国家安全人才教育、助力国家安全实战工作、服务国家安全决策咨询四个目标。与此同时，研究院也在聚力长远发展与工作方式创新，不断加强改革完善智库的运行机制。国网能源研究院有限公司作为央企智库的领头羊，现已形成"12248"战略体系，提出锚定"一个目标"，坚持"两个立足"，打造"两个硬核"，发挥"四个角色"，统筹实施"八项工程"，

坚持统筹兼顾、协调推进、实干为要，全院上下共同推动世界一流高端智库建设。此外，还有中南大学知识产权研究院"战略研究＋综合管理＋技术转移＋信息服务"的四位一体、特色鲜明知识产权模式，江西师范大学苏区振兴研究院"苏区学"一花与"教材""专报""丛书""皮书""论坛"五叶共同构成的"一花五叶"成果品牌等。新型智库建设需要打通各个主体、平台和资源有机结合的渠道，充分发挥各种要素以发挥最大效能。

这些特色运营体系立足相应研究领域，围绕着明确的使命和目标来建构整体任务与举措，是智库在实践中总结出的符合自身发展逻辑与发展方向的特色创新。上下贯通运行的新格局通过优化组织运行机制等形式激发智库运营创新活力，帮助冲破了新型智库建设过程中可能遇到的机制僵化问题，进而协调资源促使效益最大化，在一定程度上也为同类型具有相同特点的新型智库提供了品牌打造与运营机制的建设参考。

### （二）锚定数据驱动战略，智库智慧化趋势显著

#### 1. 数据标准体系逐步搭建

在数字时代，走数字化道路是智库发展趋势，而标准是数据管理的基础、文化是数据驱动的动力，标准体系的构建与文化意识的形成是保证智库数据互联、互通、互操作的前提，是确保智库数据驱动转型发展的抓手和指南。

在数据标准体系搭建方面，中国工程科技知识中心（以下简称"知识中心"）主要明确了数据标准规范、技术标准规范和安全规范。数据标准规范重点解决数字内容创建、描绘、交汇与组织过程中的标准化问题，包括《数字资源唯一标示符规范》《通用元数据规范》《数据库集核心元数据规范》《专门元数据规范》等。技术标准是规范知识中心建设行为、产品与服务质量的有效方法，主要包括《元搜索服务参考规范》《移动终端应用服务规范》《基本接口规范》《统一认证规范》《分中心资源汇交规范》《资源汇交与服务注册审核实施规范》等，为数据管理奠定基础。安全是知识中心建设与管理的重要内容，虽然知识中心平台是一个开放式的平台，并不包含敏感数据，但是由

于知识中心架构复杂、服务面向高层次工程科技人员、数据来源与内容丰富，所以数据安全以及网络系统安全也是数据建设中的重点。安全规范主要包括《数据安全管理规范》和《网络系统安全规范》等。知识中心构建的一整套数据管理的标准规范体系确保了数据的可靠性、可用性、互操作性，规范了获取数据、处理数据、管理数据的业务流程，为用户提供精准的数据服务和知识服务。

### 2. 智库特色数据库建设成为行业共识

智库建设特色数据库、知识库、模型库，打造数据资源信息共享平台与系统，能够帮助智库充分整合资源、深度挖掘数据潜在价值，以此提升智库决策咨询服务水平，强化智库服务能力。

第一，在数据库开发、建设与运用方面，山东大学县域发展研究院将数据库应用在县域发展排名、区域数据画像、疫情影响分析等方面的综合分析，提出以"智库＋数据库"为突破点，构建智库核心竞争力与影响力。中山大学粤港澳发展研究院是港澳治理与粤港澳合作发展领域的专业化高端智库，建立了粤港澳研究资源总库，旗下包括合作数据库、历史档案数据库、社会调查数据库等多个专题追踪数据库，聚合粤港澳大湾区建设的经济社会发展、重点合作领域等数据资源。同时，其建设的粤港澳档案文献中心是目前境内收藏港澳文献最全面、系统的特藏馆之一，收藏有粤港澳研究成果、粤港澳出版物及其他粤港澳研究文献22 180多册，另有中英文过刊5 000多册，中英文现刊173种，已经具备小型图书馆的图书馆自动化集成系统。上海社会科学院和中国国际经济交流中心两家国家高端智库合作建成"一带一路"大数据库——"丝路信息网络"，广泛建立信息站点，数据范围涵盖至"一带一路"共建65个国家及相关国家和众多节点城市，建成动态数据库和专题数据库两大系列。

第二，在信息技术使用方面，智库在收集信息、存储信息、分析信息和开发利用信息方面引进并开发了大量先进技术，保障信息和数据的准确性，从而实现智库研究的科学性与权威性。例如，在信息收集方面，商务部国际贸易经济合作研究院设置专门数据中心，定期对媒体舆情进行检监测，实时获取大量舆情数据；中国财政科学研究院通过开发全国财政科研系统,旨在将全国财政运行过程中产生的大量数据全部纳入系统,以此实现在现有数据基础上的创新研究,推动财政领域螺旋式发展。

### 3. 智库研究量化范式渐成气候

数据驱动的研究模式给传统社会科学研究带来了新的研究方法与研究范式,也为中国特色新型智库建设带来了新的机遇。我国新型智库积极顺应数字时代变革趋势,加快转变传统智库研究思维模式,推进研究技术与方法革新,实时收集信息数据,深入查找其内在规律。

一方面,智库智慧化建设需要坚持问题导向、效果导向、服务导向,打破原有的学科边界、知识边界、方法边界,加快智库知识生产流程,重组智库智慧决策力量,为中国式现代化建设提供准确、高效、有用的交叉创新知识产品。上海前滩综研运用量化分析技术手段,识别商办楼宇租金、建筑体量、企业性质等方面的关联性,构建楼宇基准租金和税收水平的评价模型,评价结果有效辅助政府决策;厦门大学数据科学与决策咨询研究中心与南方电网完成了"客户满意度评价模型"和"深圳电力需求分析及预测"平台系统,与银联商务联合开发了"互联网信用风险评估模型",获得了业界广泛好评;中国石油集团经济技术研究院建成了国际油价预测等20余个经济分析预测模型,还专门建立"信息资源开发中心",负责文献与档案管理、工程方法模型的开发、信息资源采购加工处理等工作。

另一方面,大数据和人工智能驱动智库朝着智慧化决策咨询的方向发展,以"数据—信息—情报—知识"动能转换驱动的信息链支撑专家智慧,应用大数据分析、知识库、人工智能等技术实现智能咨询、准确研判、科学决策。敏捷智库建立了大数据驱动的研究范式:个体化、全样本的发现和预测研究。如其完成的《中国管理发展报告》,对2019—2020年的期刊文献(48种核心管理刊物文献1万篇、高关注度热点文献3万篇、企业研究刊物21种、文献1万篇)、网络文章(4万篇网页采集和5万篇微信采集)及其他文章(650场经济与管理会议、500项国家级管理奖项、自科基金项目2 000项、社科基金项目4 600项)进行数据采集和数据分析,最后输出管理热词、热点、活跃度、趋势分析等数据,形成分析报告。凭借雄厚的数据技术,敏捷智库还构建了基于数据的价值评价模型,如关于创新的五种价值(科学、技术、经济、社会、文化)、四维度(生态维、时间维、经济维、社会维)、二视角(硬实力、软实力)、三层次(价值区域、价值企业、价值产品)模型。

### (三) 智库国际化视野更加开阔

#### 1. 参与全球政治议程设置

积极参与全球治理体系改革和建设是习近平外交思想的重要内容,也是新时代中国特色大国外交的重要任务。党的二十大报告指出"中国积极参与全球治理体系改革和建设,践行共商共建共享的全球治理观,坚持真正的多边主义,推进国际关系民主化,推动全球治理朝着更加公正合理的方向发展"。我国智库作为"具有较强公信力的政策研究机构和典型的非国家行为体"[①],需要发挥弥合主权国家在全球治理中的不足,为多元主体应对全球性问题提供合作协商的路径。

一方面,向世界贡献中国方案、中国智慧。首先,重大国际会议是国际关系行为体提出议题、进而设置国际议程的有利时机,近年来我国通过发起和承办相关国际会议,成为影响全球互联网治理的重要一极。例如,为探讨中东研究的国际学术共同体建设,上海外国语大学中东研究所创设了"亚洲与中东"国际论坛,2007年以来先后联合美国国会图书馆亚洲分部、美国亚洲文化学院、美国海军学院中东与伊斯兰研究中心、黎巴嫩阿拉伯统一研究中心等机构联合主办了七届论坛,均得到了外交部亚非司的大力支持。其次,加快生产并推广全球公共产品。智库需要创建能体现智库形象、表达智库思想、彰显智库愿景的公共产品与成果,形成智库 IP,从而在国际决策咨询领域建立声誉、提升智库在国际议程设置中的吸引力与影响力。大连海事大学智库近五年组织专家持续跟踪国际海事组织的四大热点议题方向,累计向国际组织

---

① 王莉丽,戈敏,刘子赢.智库全球治理能力:理论建构与实践分析[J].社会科学文摘,2022(6):114-117.

提出了80多份国家议题提案,超过半数纳入决议或公约全球发布。西安交通大学"一带一路"与国际法治研究院协助中国国际经济贸易仲裁委员会编写《贸仲国际投资争端仲裁规则》,是中国第一部、世界第三部专门的国际投资仲裁规则,有效填补了行业空白,为全球国际投资仲裁提供了中国方案与智慧。

另一方面,加强与跨国专家团队、国际知名媒体等其他非国家行为体的合作。建构国际话语权是中国话语体系构建的重要组成部分,也是中国特色新型智库的核心功能之一,更是我国智库嵌入国际议程设置的重要路径之一。而实现国际话语权的提升离不开国际专家网络的形成、离不开与知名媒体的合作。北京外国语大学非洲学院作为中国特色新型智库体系中的重要组成部分,在对非传播中积极扮演中国与非洲及西方学术界的沟通桥梁,通过举办学术活动、邀请非洲学者举办讲座、担任外国期刊盲审专家等"走出去"与"请进来"相结合的方法,实现与其他国家专家团队的合作与交流,并结合高校的独特优势,凝聚青年团体实现交流与合作。除此之外,与国际媒体的广泛合作也是智库参与全球政治议程设置的重要路径之一。武汉大学国际法治研究院根据对外传播内容进行分类,与中央媒体共建对外协同创新平台,包括理论性话语生产平台、时事性话语斗争平台、规则性话语输出平台和沟通性话语调适平台,通过智库与国家权威媒体全方位合作实现理论与思想输送、参与国际议程设置。

### 2. 向世界讲好中国故事

国际传播作为智库机构的主要任务内容,应当重视中国立场,敢于对外发声。我国特色新型智库围绕中国式现代化建设目标开展政治、经济、社会、技术、生态环境等层面的国情研究,面向国际关注的重点议题开展战略研究,增强全球叙事的真实性、可信性,有效传递出中国好声音,推进我国话语权与话语体系的构建与融合。

一方面,传播中国式现代化治理模式。党的二十大报告指出,加强国际传播能力建设,全面提升国际传播效能,形成同我国综合国力和国际地位相匹配的国际话语权。山东大学国家治理研究院将核心学术关怀集中在中国特色国家治理元理论的研究,聚焦传统治国理政智慧及其双创、特色制度优势、特色制度创新等,提炼标识性、原创性学术概念,推动中国本位学科、学术和话语体系建设聚焦"讲好中国国家治理故事"之先决条件的"中国式国家"概念,形成新型智库"知识体系建设＋咨政能力提升＋公共外交助力"三位一体结合点。中国国际经济交流中心于2021年主办第九届世界中国学论坛其中的平行分论坛"中国'十四五'规划与世界经济复苏"的平行分论坛,邀请来自美国、法国、比利时、俄罗斯、澳大利亚等全球14个国家和地区,以及国际组织、外国驻华使领馆、智库和商会等机构的30余位中外嘉宾,面向世界传播中国治理模式。

另一方面,展现新时代中国文化形象。中国特色社会主义文化体系的日趋完善为新型智库建设提供思想指导、政策方向的引领。在百年未有之大变局时代,中国特色新型智库作为中国软实力的重要组成部分,有效推进中国式现代化的文明建设和传播,融通中外的新概念、新范畴、新表达,建构新时代中国对外话语体系,提高国际话语权、提升中国文化影响力。例如,2023年中国人民大学首都发展与战略研究院主办的第四届首都发展高端论坛"中国与世界:首都城市的历史、现状与未来"国际会议邀请了来自中国、美国、日本等国的24位专家围绕"国内外比较视野中的首都文化中心建设""首都发展与文化形象建构""首都发展与文化记忆""首都国际消费中心城市建设路径"等议题展开学术交流,向全球展现北京的文化形象,并与国外文化历史学者阐释首都风骨与中国态度,强化国外专家学者对中国的正确认知。

### 3. 国际交流与国际化人才成长互相促进

当今世界各国的竞争目标从军事、经济等领域逐渐转向人才资源,智库人才作为智库发展的重要资源,其管理与培养已经成为智库建设工作的核心内容之一。面对我国当前所处的快速发展时期,中国智库想要向世界分享中国经验、讲好中国故事,就必须培养出一批具有国际视野、国际意识与胸怀,掌握国际语言和国际化知识结构的应用型、复合型的高层次国际化人才,这也是筑牢新型智库人才队伍的关键所在。高校智库作为中国特色新型智库体系的重要组成部分,具有学科齐全、人才密集和对外交流广泛的优势。

目前,我国智库国际化人才培养逐步受到重视,许多智库已经开始打造自己的国际化人才培养计划、建立国际化人才培养机制,建成高端人才培养和集聚的顶尖人才基地、培养高端复合型人才是智库的共同目标。同济大学德国研究中心国际化发展的重点之一就是智库人才国际化,构建跨学科、跨部门、跨领域的研究团队,并注重吸收国际化智库人员,如聘请德籍特聘教授并努力推动出国访学交流项目。同时,通过邀请撰文、参与或共同组织国际会议、人员学术交流、合作科研等形式与外国智库、科研机构等建立广泛合作。这种人才培养模式一定程度上促进了研究团队构成的多元性,在促进研究人员国际化交流与国际事务处理能力的同时打通了国际化交流渠道,也帮助提升了智库的国际影响力。西安交通大学"一带一路"与国际法治研究院在人才培养方面注重与国外大学的访学交流与联合培养,与剑桥大学开展"丝绸之路学者"联合培养项目、开设"中国法与国际商法"国际硕士班,与澳大利亚新南威尔士大学共建中澳丝路班,每年均会派一位学生或教师前往海外高校进行深度交流与学习,智库国际化人才培养意识较强。

### (四)共建共享,智库凝聚力不断提升

#### 1. 平台型智库有力推动智库资源全面整合

平台型智库被界定为一类以构建和运营平台为己任,通过在思想市场联通与对接资源供求关系,将不同区域、行业和领域的智力资源进行优化整合,形成广泛联结、协同发展的组织管理模式的智库类型,具有"平台"和"研究"的双重功能。其运营特征在于以互联网、大数据技术作为运营基础,发挥平台机制优势,吸收智力资源,并通过渠道开拓和机制创新,实现成果生产形式的多样化。

目前我国平台型智库主要以高校智库为主,这与高校智库资源丰富、人才辈出等特征关系密切。人大国发院为发挥供需匹配的平台枢纽作用,将校内全体研究人员作为供给方,人大国发院作为中间环节的智库平台,各级各类决策咨询部门作为需求方,为供需两方提供必要的决策服务支持,统筹整合校内优质智库资源,积极推动内

部治理、整合资源、人才流动、考核评价、奖励激励、品牌建设等方面的体制机制创新，为经济发展、社会保障、人口就业等方面的决策提供了重要参考，也为实体机构的平台化建构提供了一整套绝佳的示范样板。兰州大学一带一路研究中心致力于搭建平台型高校智库，提出要开展主流有特色的科学研究、提供分层次高质量的咨政服务、开展专兼结合的高水平队伍建设、形成机制化高层次的国际合作。南京大学长江产业经济研究院以南京大学相关学科平台为核心，整合国内外相关高校、科研院所的学科和专家力量，构筑拥有强大吸引力的智库平台，通过"小核心＋大网络"的研究团队形式，重点聚焦长江经济带高质量发展等国家战略开展智库研究。除此之外，企业智库也会凭借大型企业资源丰富、经费充足等显著优势搭建平台型企业智库，如阿里研究院与国内外众多智库、高校、协会以及专业组织建立了长期合作关系，吸收优秀资源，构建其商业化知识平台，从而更好地服务于企业的长远发展。[①]

在当前发展阶段中，平台型智库凭借创新的运营理念与模式对智库建设起到了积极作用，不仅智库信息资源、智力资源的整合能力增强，其兼容度和开放度也进一步提高，具有更强的服务科学决策的能力。但由于尚处在发展阶段并未总结形成成熟的发展模式，因此还需要平台型智库进一步摸索探究以发挥平台型智库的最大优势。

**2. 智库联盟实现条块结合的合作网络**

我国特色新型智库联盟是指多个行动者集中资源，并在联合行动期间积极沟通以实现共同目标，是一种合作网络的重要形式。智库联盟的搭建一般由某一地区、某一行业或某一学科的智库自发建立，以此实现智库力量和资源的共享、交流与合作。

截至2022年12月，国内已建成的智库联盟已有百余家，从智库类型层面来看，高校智库、社会智库、党政军智库、企业智库等不同类型智库根据自身属性组织了不同类型的智库联盟，例如，长三角高校智库联盟自2019年成立以来，积极咨政建言，

---

① 施蕾蕾,孙蔚.中国特色平台型智库的形成与发展路径探析[J].智库理论与实践,2022,7(3): 53-59.

推动形成专业化、协同式、引领性的示范智库集群,为长三角地区实现更高质量的一体化发展提供智力支持的历程。又如中央企业智库于2016年成立,由国资委研究中心与各中央企业智库共同组成,旨在通过联合研究、信息共享、决策咨询,形成持久性、公益性、学术性的智库群体交流平台。此外,甘肃省25家党政机关、院所高校、科技企业、行业协会、新闻媒体机构等40多家智库自愿联合发起成立省内首个以科技创新为主旨的新型智库联盟——甘肃省科技创新智库联盟。从智库联盟涉及的地域范围来看,目前国内主要有全国性智库联盟、省级智库联盟、区域性智库联盟、市县级智库联盟以及国际性智库联盟。其中省级智库联盟数量较多,主要依托省委省政府、省重点高校、党政部门、企业等单位共同发起成立,例如,山东社科院发起并联合省内重点智库、各地市社科院成立了山东智库联盟,并同步开通了山东智库联盟网站、微信公众号和微博等,创办《智库交流》月报,举办"泰山智库讲坛",为联盟成员协作交流、资源共享提供有效渠道。从智库研究内容来看,一些智库根据研究领域与特色优势,自主凝聚成行业智库联盟,针对具体研究领域展开合作与交流。如成立于2015年4月的"一带一路"智库合作联盟由中共中央对外联络部、联合国务院发展研究中心、中国社会科学院、中国国际经济交流中心和复旦大学搭建,现已拥有国内成员单位141家、国外成员单位122家,不仅充分发挥咨政建言的基本作用,也通过在地方举办多场"一带一路"国际研讨会,赴"一带一路"共建国家访问考察,邀请国外智库学者来华开展专题研讨和学术交流,推动深化共建国家民众对"一带一路"倡议的认知和了解。

  智库联盟按照不同的地区、领域、行业、学科、智库类型进行集聚,能够把拥有共同建设与发展目标的智库进行资源整合与共享,提供一个更加灵活、专业的交流与合作平台,打破智力孤岛,提高智库之间的协同创新能力和政策服务能力。与此同时,智库联盟不限国别,也有利于加强国内智库与国外智库的深入合作,并在合作过程中提升我国智库的对外宣传能力与国际视野,以便于更好发出中国声音、提高国际话语权。

## 三、我国特色新型智库学术研究进展

### （一）我国智库研究的基本脉络

党的十一届三中全会以后,党和国家的工作重点转移到经济建设上来。为应对改革开放过程中出现的新形势、新问题,提高政府决策的科学化水平,以国务院发展研究中心(1980年)、中共中央政策研究室(1981年)、中国现代国际关系研究所(中国现代国际关系研究院前身,1980年)为代表的各级党政部门下属的发展研究中心、政策研究室、研究所等决策咨询机构纷纷建立并发展。与此同时,中共中央党校及各级党校渐次恢复,以中国社会科学院和各省社科院为主干的社科院系统也基本建构完成。这些机构在当时虽无智库之名,却行智库之实——在政治、经济、社会、文化、科技、军事、外交等领域提供了大量的理论、战略、思想和方法,有力支撑了中国特色社会主义事业建设。也正因如此,智库这一功能相近的概念进入了研究人员的视野中。1981年,吴天佑、傅曦发表了自改革开放以来第一篇有关智库的期刊论文——《为里根出谋划策的思想库》,介绍了一批支持里根的右翼和保守智库,简述其机构历史、经费来源、研究成果等信息。[1] 夏禹龙等则探究了现代智库的兴起原因、重要作用、研究层次和组织形式、研究方式等,指出建立智库制度的迫切性。[2] 1982年,由吴天佑、傅曦编著的《美国重要思想库》出版,这是国内第一部关于智库的学术著作。这一时期,智库研究并未得到学界的广泛关注,研究重点集中在对美国智库基本情况的介绍上。[3]

20世纪80年代中期,随着高校的不断复苏和重新繁荣,高校智库悄然兴起。北京大学、清华大学、复旦大学等顶尖大学率先成立了一批高校智库,如北京大学国际关系研究所(1985年)、复旦大学美国研究中心(1985年)、中国科学院国情分析研究小组(清华大学国情研究中心前身,1986年)、北京大学中国经济研究中心(后发展成北京大学国家发展研究院,1994年)等。1999年开始创设的教育部人文社会科学重

---

[1] 吴天佑,傅曦.为里根出谋划策的思想库[J].现代国际关系,1981(1):55-64.
[2] 夏禹龙,刘吉,冯之浚等.论现代"思想库"制度[J].学术月刊,1981(3):31-35.
[3] 吴天佑,傅曦.美国重要思想库[M].北京:时事出版社,1982:43.

点研究基地更是极大地促进了高校智库蓬勃发展,使之成为我国决策咨询体系的重要组成部分。1986年,时任国务院副总理的万里在首届全国软科学研究工作座谈会上发表重要讲话,提出要加强软科学研究,改革旧有的决策体制,促进决策的科学化、民主化[①],中国软科学研究由此进入了高速发展的新时期。除党政智库、党校智库、科研院所智库、高校智库继续蓬勃发展之外,非官方的决策咨询机构也陆续出现,如深圳综合开发研究院(1989年)、中国(海南)改革发展研究院(1991年)、上海华夏社会发展研究院(1994年)、中国经济50人论坛(1998年)等。此时的智库研究仍以介绍西方发达国家的智库建设经验为重点,强调智库的运行机制、工作流程等内容。如朱峰、王丹若编著的《领导者的外脑:当代西方思想库》,介绍了西方智库产生的背景、分类和职能、活动特点等,详述了美国十大智库及西欧、日本著名智库。[②] 李光编著的《现代思想库与科学决策》对智库的信息网络、社会存在及政治倾向、与决策者的联系等方面做了深入探索。[③] 由范贤睿等执笔、2000年出版的《领袖的外脑:世界著名思想库》则着重介绍了主要国家的著名思想库内部的工作方式和运作模式,特别介绍了世界主要国家对内政策、对外政策的决策过程和决策机制。[④]

新世纪以来,我国进入全面建设小康社会、加快构建社会主义和谐社会的新阶段。与此同时,国际局势也发生了深刻的变化,国际关系更加纷繁复杂。提高政府决策科学化、民主化水平,为决策提供更坚实智力支撑的任务更为急迫。2004年,中共中央颁布《关于进一步繁荣发展哲学社会科学的意见》,明确指出"要使哲学社会科学界成为党和政府工作的'思想库'和'智囊团'"。[⑤] 2009年,由国务院前副总理曾培炎出任理事长,被称为"中国最高级别智库"的中国国际交流经济中心成立。新智库整

---

① 万里.决策民主化和科学化是政治体制改革的一个重要课题:在全国软科学研究工作座谈会上的讲话[J].中国软科学,1986(2):1-9.
② 朱峰,王丹若.领导者的外脑:当代西方思想库[M].杭州:浙江人民出版社,1990:22.
③ 李光.现代思想库与科学决策[M].北京:科学出版社,1991:5.
④ 范贤睿.领袖的外脑:世界著名思想库[M].北京:中国社会科学出版社 2000.
⑤ 关于进一步繁荣发展哲学社会科学的意见[N].人民日报,2004-03-21.

合了原来国家发展和改革委员会下属的国际合作中心和对外开放咨询中心两大智库，一成立就组织召开了全球智库峰会和中国经济年会。2012年，胡锦涛总书记在党的十八大报告中指出，要"坚持科学决策、民主决策、依法决策，健全决策机制和程序，发挥思想库作用"。[①] 思想库建设拉入广大人民的视野，中国的智库事业受到了更高的关注和重视，智库研究日趋广泛和深入，已全面涉及智库的人力资源管理、财务管理、成果产出与传播、发挥作用机制与机理等方方面面，对未来中国智库体系的建立和发展也出现颇多真知灼见。

党的十八大以来，以习近平同志为核心的党中央高度重视中国特色新型智库建设，坚持以习近平新时代中国特色社会主义思想为指引，为我国智库建设的使命定位、发展走向、格局理念指明了方向，不断开创中国特色新型智库建设新局面，为提升国家治理体系和治理能力现代化提供智力支持。中国特色新型智库建设为智库研究提供了新的主题和动力，这些年来，新型智库建设是决策咨询系统和哲学社会科学界最热门的议题之一，各类研究成果井喷式出现，中国智库的未来走向、转型升级和如何推进新时代新型智库建设成为研究热点之一。

### （二）智库研究的文献计量学分析

#### 1. 智库研究数量、主题与基金资助情况

智库研究是指围绕智库共同体及其历史、政策、管理、营运等内容的研究。基于这一概念，本节以"中国知网学术文献总库"为检索范围，以"智库""智囊团""思想库""智囊机构""脑库""内脑"为检索词进行检索，时间跨度自1980—2022年，共得到1.4万篇论文。期刊论文能真实反映某一学科或学术研究方向的前沿和热点，因此本节选择期刊论文，并剔除重复文献、新闻报道，以及与智库研究内容不相关的文献之后最终得到10 246篇论文。以十年为一个周期进行统计，随着年份增长，智库研究

---

① 胡锦涛在中国共产党第十八次全国代表大会上的报告[EB/OL].[2012-11-17]. https://www.gov.cn/ldhd/2012-11/17/content_2268826_4.htm.

文献增长数量和速度出现显著变化。国内学者自20世纪80年代初开始进行智库研究,2002年之前我国科研工作者对智库研究的成果数量十分有限,自2003—2012年,智库研究成果数量逐渐有了增长,但智库研究仍然处于研究边缘。自2013年起研究成果数量开始激增,2013—2022年智库研究成果数量约是之前研究成果数量总和的六倍有余(见表1-1)。从近十年的成果数量变化(见图1-1),自2013年起智库研究成果数量激增,到2017年前后达到顶峰,之后稍有下降并逐渐趋于稳定。这一趋势说明《意见》颁布后,智库研究文献量实现突破性增长,国家政策强力驱动智库研究从学术边缘走向前沿阵地,知识界向智库领域投入研究资源,推动该领域不断发展。虽然哲学社会科学研究范围广、覆盖面大、交叉点多,但智库研究的出现无疑进一步加深和强调了中国特色哲学社会科学的应急性、对策性。

表1-1　1980—2022年我国智库研究文献量分布情况

| 年份 | 研究成果数量 |
| --- | --- |
| 2013—2022 | 8 817 |
| 2003—2012 | 1 009 |
| 1993—2002 | 250 |
| 1992—1980 | 170 |

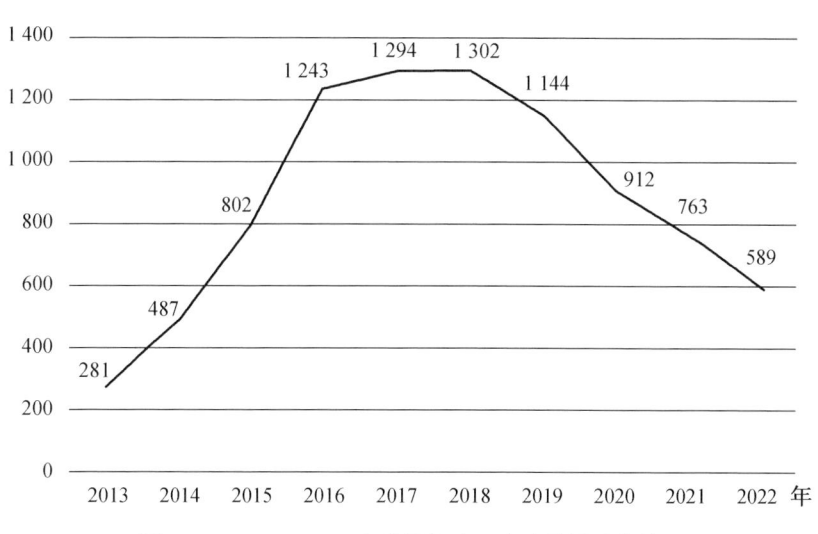

图1-1　2013—2022年我国智库研究文献量分布情况

智库研究文献主题的变化反映出科研人员对智库本质、智库建设的认识逐渐深入，根据文献论述的重要程度，可以分为主要主题和次要主题，其中主要主题是概括文献重点、中心内容的主题，是作者重点论述的主题，而次要主题是指主要主题以外的，不属于论述重点的主题。[①] 由表1-2、表1-3可知，2013年以前智库研究文献主题主要集中在对不同国别的智库建设情况研究(例如中国智库、美国智库等)，对国际权威智库的研究(例如兰德公司、布鲁金斯学会等)，以及对科技与经济社会发展等方面的研究。值得注意的是，这一时期国内很多文献中出现的为"智囊团""思想库""智囊机构"等词，"智库"这一专有名词尚未统一。2013—2022年，智库研究文献主题出现了新的变化，一是关注点从国外智库研究转移至国内智库研究，表1-2中可知这一时期更为关注中国特色新型智库的建设与发展。二是更加细化对不同类型智库的研究，研究对象包括高校智库、教育智库、科技智库、媒体智库等。三是更加聚焦于智库建设过程中面临的重点问题，例如，智库影响力、智库独立性、智库联盟组建、智库服务等，围绕如何高质量建设智库、提升智库功能、强化智库属性展开丰富的理论研究。此外还包括"一带一路"等智库热点研究领域的深入研究与探索。四是随着《意见》等官方政策文件的正式出台，智库名称与涉及的相关名词逐渐统一。智库类型的明确、研究方向的细化、研究内容的丰富为我国哲学社会科学带来了新的研究交叉点、学科交叉点，成为哲学社会科学创新发展的重要动力。

**表1-2 1980—2022年我国智库研究文献主要主题频次统计**

| 2013年以前智库研究文献主要主题频次 | | 2013—2022年智库研究文献主要主题频次 | |
| --- | --- | --- | --- |
| 智囊团 | 281 | 智库建设 | 1 341 |
| 思想库 | 277 | 新型智库 | 671 |
| 智囊机构 | 48 | 高校智库 | 437 |
| 美国智库 | 41 | 高校图书馆 | 226 |

---

① 王清晨，李华.现代文献信息资源标引[M].呼和浩特：内蒙古人民出版社．2008.

（续　表）

| 2013 年以前智库研究文献主要主题频次 | | 2013—2022 年智库研究文献主要主题频次 | |
| --- | --- | --- | --- |
| 智库建设 | 37 | 中国特色新型智库 | 214 |
| 中国智库 | 31 | 美国智库 | 201 |
| 民间智库 | 29 | 高校智库建设 | 172 |
| 美国思想库 | 21 | 中国智库 | 168 |
| 科技思想库 | 20 | 教育智库 | 164 |
| 影响力 | 15 | 科技智库 | 163 |
| 科学思想库 | 14 | 智库发展 | 160 |
| 中国经济社会发展 | 14 | 图书馆 | 152 |
| 兰德公司 | 13 | "一带一路" | 148 |
| 智库发展 | 13 | 媒体智库 | 127 |

表 1-3　1980—2022 年我国智库研究文献次要主题频次统计

| 2013 年以前智库研究文献次要主题频次 | | 2013—2022 年智库研究文献次要主题频次 | |
| --- | --- | --- | --- |
| 兰德公司 | 58 | 智库建设 | 569 |
| 思想库 | 36 | 智库发展 | 441 |
| 智囊团 | 34 | 中国特色新型智库 | 345 |
| 布鲁金斯学会 | 34 | 影响力 | 274 |
| 智囊机构 | 32 | 中国智库 | 154 |
| 影响力 | 25 | 智库服务 | 134 |
| 智库发展 | 22 | 高校智库建设 | 134 |
| 领导者 | 18 | 新型智库 | 129 |
| 科技思想库 | 16 | 独立性 | 124 |
| 影响力 | 14 | 高校智库 | 124 |
| 独立性 | 12 | 布鲁金斯学会 | 105 |
| 智库建设 | 11 | 决策咨询 | 101 |
| 公共政策 | 11 | 智库专家 | 100 |
| 华盛顿 | 10 | 智库联盟 | 96 |

科学基金机制是指国家每年通过科研经费拨款资助自然科学和社会科学基础研究的发展,为培养学科领域的专业人才提供支持,每年发布的科学基金选题指南是国家需求传递到学术界的重要方式和学科研究热点的主要体现,基金资助项目产出的论文一般具有先进性、创新性、实用性,学术水平较高。从2013年以前智库研究文献的基金来源看(见表1-4),基金项目总量较少,国家级基金项目稍多于地方基金项目数量,地方基金项目分布区域较少,主要集中在江苏省、湖南省、上海市、山东省。2013年至2022年智库研究文献的基金来源发生了显著变化:第一,国家级和地方级相关基金项目总量大幅增加,仅是国家社会科学基金项目的数量就比前一阶段增长了超过30倍,江苏省教育厅人文社会科学研究基金项目比前一阶段增长了约20倍;第二,地方相关基金项目分布区域更加广泛,涉及多个省份(自治区、直辖市)。这些显著变化都体现出国家和地方愈加重视中国特色新型智库的建设,为智库研究投入了更多的财政、人才等多元资源投入。

表1-4　1980—2022年我国智库研究文献的基金来源与数量统计

| 2013年以前智库研究文献的基金来源与数量分布 | | 2013—2022年智库研究文献的基金来源与数量分布 | |
| --- | --- | --- | --- |
| 国家自然科学基金 | 17 | 国家社会科学基金 | 445 |
| 国家社会科学基金 | 13 | 国家自然科学基金 | 76 |
| 国家科技攻关计划 | 3 | 教育部人文社会科学研究项目 | 70 |
| 国家重点基础研究发展规划(973计划) | 3 | 全国教育科学规划课题 | 61 |
| 全国教育科学规划课题 | 2 | 中国博士后科学基金 | 26 |
| 北京市自然科学基金 | 2 | 江苏省教育厅高等学校哲学社会科学基金项目 | 26 |
| 扬州大学科研项目 | 2 | 江苏省教育厅人文社会科学研究基金 | 26 |
| 湖南省卫生厅科研基金 | 2 | 江苏省社会科学基金项目 | 24 |
| 国家软科学研究计划 | 2 | 湖南省哲学社会科学基金 | 24 |
| 江苏省教育厅人文社会科学研究基金 | 1 | 山西省软科学研究计划 | 23 |

(续　表)

| 2013 年以前智库研究文献的<br>基金来源与数量分布 | | 2013—2022 年智库研究文献的<br>基金来源与数量分布 | |
|---|---|---|---|
| 山东省自然科学基金 | 1 | 辽宁省哲学社会科学规划基金项目 | 22 |
| 山东省软科学研究计划 | 1 | 中央高校基本科研业务费专项资金项目 | 19 |
| 江苏省社会发展科技计划 | 1 | 吉林省教育科学规划课题 | 19 |
| 上海市重点学科建设项目 | 1 | 黑龙江省哲学社会科学研究规划项目 | 18 |
| 上海市自然科学基金 | 1 | 广东省哲学社会科学规划项目 | 16 |

## 2. 智库研究具有鲜明的跨学科属性

智库研究涉及多元学科领域与不同理论框架,包括政治学、管理学、传播学、国际关系、图书情报与档案、历史学和教育学等一级学科。智库研究学科体系的建立以学科基本理论和研究方法为基础,逐渐形成自己的核心知识体系和训练体系。建立智库学科体系是智库知识体系发展的重要路径,有助于稳定智库研究的前沿地位,不断培养智库专业高层次人才,推动智库研究嵌入主流社会科学,以此逐步形成智库学的核心知识体系和规训体系。

根据中国知网硕博士论文数据库统计,剔除与智库研究关联度低的硕博士论文后可知,自 2013 年至 2022 年共有 440 篇硕博士论文与智库研究紧密相关(见图 1-2)。《决定》指出要"加强中国特色新型智库建设,建立健全决策咨询制度",这极大促进了学术界对智库的关注度。此外,从学科背景来看(见表 1-5),完成智库研究相关选题的硕博士学科背景呈现显著的多元化、细分化特征,其中管理学(约占 57.7%)、高等教育(约占 16.5%)学科的硕博士论文占比最多,其次是图书情报与数字图书馆、中国政治与国际政治、行政学与国家行政管理、新闻与传媒等学科。由此可见,涉及智库研究的头部学科比较集中,但长尾部分相对分散,很多学科涉足智库研究,这是前科学阶段的一个典型特征。

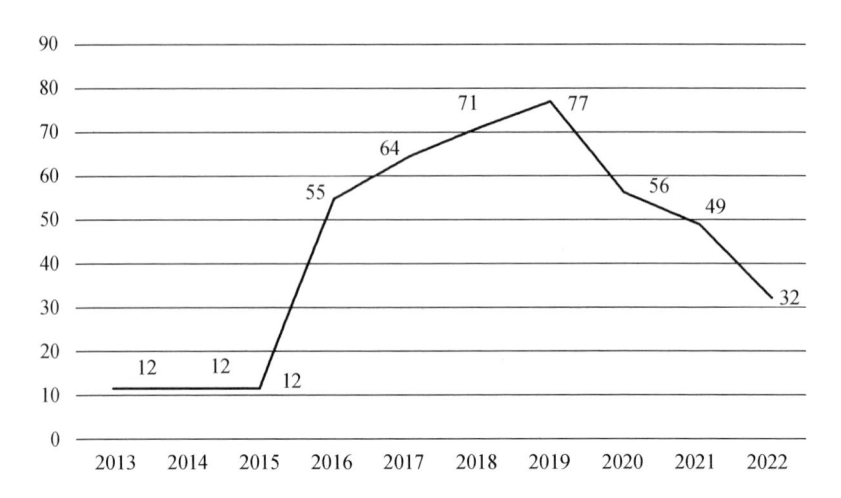

图 1-2  2013—2022 年我国智库研究硕博士论文分布情况

表 1-5  2013—2022 年智库研究硕博士论文学科分布统计

| 学科 | 文献量 | 学科 | 文献量 | 学科 | 文献量 | 学科 | 文献量 |
| --- | --- | --- | --- | --- | --- | --- | --- |
| 管理学 | 254 | 高等教育 | 73 | 图书情报与数字图书馆 | 48 | 中国政治与国际政治 | 47 |
| 行政学与国家行政管理 | 40 | 新闻与传媒 | 36 | 外国语言文字 | 23 | 计算机软件及计算机应用 | 12 |
| 教育理论与教育管理 | 11 | 经济体制改革 | 8 | 中国共产党 | 7 | 档案及博物馆 | 7 |
| 体育 | 6 | 企业经济 | 4 | 贸易经济学 | 3 | 军事 | 3 |
| 法理、法史 | 3 | 农业经济 | 2 | 初等教育 | 2 | 工业经济 | 2 |
| 科学研究管理 | 2 | 电信技术 | 2 | 世界历史 | 2 | 思想政治教育 | 1 |
| 中国语言文字 | 1 | 领导学与决策学 | 1 | 出版 | 1 | | |

### 3. 智库研究学术体系搭建现状

构建学术体系是智库研究制度化的重要内容,学术体系是指学术组织、学术期刊和学术活动等要素构成的框架与平台。建立智库相关学术组织,创办智库研究学术期刊,出版智库研究类著作,定期组织开展智库研究学术活动,构建并不断完善智库学术体系，为中国特色新型智库健康、可持续发展提供根本保障。

在学术组织建设方面，对于任何一个得到学术界公认的研究领域来说，都会有相应的学术组织，如国家的一级学会或二级学会，或者一级学会下面的专业委员会。[①] 目前我国有部分省份已成立了学术研究会，例如，浙江省新型智库研究会成立于 2012 年，是由各级各类智库单位、智库管理部门工作者和公共政策研究工作者资源联合组成的群众性、非营利性学术团体，负责新型智库建设相关理论与政策研究、举办多种形式关于智库发展的学术研讨会和理论讲习班、广泛收集并共享交流有关智库发展的资料并推广国内外以智库发展为主题的研究信息等工作。[②] 然而，国内仍尚未成立全国性质的智库研究一级学会，也未在政治学会、管理学会或中国图书馆学会下设智库研究专业委员会。全国智库研究、评价工作的规划、组织、协调和开展缺乏统一性和合法性，智库学术研究组织的建设仍需要投入更多资源和力量，并且较多省市都未建立本省的智库研究学会，[③]这一定程度上限制了我国智库研究的标准化、有序化与制度化进程。

在智库研究成果的发表平台方面，近年来智库研究逐步成为主流报纸、期刊的稳定选题之一，智库类期刊显著增加，智库研究期刊开始出现。首先从智库研究报纸版面设置与文章发表来看，自 2015 年《意见》颁发以来，中央与地方党报已成为智库宣传学术研究成果的重要阵地，愈加重视刊载智库理论成果。作为鲜明表达中国共产党理论、主张、政策、展示重要学术成果的高光舞台，我国党报党刊通过开设专门的"智库栏目"，刊发智库研究类文章，例如《光明日报》开设"理论·智库"版块、《经济日报》开设"中经智库"版块、中国社会科学报开设"智库专版"等，充分体现智库研究已

---

① 谢伏瞻. 加快构建中国特色哲学社会科学学科体系、学术体系、话语体系[J]. 中国社会科学院，2019(5)：4－22，204.
② 浙江省社会科学界联合会. 浙江省新型智库研究会[EB/OL].(2023－10－10). https://www.zjskw.gov.cn/art/2021/10/27/art_1229578906_42289.html
③ 李刚，甘琳，徐路. 智库知识体系制度化建构的进程与路径[J]. 图书与情报，2019(3)：1－10，72.

逐步成为主流报刊的稳定选题,也在一定程度上体现出我国重要媒体机构对智库研究成果质量的高度肯定。此外,根据CTTI后台最新数据可知,目前发表在"三报"(即《光明日报》《人民日报》《经济日报》)上的智库研究类理论文章数量占总发表比重的11.7%,大多数智库的理论文章均刊发在中央或地方具有一定影响力和知名度的报纸上,也能够体现我国各类智库的学术研究成果质量较高,具有一定的代表性与权威性。

在各类智库的学术期刊创办方面,我国特色新型智库注重研究与传播双轮驱动。智库的学术期刊除了具备传统学术期刊传播文化与科学知识、文化思想和意识形态的基本功能外,还发挥议题设置平台的重要作用。智库通过期刊平台设置议题,引发讨论、影响政策,比起大众媒体与网络信息平台,智库通过创办学术期刊为议题讨论与政策决策提供兼具影响力与严肃性的官方平台,并以学术期刊为智库本身的核心形象资产,通过主办在业界有影响力的智库期刊彰显智库实力与影响力大小,吸引更多高影响力专家学者通过期刊平台发声,从而进一步巩固智库的地位与发声能力。如中国农业科学院(含下设研究所)共创办70余种公开发行的学术期刊或杂志,中国电子信息产业发展研究院和中国医科学院也有10余种公开刊物,中国现代国际关系研究院的《现代国际关系》有中英文双语版本。智库创办期刊不仅能够突出理论研究与政策研究的有机结合,兼顾基础性与时效性,还能引领智库创新改革、健康发展,成为智库科研成果的重要展示窗口。

在智库研究的专业期刊创办方面,2016年2月《智库理论与实践》正式创刊,由中国科学院主管,中国科学院文献情报中心和南京大学联合主办,是国内第一份专业性智库研究期刊,服务于国家创新驱动发展战略,支撑国家科技宏观战略决策,依托中国科学院丰富的智库资源,联合国内外各类智库的高端资源,致力于探索智库理论、支撑智库建设、指导智库实践、传播智库成果,集学术性、指导性、成果性于一体。根据CNKI对期刊年度总文献量的统计可知,截至2022年12月,《智库理论与实践》已刊登智库研究论文八百余篇,为智库研究提供了专业的发表平台,推动智库研究嵌入学术体系;其中年度基金资助文献量占比逐年增加,2016年的基金资助文献占比仅25.4%,而到2022年,该占比已达56%。由于基金项目通常对成果质量把关更为严格,因此基金资助文献占比的逐年增加一定程度上也体现了《智库理论与实践》刊登文献的品质不断提升,进而体现出我国智库研究水平的不断提升;从该刊文献的所属栏目可知,目前智库研究仍然以智库领域的理论研究以及智库建设的信息动态、实践探索为主,统计刊登文献的关键词分布(见图1-3)可知,几年来学界开展智库研究的主要关注点包括智库建设、智库评价、高校智库、新型智库以及运行机制。学术刊物"一枝独秀"往往难以长期吸引稳定的作者群体,难以形成制度化的高层次发表平台。虽然《智库理论与实践》是目前国内仅有的专业性智库研究期刊,但自2015年《意见》颁发以来,一些期刊及时响应建设中国特色新型智库的战略需求,积极转变期刊角色定位,收录不少智库研究成果。如武汉决策信息开发中心、武汉大学主办的《决策与信息》,创刊已达30余年,近年来积极以新力度、新形象挺立时代前沿,为广大决策者、管理者阐明"中国机遇",提出"中国方案",贡献"中国智慧"。[①]

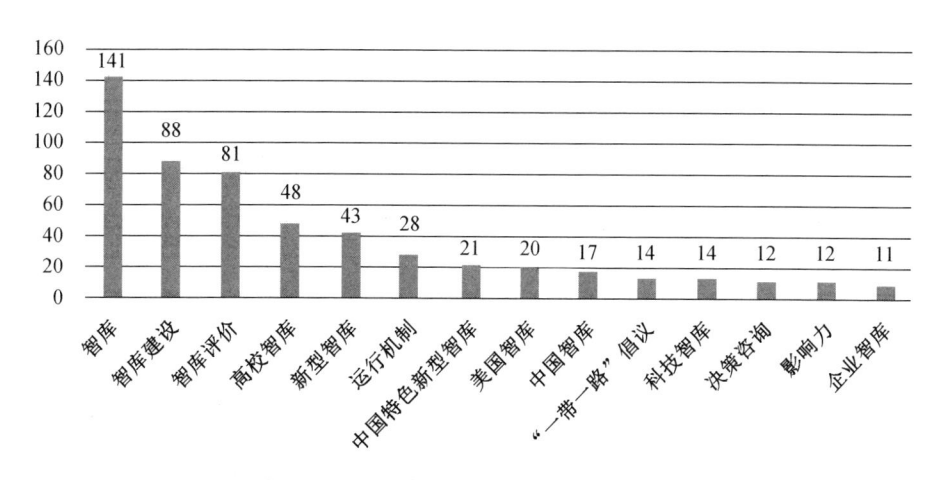

图1-3 《智库理论与实践》文献关键词分布

---

① 决策与信息.期刊简介.[EB/OL].[2021-07-21].http://www.jcyxx.com/qkjj.jhtml

在智库研究类著作发表方面,智库著作是智库研究成果的重要载体之一,是智库研究成果的转化者和传播者,是推动智库研究发展的参与者。智库研究著作出版的繁荣促进了智库学术研究的发展,学术研究体系的构建同样离不开优质的著作出版,两者相辅相成、紧密相连。近十年,有关智库研究著作的出版数量可观,自2013年起显著增长,到2017年前后达到顶峰,之后逐渐趋于稳定(见图1-4)。智库研究著作出版的持续稳定反映了智库研究成果的价值与生命力,智库研究成果的产出效率高低和质量好坏决定着该领域的著作能否源源不断地发表或者出版,由此推动、引领和规范智库学术研究。①

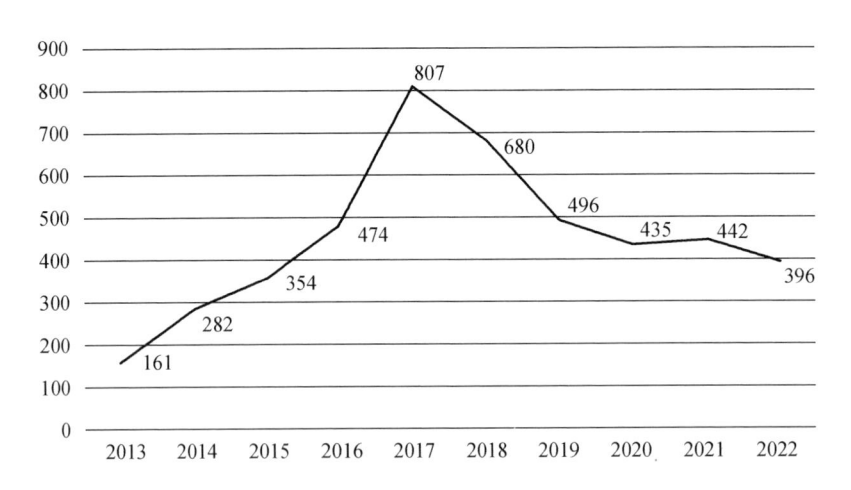

图1-4 2013—2022年我国智库研究专著、译著以及编著数量分布情况

在智库的学术活动组织与开展方面,以智库研究和智库专业建设为目的的全国连续性会议有光明日报社和南京大学创办的"新型智库治理论坛",自2016年起已成功举办六届,是智库业界的年度会议,参会人员主要来自智库管理部门,国家高端智库和党政军智库,党校、行政学院、社科院系统,高校智库管理部门,社会、媒体、科技和企业智库,高校智库等,各类参会人员人数每年都有所增长。可见"新型智库治理

---

① 刘永红.关于学术出版的几点思考[J].现代传播,2016,38(2):55-61.

论坛"影响力越来越大、辐射面越来越广。此外,智库学界还会通过举办不同类型、不同层次的培训活动提升智库建设工作者的工作能力,如中国科学院文献情报中心《智库理论与实践》编辑部每年连续组织的新型智库核心能力培训班已连续举办七届;更有不同省市以政府部门为主办单位,组织地方重点高端智库专家研修活动,例如由江苏省委宣传部指导、江苏省社科联连续主办的江苏高层次智库专家研修班等。可见自2015年以来,智库学术活动形式多元、影响力大、参与人员社会背景丰富,全国性与地方性结合、社会公开活动与非公开闭门会议兼备,在主办与承办单位上以知名智库单位及政府部门为主,一定程度上能够避免鱼龙混杂现象、保障智库学术活动的质量。

## 四、我国特色新型智库评价工作进展

### (一)智库评价指标体系构建

评价指标的获取方法大致有四种。第一,基于学术文献的获取方法。该方法是将前人研究的成果提炼出关键指标应用到自己研究的过程,这种方式是比较主流的,获取指标也相对比较容易;第二,基于理论分析的获取方法。该方法是结合现有研究成果,根据自己的理解,划定评价指标的过程,此方式更为简便,但缺乏一定的科学性,得出的指标还需要专家访谈、实地调研等方式进行验证;第三,基于访谈的获取方法,是围绕研究主题对访谈对象开展一系列交谈,获取专家对特定问题的看法和观点,借助 ROST、NVivo、ATLAS.ti 等软件统计出所需指标的方法,这种方式也比较常用,是目前学界较为认可的质性分析方法;第四,基于工作实践或案例研究的获取方法,是将通过调研智库工作实际情况、智库相关职业发展与人才培养等获取的经验型数据转化成具体的可量化指标的方法,这种方法比较适合小样本数据的研究,单一或几个案例的分析不足以代表整个行业的发展状况,与专家访谈、数据库检索等相结合以丰富评价指标。

评价指标通常以定量指标与定性指标相结合为主。定量指标是智库评价指标的数值表述型数据,如发表论文数量及被引量、报纸文章发表量及阅读量、网站建设及其点击率、粉丝数等。定性数据是衡量智库表现的文字表述型数据,即非结构化数据,如智库声誉、智库理事会运行情况、智库战略规划的制定、智库组织文化与氛围等。数据获取方式也因数据类型而产生差异。主观数据大多通过问卷调查、专家访谈、实地探访等方式收集,并通过文本分析等手段将这些文本型数据进行定量化处理;客观数据大多通过专业数据库检索、网络调研、实地调研等方式收集,这些数据在统一统计标准下便可以直接进行分析。

评价指标体系构建需要对不同指标进行权重赋值。一种方法是主观赋权法,即利用专家或个人的知识或经验进行赋值,但这种方法依赖专家的知识背景和实际经验,赋值可靠性难以保证;另一种是客观赋权法,即由调查或统计得来的数据决定,但这种方法对数据的质量要求极高,数据来源也必须是官方发布或行业内普遍认可的渠道,这造成数据获取的难度增大。目前常用的赋权方法有熵权法、主成分分析法、层次分析法、因子分析权数法等,其中前两种属于定量方法,后两种属于定性方法。通常情况下,由于指标体系包含定性和定量指标,因此多数学者在赋权过程中,会考虑指标本身的特性综合采用不同的赋权方法。当前,评价的方法相对较多,多数集中在德尔菲法、层次分析法、1—9标度法、模糊综合评价法、结构方程法、双基点法(TOPSIS法)、灰色关联分析法、BP神经网络法等。近年来,也有不少学者尝试将这些方法相结合,以弥补国内评价方法的单一性,例如,将层次分析法与1-9标度法、模糊综合评价或灰色理论相结合[1][2][3],将德尔菲法与层次分析法或综合评价法相结合[4]。

---

[1] 刘传铭,王玲.政府应急管理组织绩效测模型研究[J].哈尔滨工业大学学报(社会科学版),2006(1):64-68.

[2] 孔晓娟,高婷.社区应急管理能力评价模型设计及应用研究[J].管理观察,2014,546(19):177-179.

[3] 周鹏霞,党德鹏.基于灰色层次法的城市应急能力评估系统[J].计算机工程与设计,2012,33(8):3023-3028.

[4] 宋铁,代吉亚,吴发好,等.基于德尔菲法和层次分析法的疾控机构应急能力评估[J].华南预防医学,2014,40(1):1-6.

国内在企业能力、组织能力或应急管理能力等方面的评价研究中，都在不断尝试多方法的综合评价，开始注重客观评估指标与主观评估指标相结合，而智库评价研究多数以单纯的定量数据或专家访谈数据展开研究，基于混合概念的综合评价方法的使用较少，且多数指标的选择以数据是否可获得为标准，对评价体系的系统性、可靠性有待考量，对评价结果的客观性和有效性也会产生较大的影响。

我国的智库评价指标体普遍借鉴发达国家智库研究的理论和方法，结合中国智库特色，构建一套符合智库特点的评价指标体系。影响力评价是智库评价研究的一个重要方面，也是目前的主流方式。现有影响力的评价主要是对智库效用、效果的外部评价，如"三位一体"纵向评价（影响力、治理和管理）和"六要素联动"横向评价（人才、产出、项目、财务、研究咨询及传播沟通等）相结合的全层次全要素评价体系[①]；将智库的过去（成果质量）、现在（平台基础）和未来（发展潜力）三个方面结合起来的"天井模型"[②]；以组织架构、专家队伍、人才培养、理论成果、咨政成果、学术交流、社会声誉和支撑体系等为主的"八要素"综合评价指标体系；面向高校智库的FAC"三维"评价模型，即契合度（F）、活跃度（A）和贡献度（C）等。可见，智库评价目前主要是利用测评影响力的方式展开研究。

值得注意的是，不同类型的智库在实践过程中对智库咨政建言、理论创新、舆论引导、社会服务和公共外交等功能的发挥各有侧重，目前国内主要的智库评价指标体系均采用结构化的统一评价指标，评价模型与体系之间区别不大，而不同类型的智库研究侧重点可能会因为其定位、职能、目标受众等方面的不同而有所差异，因此不同类型智库的评价侧重点有所不同，但也存在交叉和重叠，如党政部门智库评价侧重点可能包括对政策咨询和政策制定的支持、智库的政治忠诚度、智库与政府政策的紧密配合等方面，高校智库评价侧重点可能包括学术研究水平、学术影响力、对社会的学

---

① 李刚.建立智库全层次全要素评价体系[J].决策探索（下半月），2017，539（2）：45-46.
② 汤建军，郑代良，黄渊基.中国特色新型智库评价体系初探[J].湘潭大学学报（哲学社会科学版），2018，42（4）：12-16.

术服务和政策建议、与学校教学和研究的融合等方面,社会智库评价侧重点可能包括社会问题研究、公益项目评估、社会发展政策建议等方面。因此现有的智库评价体系在分类评价方面仍有所缺失。

### (二)我国智库评价工作实践

#### 1. 政策文件有力约束智库评价工作规范性

目前各级智库管理部门都在探索具有特色的新型智库评价体系,在智库管理办法、智库建设方案等相关政策文件中提及了智库评价,论述了相关评价内容及指标体系。《国家高端智库管理办法(试行)》中提到要建立一套包含决策影响力、学术影响力、社会影响力、国际影响力等内容的综合评价指标体系,同时采用用户评价、同行评价、第三方评价相结合的评价方式,增强评估结果的科学性、客观性和权威性。

与此同时,多个省市也出台对省重点智库的评估考核文件,以此规范考核的科学性、公平性,从而及时发现各地智库在建设过程中存在的问题并进行修正。例如《黑龙江省新型智库考核评估办法(征求意见稿)》中指出智库考核指标要涉及组织架构、人力资本建设、决策咨询与成果传播、治理结构与营运管理、服务保障工作创新与获奖等方面,指标重点考核的具体内容包括组织架构及规章制度、研究方向和研究重点、研究团队、决策咨询成果和智库产品、智库活动、宣传推介、资金保障和配套支持等细化内容。《浙江省新型智库建设管理办法(修订版)》则将智库评估指标体系分为基本指标和发展指标两部分,其中基本指标是指智库基本建设情况,发展指标指智库的特色发展情况,一定程度上避免了因结构化指标考核造成的智库建设同质化现象,能够突出不同类型智库的特色优势,鼓励智库创新建设模式,产出个性化成果、实现特色化发展。此外,浙江省还在探索智库联盟建设,在指标体系中设立了在智库联盟框架下的特色智库评估指标,如智库对智库联盟的参与度和实际贡献、智库联盟单位贡献度和成员单位贡献度等,通过对智库评估办法的修订与更新推动智库联盟的搭建与作用发挥,提高智库影响力与工作效能。《山东省重点新型智库建设管理暂行办法》强调新型智库考核评价应以政治导向、质量创新、实际贡献和社会效益为标准,量化考核指标(包括省重点新型智库总体运行指标、研究成果质量衡量指标、经费使用考核指标、人才培养指标、成果转化应用指标),增强评估结果的科学性、客观性和权威性。江苏省委于2023年最新印发的《江苏省重点智库建设与管理暂行办法》中细化了智库成果评估的流程和方式,强调要坚持分类指导,采用部门评价、同行评价、第三方评价等相结合的方式,增强评估结果阿科学性、客观性和权威性,并根据年度绩效考核结果进行动态调整,形成优胜劣汰、有进有出的竞争机制。除此之外,部分地区还针对不同智库类型制定专门的考核评估办法,例如,河南省教育厅在《河南省高校新型智库评估办法(试行)》中指出,智库评价要坚持四个原则,分别是"党管智库原则""科学评价原则""实践导向原则""以评促建原则"。

智库评价促进了我国政策研究机构的自我身份认同,很多智库从业者此前对"新型智库"没有明确其内涵和外延,现在意识到自己的这一重身份,就会主动按照新型智库规范去发展,完成从传统研究机构到现代新型智库的角色、职能的转变,研究对象的聚焦性、咨政建言的自觉性得到强化与提升。[1] 同时,智库评价是社会监督的一种形式,有利于提高新型智库的透明度。开展好智库评价是确立智库行业标准、规范智库从业行为的重要举措,也是树立正确导向、促进行业监督、推动竞争发展的重要方式。[2] 对智库进行合理的评价,能够掌握智库整体发展状况,遴选出优秀的智库,更好地推动智库为政府、社会服务。[3] 此外,开展公平、公正、客观、合理的智库评价,明晰智库的角色定位,优化其社会职能,对智库的整体发展具有不容忽视的推动作用。但是,如果把智库评价仅限于一味编制各种名目的排行榜,那么实际上就是把智库评价工作狭隘化、单一化。如果把一种智库排行榜绝对化,那么这种排行榜就有可能变成某种"话语暴力",影响中国特色新型智库的健康多元发展。不同类型的智库在实践过程中对智库咨政建言、理论创新、舆论引导、社会服务和公共外交等功能的

---

[1] 王斯敏.智库评价:要不要做,如何做好?[N].光明日报,2016-02-03(16).
[2] 周湘智.中国智库建设行动逻辑[M].北京:社会科学文献出版社,2019:53-54.
[3] 朱敏,房俊民.智库评价研究进展及我国智库评价建设[J].情报杂志,2017,36(8):33-38,46.

发挥各有侧重,目前国内主要的智库评价指标体系尚且未针对不同类型的智库制定特定的评价指标,智库评价依然存在诸多问题和挑战,有着很大的提升空间。实践证明,中国特色治理体制的优势是全国一盘棋,上下信息沟通顺畅、协调便利,智库评价学研究还需要在此体系下做进一步探讨与优化,以此持续引领智库行业健康发展,不断促进智库评价科学合理,加强智库认同感,逐渐建立起中国智库学的学科体系、学术体系、话语体系和知识体系。

## 2. 各类评价报告推动智库评价工作理论化发展

目前影响力较大的智库评价报告是宾夕法尼亚大学已故高级研究员詹姆斯·麦甘(James G. Macgan)主持的《全球智库报告》(*Global Go To Think Tank Index Report*)。[1] 该报告评估标准包括出版物的质量和数量、公共政策影响力、领导力以及同行和政策制定者中的声誉等因素。其排名是通过专家调查和对智库概况和活动的广泛调查相结合而确定的。报告涵盖了全球不同地区数千家智库,重点关注它们对公共政策辩论、治理和社会经济发展的贡献。虽然一些专家质疑该报告的科学性,但是它为政策制定者、学者、记者和其他有兴趣了解智库在制定公共政策和促进循证决策方面作用和意义的利益相关者提供了宝贵的资源,但该报告现已停止更新。在国际评价报告的影响下,国内多家研究机构也通过开展智库评价工作、发布研究报告的形式推动了智库评价工作的理论化、科学化发展,智库评价类的相关成果日益丰富,在全国产生了一定的影响力。

上海社会科学院自 2013 年起连续发布 7 年《中国智库报告》,开创了中国智库评价和排名的先河。该报告由上海社会科学院智库研究中心发布,该中心成立于 2009 年,是全国第一家专门开展智库研究的学术机构,其上级机构上海社会科学院是国家高端智库。其中 2013 年至 2018 年的报告主题以影响力排名与政策建议为主,2019 年围绕国家治理现代化与智库建设现代化展开论述,2020—2021 年则以迈向高质量

---

[1] 赵蓉英,刘卓著,张畅. 国内外智库评价研究进展[J]. 情报科学,2021,39(6):185-193.

发展新阶段为研究主题。该系列报告评价体系依据社会结构范式进行构建，是中国智库研究的引领者。

中国社会科学评价研究院于 2015 年发布《全球智库评价报告》，该报告涵盖丰富的智库类型，搭建了重要的评价指标，并对国外知名智库进行系统性介绍，为我国了解全球智库发展情况、探索我国智库建设发展目标提供了科学的支撑与重要的参考，是我国发布的颇具影响力的全球智库研究报告。该报告制定了"全球智库综合评价指标体系"，从吸引力、管理力和影响力三个层次对全球智库进行评价，综合评价指标体系由五级指标构成，总分为 355 分。中国社会科学院评价研究院在智库评价领域开展时间早、成果多元丰富，对于我国智库评价来说具有重要的开创意义。

浙江大学信息资源分析与应用研究中心编写的《全球智库影响力评价报告》以智库影响力评价为抓手，比较当前全球主流智库评价体系的优劣，基于数据公开、面向世界、评价透明、计算可重复的原则，对全球著名智库活动进行数据驱动范式的综合性评价与评级。《全球智库影响力评价报告》采取每年发布一版的形式，从 2017 版开始发布，目前发布到 2021 版，报告以中文发布在浙江大学信息资源分析与应用研究中心官网。

四川省社会科学院与中国科学院成都文献情报中心联合研创《中华智库影响力报告》，从 2015 年开始每年发布一版，目前最新版为 2020 版，以发布会形式进行发布。《中华智库影响力报告》采用主客观数据相结合的评价模式，遵循评价目标的明确性、指标选取的全面性、指标选取的准确性和指标数据的可获得性四个原则，从决策、专业、舆论、社会和国际影响力五个维度，对中国智库的影响力进行评价。

清华大学公共管理学院智库研究中心发布的《清华大学智库大数据报告》是在全球范围内首次通过大数据评价方法和社交大数据资源对智库活动进行的综合性评价与评级。该报告通过对智库及专家言论在社交媒体中的大数据分析，推出了中国大数据智库指数和全球智库大数据指数，并公布了对中国智库和全球智库的评价结果。该报告首次发布于 2016 年，采取每年发布的形式，目前已出版四版。报告以"智库大数据报告"发布会形式发布，网上可下载完整纸质版。从评价对象上看，该报告在评价中国智库的基础上关注全球智库，体现出我国的智库国际话语权意识逐步增强；从评价标准上看，报告积极借鉴国际智库评价领域的前沿理念和技术方法，以网络和社交媒体指标为核心，使社会科学和现代信息技术相结合，为全面动态分析智库行为探索新路径。从评价周期来看，报告具有连续性，能够及时反映智库当前发展与最新研究进展。

南京大学中国智库研究与评价中心和光明日报智库研究与发布中心自2016年起发布《CTTI智库报告》，对中国智库索引（Chinese Think Tank Index，简称CTTI）来源智库进行全景和局部深度分析，并于2017年开始出版中英双语报告，向国际社会介绍推广我国新型智库建设成就。自2018年确定智库MAPAI测评指标以来，报告从宏观经济、产业与金融、国际关系与外交政策等17个政策领域，以产出影响力为导向对来源智库进行测评、排序与分析，总结国家高端与省市重点新型智库建设阶段性成就，利用详尽数据呈现我国新型智库发展各方面的特征，并对新型智库下一步建设提出中肯建议。《CTTI智库报告（2022）》将是该系列的第六本。

# 专题二 "中国智库索引"来源智库扫描

党的十八大以来,以习近平同志为核心的党中央高度重视新型智库建设,不断从国家战略高度部署智库建设工作,新型智库建设迎来黄金发展期,加之国家大数据战略的快速推进,基于数据的智库评价引起各界学者的广泛关注。基于上述背景,中国智库索引(Chinese Think Tank Index,简称CTTI)应运而生。CTTI作为一项基于中国体制优势、凸显中国话语的自主创新成果,在元数据设计、功能布局、架构搭建、机制创新等方面都具有自主知识产权,是一个集智库垂直搜索、智库数据管理、在线智库评价功能于一体的产品级数据管理系统。CTTI的出现,一定程度上消除了智库和用户之间的"信息不对称",为智库共同体提供了一个网络化的线上信息共享平台,也为我国智库建设与研究提供更为科学、全面、可信、可靠的智库评价依据,向国际舞台展示中国智库的"名片",真正实现"让智库数据活起来、用起来"。本专题旨在深入展示CTTI系统的发展历程、主要功能、系统架构,并通过系统数据资源分析来源智库的核心研究领域、专家队伍、地域分布、研究成果和各种活动报道等情况,以期通过对上述内容的深入解读,勾勒出一个相对真实、立体、充满活力的中国特色新型智库的进程与风貌。

## 一、CTTI系统概述

### (一) CTTI系统建设进展

2015年6月14日,江苏省高等学校社会科学基金重大项目"中国智库综合信息资源平台研究"被批准立项,CTTI原型系统研发正式启动。经过四个月的紧张开发,在光明日报理论部与南京大学联合主办的"新型智库机构评估与治理创新专题研讨会"上,"中国智库索引"原型系统正式发布。2016年3月30日,江苏省委宣传部哲学社会科学规划办公室资助50万用于CTTI系统一期开发,同年9月28日,CTTI系统正式上线。

CTTI系统是我国首个全套描述、收集智库数据,为用户提供数据整理、数据检索、数据分析和数据应用的智库索引系统。该系统不是对某个西方成熟产品的模仿,而是基于中国体制优势、凸显中国话语的自主创新,在设计理念、功能布局、数据采集机制、评价机制等方面都拥有自主知识产权。在一年多的运营过程中,CTTI收集到了大量来自各类智库和管理部门的实际需求,发现智库信息管理工具的缺乏已严重制约智库机构的日常管理。因此,2017年5月,南京大学中国智库研究与评价中心与光明日报智库研究与发布中心联合课题组决定进一步完善CTTI系统的数据字段,优化系统功能,CTTI二期系统即CTTI Plus版本应运而生。

从面向智库定量评价到面向智库信息管理的业务需求,CTTI系统已经历了两代的升级。但随着CTTI系统建设的深入,我们发现还存在一定的提升空间。因此,CTTI项目组从2019年3月份开始对CTTI系统进行了新一轮的整合和升级,历时3年多,并于2022年7月正式上线,CTTI三期系统研发的重点放在了提高用户友好性和功能实用性上。为了维护系统的稳定性和现有数据的可靠性,CTTI三期系统的核心功能将延续前两期的设计,进一步强化SaaS服务,扩充字段信息,全面升级检索功能,整合前后台界面,完善数据导出功能,优化数据统计与管理,并增加便捷的数据分析工具。与前期相比,CTTI三期系统重点突出以下几方面特点。

### 1. 前后台一体化,操作界面更便捷

随着CTTI在国内外取得的影响力日益显著,以及智库共同体成员和智库云的不断增加,系统数据已迎来快速增长的阶段,庞大的数据量是对系统艰巨的考验。在CTTI二期系统中各机构管理员主要通过登录系统前台,在首页即"门户系统"中了解要闻公告,实现智库相关信息的检索,同时在"机构管理"即"数据管理系统"中维护本智库的相关数据。而云智库管理员主要通过登录系统后台完成数据审核、进行数

据维护。为了更好地管理数据、维护数据，CTTI 项目组通过对系统数据进行规整，在 CTTI 三期建设中完成了系统前台和后台的合并，实现了系统的"瘦身"，这也是 CTTI 三期系统最大的特点。前后台一体化极大地方便了各类用户的管理与使用，也使得系统的数据结构更加清晰，用户友好性进一步增强。如图 2-1 所示，CTTI 三期系统的主界面为包括后台管理员在内的各类用户提供了统一的登录入口，不同类型的用户可以通过点击右上方的"门户系统"或"数据管理系统"按钮进入不同的信息管理界面。其中，云智库管理员登录成功后，可以直接在"数据管理系统"中完成各类数据的审核工作并对各来源智库的数据进行维护。

### 2. 重整数据模块，智库特征更凸显

中国特色新型智库的五大功能包括咨政建言、理论创新、舆论引导、社会服务和公共外交。CTTI 二期系统已经设置成果管理、媒体影响力管理等能够反映智库功能属性的板块。为了进一步凸显智库的公共外交功能，三期系统在机构账号的活动管理中专门加入了"国际交流"模块，该模块的设置有利于各来源智库更加直观地了解机构国际合作与交流情况（见图 2-2）。需要说明的是，该模块的内容由系统自动根据机构所填内容进行测算。同时，CTTI 三期系统在机构账号的成果管理中也特意增加了"代表性成果"板块。该板块便于各来源智库根据"成果类型"或"成果所属专家"设置或查找本智库的代表性成果，旨在促进来源智库树立品牌意识，打造旗舰产品，并通过旗舰产品推广和传播智库研究成果。

### 3. 扩充字段信息，数据体系更完善

目前，CTTI 系统涵盖上千个字段，基本实现了对智库机构信息、专家信息、项目信息、成果信息、活动信息、影响力信息的全面覆盖。为了使这些字段更好地发挥作用，CTTI 项目组经过反复调研，从共同体成员、广大用户以及智库管理部门的实际需求出发，对各类字段再次进行了全面的修正。例如，考虑到智库性质的特殊性，CTTI 三期系统将"项目管理"从原有的成果管理中独立了出来，并在活动管理中新增了"讲座管理"，在媒体报道中新增了"期刊/杂志报道"，在成果管理中新增了"专利

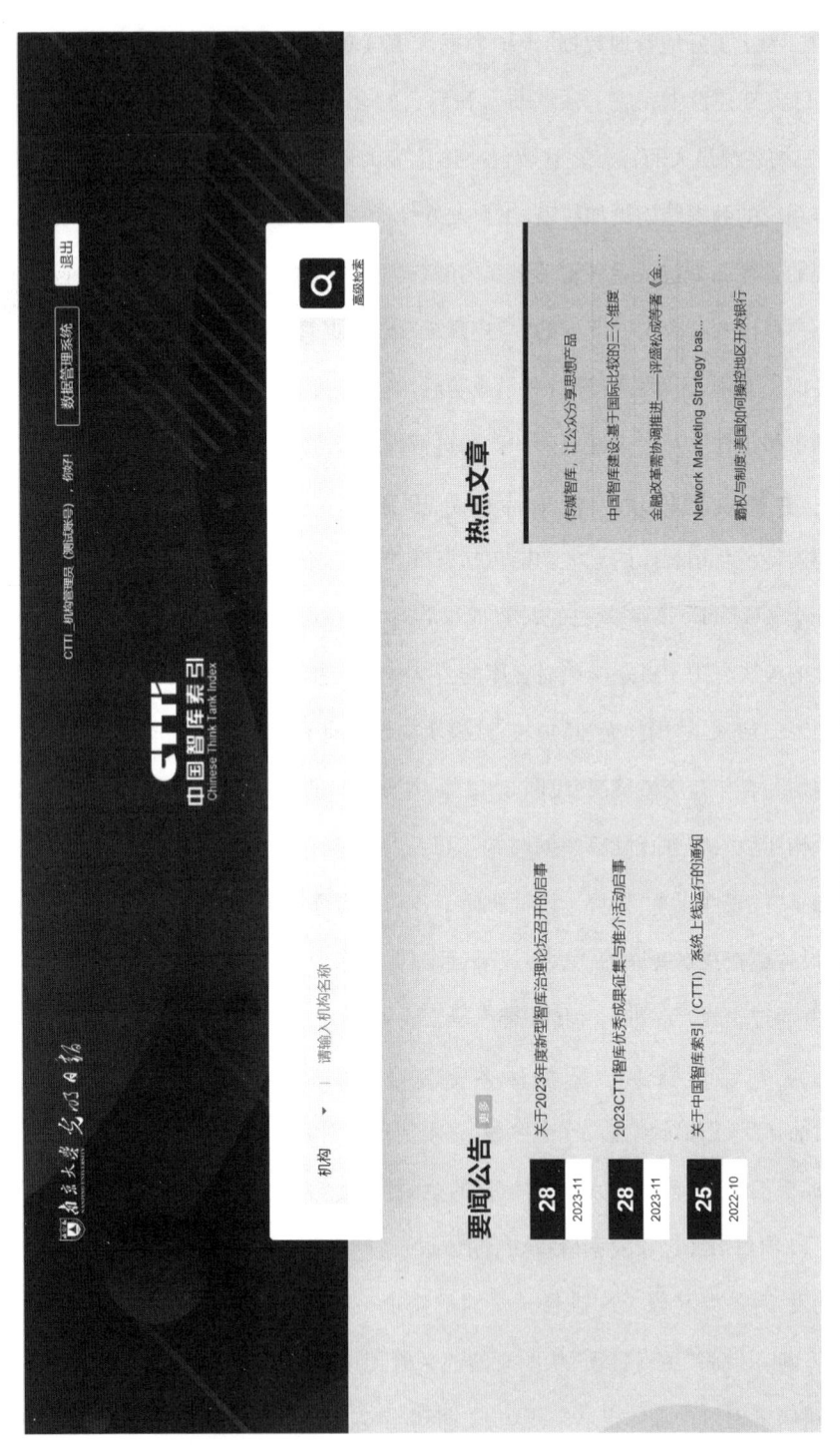

图 2 – 1  CTTI 三期系统云智库管理员账号登录界面

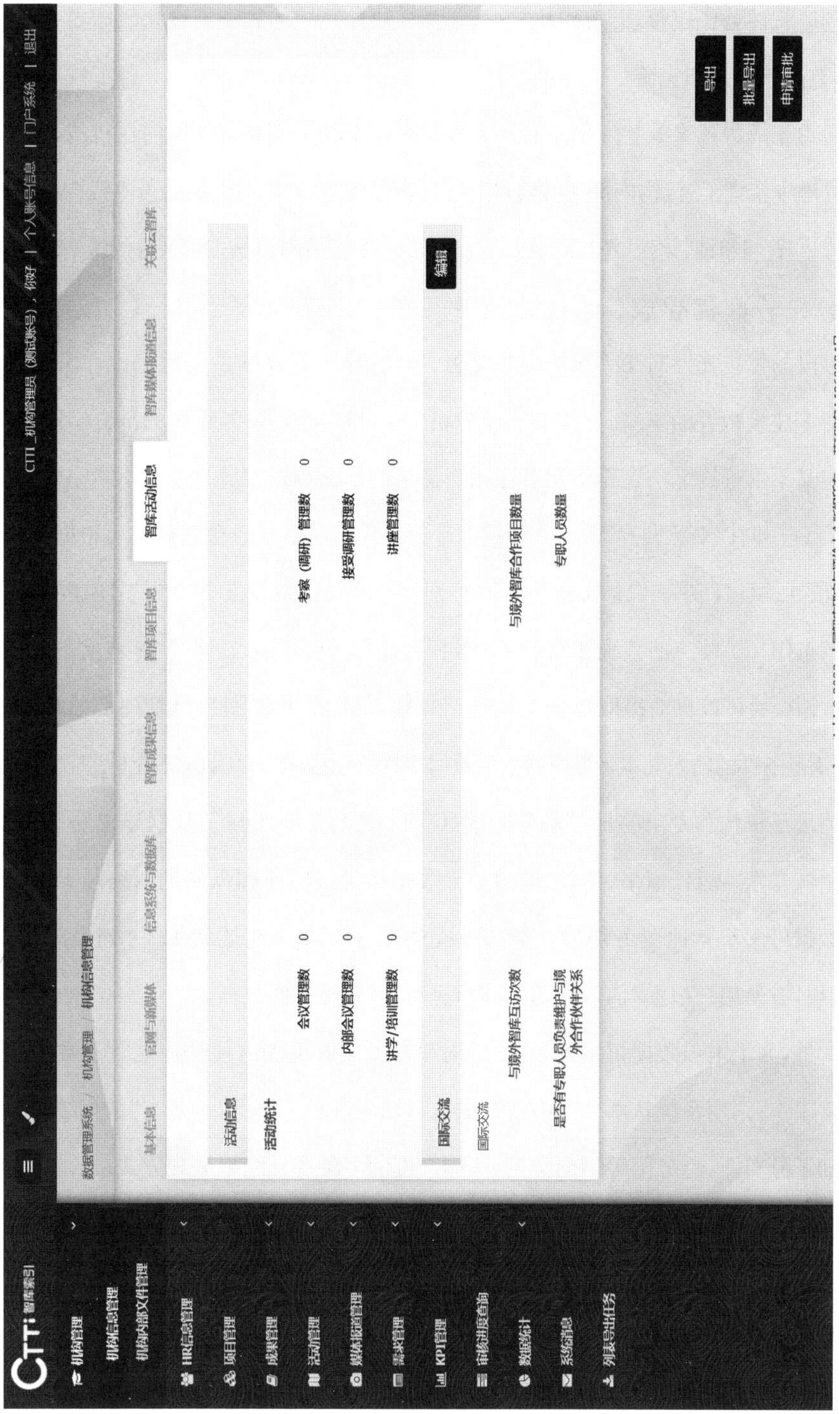

图 2-2　CTTI 三期系统机构账号登录界面

管理"和"软件著作权管理"等模块,这些新增模块使系统的数据类型和数据内容更加丰富,数据体系更加完善。

致力于成为各来源智库信息管理的好帮手,CTTI三期系统还专门在机构账号的机构管理中新增了"机构内部文件管理"模块,方便各来源智库记录、备份本机构的规范性运行、监管与申请、党建、考核以及其他方面的材料,实现对机构内部文件的统一管理。

### 4. 完善数据管理,系统应用更灵活

字段的可扩充性对于系统的成熟完善,以及准确、充分描述智库来说非常关键。随着智库建设内容的丰富,所涉及字段的相关信息也日益多样,系统的部分字段内容存在定义不准确或无法完全满足智库用户需求的情况,需要及时更新,不断完善。目前CTTI已拥有"来源期刊"等113个数据字典,二期系统中,后台管理员可根据机构、专家、活动、项目、成果、媒体报道等不同类别搜索并维护数据字典。为了便捷后台管理员的工作,CTTI三期系统开发了字段数据智能归一化功能,新增了"字典文本转换"板块。该板块可以自动提取数据字典的用户输入情况,并根据后台管理员的映射设置,将满足条件的输入文本转换成映射的数据字典,实现数据字典动态扩充(见图2-3)。

为满足机构和专家的日常业务需求,CTTI三期系统加强了数据导出功能的设计,机构、专家、项目、成果、活动、影响力等数据均支持横向和纵向的双路径导出,且导出数据可用于其他业务场景。值得一提的是,CTTI三期还增加了"列表导出任务"模块,方便用户根据"内容标题"随时查找自己已导出的数据。

此外,为了增强数据识别效果,使机构和专家能够更加方便快捷地管理数据,开展日常工作,三期系统从两个方面对数据统计功能进行了完善:一是在"数据统计"模块增加了分布图、趋势图等不同类型、不同维度的多种统计结果展现方式;二是在"机构管理"以及"专家管理"分别设有的机构信息管理和专家信息管理模块中对智库以及专家在CTTI系统中所填成果、项目、活动、媒体报道等信息的数量进行统计。需要说明的是,用户可以通过点击统计数值,直接进入相应界面查看该类统计数据的所有信息(见图2-4)。

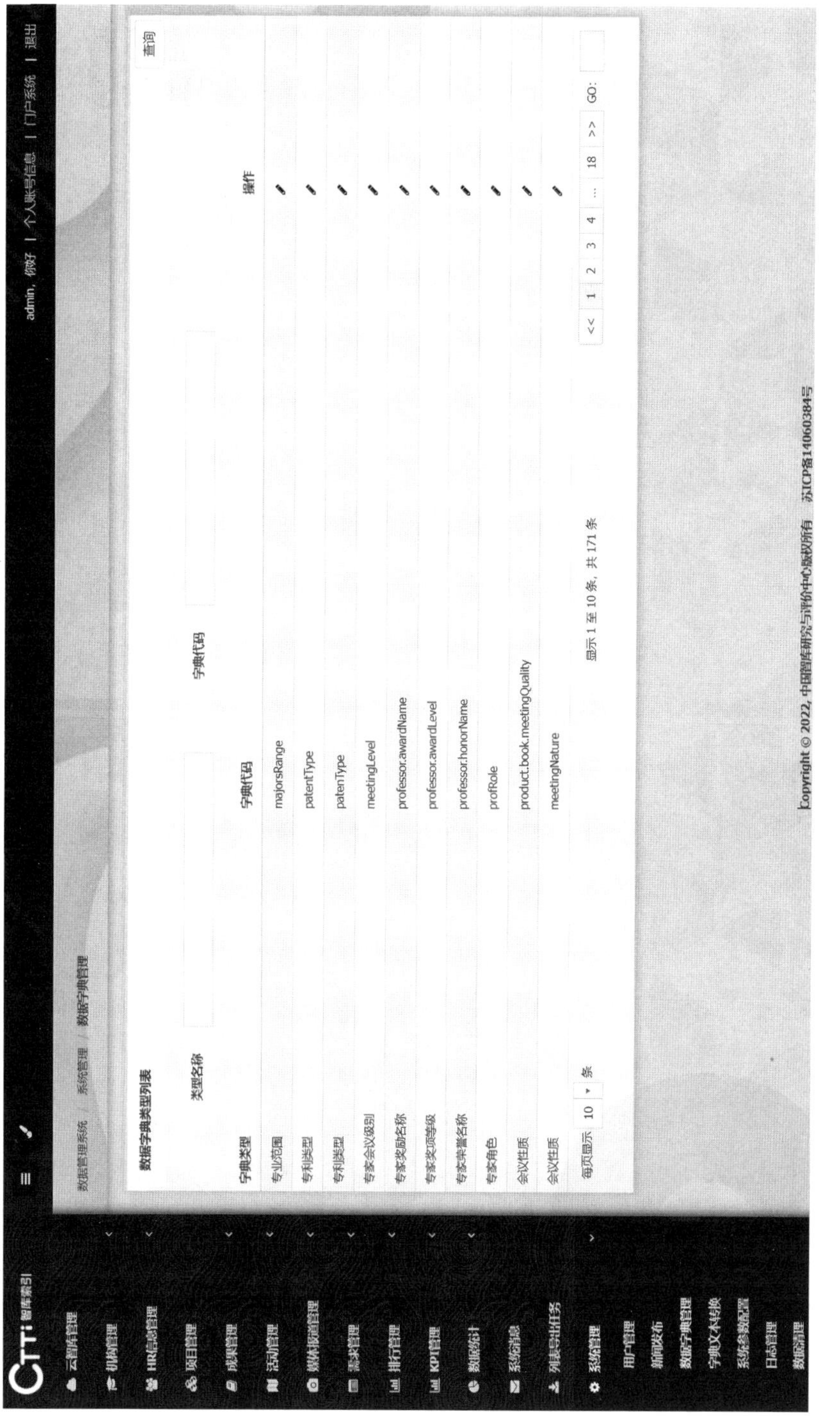

图 2-3　CTTI 三期系统数据字典管理界面

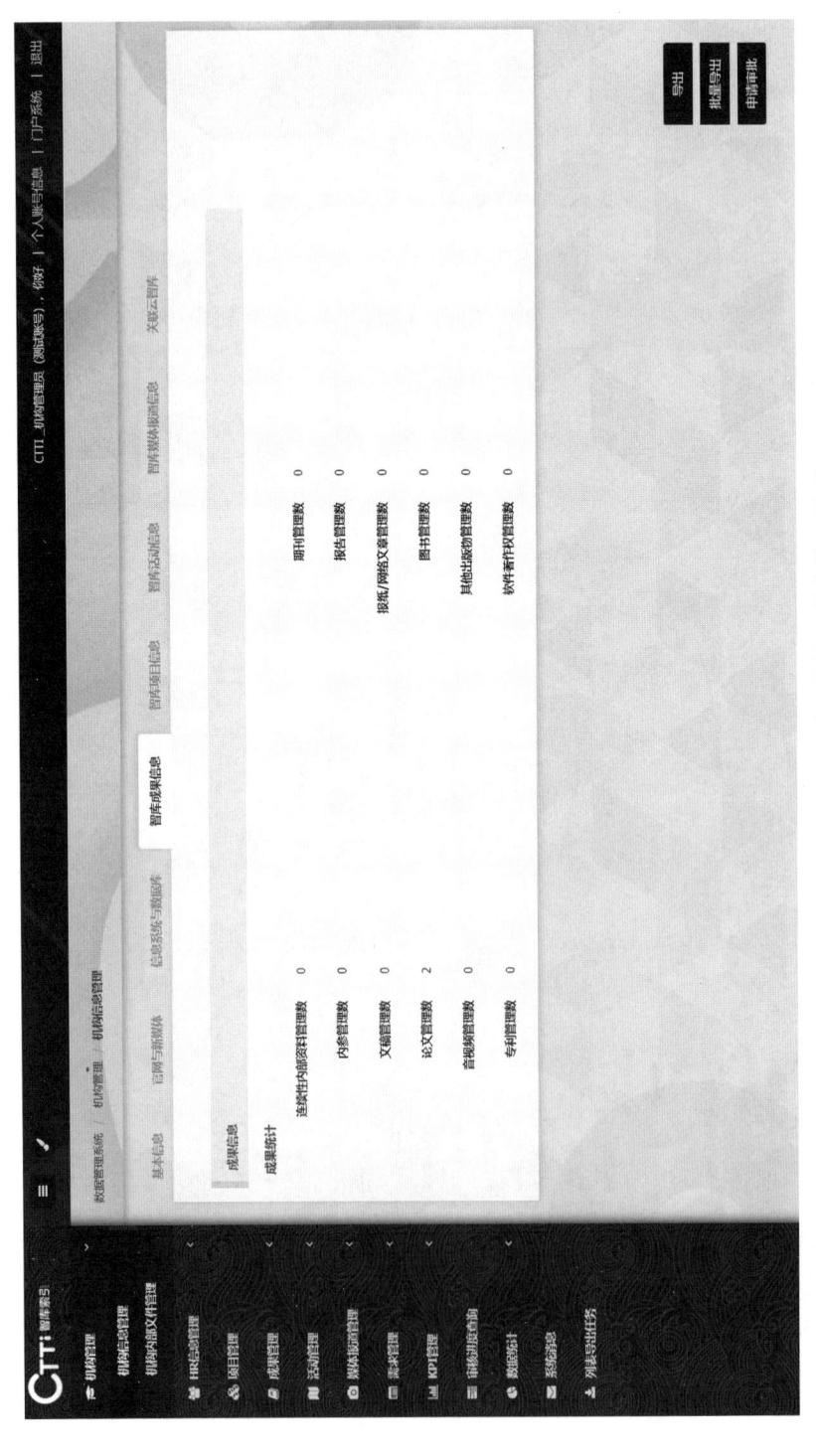

图 2-4 CTTI 三期系统机构账号信息管理界面

## （二）CTTI 系统的总体架构

CTTI 用户除了对智库有利用需求的政府内部政研室、负责智库注册、业务指导的民政局、宣传部等部门，智库管理员和专家等机构内部用户外，还有大学、科研院所等学术研究机构、企业和其他营利性机构、媒体及一般的公众。因此，CTTI 针对不同层次、不同类型的用户，设计了分层服务方案，给予针对性的服务，不同层次、不同类型用户访问到的数据层次和类型有所不同。此外，为了方便系统管理员的风险应急管理，CTTI 提供了瞬时关闭某一智库全部数据而不影响其他智库数据的功能。这样即使个别智库数据出现敏感问题，也不会影响整个系统正常运转。

目前，CTTI 的总架构除了本地主系统外，还包含智库云管理功能和智库共同体机制两个方面。作为 CTTI 的高级用户，共同体成员用户和智库云用户可利用该系统开展针对下辖智库机构和专家的自主评价工作。具体而言，这两类用户登录系统后，可依据评价目标和侧重点自行选择数据维度，并根据偏好配置权重，最终得到定制化的评价排序结果。

### 1. CTTI 系统的共同体

CTTI 共同体有利于共享智库建设成果，打造中国新型智库线上联盟。智库共同体旨在为有志于推进我国新型智库交流合作的智库机构和智库管理部门提供一个实体化的网络资源平台。共同体用户以政府智库管理部门、高校智库管理部门和大型智库为主。CTTI 共同体用户在本地独立部署 CTTI 系统，管理管辖范围内的所有智库，享有系统所有数据和功能的使用权，而且还能与南京大学中国智库研究与评价中心的主系统之间每日交换数据。对于共同体成员自行增加的智库，可通过系统内流程推荐到 CTTI 来源增补资源池，并赋予适当权重。共同体成员自建机构和专家数据将在本地维护，以保障数据安全性和私密性。当共同体用户推荐的智库被纳入到 CTTI 来源智库名录时，CTTI 将一次性收录该智库所有数据，并将之与中心系统的其他来源智库进行统一管理。

CTTI 将为中国智库共同体提供网络化的线上信息共享平台，并通过智库云功能进一步描述智库管理的层级。为与共同体成员现有管理信息系统兼容，我们将支持成员单位前台界面风格定制，并提供数据交换接口，以便与现有系统对接和交换数据，同时将以单点登录的方式实现所有共同体成员管辖下的用户统一登录。目前，已有天津社科联和山东省社会科学院两家单位成为CTTI智库共同体成员，并且已经完成本地的系统部署。

### 2. CTTI系统的智库云

为了满足广大智库管理部门在实际工作中的业务需求，经过对大量智库机构和智库管理单位的实地走访调研以及前期经验沉淀总结，CTTI项目组研发了智库云功能。智库云功能是将CTTI系统完善的智库数据字段、先进的数据库架构以及科学的智库评价算法面向广大有数据管理需求的机构或部门（如高校、地方社科院）开放，以线上大数据资源托管平台的方式为广大智库机构和管理部门提供数据管理服务。CTTI智库云旨在为不具备智库数据管理系统设计和研发能力的用户提供成熟的智库管理服务和索引服务，通过开通智库云，让普通机构、单位同样拥有中国智库索引系统的数据管理和检索能力。

CTTI智库云用户开通智库云，就等于在本地拥有了一套CTTI系统，即智库云用户将享有CTTI的高可信资源而无需单独部署，不占用本地硬件资源。需要强调的一点是，为保证数据安全，所有智库云之间的数据都是相对独立的。也就是说，智库云用户的所有数据只对该智库云框架内的所有云智库账号开放，并非面向公众开放。智库云管理员可以自行添加机构用户和专家用户，从而实现对管辖对象的数据管理，各个智库管理机构可通过加入智库云的方式共享CTTI系统。CTTI三期还预留了各智库机构自建系统数据同步入口，支持将各智库机构自建系统的数据，通过定制开发合入CTTI系统中。

智库云用户可享有的功能主要包括：创建机构、专家和检索账号；与CTTI功能一一映射的机构、专家、成果、活动、影响力等维度的数据管理功能；数据质量控制和审核发布功能；大数据统计分析功能；针对智库机构和专家的大数据评价功能；以及站内消息功能等。以高校社科处为例,可通过 CTTI 系统的智库云功能对学校范围内具有智库功能的研究中心、所、室开展统一管理。开通智库云功能后,只需登录系统即可完成以下工作:① 为研究中心、所、室创建机构账号,为机构的专家创建专家账号;② 统一管理审核这些机构和专家的成果、活动和影响力数据;③ 在智库云范围内(即本校智库范围内)开放数据检索;④ 生成各项数据的统计报表;⑤ 对智库云范围内的智库和专家开展评价。这些工作不仅能使高校社科处快速、准确地掌握各智库的建设状况和发展趋势,而且有利于高校社科处对所属智库进行科学管理。

### (三) CTTI 系统的主要功能

CTTI 系统填补了我国智库数据管理和在线评价工具的空白,为我国智库评价工作提供了基础数据,厘清了新型智库评价这一集合了机构评价、成果评价、人员评价以及活动评价的复杂工作的头绪,并引导这项工作趋于理性和客观。但需要指出的是,CTTI 评价的目的是服务来源智库,我们一直把遴选、采集数据,测评看成是我们向来源智库学习与沟通的过程,评价结果也主要为来源智库、管理部门和学术界提供一定参考。

#### 1. 检索功能

CTTI 的用户群体包括政府、企业事业单位、社会团体等,这些用户有大量的政策研究、咨询需求,但是他们未必知道谁是最恰当的解决方案提供者,而智库也常无法寻找到目标客户,造成智库功能发挥受限。CTTI 设计目标之一就是解决这种信息不对称情况。CTTI 以完备的字段作为支撑,结合多角度查询的方式,全方位展示查询结果,实现对智库机构从内部架构到外部活动、从人员组成到成果发布的立体式展示;实现对智库各种信息的智能分析,促使用户快速准确检索到目标信息,从而消除智库和用户之间的"信息不对称"。需要指出的是,CTTI 的数据以智库评价为目的,旨在为各种评价提供基础。

CTTI 二期系统首页主要实现检索功能,可完成机构检索、专家检索、成果检索、活动检索及需求检索等多项检索任务。但是,就具体的检索功能而言较为单一,为了建设一个更符合学术人士检索习惯的字库搜索引擎,CTTI 三期系统对此作出了全面升级。CTTI 三期系统强化了高级检索功能,根据不同检索对象,细化检索颗粒度,增加模糊匹配、精确匹配、与或关系组合等操作,以协助使用者更加快速、准确地检索到目标对象,其检索方式主要包括模糊检索、精确检索以及多条件组合检索。

在 CTTI 三期系统中所有输入类型的检索字段均支持模糊检索和精确检索。单一检索条件的多值检索,只需要以空格为分隔条件;对于多值间逻辑关系,系统会自动默认为"或"操作;多条件组合检索支持用户选择多条件间逻辑关系——"并且"及"或者","并且"表示所有条件全面命中则显示查询结果,而"或者"表示多条件中只需要命中任意一个则显示查询结果。

考虑到智库的特点,CTTI 三期系统优化了"政策研究领域"与"智库类型"检索模块,支持用户按照某一政策研究领域或智库类型来检索机构、专家、活动、成果等内容。以机构检索任务为例,用户如果想要在 CTTI 系统首页检索某一政策研究领域的机构,可以在左侧的列表中勾选对应的研究领域,然后再进行相关检索,最终检索结果将以列表形式呈现,结果条目按照命中权重即检索字段匹配率从高到低排序。

除了机构、专家、成果等内容的检索,CTTI 三期系统还支持智库项目和媒体报道的检索。与此同时,CTTI 三期系统给各检索模块设定了一些具体字段,支持多种类检索和单种类检索,其中多种类检索执行交叉检索;而单种类检索时,将显示更加丰富的字段供用户进行精确的检索。例如在机构检索中,用户可以按照机构名称、机构地址、首席专家等为检索字段进行检索。在专家检索中,用户可以通过姓名、所属机构名称、所属机构地域、职务信息、职称、学术称号、所在学科等检索字段进行检索(见图 2-5)。

### 2. 数据管理功能

CTTI 系统不仅是一个索引系统,更是一个信息管理系统,是面向智库 IT 治理的数据信息工具。用户可以通过对 CTTI 系统涵盖的上千个字段进行一系列操作,如数据的录入、修改、审核、发布、存储、统计、维护等,实现智库画像的全过程管理与描绘。

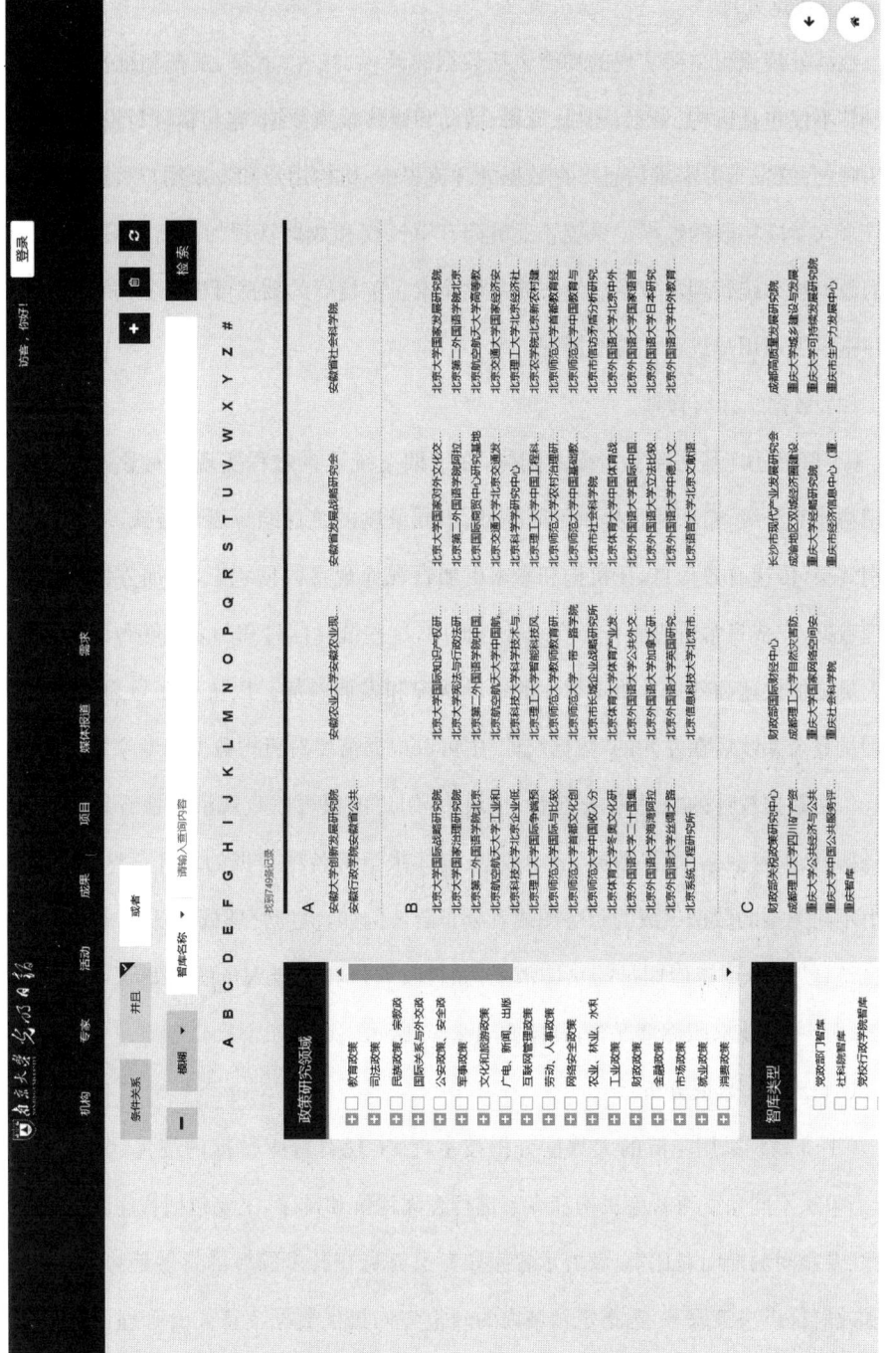

图 2-5 CITI 三期系统检索界面

(1) 数据处理

数据处理流程主要实现的功能包括数据的录入、修改、审核、发布和维护。其中"数据"不仅包括机构、专家、项目、成果、活动和媒体报道数据,也包括项目发布、研究员招聘、会议发布等需求信息。在数据处理流程中,机构用户和专家用户可通过登录系统录入对应字段的数据。系统管理员拥有审核权和数据管理的最高权限,用户录入的数据经系统管理员审核后发布或开放检索。审核后的数据可根据不同级别用户的检索权限对用户进行相应的展现。

(2) 数据统计与管理

CTTI致力于服务新型智库共同体,在三期系统建设过程实现了对数据统计与管理功能的升级,希望通过提供不同类型、不同维度的统计结果展现方式,增强数据识别效果,传递有效信息,让机构和专家更加直观地观察数据状态,更加方便快捷地管理数据,完成日常管理工作。在统计界面中,这些统计信息和图表能够帮助机构管理人员更加快速高效地分析本智库的建设状况和发展趋势。以机构账号为例,机构管理员登录系统后在左侧的"数据统计"中可以根据需要对机构数据和专家数据进行统计。在数据统计的"机构数据统计"模块中,用户不仅可以直观清晰地看到该机构人员信息、项目数据、成果数据、活动数据、媒体报道等各项数据的统计信息,还能看到由不同类型的数据生成的趋势图或者分布图。例如,机构管理员可以在"智库人员信息统计"中看到智库职员的总体情况,如行政人员和科研人员的全兼职、性别、年龄、学历、专业技术职称情况等,具体如图2-6所示。

(3) 云智库数据分析

CTTI系统采用主流的大数据分析技术,已实现对智库数据的统计、分析和挖掘,力争从不同角度对智库机构和专家进行客观评价和排序,主要包括智库间的横向对比、专家间的横向对比,以及展示智库和专家自身在各个领域的发展趋势,旨在为党和政府提供决策服务,为指定领域内的政策咨询提供数据支撑。云管理员登录账号后可以在左侧的数据统计中发现"常规报表""数据统计插件""机构数据统计""专

图 2-6 CTTI 三期系统机构账号数据统计界面

家数据统计"等模块,根据需求选择相应的统计数据便可点击查看。以"常规报表"为例,该部分包括机构地域与机构方向数据统计、机构类型与机构研究方向数据统计、专家所在学科与研究领域数据统计等内容,如图 2-7 所示。

### 3. 多样化的评价功能

(1) CTTI 评价基本原则

第三方评价是指由独立于承担方(执行方)之外的第三方组织实施的,依据适用原则和标准,按照专门规范和程序,应用科学、可行的方法对项目有关活动和效果进行专业化评判的过程。[①] 一般而言,公共评价的主体主要包括政府、个人、企业、社会组织等,如果把公共资源投入者是看成是评价的甲方(委托方),被评价者是乙方,开展评价者则是第三方。由于我国大部分公共资源的投入方是政府,因此社会组织开展的评价可称为第三方评价。CTTI 智库测评以第三方身份对智库机构运用资源方式的能力和效益进行过程—结果导向型评价,在评价过程中我们逐渐体会到以下几点并将其确立为基本原则。

① 实施评价的目的是为智库提升管理质量提供专业服务,而不是生产治理权和话语权。

② 评价是评估者向被评价对象学习的过程,是一个对话交流的过程,而不是训导与规范。

③ 评价是基于数据的系统分析,无数据则无法测量,无法获得数据的智库,不在评价范围之内。

④ 评价过程必须公正公开,结果可核查可重复,及时回应社会问责。评价者具备核心的业务能力。

⑤ 尊重机构的商业秘密、保护人的隐私、严守国家秘密的安全底线。

---

① 王传珂,张光军,徐隆波,等.美国国家点火项目第三方评价研究及对中国大科学工程的启示[J].科技管理研究,2016,36(18):45-50.

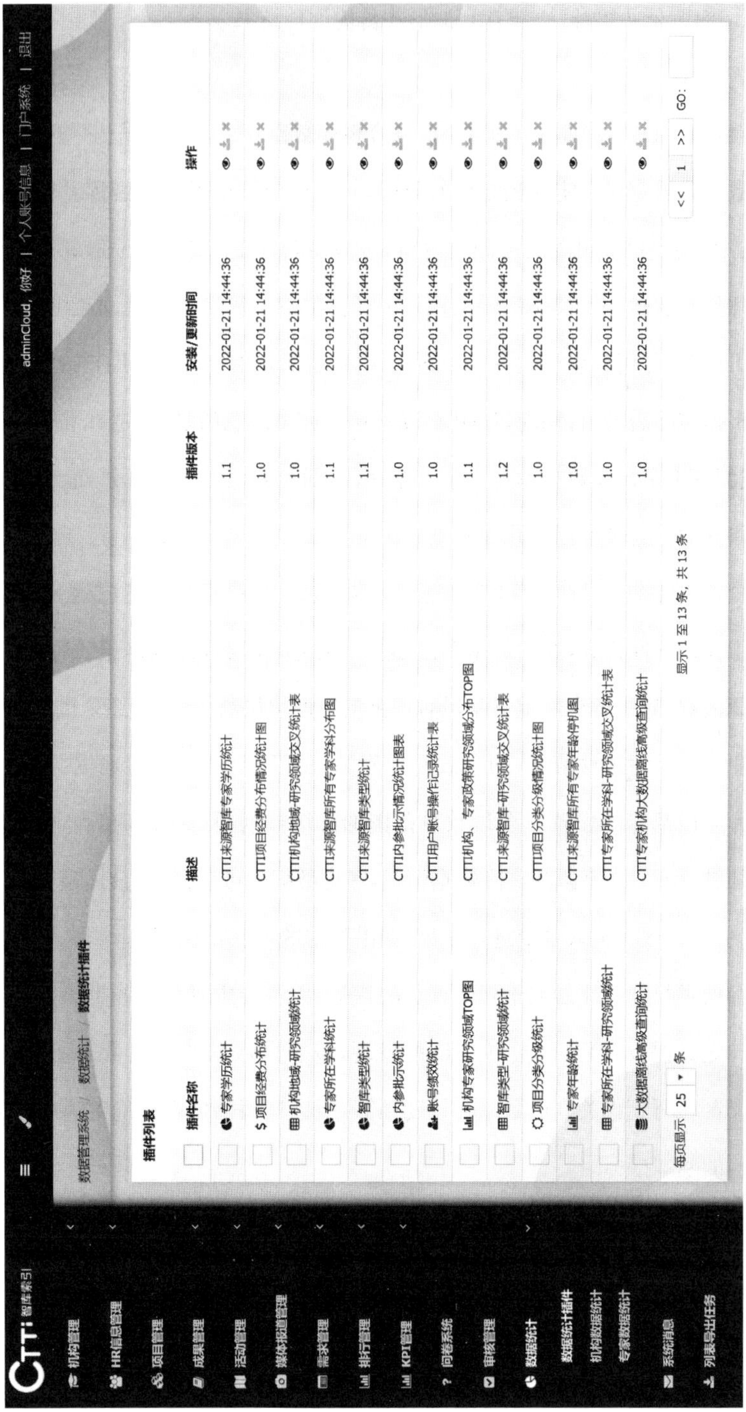

图 2-7 CTTI 三期系统云管理账号数据统计界面

⑥ 一切为了公共福祉,以非营利的形式传播评价结果。

(2) MRPAI 评价指标

我们希望运用数据科学的专业技能,结合现代智库管理的专门知识,对 CTTI 来源智库的数据开展定量和定性相结合的分析,并把评价结果提供给智库共同体。因此,CTTI 系统提供灵活可配的定制化评价,以应对智库的复杂特征,形成灵活可配的定制化评价。也就是说,MRPAI 测评系统可自主赋值算法支持时间范围可配置、评价指标可配置、分值权重可配置。共同体成员、智库云用户等高级用户或者系统管理员能够根据实际需求,自动配置 MRPAI 算法。需要注意的是,在选择和确定测评指标时,我们并不是涵盖数据库每一个数据字段,而是有所取舍。具体而言,我们在确定测评指标时主要关注以下几项原则。

① 指标数据颗粒度与可获得性相适应。我国新型智库建设虽已取得一定成效,但各智库工作差异性极大,原始数据形式多样。另外,我国智库数据累积性不强,数据管理意识欠缺,除了教育部重点基地有规范的数据填报制度外,大部分机构并无长期的数据积累。针对这种情况,为了鼓励智库填报 CTTI,降低填写数据的难度,大部分数据库字段都专门设置了合理数量范围的必填数据项。因此,在确定 MRPAI 指标时必须结合 CTTI 字段的实际数据情况,考虑数据的可获得性,具体遵循以下流程:将提出的指标逐一输入系统进行匹配,如果数据的可获得性不足 80%,则舍弃或者降低指标的颗粒度。比如关于智库人员的指标,原本希望对智库各类人员的职称和年龄结构进行评价,但是经过数据匹配发现,该字段数据的获取量未能达标,而 90% 的智库都填写了相关人员数量和年度预算,所以这两个值就被确定为衡量智库资源(R 值)的基本指标。

② 确保指标数据的关键性与代表性。选取的指标必须是体现智库属性的关键性、代表性字段。智库属性主要体现在完善的治理结构、较强的政策影响能力、创新多元的公共影响力提升形式、丰富的智库研究经验等,因此内参批示、研究报告、承接项目、旗舰会议、调查研究等字段成为重要的指标,强化智库属性、突出智库功能。

③ 保障指标的客观性与系统性。指标的客观性包括两层含义，一是评价指标本身能够彰显智库的真实属性与客观现状，二是指标取值来源于严密精确的智库数据，并不是估值、定性等主观数据。而指标的系统性则是指各种指标之间存在严密的逻辑关系与相互作用能力，既能够独立测评智库的不同能力建设情况，又能够通过关联性与系统性描绘智库建设总体特征。

④ 强调指标体系"以评促建"的重要功能。指标体系既需要符合当前新型智库建设的现状，也需要服务新型智库未来几年的"攻坚"建设任务，以此实现新型智库建设高质量发展。目前智库建设规律认识不到位、智库运行不够规范化流程化等问题仍然存在，因此仅依据国际标准测评智库显然会影响我国智库建设的特色化、专业化发展，影响智库建设的积极性、导向性，从而偏离智库评价的根本宗旨与目标。

依据以上原则，中心构建了智库 MRPAI 测评指标体系，具体包括 5 个一级指标，24 个二级指标。其中 5 个一级指标分别是 M(治理结构)、R(智库资源)、P(智库成果)、A(智库活动)、I(智库媒体影响力)。MRPAI 测评指标体系作为以结果为导向的智库效能测评体系，主要从资源占用量与资源运用效果两大维度测评智库。该体系既能评价智库的体量与产量，也能测评智库效能和智库属性强弱。该体系不仅能够对 CTTI 来源智库进行有效测评，也能够根据不同类型智库的特征进行微调，以此适应多元智库评价需求。

表 2-1　MRPAI 智库测评指标及其赋值

| 一级指标 | 代码 | 二级指标 | 代码 | 计分规则 | 分值 |
| --- | --- | --- | --- | --- | --- |
| 治理结构 | M | 理事会(董事会) | M1 | 有则赋值 | 15 |
|  |  | 学术委员会 | M2 | 有则赋值 | 10 |
|  |  | 咨询/顾问委员会 | M3 | 有则赋值 | 10 |
|  |  | 管理团队/首席专家 | M4 | 有则赋值 | 10 |

（续　表）

| 一级指标 | 代码 | 二级指标 | 代码 | 计分规则 | 分值 |
| --- | --- | --- | --- | --- | --- |
| 智库资源 | R | 年度预算 | R1 | ≤100万 | 20 |
| | | | | 每增加10万赋值x分 | 1 |
| | | 科研人员 | R2 | ≤10人 | 40 |
| | | | | 每增加1人赋值x分 | 2 |
| | | 行政人员 | R3 | ≤5人 | 20 |
| | | | | 每增加1人赋值x分 | 1 |
| | | 网络资源 | R4 | 有中文门户 | 20 |
| | | | | 有英文门户 | 8 |
| | | | | 有微信公众号 | 8 |
| | | | | 有官方微博 | 5 |
| | | | | 有专门数据采集平台 | 10 |
| 智库成果 | P | 单篇内参（无论是否被批示） | P1 | 按篇赋值 | 2 |
| | | 被批示内参 | P2 | 正国级/每条 | 30 |
| | | | | 副国级/每条 | 20 |
| | | | | 省部级/每条 | 10 |
| | | | | 副省部级/每条 | 5 |
| | | 智库主办/承办期刊 | P3 | 每种CSSCI来源刊 | 20 |
| | | | | 每种普通期刊 | 10 |
| | | | | 每种通讯/内参集 | 8 |
| | | 图书（正式出版） | P4 | 每种赋值 | 2 |
| | | 研究报告 | P5 | 每份赋值 | 4 |
| | | 《人民日报》《求是》《光明日报》 | P6 | 每篇赋值 | 5 |
| | | 论文 | P7 | CSSCI来源刊论文/每篇 | 1 |
| | | | | SSCI/A&HCI收录/每篇 | 2 |
| | | | | CSCI/EI收录/每篇 | 1 |

(续 表)

| 一级指标 | 代码 | 二级指标 | 代码 | 计分规则 | 分值 |
|---|---|---|---|---|---|
| | | | | 其他普通论文/每篇 | 0.5 |
| | | 纵向项目 | P8 | 纵向—国家社科重大/教育部社科重大 | 10 |
| | | | | 纵向—国家社科重点/国家自科重点 | 6 |
| | | | | 纵向—国家社科一般项目/青年项目 | 4 |
| | | | | 纵向—省部级项目 | 2 |
| | | | | 纵向—其他 | 0.5 |
| | | 横向项目 | P9 | 文科项目>=1万 | 2 |
| | | | | 文科项目>=5万 | 2 |
| | | | | 文科项目>=15万 | 3 |
| | | | | 文科项目>=30万 | 4 |
| | | | | 文科项目>=50万 | 6 |
| | | | | 理科项目>=2万 | 2 |
| | | | | 理科项目>=10万 | 3 |
| | | | | 理科项目>=25万 | 4 |
| | | | | 理科项目>=50万 | 6 |
| | | | | 理科项目>=100万 | 11 |
| | | 无类别级别项目 | P10 | 每个赋值 | 1 |
| 智库活动 | A | 会议 | A1 | 主办承办全国性会议/每次 | 10 |
| | | | | 省市自治区一级会议/每次 | 5 |
| | | | | 国际性会议/每次 | 10 |
| | | | | 其他会议/每次 | 3 |
| | | 培训 | A2 | 全国性培训活动/每次 | 8 |
| | | | | 其他层次培训 | 2 |
| | | 调研考察 | A3 | 接受副国级领导以上调研活动/每次 | 15 |
| | | | | 接受省部级领导/专家调研/每次 | 5 |
| | | | | 接受其他层次领导/专家调研/每次 | 2 |
| | | | | 外出调研考察 | 1 |

（续　表）

| 一级指标 | 代码 | 二级指标 | 代码 | 计分规则 | 分值 |
|---|---|---|---|---|---|
| 智库媒体影响力 | I | 报纸新闻报道 | I1 | 中央级 | 5 |
| | | | | 省部级 | 4 |
| | | | | 地方级 | 3 |
| | | | | 境外媒体 | 2 |
| | | | | 其他媒体 | 1 |
| | | 电视新闻报道 | I2 | 中央级 | 5 |
| | | | | 省部级 | 4 |
| | | | | 地方级 | 3 |
| | | | | 境外媒体 | 2 |
| | | | | 其他媒体 | 1 |
| | | 网络新闻报道 | I3 | 中央级 | 5 |
| | | | | 省部级 | 4 |
| | | | | 地方级 | 3 |
| | | | | 境外媒体 | 2 |
| | | | | 其他媒体 | 1 |

指标权重的分配有多种方式，MRPAI采取的是直接赋值法，易于理解，便于复核，直观公开。被评价者可以根据既定的算法直接复核所得数值是否准确，评价主客体之间的对话性较强。但同时评价的要求比较高，不仅赋值要比较合理，而且测评系统也要保证精确，否则就无法及时回应被评价者的质疑。

表2-1指标赋值采用德尔菲法，先后进行了4轮专家调查，合计98位智库界专家接受了问卷调查，在此基础上，MRPAI的二级指标赋值中进行了一些调整。在人员指标（R2—R3）方面，当前在人事制度改革和智库专家的弹性工作制度影响下，不应仅凭工作时长与任务承重度划分全职研究人员与兼职研究人员，因此本体系并未区分全职与兼职，只规定了科研人员数量与行政人员数量的得分阈值。在网络资源

(R4)方面,本体系将网络资源作为智库基础设施的重要部分,摒弃了传统对有形物质办公条件的测量,强调智库网站建设、社交媒体运维、数据库建设等方面的接入能力与使用能力,以此评估我国智库建设的数字化素养与水平。在智库成果(P1、P2、P5)指标中,内参、批示和研究报告的赋值较高,强调智库发挥决策影响力的重要职能,为了鼓励智库在内参成果方面的产出,本体系规定凡是在省部级以上内参集(内部报送性连续出版物)上有所发表的,无论批示与否均予以赋值,此外 P6 指标突出《人民日报》《光明日报》《求是》在我国政策话语体系中的特殊地位,为智库提升政策影响力和公共影响力提供指导。

此外,MRPAI 测评指标体系在智库活动成果方面赋值较高,强调高层次高水平的论坛和会议是智库发挥作用的重要途径,也是智库区别于传统研究机构的重要特征之一。会议不仅可以传播信息,而且是智库拓展研究网络、政策网络的主要渠道之一。世界著名智库大多是重大政策路演的主要平台和会议策划机构。与此同时,调研考察是具有中国特色的智库研究方法,是自中共建党以来一脉相承的重要研究方法,是大数据时代依旧无法取代的独特研究方法,因此,MRPAI 测评指标体系对调研考察活动也赋予了较高的分值。

(3) MRPAI 测评系统

MRPAI 测评系统深刻理解了 MRPAI 指标体系、赋值和排序规则,运用了先进的排序算法,也包含了一些基本的机器学习功能,能够对来源智库进行即时测评。MRPAI 测评系统既可以综合排序,也可以分不同类型排序。另外,MRPAI 测评系统还有查询功能和数据统计分析功能,不仅能够准确定位智库和专家,而且可以统计出每个智库或者每位专家 MRPAI 指标的具体得分情况。这样可以清楚地分析来源智库各分值之间的比例,也可以揭示智库在管理、资源、成果、活动等具体方面的强弱,对改善智库管理有极大的帮助。

CTTI 系统设置了灵活可配的定制化评价功能——将 MRPAI 测评系统指标项分值做成了可调整的参数形式。这样评价主体在登录系统后,可依据评价目标和侧重点自行选择数据维度并配置权重，调用不同的算法，从而得出不同的个性化的排序结果。需要说明的是，MRPAI测评系统布置在系统管理员账号中，机构账号和专家账号暂时无法查阅，这样可以比较好地保护机构和专家测评数据安全，尊重专家个人隐私。未经机构和专家本人同意，CTTI项目组不会向任何第三方透露详细测评结果。

（4）主观评价功能

CTTI系统现已收录18 000多名专家，并将这些专家都纳入到智库主观评价资源池中。就智库评价而言，专家对于智库的主观评价也是一个不可或缺的维度。所以，CTTI系统在MRPAI算法的基础上，又引入了专家主观评价。

CTTI系统后台开发了问卷调查的功能，专门用于收集专家的主观评价数据。系统以邮件通知的方式将待评价的智库列表及评价的维度以问卷链接的形式发送至专家，专家登录系统对这些智库打分，再由高级用户或系统管理员将主观评价结果与客观的定量评价结果做综合计算，进而对这些智库作完整的综合评估。

CTTI系统经过近六年的建设与升级已成为智库界兼具检索、管理与评价功能的重要工具。CTTI三期系统充分考虑智库的实际需要，优化了字段和各类数据导出，旨在最大程度上方便不同层次用户的使用。三期系统将充分利用南京大学在智库和社会科学评价方面的积累，发挥光明日报在智库传播方面的优势，以及中国智库研究与评价中心的研究优势、出版优势、文献服务优势和网络运行环境优势，整合各方力量将CTTI打造成为全球智库搜索的重要工具，并以此为契机提升我国在国际智库评价领域的话语权，为促进智库国际交流贡献力量，全力助力我国新型智库建设向前推进。

## 二、2022 CTTI来源智库增补概况

在党的二十大精神鼓舞下，为进一步探索中国特色新型智库建设的新路径与新模式，也为了CTTI来源智库目录更加准确地反映我国新型智库发展的总体情况，南

京大学中国智库研究与评价中心研究决定正式启动 2022 CTTI 来源智库增补工作，仍然沿用智库主动申请和专家评价相结合的方式，严格执行来源智库增补的遴选标准和要求，把控新增智库建设水平。

### （一）2022 CTTI 来源智库增补标准

为进一步提高 CTTI 来源智库的代表性、示范性和规范性，CTTI 2022 年度来源智库增补工作在以往来源智库入围标准的基础上细化了评审指标，对智库的基础建设、课题与项目、决策咨询、理论创新和舆论引导、内部治理、个性特色等指标均做出了更高的要求，拟收录建设时间不低于三年、发挥实际作用、产生较大影响力、具有较高能见度的新型智库。CTTI 2022 年度来源智库申报单位应当符合以下要求：

1. 必须为依法合规设立三年及以上、始终坚持正确的政治方向、相对稳定、运行规范的实体性非营利性研究机构，拥有独立办公场所。

2. 必须有特色鲜明、长期关注的决策咨询研究领域，并在该领域产出水平较高影响较大的理论研究和决策咨询成果。

3. 拥有 1—2 名具有较大影响力和知名度的首席专家，具备结构合理的核心研究团队，配备全职行政人员和科研助理。

4. 具备稳定的、可持续的经费来源。接受社会捐赠、企业资助、境外资金须符合国家法律和有关政策规定。

5. 具有常态通畅的成果报送渠道和较高的成果转化能力，能够充分发挥决策咨询、理论创新、舆论引导、对外交流、社会服务等智库功能。

6. 具有运行良好的独立官方网站和相对完备的图书资料及数据积累。

7. 有规范的组织章程，设有理事会（或者管理委员会）和学术委员会等内部治理机构并切实发挥作用。

具体标准详见下表。

表 2-2　2022 CTTI 来源智库增补标准

| 考评项目 | 考评内容 | 指标解释 |
| --- | --- | --- |
| 资格证明 | 机构性质 | 智库作为相对稳定、运作规范的实体性研究机构 |
| 政治要求 | 意识形态安全 | 智库成立以来未发生意识形态安全问题 |
| 基础建设 | 团队建设 | 智库拥有一定规模的高质量专、兼职研究团队，并聘有全职行政人员 |
| | 资金保障与使用 | 智库有稳定、可持续的资金来源 |
| | 出版物 | 智库主办的连续出版的公开刊物或内部刊物 |
| | 官网和新媒体 | 智库有独立的官方网站，在"两微一端"等社交媒体建立官方社交账号并定期更新 |
| | 信息化建设 | 智库拥有自建、共建数据库，并配有信息化管理系统 |
| 课题与项目 | 基金项目 | 智库基于自身研究基础自主申报并承接国家级、省部级基金资助的科研项目 |
| | 党委政府委托课题 | 智库承担党委政府部门委托的课题 |
| | 社会服务类项目 | 智库承接社会各界委托的课题 |
| 决策咨询 | 优秀成果获批示采纳 | 智库提交的研究成果受到采纳或批示 |
| | 为厅局级及以上部门提供政策咨询 | 智库参与厅局级以上单位的咨政活动，包括但不限于参与论证会、座谈会、协商会、听证会等 |
| 理论创新和舆论引导 | 学术研究 | 智库形成的有重要影响的理论创新成果 |
| | 重大活动能见度 | 智库围绕重大活动接受中央级或省级新闻媒体采访及发表代表性成果 |
| | 重大舆情引导能见度 | 智库针对重大舆情事件接受中央级或省级新闻媒体采访及发文 |
| | 有效利用新媒体传播 | 智库在中央级网络新媒体平台、省级主流网络新媒体平台发表智库成果 |
| 内部治理 | 管理机构 | 智库有完备的组织章程，设有理事会、学术委员会等机构；制定了中长期发展规划、年度工作计划 |
| | 考核与激励 | 智库的成果考核与激励制度 |
| | 经费管理 | 智库出台专项经费管理细则并切实规范执行的情况 |
| | 供需对接机制 | 智库与政府实际工作部门建立常态化联系机制 |

(续　表)

| 考评项目 | 考评内容 | 指标解释 |
| --- | --- | --- |
| 特色指标 | 重大贡献 | 智库在决策咨询、公共外交、舆论引导等方面取得显著成效 |
|  | 体制机制创新 | 智库在体制机制改革创新方面取得重要典型经验 |
|  | 荣誉 | 智库获得的省部级及以上荣誉和奖励 |

### （二）2022 CTTI 来源智库增补流程

2022 年 10 月 28 日,南京大学中国智库研究与评价中心在官方网站(https://cttrec.nju.edu.cn)和公众号(CTTI)中,正式对外发布《2022 CTTI 来源智库增补启事》,本年度增补工作正式启动。增补工作按照"发布增补启事—智库填报申请—资格审查—初步遴选—专家组评审—公布名单—发放证书"环节严格执行。申请增补的智库需填写《2022 CTTI 来源智库增补申报书》并编制《2022 CTTI 来源智库增补支撑材料编制指南》,申报材料着重体现智库的机构性质、基础建设与数字化建设、专家团队背景、旗舰成果与活动,提供机构基本信息及主管/直属单位科研管理部门意见以备资格审查,较为全面地考察智库运行的情况。

本次来源智库增补工作得到了智库界和各级科研管理部门的大力支持,河南大学、暨南大学、广州大学、华南理工大学等高校科研处均发挥了较强的统筹协调职能,以学校为单位宣传、组织、筛选,并向 CTTI 增补工作组递交申报材料。本年度共收到申请材料 187 份。经过对申报材料的审核与筛选、专家组评审后,最终确定本年度增补智库 86 家,入选率为 46%,较高的入选率得益于各申报智库对增补工作的高度重视和认真准备。部分申请智库因智库属性不足或学术成果转化能力较弱而落选,具体体现在咨政成果较少、仅有学术成果、制度建设尚未完全等指标上。

86 家入选智库中有 6 家来自天津社科联推荐的智库,天津地区 CTTI 2022 年度来源智库增补工作仍旧由天津市社科联负责组织实施。

此外,本次 CTTI 来源智库清退与增补同时进行,今年以"机构已撤销或合并"

"机构自愿退出""无法取得联系且数据填表不积极"为三大出清原因,共清退38家来源智库,确保CTTI系统数据的科学填报与后续工作的有序开展。

因此,截至2022年12月31日,CTTI现有正式来源智库已经达到了988家。

### (三) 2022 CTTI增补智库特征

本年度的智库增补工作受到了各级各类智库的热切响应。从增补智库类型来看,本次增补高校智库72家、党政部门智库3家、社科院智库3家、企业智库5家和社会智库3家;从增补智库层次来看,本次增补智库中有省部级以上重点研究基地共35家。高标准、严要求的增补审核过程确保收录的来源智库是建设有序、有一定影响力的成熟智库。

相较往年,今年通过增补的智库呈现出以下鲜明的特点:

1. 研究领域多元。86家增补智库共35个覆盖研究领域,实现"全面布局、多点开花",从经济高质量发展到改革开放,从全过程人民民主到美丽中国建设,从居民收入增长和经济增长到人民精神文化生活,发挥智库应有之义。

2. 专家团队强大。86家增补智库中的专兼职研究人员共计3 200余人,其中副高级职称以上2 300余人、院士3人,说明增补智库具有健全的人才制度体制,能够引进和培养高层次人才,反哺智库建设。

3. 理论基础扎实。86家增补智库出版专著800余本,发表学术论文10 000余篇。此外,本次增补的智库中,高校智库占比84%,为智库研究提供了坚实的学术与理论支撑,同时不少非高校智库在智库建设中也很重视学术研究的价值。

4. 咨政能力突出。86家增补智库获省部级及以上领导批示1 000余份、厅局级领导批示200余份;省部级及以上部门采纳1 600余份、厅局级部门采纳400余份,证明增补智库实力强、成果多,资政影响力不容忽视,是CTTI来源智库的重要组成部分。

## 三、CTTI 来源智库收录数据透视

### （一）基本特征的数据分析

#### 1. CTTI 来源智库地域与类型

按照中国行政区划标准，CTTI 来源智库地区分布情况如图 2-8 所示。CTTI 来源智库覆盖我国 22 个省、4 个直辖市、5 个自治区，说明 CTTI 系统在我国的智库研究与评价领域产生具有广泛的影响力。从 CTTI 收录的各个省市的智库数量看，我国的智库分布呈现出明显的地区性差异，东部沿海地区和直辖市智库数量集中，中西部地区智库数量偏少。具体情况如下：

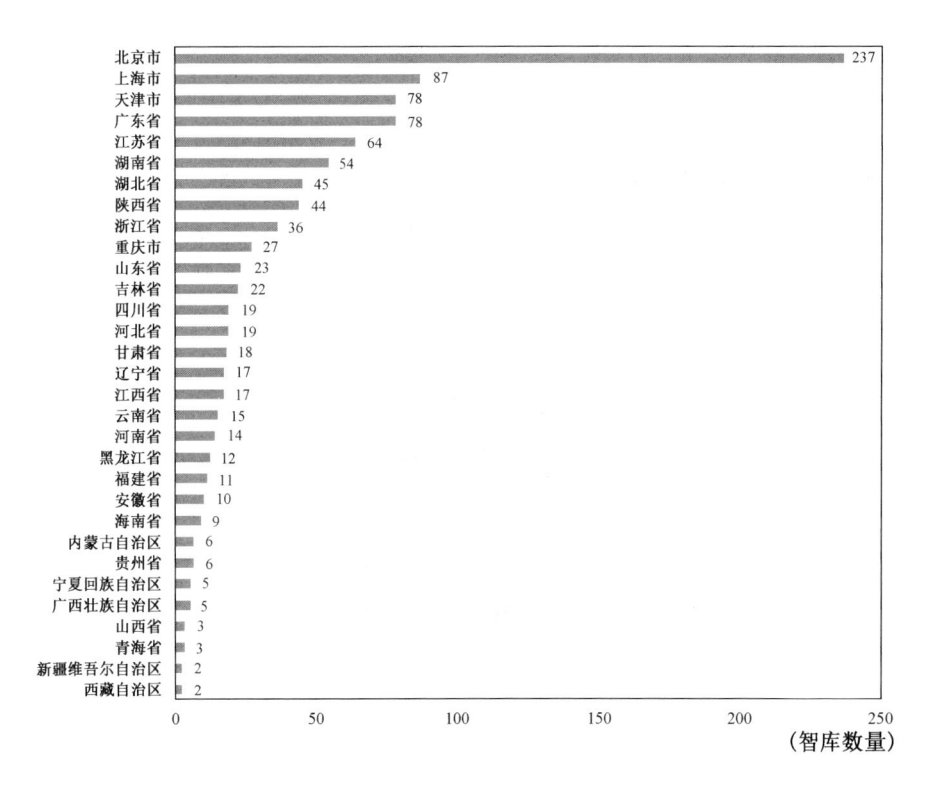

| 地区 | 智库数量 |
| --- | --- |
| 北京市 | 237 |
| 上海市 | 87 |
| 天津市 | 78 |
| 广东省 | 78 |
| 江苏省 | 64 |
| 湖南省 | 54 |
| 湖北省 | 45 |
| 陕西省 | 44 |
| 浙江省 | 36 |
| 重庆市 | 27 |
| 山东省 | 23 |
| 吉林省 | 22 |
| 四川省 | 19 |
| 河北省 | 19 |
| 甘肃省 | 18 |
| 辽宁省 | 17 |
| 江西省 | 17 |
| 云南省 | 15 |
| 河南省 | 14 |
| 黑龙江省 | 12 |
| 福建省 | 11 |
| 安徽省 | 10 |
| 海南省 | 9 |
| 内蒙古自治区 | 6 |
| 贵州省 | 6 |
| 宁夏回族自治区 | 5 |
| 广西壮族自治区 | 5 |
| 山西省 | 3 |
| 青海省 | 3 |
| 新疆维吾尔自治区 | 2 |
| 西藏自治区 | 2 |

图 2-8　CTTI 来源智库地域分布情况

一是地区差距显著：智库主要集中在经济发达和政策影响力较大的省市，如为北京市（237 家）、上海市（87 家）、广东省（78 家）、天津市（78 家）、江苏省（64 家）。尤其

是北京市,作为全国的政治、经济、文化中心,拥有的智库数量远超其他地方。北京市作为中国的首都和政治、文化、教育、科研中心,拥有众多的高等教育机构、科研机构、企业等,为智库提供了丰富的人才、信息和资源。同时,政策的集中度也在一定程度上决定了智库在北京的高度集中。作为决策中心,政府机关、研究机构、智库等可以在此直接获取并影响政策,进行政策咨询和政策倡导等活动。而经济较弱的地区,如西藏自治区、新疆维吾尔自治区、青海省、山西省等地的智库数量明显较少。

二是东部沿海地区和直辖市智库数量集中。除了北京和天津这两个直辖市外,东部沿海经济发达的省级行政区如上海市、广东省、江苏省也有较多的智库,这与地区的经济发展水平、人才集聚程度以及政策环境密切相关。

三是中西部地区智库数量偏少。相比于东部地区,中西部地区智库的数量普遍较少,可能与这些地区的经济发展、教育资源和人才状况有关。这些地方智库的发展也需要得到更多的关注和支持,以帮助促进当地的科技创新和政策研究。

根据图2-9可知,首先,高校智库占据了主导地位,数量达到709家,占据了来源智库的71.76%,可见高等教育机构在理论研究和政策建议方面的重要作用。其

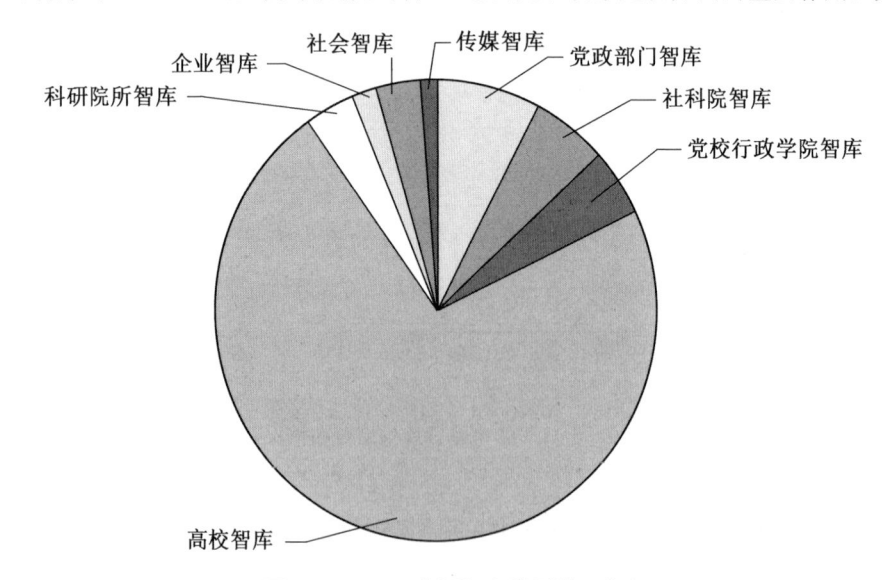

图2-9 CTTI来源智库类型情况分布

次,党政部门智库、社科院智库、党校行政学院智库、科研院所智库四类智库也占据了相对重要的位置,分别占据了7.69%、5.57%、4.66%及3.64%。这些智库主要依托于政府和科研机构,致力于政策研究和科学研究,对于政府决策有重要影响。社会智库、企业智库、传媒智库的比例较小,分别为3.24%、1.72%、1.11%。总体看来,高校智库是我国新型智库的重要组成,而政府部门和科研机构也在智库建设中起到了重要作用。其他类型的智库虽然比例较小,但在特定领域和问题上仍然具有独特的视角和影响力。

### 2. CTTI 来源智库的研究领域

在公共政策研究中,通常会涵盖多个研究领域。每个智库根据自身的专业特长和研究定位,会选择专注于特定的研究领域。这些研究领域通常在智库成立之初就已经明确,并且会作为智库的核心任务和主要业务持久存在。虽然智库关注的具体问题和政策议题可能会随着现实决策环境的变化而变化,但其研究领域的设定基本上是固定的。CTTI 针对我国的学科和专业设定情况,以及公共政策的实际需求,将我国智库的政策研究划分为 40 个研究领域。这些研究领域几乎覆盖了所有的学科和专业,旨在为公共政策研究提供全面的视角和深入的理解。

表 2-3 CTTI 来源智库的研究领域分布情况

| 智库类型<br>政策研究领域 | 高校智库 | 党政部门智库 | 社科院智库 | 党校行政学院智库 | 科研院所智库 | 社会智库 | 企业智库 | 传媒智库 | 总计 |
|---|---|---|---|---|---|---|---|---|---|
| 国际关系与外交政策 | 125 | 4 | 7 | 1 | 1 | 5 | 3 | 1 | 147 |
| 对外贸易政策 | 74 | 12 | 11 | 4 | 0 | 5 | 2 | 2 | 110 |
| 科技政策 | 48 | 4 | 1 | 3 | 20 | 6 | 1 | 0 | 83 |
| 教育政策 | 73 | 5 | 0 | 0 | 1 | 1 | 0 | 0 | 80 |
| 文化和旅游政策 | 57 | 4 | 2 | 0 | 1 | 4 | 1 | 1 | 70 |
| 城乡建设政策 | 46 | 4 | 11 | 2 | 0 | 3 | 1 | 0 | 67 |
| 党建政策 | 23 | 6 | 5 | 30 | 0 | 1 | 1 | 0 | 66 |

（续　表）

| 政策研究领域\智库类型 | 高校智库 | 党政部门智库 | 社科院智库 | 党校行政学院智库 | 科研院所智库 | 社会智库 | 企业智库 | 传媒智库 | 总计 |
|---|---|---|---|---|---|---|---|---|---|
| 司法政策 | 55 | 1 | 3 | 0 | 0 | 1 | 0 | 0 | 60 |
| 民族政策、宗教政策 | 48 | 0 | 6 | 4 | 0 | 1 | 0 | 1 | 60 |
| 财政政策 | 36 | 11 | 7 | 0 | 1 | 2 | 2 | 1 | 60 |
| 民政政策 | 39 | 3 | 9 | 3 | 0 | 0 | 1 | 0 | 55 |
| 意识形态政策 | 21 | 3 | 5 | 18 | 0 | 2 | 0 | 2 | 51 |
| 工业政策 | 36 | 3 | 2 | 0 | 5 | 1 | 3 | 0 | 50 |
| 农业、林业、水利政策 | 35 | 2 | 7 | 2 | 2 | 1 | 0 | 0 | 49 |
| 环境政策 | 35 | 3 | 1 | 1 | 3 | 0 | 0 | 0 | 43 |
| 能源政策 | 15 | 8 | 1 | 0 | 5 | 1 | 5 | 1 | 36 |
| 互联网管理政策 | 26 | 00 | 1 | 1 | 1 | 3 | 1 | 2 | 35 |
| 公安政策、安全政策 | 30 | 2 | 1 | 0 | 1 | 0 | 0 | 0 | 34 |
| 网络安全政策 | 24 | 0 | 0 | 2 | 2 | 2 | 0 | 2 | 32 |
| 国家重大战略研究问题 | 24 | 2 | 1 | 1 | 0 | 1 | 2 | 0 | 31 |
| 金融政策 | 19 | 5 | 3 | 0 | 0 | 2 | 0 | 1 | 30 |
| 人口政策 | 20 | 4 | 5 | 0 | 1 | 0 | 0 | 0 | 30 |
| 劳动、人事政策 | 17 | 6 | 4 | 2 | 0 | 0 | 0 | 0 | 29 |
| 市场政策 | 16 | 3 | 1 | 0 | 0 | 1 | 3 | 0 | 24 |
| 广电、新闻、出版政策 | 11 | 2 | 0 | 0 | 1 | 0 | 0 | 6 | 20 |
| 资源政策 | 17 | 1 | 0 | 0 | 1 | 1 | 0 | 0 | 20 |
| 医疗卫生政策 | 16 | 2 | 0 | 0 | 1 | 0 | 0 | 0 | 19 |
| 海洋政策 | 14 | 2 | 0 | 0 | 0 | 1 | 0 | 0 | 17 |
| 军事政策 | 5 | 1 | 1 | 0 | 0 | 2 | 0 | 0 | 15 |
| 交通政策 | 13 | 0 | 0 | 0 | 0 | 0 | 0 | 0 | 13 |
| 就业政策 | 7 | 2 | 3 | 0 | 0 | 0 | 0 | 0 | 12 |
| 统战政策 | 10 | 1 | 1 | 0 | 0 | 0 | 0 | 0 | 12 |

(续 表)

| 政策研究领域＼智库类型 | 高校智库 | 党政部门智库 | 社科院智库 | 党校行政学院智库 | 科研院所智库 | 社会智库 | 企业智库 | 传媒智库 | 总计 |
|---|---|---|---|---|---|---|---|---|---|
| 服务业政策 | 6 | 0 | 1 | 0 | 1 | 2 | 1 | 0 | 11 |
| 高端制造业政策 | 8 | 1 | 0 | 0 | 1 | 1 | 0 | 0 | 11 |
| 港澳台政策 | 8 | 0 | 1 | 0 | 0 | 3 | 0 | 0 | 11 |
| 监察政策 | 10 | 0 | 0 | 0 | 0 | 0 | 0 | 0 | 10 |
| 住房政策 | 6 | 0 | 2 | 1 | 0 | 0 | 0 | 0 | 9 |
| 审计政策 | 5 | 0 | 1 | 0 | 0 | 0 | 0 | 0 | 6 |
| 食品、药品政策 | 6 | 0 | 0 | 0 | 0 | 0 | 0 | 0 | 6 |
| 消费政策 | 5 | 0 | 0 | 0 | 0 | 0 | 0 | 0 | 5 |

（数据来源：CTTI系统）

党的十八大以来，中国特色新型智库成为国家治理能力体系和治理能力现代化建设进程中的重要内容，习近平总书记在党的十九大报告中明确提出"加强中国特色新型智库建设"，智库建设被提升到国家战略高度。由此，掀起了一股智库研究的热潮。时至今日，智库研究和建设工作在国内各个领域都显得越来越重要。

其中，"国际关系与外交政策"是目前阶段最受智库关注的领域，总共有147个智库进行研究，"对外贸易政策"是第二大关注领域，共有110个智库在研究，这反映了在全球化的背景下，对外贸易政策对于国家的经济发展有着至关重要的作用。

其次，"科技政策"领域有83个智库在进行研究，这可能表明科技政策被广泛认为是影响国家发展和竞争力的关键因素。这些智库可能在推动技术创新、研发投入和科技教育等方面提供重要的策略建议。"教育政策"领域有80个智库在进行研究。教育对于社会发展有着重要作用，包括人力资本的形成，社会公平，以及国家的长远发展等。这些智库可能在教育改革，教育公平，以及教育和经济发展关系等问题上进行深入研究。"文化和旅游政策"领域有70个智库在进行研究。文化和旅游业是现代服务业的重要组成部分,它们对于提升国家软实力,推动经济发展,和提高民众生活质量都有着重要作用。这些智库可能在文化产业发展,旅游业规划,以及文化和旅游业与其他领域的关系等方面进行研究;"城乡建设政策"领域有 67 个智库在进行研究。城乡建设关系到国家的基础设施建设,房地产市场,以及农村发展等问题。这些智库可能在城市规划,房地产政策,农村发展策略,以及城乡差距等问题上进行研究。

此外,分别就不同类型的智库来看,高校智库凭借所依托的学科和专业优势,拥有大量智力资源,对各类政策领域均有不同程度的研究。与社科院智库、科研院所智库等不同类型智库进行比较,高校智库涉及的政策研究领域明显更多、更广。企业智库、社会智库、传媒智库等智库,除较少涉及党建政策、监察政策、公安政策等领域,其他多数研究领域均有涉及,体现了智库研究的广泛性和多样性。

### (二) 人才队伍建设

"人才是创新的根基,创新驱动实质上是人才驱动",习近平总书记高度重视人才培养,认为"人才是事业发展最宝贵的财富,人才资源是党执政兴国的根本性资源"。充足的智力资源也是智库发挥智库职能、保持核心竞争力的根本动力源泉,因此人才队伍的建设对于智库发展起到了至关重要的推动作用,做好人才培养对于智库无异于是如虎添翼。

随着智库持续发力,高端建设格局已初步锁定,奠定了我国智库智力资源是由首席专家带头、研究骨干团队以及引入外部柔性团队组成,建构起专职与聘任一同发力、走出去和引进来相结合的智库特有的人才体系。在智库智力禀赋侧,现有人才资源和未来人才培养同样重要,前者决定智库当前的研究水平的高低,后者对于智库长期的智力发展潜力有着深远影响,下面分别就这两方面进行简要分析。

#### 1. 来源智库专家现状分析

(1) 来源智库专家基本情况

据 CTTI 系统数据统计,现收录专家共 20 655 人,较 2020 年的 15 730 人增长 31.3%,专家大幅增长,说明收录智库的在两年间飞速不断发展,广泛吸纳人才资源。

如图2-10所示，在20 655名来源智库专家中，4 850人是智库的全职专家，剩下15 805位专家均为兼职专家，全职专家占比23.5%，比2020年略微上涨，全职专家对于智库有着重大意义，一定程度上决定了智库研究团队的稳定性与研究成果水平的平均水平。过去两年中，来源智库广招人才、研究团队扩充超过三成，并没有一味地为了追求研究团队数量而吸收过多的兼职专家，重视全职专家对于智库研究水平的贡献，实现了专兼职人才资源建设并驾齐驱。

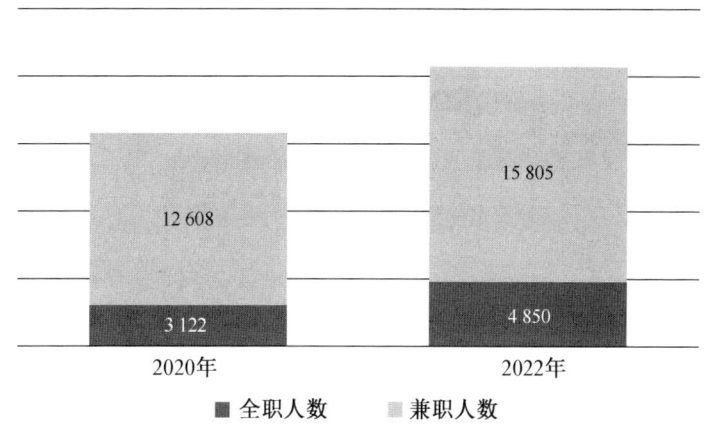

**图2-10 CTTI来源智库全职和兼职专家人数分布图**

根据世界卫生组织对年龄阶段的划分[①]，44岁以下为青年人，45—59岁为中年人，60—74岁为年轻老年人，75岁以上为老年人，对收录专家信息的年龄阶段进行统计，排除少量异常数据后共计19 163条，结果如图2-11所示，专家群体主要是由中年、青年和年轻老年人构成，从专业素养、经验阅历以及精力来看，中青年专家的确更能发挥自身智慧，助力智库发挥职能，是研究团队中当之无愧的中坚力量，起到了上承资深专家的指导意见、下引领年轻学者砥砺深耕的传帮带作用。此外，四个年龄段的职称比例的差异也十分显著。部分并未填写职称字段数据在图中显示为灰色部分

---

① 世卫组织确定新年龄分段:44岁以下为青年人[EB/OL].[2023-06-29]. https://world.huanqiu.com/article/9CaKrnJAukl.

的"其他",从有效数据中可以很明显地看到,年龄层级越大,中低级职称比例越小,副高级和高级职称比例越高,在年轻老年人和老年人共2 311条有效数据中,仅有16人为初级职称或中级职称,其他都是副高级或高级职称,这个趋势也比较符合我国的职称晋升制度,要求基于原始学历,从低级到高级逐级晋升,每晋级一次都需要在原职称中任职若干年后再进行申请。

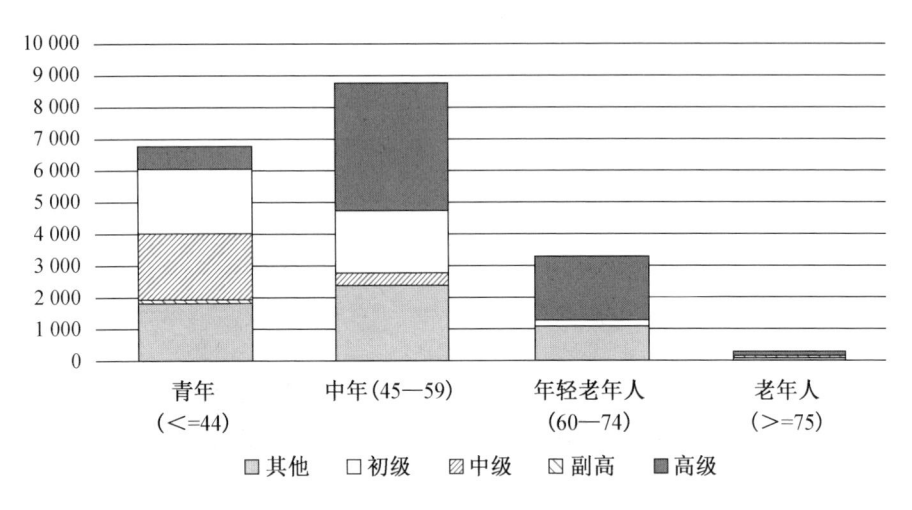

图2-11 CTTI来源智库专家年龄与职称分布图

(2) 来源智库专家专业水平

一般情况下,由于智库研究对于深度和准度的要求,智库专家的主要研究领域与自己所在的学科背景都息息相关,因此分析专家的学历和研究学科分布有助于深入智库专业水平建设的整体认识。

从最高学位的分布情况看,智库专家团队以博士为主,硕士和学士占比较小,这种情况和专职专家团队及兼职专家团队类似,说明智库的研究团队普遍是高学历人才,在特定研究领域有深厚的专业背景和扎实的学术功底做支撑,如图2-12所示。智库的研究内容本就要求较高的专业性和智力知识水平,对于高学历人才的追求是每一个智库的通识。但是,随着智库的不断发展,影响层级提高,对于研究人才的要求也不断升级,既要求有深厚专业背景,又要求在管理创新等方面具备丰富的实践经验,下一步智库需要思考如何吸引和培养高学历、高技能人才。

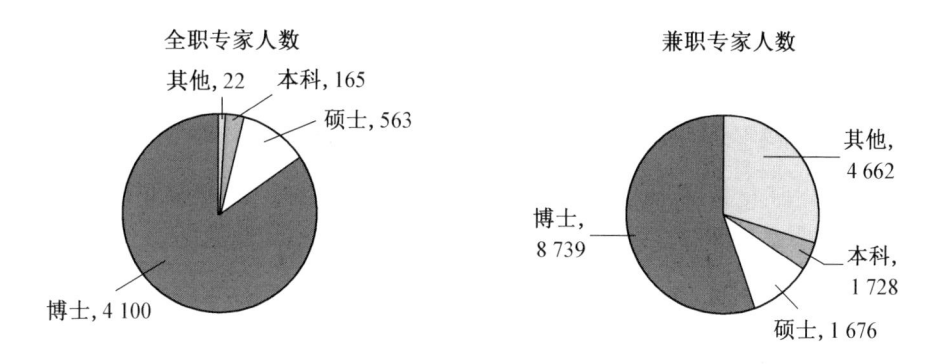

图 2-12 CTTI 来源智库专家专兼职和学位分布图

此外,兼职专家的"无""其他"最高学位信息比例明显高于全职专家,一方面可能因为智库聘任兼职专家更注重实际工作经验或"旋转门机制"带来的独特视角,而非专业学历;另一方面可能是因为智库缺乏对于兼职专家信息的流程化管理,导致数据不全面。

如图 2-13 所示,在有效数据中,经济学、法学和管理学是来源智库专家最为集中分布的学科领域,占比分别为 24.2%、21.7% 和 18.4%;其次是文学、教育学、工学、历史学,基本在 5%—8%,而其他几个学科的专家占比较少。不难看出,支撑智

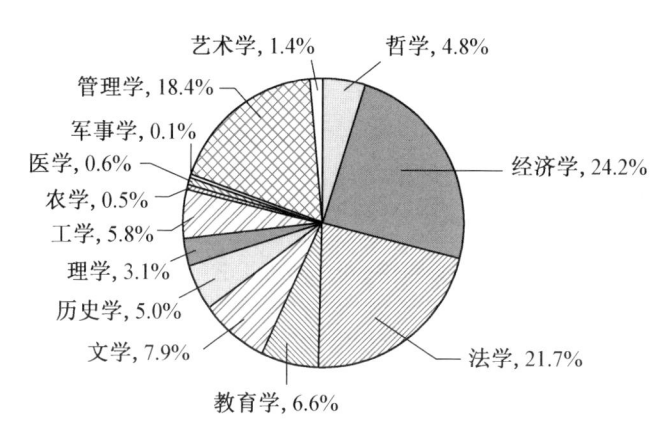

图 2-13 CTTI 来源智库专家所在学科统计分布图

库研究的主力军仍然属于社会科学学科,而来自农学、医学和军事学的专家非常少,三者合计1.2%。

通过对比2018年、2020年和2022年的专家学科分布的统计数据,图2-14呈现了CTTI收录专家4年间的学科分布变化情况。其中经济学、法学、管理学一直位居前三,四年内占比总和均超过60%,是名副其实的智库研究主流学科,这正好符合智库研究主要范围。智库研究主要为公共政策领域问题,而以经济学、管理学、法学为主干的社会科学主要研究各种社会现象,更加贴合智库以社会现实问题为研究切入点的宗旨,长期以来为智库研究提供了坚实的理论知识储备。经济学和法学占比逐步降低,而管理学占比在2020年较大幅度下降后略有回升,但笔者认为三大主流学科占比下降的原因与本身无较大关系,主要是由于人文学科的兴起,也就是文学、历史学、教育学和哲学等学科占比的提高。可以看见,人文学科虽然所占比例并不突出,但总体呈现上涨趋势,这说明智库近年来更加重视人文学科对于公共政策的价值和影响,智库研究在掌握公共政策大方向的基础上,开始向小而精发展。

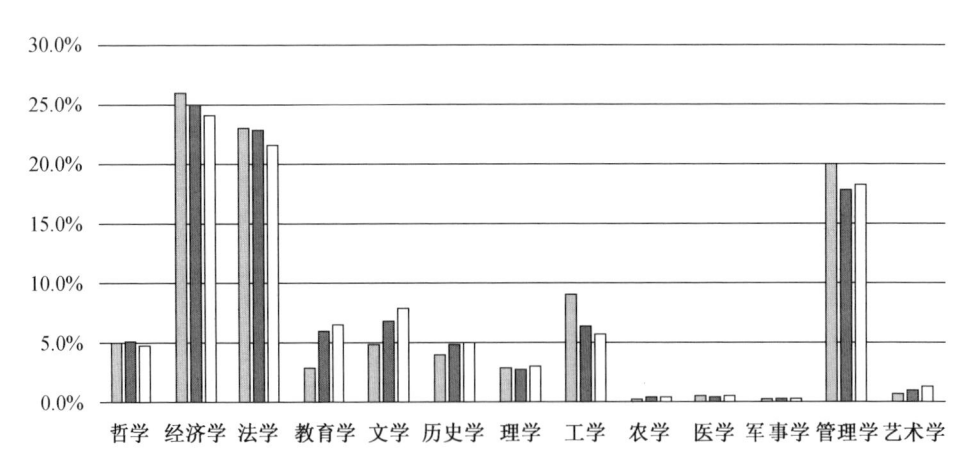

图2-14 2018—2022年CTTI来源智库专家学科分布统计结果对比图

但是,四年中理工农医和军事学学科发展态势缓慢,所占比例一直较低,比例平均且基本没有变化,工学甚至有较为明显的下降趋势,这与智库研究囿于社会属性、对理工学科关注不够、人才引进力度较低有关。我国一直重视科学技术和相关人才培养,科学技术是第一生产力,代表先进生产力的发展要求,就要重视科技创新,重视科技人才的培养,重视科技事业的发展。智库应该加强对于科技人才的吸纳和培养,推动更多科学成果的转化与落地。

### 2. 来源智库人才培养的现状分析

在人才培养战略方面,现代智库都十分重视积蓄"人才活水",大多数顶尖智库都具备完整的人才培养机制,保障智库可持续发展。CTTI来源智库的主要组成部分为高校智库,而其他类型智库的智力资源建设路径有很强的个体差异,无法进行标准化分析,因此本节主要从高校智库的人才培育链条进行分析。

高校智库在人才培养方面具备很多天然优势,拥有海量高层次人才、学科建设经验和人才培养经验,以及学术与决策咨询结合的交流平台,因此高校智库应该把握好育人优势,为自己和智库界提供人才支撑和储备。

此外,部分高校智库具有培养硕博研究生的条件,打通学术研究与咨政服务的差异,形成高校智库的特色人才培养机制。根据统计,CTTI收录的高校智库中,共有310家智库开展招生。在"现有硕士生"字段共289家智库填写有效数据,"现有博士生"字段共272家智库填写有效数据,其中更是有255家智库同时培育硕士研究生、博士研究生。

智库在培养高层次学历人才的同时,学生通常作为实习生或兼职人员参与智库的日常运营工作,有机会体验真实的智库咨询项目流程,为智库分担部分日常工作。智库需要把握学生培养和咨政建言的内在联系,推动两者融合并进,将学生的培养教育深入融合到智库的各项工作中,培养与智库功能定位匹配的专业高层次人才。

此外共有222家智库还设立了博士后流动站,并且根据在站人数统计显示,如表2-4所示,绝大多数智库拥有1—5名博士后成员,这类智库占据设立博士后流动站的智库总量的一半以上;仅有很小一部分智库拥有10人以上的博士后,其中最多拥有博士后数量达43人。据中华人民共和国人力资源和社会保障部最新数据,截至目前,我国累计招收博士后约34万人,设站单位涵盖国家经济社会发展各主要领域。因此博士后作为一类特殊引进人才,不管在智库还是高校、企业都是珍贵的人才资源,博士后人才也能反映智库的研究实力。在智库实际工作中,博士后人才可以视作专家,为智库研究提供智力支撑,博士后出站后也有机会成为智库的正式聘任专家,因此建立对于博士后人才培育锁定机制对于智库十分重要,在培养人才的过程中,能够提前锁定符合智库研究范式的高端人才,并以优越的激励机制和晋升路线吸引人才留站。

表 2-4 CTTI 来源智库在站博士后人数分布统计表

| 博士后人数(人) | 1 | 2 | 3 | 4 | 5 | 6—10 | 11—20 | 20以上 |
| --- | --- | --- | --- | --- | --- | --- | --- | --- |
| 机构数量 | 23 | 35 | 23 | 9 | 21 | 19 | 13 | 4 |

总而言之,从现有的人才结构看,智库的研究团队完备,从职称到学历都有着充足的高层次人才储备,但是收录智库人才建设的整体水平还处在较为初级的阶段,对于人才的理解和吸收都还停留在通过聘任兼职专家主要扩充队伍、少数全职专家维持智库运营的阶段,整个团队灵活性有余而稳定性不足。根据调研,较多智库对于专业的智库人才的考评、激励机制都依托于主管单位较为泛化的文件,缺乏定制化的智库人才激励考核办法,而海外一流智库建立了个性化的人才培养方案和晋升机制,因此,虽然目前来看智库在短期内吸收研究专家的冲劲很足,囤积了大量高层次人才,但是对于其长期发展的规划尚有待进一步完善。

### (三) 项目与成果数据分析

#### 1. CTTI 来源智库项目分析

智库通常较为重视对各类项目的申报或承接,智库中许多研究成果的产出依托于相应的项目。并且,项目不仅具有科研价值,而且也是新型智库经费的主要来源,依靠项目经费开展具体研究是智库资金运作的重要环节。根据最新数据统计,CTTI共收录项目总数45 673项,同时按照智库已填经费数量进行分类统计可知,经费少于 5 万的项目数量最多,达到 13 825 项,占总项目的最大比例。这表明大部分的项目都是小型项目,这与智库自身规模和所处发展阶段有关;5 万到 15 万和 15 万到 30 万的项目数目较多,可见智库对中等规模的研究或者是一些较为成熟的项目研究较多。

表 2-5　CTTI 来源智库的项目经费及数量情况

| 经费范围 | 项目数 |
| --- | --- |
| 经费＜5 万 | 13 825 项 |
| 5 万≤经费＜15 万 | 13 477 项 |
| 15 万≤经费＜30 万 | 9 174 项 |
| 30 万≤经费＜50 万 | 3 573 项 |
| 经费≥50 万 | 4 164 项 |
| 经费为 0 | 1 460 项 |
| 共计 | 45 673 项 |

(数据来源:CTTI 系统)

基于研究需要,选择 CTTI 系统中立项时间范围在 2010 年至 2022 年期间的项目进行统计分析,其中横向项目共计 10 593 项,纵向项目共计 28 411 项目。横向项目数和纵向项目数从 2010 年到 2022 年总体上呈上升趋势。这说明随着时间的推移,开展的项目数量在增多;2015 年到 2018 年间,横向项目数和纵向项目数都出现了显著的增长。由于新型智库建设在 2015 年左右兴起,许多智库在此前后都铆足劲头申项目、出成果;从 2018 年开始,横向和纵向项目数均有所下降,尤其是横向项目数,这是因为随着新型智库建设渐趋分化,加之中共中央办公厅、国务院办公厅在 2018 年 7 月发布了《关于深化项目评审、人才评价、机构评估改革的意见》,以项目为中心的科研行为开始受到规范,科研评价制度随之逐渐改变,项目热可能也由此降低。对此,虽然新型智库承接项目的数量变少,但实际上是由量向质的转变,精减的项目数量反而有利于提高项目研究的质量。

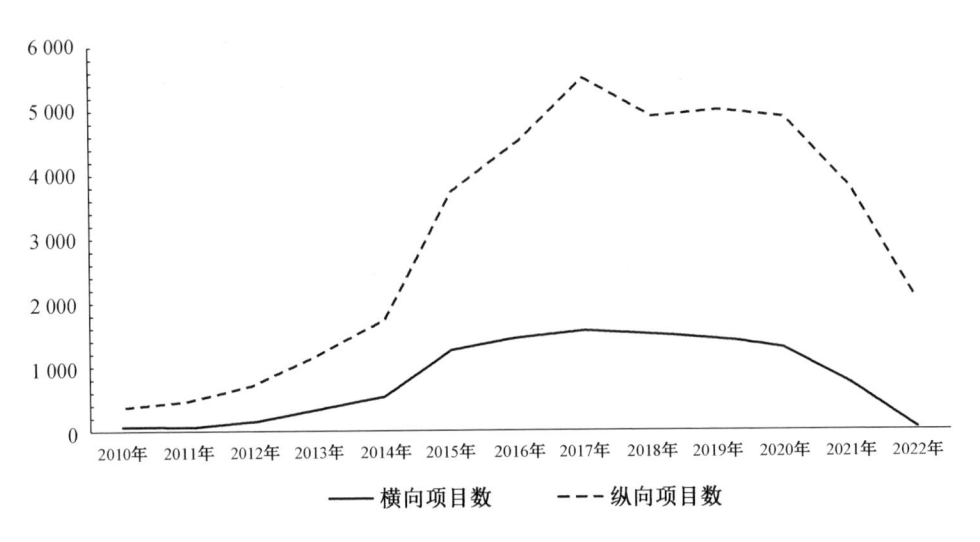

图 2-15　CTTI 来源智库项目数量年度变化情况

除了时间上的变化，纵向项目数量长期高于横向项目。纵向项目和横向项目的数量和重视程度受到了许多内外部因素的影响，包括财政拨款、科研考核评价体系以及项目的性质和目标等。一方面，纵向项目的数量多是由于它们在传统的学术环境中更被重视，而且能得到更多的财政支持。因此，这种项目更受欢迎，竞争也更激烈。另一方面，横向项目虽然可能在社会服务功能上更具影响力，但在传统的科研考核评价体制下，其评分权重较低，这可能导致这种项目的数量较少。未来，为了达到更好的科研效果和社会影响，需要在纵向和横向项目之间找到更好的平衡，同时，需要不断地审视和调整科研考核评价体制，以鼓励更广泛和多元化的科研活动。

## 2. CTTI 来源智库成果分析

成果是智库工作的终端输出产品，也是智库专业知识的外显。CTTI 自建成以来收录的来源智库成果类型丰富，成果数据也是系统最庞大的数据组成，形成了新型智库建设的知识库。根据最新数据统计，CTTI 共收录成果总数 199 971 项，其中"论文"(115 801)占比超过成果总数的一半，这表明论文仍然是主要的科研成果形式，反映了学术界的传统，也符合学术研究的主要任务之一，即创新和传播知识；其次是数量较多的是"报纸/网络文章"(24 942)和"内参"(21 176),这反映了科研成果在信息传播和决策咨询中的重要作用;"报告"(20 100)和"图书"(12 840)的数量也相对较多,这可能是因为它们能够提供更深入和详细的研究结果,是科研传播和学术沟通的重要方式;"连续性内部资料"(1 802),"音视频资料"(1 124),"期刊"(752),"其他出版物"(612),"文稿"(514)这些类型的成果数量相对较少,因为这些类型的成果的创作和发布需要特定的条件和资源。

智库的多元化决策咨询成果高度契合中央有关反"四唯""五唯""SCI至上"的精神。这种转变不仅反映了学术界对研究成果定义的拓宽,同时也强调了决策咨询成果在解决实际问题,促进社会进步中的重要作用。同时,将智库的决策咨询成果纳入成果认定范围,对于推动研究成果向多元化、实用化发展具有重要意义。这不仅可以鼓励更多的研究人员和机构投入具有实际影响力的研究活动中去,同时也可以提高科研成果的社会影响力,进一步推动科学研究与社会实践的紧密结合。

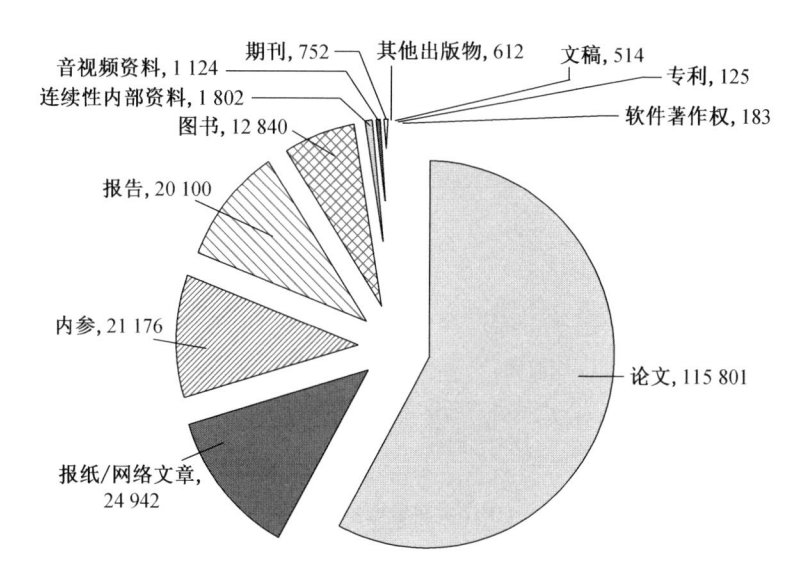

图 2-16 CTTI 来源智库成果类型分布情况

在此基础上,以主要成果类型为分析对象,并结合 CTTI 成果的有效数据,具体提炼出成果数据中一些重要特征,简要概述如下:

(1) 学术论文逐年累积:智库政策研究的学理基础

期刊论文是数量最多的论文类型,总数为113 077。期刊论文通常经过严格的同行评审,因此被认为是科研成果的重要形式。这种成果的多样性反映了智库研究人员在各种科研主题上的活跃参与和产出;会议论文的数量为2 398篇,相较于期刊论文,数量较少。会议论文通常用于展示最新的研究进展,并在同行间进行讨论和交流。其数量较少可能表明在这种形式的研究交流中,相对于期刊论文,会议论文的重视程度较低;学位论文数量最少,为326篇,这是因为智库中大多数的研究人员已经取得了学位,所以新的学位论文数量较少。上述数据表明,虽然各类论文都是智库科研成果的重要组成部分,但期刊论文显然是最主要的形式。未来,智库或需要根据其目标和任务,调整论文类型的分布,需要更多的会议论文来增强与其他研究人员和机构的交流。

图 2-17 CTTI 来源智库论文类型分布情况

(2) 内参质量持续提升:智库服务国家的核心力量

内参是新型智库建设最具中国特色的决策咨询成果,也是智库发挥决策影响力最为直接的途径,内参一般是通过特定的决策咨询渠道上报至各级决策部门领导,得到领导的批示意味着相关决策者对内参签署了书面意见,因此内参的批示情况往往成为对新型智库政策影响力评估的重要指标。

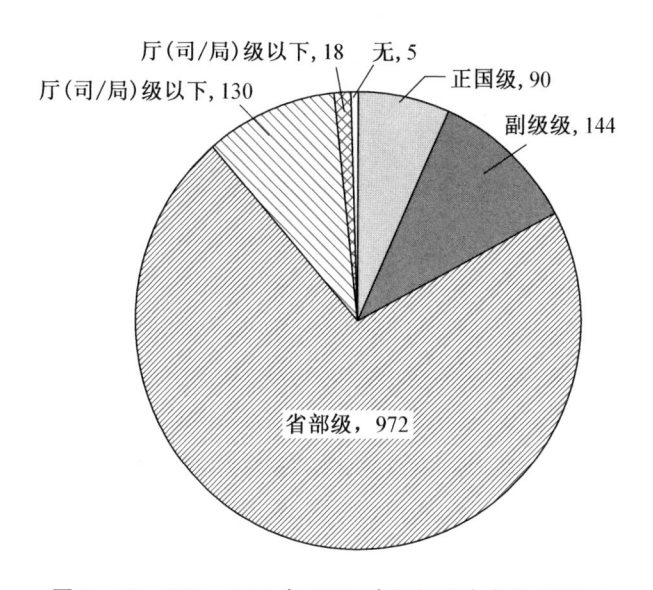

图 2-18　2021—2022 年 CTTI 来源智库内参批示情况

（3）多元报告持续输出:智库决策咨询的多维视角

CTTI 来源智库论文类型分布情况"研究报告"总数为 610,这表明研究报告是一种常见的报告形式,通常用来详细介绍某项研究的过程和结果。"咨询报告"的数量为 196,这类报告通常为决策者提供专业咨询和建议。"调研报告"(49)、"专题报告"(24)、"情况报告"(2)、"综合性报告"(2)和"考察报告"(1)的数量相对较少,这是因为上述类型的报告的编写需要特定的条件和资源,反映了此类报告在智库工作中的辅助性角色。

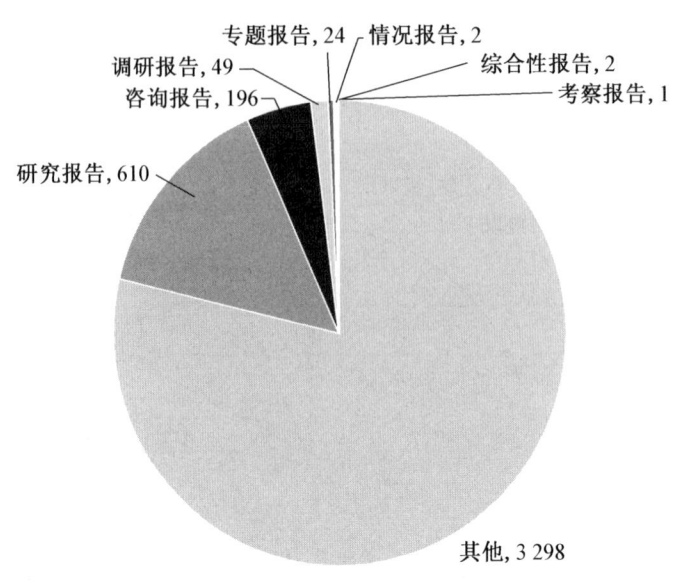

图 2‑19　CTTI 来源智库报告类型分布情况

（四）活动分析

截至 2022 年，CTTI 来源智库共收录活动总数达 39 731 项，活动类型包含会议、讲学培训、讲座、考察调研、内部会议、接受调研，其中会议仍是占比最大的活动类型（如图 2‑20）。

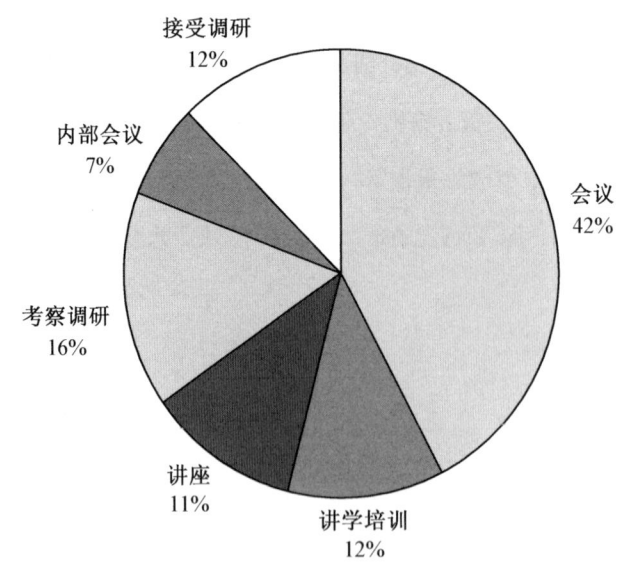

图 2‑20　CTTI 来源智库各类活动数量分布

与会议数据相比,讲学培训、讲座、考察调研、接受调研这四项活动数量基数较少,数量差距也不大。图2-21具体显示了2021年度各项活动累计数据与2022年度统计数据之间的变化情况,从绝对数量看,会议累计数量远超其他三类,并且增长的绝对数量也是最多的。

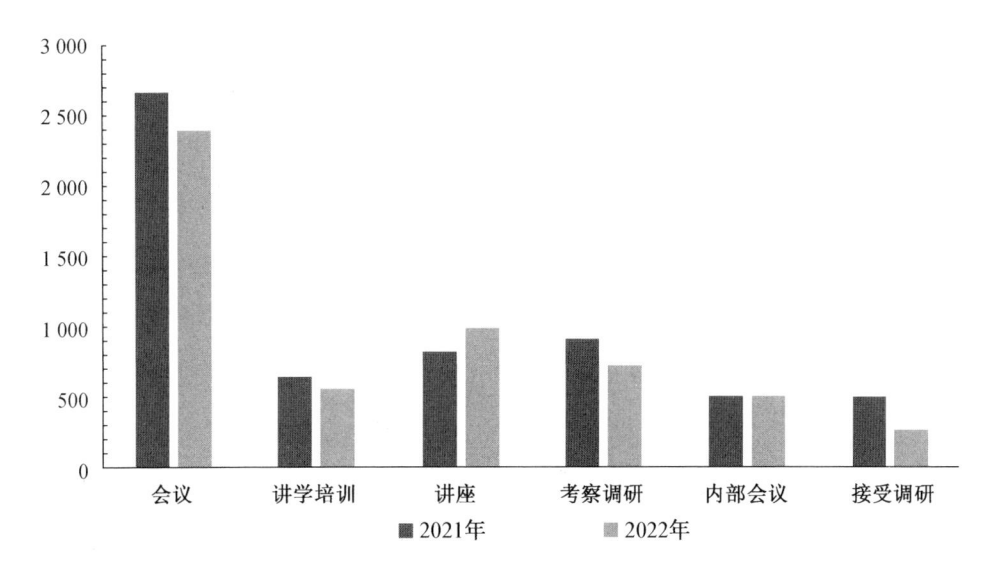

图2-21 2021—2022年CTTI来源智库各类活动数量

### (五) 媒体报道分析

2018年以来,CTTI系统正式将媒体影响力纳入智库评估指标,丰富完善媒体报告相关字段进一步反映收录智库的媒体影响力。经过来源智库四年间持续建设,截至2022年12月,媒体报告数据累计30 167条,对比2020年增长26.8%,说明来源智库一直坚持在媒体传播方向发力。

CTTI系统将媒体报道数据划分为四个大类,分别是"报纸报道""电视电台报道""网络报道""杂志报道",如图2-22所示。从总体数量上看,CTTI来源智库的媒体报道自2013年起呈上涨趋势,自2017年起增幅明显加大,说明智库的影响力逐渐扩散,独特的智库传播网络初见雏形。其中网络报道和报纸报道的增幅显著,且两者在2020年后均呈现一定的下降态势,这可能与全球疫情有较大关系;而电视电台报道和杂志报道数量一直处于缓慢上涨状态,占比较低,这说明智库的对外传播主要通过在网络媒体和报纸媒体中发力,较少依托于影视媒体和杂志。但是,来源智库在境外媒体的能见度普遍较低,有效数据仅144条,说明智库的国际影响力还在较为初期的阶段,其观点成果对外输出不足,"讲好中国故事,发出中国声音"的职能发挥不充分,还需各界智库同仁共同努力。

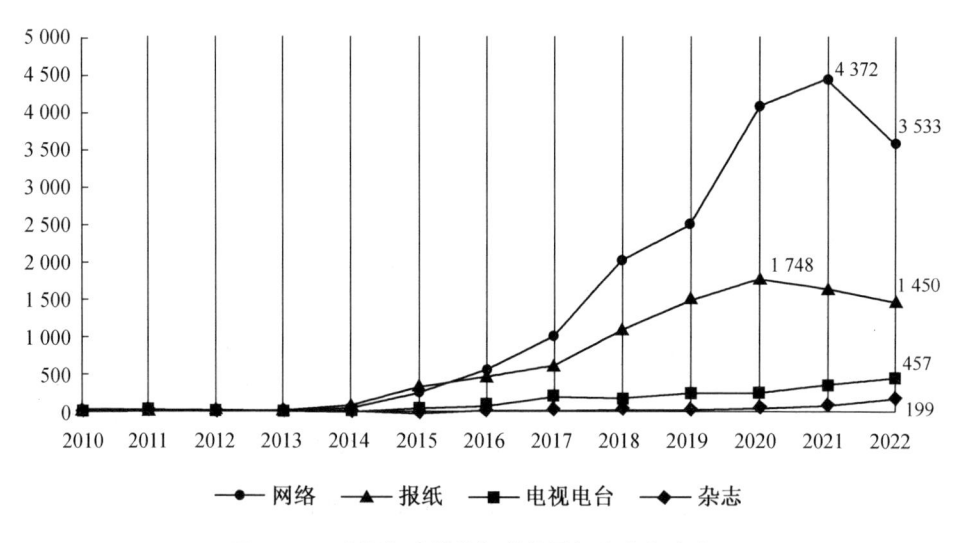

图 2-22 来源智库媒体报道数量年度分布统计图

2016年后,网络媒体就当仁不让地扮演着主要传播角色,随着互联网的普及和信息技术的完善,网络媒体进入高速勃发的阶段,具有覆盖范围广、即时性强、数据全面、便于交流等特点,因此网络舆论引导变成智库的主流传播途径之一。智库以其专业背景和人才团队为抓手,产出优质原创内容,借助各种网络媒体形态传播给公众和决策者,在舆论引导、决策咨询等方面发挥了较大的作用。此外,收录智库不仅仅依靠网络媒体进行传播,同时大多数智库都自行建立官网、"两微一端"等社交媒体账号,依托于自己建构的网络传播矩阵定期对外发声并提供线上沟通平台。同时,在全民媒体的时代,智库受到广泛的网络媒体关注,体现了智库的"第四种权力"在市民生活中能见度的提升,说明智库研究在实际生活中既可以顶天又能够立地。

如图 2-23 展示了各报纸对来源智库报道总数统计情况，共 1 010 种报纸媒体曾对来源智库做过相关报道，并且有 18 种报纸对来源智库报道的累计数量超过 100 次，其中以《光明日报》《证券日报》《人民日报》《环球时报》等国内官媒为主，以及部分地方报纸媒体（如《南方日报》《新华日报》等）和新媒体（如《澎湃新闻》等）报刊平台。对比 2020 年新增了三个中央媒体《中国青年报》《中国日报》《人民日报（海外版）》和地方媒体《新华日报》《河南日报》，说明智库影响力在全国范围和特定地区都有所增加，更加深入公共领域。值得一提的是《中国日报》《人民日报（海外版）》都是中国对外开放综合性官方日报，是海外人士了解中国的首选，一个中文媒体一个英文媒体，说明虽然境外媒体对于收录智库的相关报道较少，但智库开始更多地通过中国媒体对外发声，这也是提高国际传播力的有效途径之一，让更多的境外媒体听见中国声音。

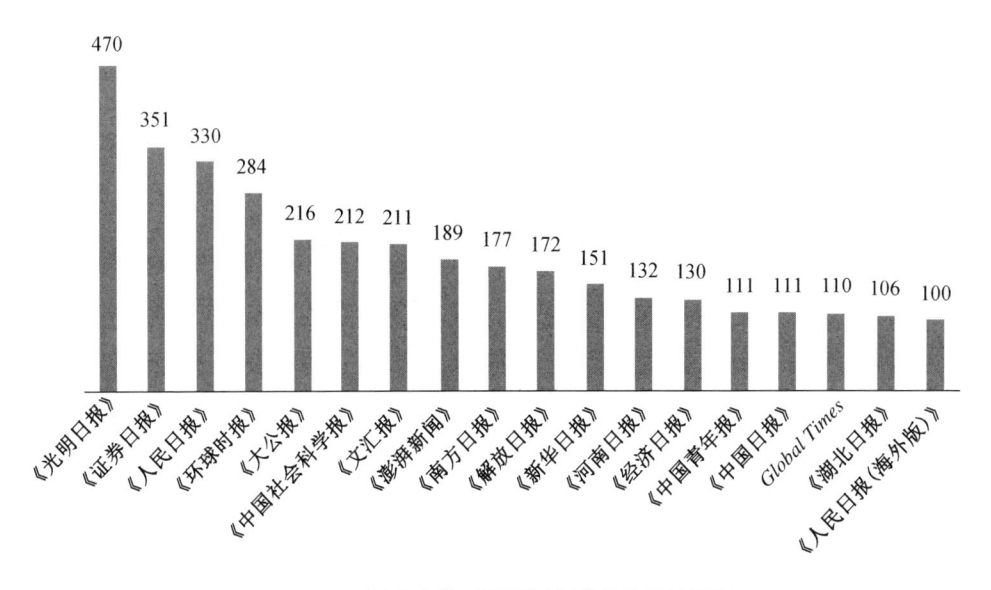

| 报纸 | 数量 |
| --- | --- |
| 《光明日报》 | 470 |
| 《证券日报》 | 351 |
| 《人民日报》 | 330 |
| 《环球时报》 | 284 |
| 《大公报》 | 216 |
| 《中国社会科学报》 | 212 |
| 《文汇报》 | 211 |
| 《澎湃新闻》 | 189 |
| 《南方日报》 | 177 |
| 《解放日报》 | 172 |
| 《新华日报》 | 151 |
| 《河南日报》 | 132 |
| 《经济日报》 | 130 |
| 《中国青年报》 | 111 |
| 《中国日报》 | 111 |
| Global Times | 110 |
| 《湖北日报》 | 106 |
| 《人民日报（海外版）》 | 100 |

图 2-23　报道次数过百报纸报道的数量统计图

## 四、CTTI 来源智库分政策领域测评分析

2022 年是中国踏上全面建设社会主义现代化国家新征程、向第二个百年奋斗目标进军的开局之年。值此不平凡的重要时期，作为国家软实力重要组成部分的中国

特色新型智库站在思想领域前沿,立足特色、深耕专业,坚持专业化、特色化、精细化建设,打造"专而精""特而优"的智库产品,不断为国家治理能力现代化建设提出更具有针对性、建设性的政策建议,智库整体影响力日益增强。为了客观分析中国特色新型智库建设现状与趋势,有必要对新型智库进行客观的评价,充分展现新型智库在各阶段的发展特色与特点。

本报告基于CTTI来源智库数据库,延续历年评价原则,结合科学合理的评价体系与来源智库填报数据情况,透视我国新型智库在不同领域的影响力,总结先进经验。CTTI系统将我国智库政策研究划分为41个研究领域,本报告将CTTI的41个政策研究领域总结凝练为"宏观经济领域""产业与金融领域""国际关系与外交政策领域"等17个政策领域。本次测评主要以产出影响力为导向,将成果、活动与媒体影响力这3个指标赋值按5∶3∶2比例计算,得到产出影响力分值,即PAI(产出影响力分值)=$0.5×P(Product)+0.3×A(Activities)+0.2×I(Impact)$。本次测评时间范围为2021年1月至2022年12月31日,对所有CTTI来源智库在该时间范围内数据的填报情况进行分析。其中,有499家智库填写有较为充分、准确的数据,因此本次测评对象主要以这499家智库为主。报告将以表格形式呈现各个政策领域内产出影响力分值较高的部分智库,这些智库充分发挥专业优势,不仅注重理论研究,还注重政策研究,不断为党委政府提出有前瞻性、针对性的对策建议。需要强调的是,由于报告以机构数据填报情况为分析基础,部分国家高端智库及省级重点智库并未被呈现于表格当中,但这些智库仍然在我国新型智库中发挥着"领头雁"示范效应,在推进国家治理能力及治理体系现代化进程中发挥着不可或缺的作用。

为保护各智库信息,我们仅公布各类测评中产出影响力分值较高的智库测评分析结果,且本次发布的数据只是一级指标数值,不涉及二级指标得分的具体数值,也不向第三方透露相关数据。

### (一)宏观经济领域

党的二十大报告着眼全面建设社会主义现代化国家的历史任务,作出"构建高水平社会主义市场经济体制"的战略部署,明确新举措新要求。[1] 习近平总书记在党的二十大报告中强调,要"加快构建新发展格局,着力推动高质量发展","构建高水平社会主义市场经济体制"。[2] 宏观经济作为国家经济发展的支柱,起着关键的作用,宏观经济研究通过对经济总量平衡、结构协调和生产力布局优化等方面的深入研究,为国家经济的稳定和持续健康发展提供了坚实的理论支持。表2-6展示了宏观经济领域PAI值较高的15家智库。

表2-6 宏观经济领域智库PAI值评分Top 15

| 智库名称 | PAI | P值 | A值 | I值 |
| --- | --- | --- | --- | --- |
| 中南财经政法大学收入分配与现代财政学科创新引智基地 | 1 128 | 2 221 | 53 | 8 |
| 吉林大学数量经济研究中心 | 678 | 1 332 | 40 | 0 |
| 天津财经大学天津市自由贸易区研究院 | 491.5 | 983 | 0 | 0 |
| 武汉大学经济发展研究中心 | 469.9 | 932 | 13 | 0 |
| 南开大学政治经济学研究中心 | 429.5 | 859 | 0 | 0 |
| 对外经济贸易大学中国世界贸易组织研究院 | 319.6 | 619 | 13 | 31 |
| 南开大学中国特色社会主义经济建设协同创新中心 | 314.5 | 629 | 0 | 0 |
| 天津师范大学自由经济区研究所 | 236.3 | 472 | 1 | 0 |
| 天津财经大学公共经济与公共管理研究中心 | 153.1 | 303 | 0 | 8 |
| 江西师范大学中国社会转型研究协同创新中心 | 102 | 204 | 0 | 0 |
| 西安交通大学中国(西安)数字经济发展监测预警基地 | 82 | 164 | 0 | 0 |
| 南开大学亚太经济合作组织(APEC)研究中心 | 73.1 | 134 | 15 | 8 |
| 重庆大学公共经济与公共政策研究中心 | 69.5 | 139 | 0 | 0 |
| 北京交通大学国家经济安全研究院 | 64.5 | 129 | 0 | 0 |
| 复旦大学中国经济研究中心 | 63.7 | 115 | 0 | 31 |

(数据来源:CTTI系统)

---

[1] 习近平.高举中国特色社会主义伟大旗帜为全面建设社会主义现代化国家而团结奋斗:在中国共产党第二十次全国代表大会上的报告[M].北京:人民出版社,2022.
[2] 习近平著作选读:第1卷[M].北京:人民出版社,2023.

宏观经济在全球化时代已经成为全球经济格局的重要组成部分,它反映了政府政策、市场动态等多个因素的影响。每一个宏观经济指标,如通货膨胀、贸易赤字、经济增长、就业率,都能反映出社会的现状和未来走向。中南财经政法大学收入分配与现代财政学科创新引智基地成立于 2010 年 11 月,是依托于中南财经政法大学建立的高校智库。该智库密切追踪国内外收入分配研究的前沿,围绕经济社会发展过程中的热点、难点和重点问题开展研究。目前,该智库拥有硕士研究生 300 名,博士研究生 42 人,全职科研人员 7 名,兼职科研人员 48 名,拥有高级职称的有 27 名。近三年,该智库发表论文综述高达 250 余篇,在学术领域的产出丰富,展示了其深厚的研究实力和专业素养,反映了其深入洞察和掌握宏观经济规律的能力,同时也证明了它在推动经济研究和政策分析领域的影响力和贡献。它的学术成果不仅提供了新的观点和见解,推动了学术界的讨论和思考,也为政策制定者提供了有价值的决策参考。

数量经济学使用数学方法来理解和预测经济现象,这是其独特的优势。通过构建数学模型,可以更深入地理解市场动态和经济趋势。这个领域的研究不仅对经济学家有价值,也为政策制定者和商业决策者提供重要的支持。在不断变化的世界中,数量经济学的重要性日益凸显。吉林大学数量经济研究中心成立于 1999 年 10 月,是依托吉林大学建立的高校智库。该智库坚持理论研究和应用研究相结合、定量分析和定性分析相结合,关注我国社会、经济等领域的重大学科前沿问题,并结合中国的实际和现实问题进行深入分析和研究,是具有经济基础理论研究和经济政策咨询双重优势的新型智库。该智库创立了《数量经济研究》期刊,这既体现了它在推动学术交流和知识传播的关键角色,也凸显出其深厚的研究能力和学术产出实力。此外,该智库在近三年时间发表了高达 145 篇的论文,这为其决策咨询工作奠定了坚实的理论基础。

自由贸易促进了经济增长和生产力提升,推动了技术创新和优化资源配置。它也提升了消费者福利,并助力了全球经济一体化的进程。天津财经大学天津市自由贸易区研究院成立于 2014 年 8 月,是依托天津财经大学成立的高校智库。该智库致力于推动中国贸易投资自由化、便利化改革,促进天津自由贸易试验区建设,以"开放性、网络化"的运行机制,是"立足天津,面向全国"的贸易投资规则的研究基地、政策研讨交流的平台、决策支持的智库。在近三年内,该智库出版了18本图书,这体现了该智库的持续研究活动和专业实力,也突显了其在产生和传播知识方面的重要贡献。

经济学研究就像是一座灯塔,能在复杂的经济海洋中为国家提供明确的方向,帮助它规避危险、解决问题,并引导它向着繁荣和发展的方向前行。武汉大学经济发展研究中心由我国著名经济学家谭崇台先生创立于1990年,是依托武汉大学经济学领域四个国家级重点学科(西方经济学、世界经济、人口资源与环境经济学和金融学),集聚武汉大学的内外发展经济学领域优秀学者而构建的,集理论研究、政策分析和教学于一体的学术机构和智库。中心在2000年被批准为教育部人文社会科学重点研究基地,是CSSCI收录期刊《经济评论》的主办单位之一,在2021—2022年发表论文数达100余篇、出版专著两本,包括《资源配置效率与中国全要素生产率研究》《利率及汇率的市场化与资本账户的开放:现实选择与经济效应》,中心的研究成果和建议能够为国家决策层提供重要的参考和支持,同时说明其研究成果在学术界具有一定的影响力,在构建高水平社会主义市场经济体制、推动国家治理现代化方面发挥着积极的引领和推动作用。

政治经济学研究在考虑经济因素的同时,更深层次地研究政治、社会、法律等因素如何影响整个经济游戏的规则和结果。南开大学政治经济学研究中心成立于2000年12月,是教育部与南开大学共建、面向全国的人文社会科学重点研究基地。该基地是以政治经济学、国际金融两个国家重点学科为依托,以西方经济学、区域经济学、产业经济学、经济史、人口资源与环境经济学、经济思想史及管理学等多个博士点为支撑组建的研究实体。南开大学政治经济学研究中心在2021年发表学术文章近100篇,同时,在《人民日报》《经济日报》《中国社会科学报》等国内知名报刊发表多篇文章等,智库的三名研究人员获批3项2022年度国家社科基金重大项目,这家智库以其丰富的学术产出、广泛的社会影响力和国家级的研究认可,展现了其在经济社科领域的强大研究实力和深远影响力。

## （二）产业与金融领域

习近平总书记在党的二十大报告中指出："必须坚持科技是第一生产力、人才是第一资源、创新是第一动力"①。2022年12月召开的中央经济工作会议提出，要推动"科技—产业—金融"良性循环。通过加强产学研融的深度结合，让科技为产业赋能，并且科技成果能够及时产业化，同时还要充分发挥金融对科技创新和产业发展的支持作用，并为金融创新发展提供坚实的产业支撑，避免出现金融泡沫化风险，从而把科技创新、产业发展和金融服务有机结合起来。表2-7展示了产业与金融领域PAI值较高的20家智库。

现代制造业是国家经济发展的基石，也是技术进步的动力源泉，更是社会就业的稳定器。北京工业大学北京现代制造业发展研究基地创立于2004年5月，是在北京哲学社会科学规划办公室、北京市教委的规划部署下，依托北京工业大学经管学院建立的高校智库。目前基地的主要研究领域包括北京现代制造业的定位、发展战略和可持续发展，现代制造业产业结构、产业链的优化等。在2021—2022年，基地发表论文数量高达600余篇，出版专著19本，基地以其丰富的学术产出、深厚的专业知识，以及对制造业的深入理解，展现了其在制造业研究领域的优势和重要影响力。

产业经济研究为经济决策提供有力的理论支持，同时也是推动产业创新和发展的强大引擎，对于国家经济的持续健康发展具有至关重要的作用。南京大学长江产业经济研究院成立于2015年11月，是在中宣部指导下，由江苏省委宣传部和南京大学共同建设的国家级专业化智库，并被列为江苏省首批重点高端智库。长江产业经济研究院聚焦中国现代产业体系建设、长江经济带高质量发展和长三角区域一体化两大国家战略，以服务党和政府决策为根本遵循开展智库研究。聚焦社会经济发展

---

① 习近平.高举中国特色社会主义伟大旗帜　为全面建设社会主义现代化国家而团结奋斗：在中国共产党第二十次全国代表大会上的报告[J].求是，2022(21).

的重大问题和热点问题,在 2021—2022 年出版图书 20 余本,并发布《从经济循环的逻辑研判潜在的重大经济风险》《关于加快推进江苏自贸试验区数据跨境安全流动先行先试的建议》《2022 年我国面临的若干重大经济问题研判》等 50 余份研究报告,研究院丰富且优质的研究报告和图书的发布,体现了其卓越的学术生产力,也彰显了研究院对于高质量研究的执着追求。

产业升级与区域金融研究在揭示经济规律、驱动金融创新、促进产业升级,对地区和全国的经济健康发展具有重要影响。中南财经政法大学产业升级与区域金融湖北省协同创新中心成立于 2014 年 5 月,是由中南财经政法大学牵头,华中科技大学、湖北大学、湖北工业大学、湖北经济学院深度参与,中国人民银行武汉分行等金融监管机构提供指导协调,湖北省政府金融办等政府部门参与金融改革创新设计,湖北银行、汉口银行、三环股份等金融机构和企业提供实践基地的金融创新平台。同时,中心是湖北省实施"高等学校创新能力提升计划"("2011"计划)第二批认定的 15 个湖北省协同创新中心之一,也是中南财经政法大学首个获批的面向区域发展的省级协同创新中心。该中心内参多次获批示,此外,在 2021—2022 年发表学术论文 190 余篇,上述情况充分说明该智库在提供决策咨询方面的扎实能力,同时也体现了其在行业领域内的专业地位和影响力。

创新驱动与产业升级的研究推动了经济持续增长,为应对资源有限性并实现社会的可持续发展提供决策依据。陕西省创新驱动与产业升级研究中心是 2017 年 1 月经中共陕西省委宣传部批准成立的陕西省哲学社会科学重点研究基地。中心紧密围绕中国和陕西创新驱动发展战略与构建现代产业基础高级化、创新驱动发展战略与提升产业链及供应链现代化水平、创新驱动发展战略与加快战略新兴产业发展等重大理论与现实问题,开展前瞻性、针对性、储备性政策研究,积极为党和政府提出专业化、建设性、切实管用的政策建议。中心在 2021—2022 年发表学术论文 90 余篇,为决策咨询提供了理论依据和实证分析,为相关政策和策略的制定和优化提供可以借鉴的思路。

经济与社会发展研究是激发社会创新的重要驱动力,同时也是推动社会公正和创新的重要工具。南开大学经济与社会发展研究院成立于1998年9月,是南开大学顺应经济和社会发展对高等教育的需求,积极谋求高等教育体制改革的重要成果,经过十多年的快速发展,经发院依托南开大学学科齐全,学术精良的优势,已建成国内领先的应用经济研究平台,拥有产业经济学重点学科、区域经济985重点研究基地和国家级的现代物流研究机构。在2021—2022年,研究院在SCI、SSCI及CSSCI等核心期刊上发表论文80余篇,同时,具有极强的社会转化能力,多篇决策咨询报告获得中央及省部级领导批示,多项成果直接转化为政府政策与专项规划。

表2-7 产业与金融领域智库PAI值评分Top 20

| 智库名称 | PAI | P值 | A值 | I值 |
| --- | --- | --- | --- | --- |
| 北京工业大学北京现代制造业发展研究基地 | 3 255.4 | 6 494 | 28 | 0 |
| 南京大学长江产业经济研究院 | 3 213.4 | 6 408 | 4 | 41 |
| 中南财经政法大学产业升级与区域金融湖北省协同创新中心 | 900 | 1 762 | 46 | 26 |
| 陕西省创新驱动与产业升级研究中心 | 479.5 | 959 | 0 | 0 |
| 南开大学经济与社会发展研究院 | 387.9 | 760 | 11 | 23 |
| 华南理工大学广东旅游战略与政策研究中心 | 345.3 | 678 | 9 | 18 |
| 中国海洋大学中国企业营运资金管理研究中心 | 326.5 | 645 | 10 | 5 |
| 中国民航大学临空经济研究中心 | 250.2 | 486 | 0 | 36 |
| 中国人民大学重阳金融研究院 | 249.9 | 492 | 13 | 0 |
| 天津财经大学中国滨海金融协同创新中心 | 221 | 442 | 0 | 0 |
| 无形资产评价协同创新中心 | 220 | 440 | 0 | 0 |
| 江南大学中国物联网发展战略研究基地 | 212 | 424 | 0 | 0 |
| 南开大学现代旅游业发展省部共建协同创新中心 | 168.8 | 322 | 14 | 18 |
| 吉林大学创新创业研究院 | 159.5 | 319 | 0 | 0 |
| 吉林大学中国国有经济研究中心 | 159 | 318 | 0 | 0 |
| 河北金融学院德融研究院 | 149.8 | 287 | 21 | 0 |

(续　表)

| 智库名称 | PAI | P值 | A值 | I值 |
|---|---|---|---|---|
| 福建师范大学竞争力研究中心 | 148.7 | 291 | 4 | 10 |
| 西南财经大学金融安全协同创新中心 | 139 | 278 | 0 | 0 |
| 中南大学产业发展战略研究中心 | 76.4 | 151 | 3 | 0 |
| 广州市金融服务创新与风险管理研究基地 | 69 | 129 | 5 | 15 |

(数据来源:CTTI系统)

### (三) 国际关系与外交政策领域

党的二十大报告中提出,"中国坚持在和平共处五项原则基础上同各国发展友好合作,推动构建新型国际关系""构建新型国际关系"的提出是近年来中国特色大国外交理念的重大创新。"大道之行也,天下为公。"站在历史的十字路口,中国与广大发展中国家在世界百年未有之大变局下积极探索人类社会走向发展的光明大道,推动国际社会共同努力构建相互尊重、公平正义、合作共赢的新型国际关系[1]。表2-8展示了国际关系与外交政策领域PAI值较高的10家智库。

**表2-8　国际关系与外交政策PAI值评分 Top 10**

| 智库名称 | PAI | P值 | A值 | I值 |
|---|---|---|---|---|
| 华东师范大学周边合作与发展协同创新中心 | 676.3 | 1 316 | 51 | 15 |
| 山东大学国际问题研究院 | 399.8 | 787 | 21 | 0 |
| 云南大学周边外交研究中心 | 262.1 | 516 | 7 | 10 |
| 北京外国语大学二十国集团研究中心 | 240.7 | 479 | 4 | 0 |
| 复旦大学亚太区域合作与治理研究中心 | 210.1 | 413 | 0 | 18 |
| 盘古智库 | 203.1 | 390 | 5 | 33 |
| 武汉大学中国边界与海洋研究院 | 148 | 296 | 0 | 0 |

---

[1] 张颖.加强发展中国家团结合作的中国路径[N].中国社会科学报,2023-03-16(3).

(续　表)

| 智库名称 | PAI | P值 | A值 | I值 |
| --- | --- | --- | --- | --- |
| 华东师范大学国家话语生态研究中心 | 132 | 255 | 15 | 0 |
| 清华大学国际传播研究中心 | 105.5 | 211 | 0 | 0 |
| 北京大学中外人文交流研究基地 | 98 | 181 | 11 | 21 |

(数据来源:CTTI系统)

周边地区的和平发展与安全战略的研究对维护区域稳定、推动区域协作、增强区域内部的和平具有重大意义。华东师范大学周边合作与发展协同创新中心依托国际关系、历史学、政治学、经济学等多学科支撑,以"国家急需,世界一流"为总要求,以我国周边地区的和平发展与安全战略问题为研究重点,在扎实学术研究的基础上,力争做党和政府信得过、用得上、离不开的新型智库,同时,力争成为中国周边问题研究的品牌智库[1]。周边中心在数字化建设方面取得优秀成果,与专业技术团队合作共同开发与建设中心独立的数据库,包括苏联历史档案专题数据库、中心专业数据、官方网站等[2]。在2021—2022年,周边中心智库专家发表报纸网络文章200余篇,显示出了强大的对外发声能力,能够广泛传播其研究成果和观点。此外,持续对外发声也说明该智库在保持信息更新、跟进热点议题上有着高效的行动力。

海洋问题研究涉及经济利益、安全问题、环境保护,以及维护国际法治秩序,在国际关系问题研究中具有重要意义。山东大学国际问题研究院成立于2019年,为山东大学批准成立的新型高端智库。研究院以"观察世界、服务国家"为理念,以新型交叉学科研究为导向,着重研究区域国别理论与实践问题、海洋秩序,特别是海洋命运共同体问题、国际经济发展、治理与合作问题。作为高端智库,在基础性、战略性、前瞻性和对策性研究上出高质量的研究成果,努力建设具有中国特色的高水平国际问题

---

[1] 上海市社会科学界联合会.上海学术报告(2015—2016)[M].上海:上海人民出版社,2017:235-239.

[2] 上海市社会科学界联合会.上海学术报告(2014)[M].上海:上海人民出版社,2015:134-135.

研究机构,在2021—2022年间发布智库报告30余份,发表期刊文章80余篇,研究院在短短几年内通过发表一系列的报告和期刊文章,充分展示了其深厚的研究实力和专业素养,未来有可能产出更多高质量的研究成果,并在相关领域内产生重要影响。

云南大学周边外交研究中心成立于2013年11月,以"聚焦周边、学术为基、问题导向、专业发展"为指导思想,力争发挥"学术研究、政策建言、公共外交、人才培养"的智库作用,中心依托法学学科,聚焦外交战略、方针及国际安全的政策研究领域。中心研究成果辈出,工作卓有成效,在国内外产生了广泛影响。在2021年至2022年间,中心发表期刊文章50余篇,公开发布专著及图书10本,持续出版《云南大学周边外交研究丛书》和《云南大学周边外交研究中心智库报告》,每年出版《大湄公河次区域合作发展报告》《缅甸国情报告》《印度国情报告》等蓝皮书。[①]

北京外国语大学二十国集团研究中心成立于2010年,由北京外国语大学国际商学院与中国经济网共同发起,依托北外"区域与全球发展"学科集群和"国际商务与区域治理"二级学科博士点,立足区域与国别经济研究。中心积极整合校内国际商学院、英语学院、日研中心、德语系、亚非学院、欧语学院等院系资源,充分发挥语言优势,专注对二十国集团相关重点议题和重大战略问题的前瞻性研究,在2021年至2022年间发表期刊论文50余篇,追踪G20热点问题,关注国际经济与金融领域的重要议题,开展有针对性的学术研究,定期发布各项成果,为国家和政府提供智力支持。

复旦大学亚太区域合作与治理研究中心是为响应党的十八大及十八届三中全会的号召而设立的首批10个上海高校智库之一,由复旦大学国际问题研究院院长吴心伯教授领衔。中心围绕全局性、战略性、前瞻性的问题开展研究,集中在中美关系、南海问题、朝核问题等领域。2021—2022年,中心发表报纸/网络文章180余篇,为国家外事决策提供稳定可持续的智力支持,同时加强与亚太相关国家、智库、高校的深

---

① 云南大学周边外交研究中心[EB/OL].[2023-06-29].https://baike.baidu.com/reference/22777921/533aYdO6cr3_z3kATPCIyPiIMy_HYNyl7-faUbJzzqIP0XOpX5nyFIsx7tMssO5pA UXOtI0s Y9han-auXwNbrq9Qfq9qB_F3kCiqFHDdneuiroBt2ccd94dCWrtE3qX8tA.

入交流,持续举办各类调研和国际会议,国际影响力不断加强。①

### (四) 区域国别研究领域

习近平总书记在党的二十大报告中明确指出,"加快构建中国特色哲学社会科学学科体系、学术体系、话语体系,培育壮大哲学社会科学人才队伍","建设具有强大凝聚力和引领力的社会主义意识形态","推进文化自信自强,铸就社会主义文化新辉煌"。② 中国高等教育系统很早就开始了区域国别研究。无论是在人文科学还是社会科学领域,区域国别研究都是学习、借鉴和掌握学科发展及知识积累的重要来源。③ 表2-9展示了区域国别研究领域PAI值较高的15家智库。

表2-9 区域国别研究领域PAI值评分Top 15

| 智库名称 | PAI | P值 | A值 | I值 |
| --- | --- | --- | --- | --- |
| 吉林大学东北亚研究中心 | 800.7 | 1 577 | 32 | 13 |
| 上海外国语大学中东研究所 | 421.9 | 816 | 11 | 53 |
| 四川大学南亚研究所 | 383.6 | 747 | 7 | 40 |
| 北京外国语大学日本研究中心 | 251.7 | 495 | 14 | 0 |
| 兰州大学中亚研究所 | 240 | 480 | 0 | 0 |
| 华东师范大学俄罗斯研究中心 | 198.3 | 394 | 1 | 5 |
| 西安外国语大学东北亚研究中心 | 170.7 | 339 | 4 | 0 |
| 同济大学德国研究中心 | 168.1 | 331 | 0 | 13 |
| 复旦大学美国研究中心 | 156.9 | 290 | 19 | 31 |
| 陕西师范大学土耳其研究中心 | 126.9 | 250 | 3 | 5 |
| 西北大学中东研究所 | 116.5 | 233 | 0 | 0 |
| 浙江师范大学非洲研究院 | 111.3 | 198 | 29 | 18 |

---

① 上海市社会科学界联合会.上海学术报告(2015—2016)[M].上海:上海人民出版社,2017:199-205.
② 习近平.高举中国特色社会主义伟大旗帜 为全面建设社会主义现代化国家而团结奋斗:在中国共产党第二十次全国代表大会上的报告[J].求是,2022(21).
③ 朱锋.中国区域国别学:比较、鉴别与创新[J].亚太安全与海洋研究,2022(6):1-21,133.

(续 表)

| 智库名称 | PAI | P值 | A值 | I值 |
| --- | --- | --- | --- | --- |
| 外交学院—亚洲研究所 | 101.8 | 177 | 27 | 26 |
| 北京外国语大学英国研究中心 | 99.2 | 191 | 9 | 5 |
| 西南大学俄语国家研究中心 | 96.9 | 190 | 1 | 8 |

(数据来源:CTTI系统)

为进一步开展对东北亚地区政治、经济、历史等综合研究,推动东北亚地区合作,促进东北亚地区的和平、发展与繁荣。1999年10月,吉林大学东北亚研究中心成立,以东北亚研究院为依托,聘任了校内外从事世界经济、国际政治、东北亚历史等方面的研究人员。1999年12月,吉林大学东北亚研究中心经教育部批准,成为首批十五家普通高等学校人文社会科学重点研究基地之一。2003年和2009年,东北亚研究中心顺利通过教育部验收,并于2009年11月被评为优秀重点研究基地。在2021—2022年发布研究报告60余份,发表期刊论文165篇,出版图书18本,上述成果说明中心的研究能力与学术产出能力非常强且在专业领域内具有一定的影响力和权威性。同时也证明了该智库具有高水平的专业知识、严谨的学术态度以及优秀的创新能力。

中东研究对于理解国际政治动态、全球经济走向以及多元宗教文化具有至关重要的作用。上海外国语大学中东研究所于1980年9月成立,其前身为中东文化研究所,下设阿拉伯语言文化研究室和《阿拉伯世界研究》编辑部。1981年中国中东学会成立时,即为理事单位。1992年经中华人民共和国教育委员会批准,上海外国语大学成立国际问题研究所,下设中东研究室,并于1999年6月通过优化整合,邀请北京、上海、西安、昆明、重庆等地以及海外学术界的专家学者加盟,成功实现强强联手之初衷。2000年12月上海外国语大学中东研究所被教育部批准建立为教育部人文社会科学重点研究基地,现在也是上外唯一的重点基地。在2021—2022年,研究所发表报纸、网络文章239篇,发表CSSCI等核心期刊文章50余篇,显示出较强的对外发声能力,不仅有高质量的研究产出,而且能够有效地将其研究成果传播给公众。

南亚研究有助于理解全球化进程中的区域问题,有助于理解该地区的政治经济动态,特别是其与全球政治经济的交互关系。四川大学南亚研究所的前身为印度研究室,根据毛泽东主席和周恩来总理关于加强外国问题研究的指示,经国务院原外事办公室和高教部批准,于1964年10月在四川大学成立印度研究室。1978年经原国家教育委员会批准,研究室扩展为南亚研究所,为独立的系处级单位。四川大学南亚研究所是四川大学唯一专门研究南亚的学术机构,经过近60年的发展,已成为全国从事南亚研究时间最长、研究人员最集中、研究资料最完整、研究设施最先进、研究成果最多的南亚研究机构,在全国南亚学界占有十分重要的地位,在国际南亚学界也有较大影响。在2021—2022年,研究所发表报纸网络文章180余篇,发表SCI、CSSCI等核心期刊30余篇,上述成果展示了深厚的学术积累和敏锐的研究洞察力,彰显了其扎实的学术实力和高标准的研究质量,为相关领域带来了许多新思考、新知识和新观点,对于推动科研进步和社会发展起到了重要作用。

深入探讨日本的语言、文化、社会和历史,为增进中日关系理解,借鉴发达国家经验,并培养相关人才,在促进中日交流和理解方面起着重要作用。北京外国语大学日本研究中心基地坚持以习近平新时代中国特色社会主义思想为指导,全面贯彻党的教育方针,坚持社会主义办学方向,贯彻落实全国高校思想政治工作会议精神,依托北京日本学研究中心在教学和科研领域的优势,以立德树人为根本,致力于区域与国别及全球治理方面所需的"外语+专业"高端人才的培养,同时为国家提供智库支持,努力将日研中心打造成为国内顶级、国际知名的日本学综合研究中心和智库。在2021—2022年,研究中心发表CSSCI等核心期刊20余篇,出版图书22本,为政策制定和决策提供了重要的理论支持和指导。同时,这也体现了智库对于知识产出和传播的重视,充分展示了其作为知识传播者和创新者的角色。

兰州大学中亚研究所成立于1994年3月,是国内较早建立的中亚问题研究机构。自建所之日起,研究所就以维护国家西北边疆安全、促进中国与中亚国家之间的友好关系为宗旨,以为党和国家相关部门提供决策建议和培养专门研究人才为主要目标。2011年,研究所被教育部批准为国别与区域发展培育研究基地;2015年以来,研究所还先后被"一带一路"智库合作联盟、新疆智库成员、金砖国家智库合作中方理事会、中俄战略协作高端合作智库吸纳为理事单位,可见研究所具有较强的研究能力和活跃度,同时,拥有一支富有创新精神和专业素养的研究团队。

### (五) 党的建设与国家治理领域

中国共产党是领导中国特色社会主义事业的核心力量,是风雨来袭时全体人民最可靠的主心骨,党的领导是中国特色社会主义的最本质特征和最大制度优势。党的二十大报告还单列一个部分,对"坚定不移全面从严治党,深入推进新时代党的建设新的伟大工程"作出重大部署。国家治理体系和治理能力是一个国家制度和制度执行能力的集中体现。党的二十大报告把"国家治理体系和治理能力现代化深入推进"作为未来五年我国发展的主要目标任务之一。新征程上,必须深入推进国家治理体系和治理能力现代化,把我国制度优势更好转化为治理效能。表2-10展示党的建设与国家治理领域内 PAI 值较高的10家智库。

表2-10 党的建设与国家治理领域智库 PAI 值评分 Top 10

| 智库名称 | PAI | P值 | A值 | I值 |
| --- | --- | --- | --- | --- |
| 天津师范大学国家治理研究院 | 610.7 | 1 206 | 17 | 13 |
| 吉林大学廉政研究与教育中心 | 568.5 | 1 137 | 0 | 0 |
| 湘潭大学毛泽东思想研究中心 | 455.2 | 898 | 12 | 13 |
| 湘潭大学中国共产党革命精神与文化资源研究中心 | 452.1 | 898 | 7 | 5 |
| 党的创新理论研究与学习服务中心 | 342.2 | 672 | 12 | 13 |
| 华中科技大学国家治理研究院 | 310.5 | 603 | 18 | 18 |
| 武汉大学湖北政治建设研究院 | 256 | 512 | 0 | 0 |
| 暨南大学铸牢中华民族共同体意识研究基地 | 230.7 | 459 | 4 | 0 |
| 山东大学公共治理研究院 | 212 | 424 | 0 | 0 |
| 浙江财经大学中国政府监管与公共政策研究院 | 196.5 | 374 | 13 | 28 |

(数据来源:CTTI 系统)

国家治理研究对于提升国家的管理效率和治理水平至关重要,能够推动社会的公正、公平和持续发展。天津师范大学国家治理研究院拥有一支结构合理、爱岗敬业、团结合作、在全国学界享有良好声誉的科研队伍,其充分整合政治与行政学院智库和科研力量,打造人才队伍高地,致力于将习近平总书记谈治国理政系列重要讲话贯彻到国家治理的重大需求当中。研究院的功能定位是发挥学科优势,面向国家重大需求,为治国理政服务,聚焦当下国家治理中最重要、最关键的主题开展研究,突出专业性、客观性、建设性,做联结党、政府和人民的纽带,把人民对美好生活的向往传递给党和政府,为党和政府解决突出问题提供智力支持。在2021—2022年,研究院发表CSSCI等核心期刊90余篇,在《光明日报》等智库版相关专栏发表文章,多次被"学习强国""光明网""搜狐新闻网"等有影响的网站转载,以上成果展示了研究院的广泛影响力和社会认可度,从被多次转载可以看出其研究成果的公众影响力和观点引领能力。同时,这也表明该研究院具有优秀的研究团队和严谨的学术态度。

廉政研究与教育的积极意义在于可以专门针对公共治理中的廉政问题进行深入研究,提出解决策略和建议,有助于推动社会公正、诚信和透明。同时,通过教育培训等方式,可以提高公民的廉政意识和参与度,为构建廉洁政府和清正社会发挥积极作用。吉林大学廉政研究与教育中心成立于2013年6月,是由中共吉林省纪律检查委员会与吉林大学共建的研究机构,设在吉林大学并依托吉林大学行政学院,吉林大学法学院、马克思主义学院、商学院、经济学院、哲学社会学院、管理学院、文学院、东北亚研究院协同建设。中心围绕国家和地方廉政建设重大理论和现实需求,凝练九大主攻方向,连年设立"吉林大学廉政建设专项研究课题"等各类课题,持续推进廉政理论与实践研究,在《光明日报》《中共中央党校学报》等一批国家权威媒体和CSSCI上发表论文100余篇,出版学术专著7部,在全国廉政理论与实践研究方面的学术影响力、社会影响力、政策影响力不断增强。

毛泽东思想研究有助于更深入系统地研究和宣传毛泽东思想,同时,也有助于培养一批具有深厚理论功底和实践经验的研究人才,为推动中国特色社会主义伟大事业提供强大的理论支持。湘潭大学毛泽东思想研究中心创办于1980年,原为"毛泽东思想研究室"。2004年,中心被确定为湖南省普通高等学校哲学社会科学重点研究基地,同年11月,经教育部组织专家评审,中心被遴选为教育部高校人文社会科学重点研究基地。中心充分利用毛泽东家乡以及湖南作为"党史资源大省"的优势和条件,在深化毛泽东思想生平研究和中国共产党革命精神研究的同时,强化基地的咨政育人等服务功能,把毛泽东思想研究中心建设成为国内外一流的毛泽东思想学术研究基地、教育教学基地、人才培养培训基地、咨政服务基地和学术交流中心,打造服务于党的思想建设重大战略的高校新型特色智库。中心每1—2年主办一次全国性或国际性学术会议,邀请国内外著名学者来做学术讲座,同时设立了"全国毛泽东论坛""毛泽东与马克思主义中国化论坛",创办了《毛泽东研究》辑刊,建立了毛泽东数字图书馆,创建了毛泽东思想学术网站。上述情况充分说明该智库强大的组织能力和高度的学术影响力,能够汇聚和引领学术界的能力,同时,在数字化建设方面具有前瞻性和创新性。

华中科技大学国家治理研究院成立于2014年2月,是在党的十八届三中全会之后成立的中国特色新型高校智库。国家治理研究院以"聚焦重大问题,服务国家战略"为宗旨,立足中国现实,借鉴国际经验,按照"国家急需、世界一流、制度先进、贡献重大"的要求,致力于中国国家治理和中国未来发展的重大问题研究,探索中国和平崛起的科学发展道路,为完善中国特色社会主义制度,推进国家治理体系和治理能力现代化提供理论参考和决策咨询。研究院每年举办一次"国家治理体系和治理能力建设高峰论坛"和"全球治理东湖论坛",在国内外产生了重大影响。在2021—2022年,承担各类研究课题10多项。以上情况反映智库在国家治理研究领域的重要地位,同时具备引领和推动相关学术讨论的能力。此外,智库承担多项研究课题反映了其在科研实力、项目操作和成果落地等方面的优秀表现。

中国政府监管与公共政策研究院转型成立于2018年9月,以浙江财经大学为依托。其前身是2006年设立的浙江省哲学社会科学重点研究基地"政府管制与公共政策研究中心",经过长期培育建设、持续积累,形成了专门从事政府监管理论与政策研究的智库型研究机构。智库主要围绕国家和浙江经济社会发展公共领域的重大理论与实践问题,以推动国家治理体系和治理能力现代化为目标,开展战略性、前瞻性、针对性、储备性的决策咨询研究。智库打造出常态化的高端学术交流品牌组合,提升"政府管制论坛""公用事业改革与政府监管论坛"全国性学术会议品牌的国内外影响力,建立管制前沿论坛、管制智库论坛两个智库研讨会品牌,举办高层次国际、国内研讨会,极大提升了本智库品牌的影响力。

## (六) 社会治理领域

党的二十大从推进国家安全体系和能力现代化的战略高度出发,对完善社会治理体系作出新的部署。坚持以习近平新时代中国特色社会主义思想为指导,贯彻党的二十大决策部署,完善社会治理体系,提升社会治理效能,以社会治理现代化夯实"中国之治"的基石。[①] 表2-11展示社会治理领域内PAI值较高的20家智库。

表2-11 社会治理领域PAI值评分Top 20

| 智库名称 | PAI | P值 | A值 | I值 |
| --- | --- | --- | --- | --- |
| 中南财经政法大学城乡社区社会治理湖北省协同创新中心 | 2 253.7 | 4 451 | 82 | 18 |
| 河北省公共政策评估研究中心 | 1 434.2 | 2 842 | 20 | 36 |
| 山东大学卫生管理与政策研究中心 | 1 062 | 2 097 | 45 | 0 |
| 浙江大学社会治理研究院 | 1 028.9 | 2 039 | 4 | 41 |
| 武汉大学社会保障研究中心 | 874.1 | 1 743 | 0 | 13 |
| 电子科技大学社会事业和社会保障研究智库 | 820 | 1 640 | 0 | 0 |
| 湖南大学民政部政策理论研究基地 | 345 | 684 | 0 | 15 |
| 南京医科大学健康江苏研究院 | 317.6 | 624 | 0 | 28 |
| 南开大学中国政府发展联合研究中心 | 314.3 | 617 | 4 | 23 |

---

① 胡瑜珊.以社会治理现代化夯实"中国之治"基石[N].信阳日报,2022-11-12(2).

(续　表)

| 智库名称 | PAI | P值 | A值 | I值 |
|---|---|---|---|---|
| 西安交通大学社会治理和社会政策协同创新研究中心 | 275.3 | 550 | 1 | 0 |
| 上海交通大学中国城市治理研究院 | 252.1 | 501 | 0 | 8 |
| 华南理工大学社会治理研究中心 | 192 | 384 | 0 | 0 |
| 兰州大学循证社会科学研究中心 | 185.5 | 371 | 0 | 0 |
| 南开大学中国公司治理研究院 | 171.5 | 343 | 0 | 0 |
| 重庆市高校维护稳定研究咨政中心 | 157.5 | 295 | 28 | 8 |
| 上海交通大学中国医院发展研究院 | 146 | 283 | 3 | 18 |
| 武汉大学中国语情与社会发展研究中心 | 135.8 | 268 | 6 | 0 |
| 哈尔滨医科大学黑龙江省公共健康安全及医改策略研究智库 | 108 | 216 | 0 | 0 |
| 暨南大学经济与社会研究院 | 104.9 | 204 | 1 | 13 |
| 中南财经政法大学人口与健康研究中心 | 104 | 208 | 0 | 0 |

(数据来源:CTTI系统)

城乡社会治理研究致力于揭示社区治理的内在机制,其成果能科学指导社区问题的解决,提升治理效率,维护社区稳定,推动社会全面发展。中南财经政法大学城乡社区社会治理湖北省协同创新中心成立于2012年,中心开展政、产、学、研、企五位一体协同攻关,构建城乡社区社会管理创新的"智库""人才库""思想库""信息库",推进城乡社区社会管理"三大创新"(理念观念创新、体制机制创新、方法手段创新);促进城乡社区社会管理实现"三大转变"(从条块分治向整体联动转变,从被动应对向主动服务转变,从传统方式向信息化手段转变);探索构建社区社会管理"一本四化"新体系(以人为本,管理网络化,支撑平台信息化,服务全程化,城乡一体化),推进城乡社区社会管理创新。在2021年至2022年,发表SCI、SSCI、CSSCI等核心期刊文章300余篇,创办5本期刊,出版图书12本,多篇内参获得批示,上述成果体现了该智库较强的学术实力及策划、编辑、出版和推广的能力,同时充分发挥了较强的咨政建言功能。

公共政策研究旨在探究政策制定和执行的科学规律,提高政策执行效能,增进公共政策的透明度和公众参与。河北省公共政策评估研究中心成立于2011年,是河北省委省政府设立的9家新型智库之一,依托燕山大学建设,燕山大学社会科学处负责行政事务管理。在2021—2022年,中心发表报纸/网络文章470余篇,同时,中心已经举办九届"公共政策智库论坛",上述情况展示出中心在政策研究、学术研究及对外传播的不俗实力。

山东大学卫生管理与政策研究中心成立于2002年,中心是社会医学与卫生事业管理专业硕士和博士专业学位授予点及应用经济学博士后流动站挂靠单位,拥有强大的专家团队,为智库研究提供智力支持,其中4位担任国家及省级政府部门咨询专家,6位在国内外重要期刊担任副主编、编委职务,3位在国家级学会担任副主委职务,主编、副主编国家级规划教材7部,出版专著6部,在2021—2022年,在 *PLoS Medicine*、*Lancet Global Health*、*WHO Bulletin*、*JAMDA*、*Health Affairs*、*Cancer* 等权威期刊发表学术论文200余篇,展示出了中心专家具有高标准的学术造诣和深厚的学术影响力。同时,也体现了智库的国际视野和开放性,能够在全球范围内进行深入的学术交流和合作,旨在为政策决策提供科学的理论支持和前瞻性的建议。[1]

浙江大学社会治理研究院成立于2018年7月,是浙江大学下属的独立研究机构。研究院旨在引领、倡导、影响中国社会治理研究,同时为加强和创新社会治理、打造共建共治共享的社会治理格局提供政策咨询,同时,聚焦社会治理理论创新、社会治理法学、社会组织与社会治理、基层社会治理四大研究领域。主办的英文期刊 *Journal of Chinese Governance*(《中国治理》),已于2020年7月成功入选SSCI,成为

---

[1] 山东大学卫生管理与政策研究中心简介[EB/OL].[2023-06-29]. https://chmp.sdu.edu.cn/zxgk/zxjj.htm.

向世界报道中国治理、讲述中国治理故事的重要平台[①]。研究院通过深入研究和解析社会治理的规律,为管理者提供理论指导,助力社会治理的创新与发展。通过多学科交叉研究,提升社会治理科学化、规范化水平,为社会稳定和和谐做出积极贡献。同时,智库作为知识转化的重要平台,帮助理论研究成果落地实施,推动社会实践的进步。

武汉大学社会保障研究中心成立于1993年,2000年获批教育部人文社会科学重点研究基地。中心现拥有社会保障专业和公共经济管理专业两个博士点,拥有公共管理博士后科研流动站和全国唯一的社会保障国家级重点学科。2004年,中心又成为国家"985工程"二期建设项目——社会保障研究创新基地,这是全国唯一的国家级社会保障研究创新平台。中心现有研究人员79人,其中90%具有海外研修经历。中心每年与实际部门合作撰写《中国社会保障改革与发展报告》,并联合召开成果发布会,受到社会公众、政府部门、专家学者和广大媒体的广泛关注,[②]同时,在2021—2022年,中心专家在CSSCI等核心期刊发表文章120余篇。上述情况说明中心具有较强的研究能力以及较高的影响力和公信力,同时也展现了中心的合作和交流能力,能够与实际部门、专家学者等多方进行有效合作,共同推进社会保障改革与发展。

### (七) 区域发展领域

党的二十大报告指出,要推进高水平对外开放,稳步扩大规则、规制、管理、标准等制度型开放,加快建设贸易强国,推动共建"一带一路"高质量发展,维护多元稳定的国际经济格局和经贸关系。对外开放是中国的基本国策。作为一个国土面积幅员辽阔、不同区域差异巨大的发展中国家,中国对外开放的首要特征是具有区域渐进

---

① 浙江大学社会治理研究院[EB/OL].[2023-06-29]. http://asg.zju.edu.cn/web/commonpage?forwardType=introduction&zyid=0001&fjd=0001&zylx=WEB.
② 武汉大学社会保障研究中心[EB/OL].[2023-06-29]. http://csss.whu.edu.cn/index.php/List/2.html.

性。区域对外开放既是过去中国启动对外开放的最初起点,又是未来中国推进高水平对外开放的重要落点。[①] 表2-12展示了区域发展领域PAI值较高的20家智库。

表2-12 区域发展领域PAI值评分Top 20

| 智库名称 | PAI | P值 | A值 | I值 |
| --- | --- | --- | --- | --- |
| 安徽大学创新发展研究院 | 2 867.5 | 5 645 | 128 | 33 |
| 苏州大学东吴智库 | 1 657 | 3 298 | 18 | 13 |
| 广东外语外贸大学粤港澳大湾区研究院 | 1 007 | 1 999 | 1 | 36 |
| 安徽财经大学安徽经济发展研究院 | 961.2 | 1 905 | 29 | 0 |
| 重庆工商大学长江上游经济研究中心 | 879.2 | 1 738 | 12 | 33 |
| 华东师范大学中国现代城市研究中心 | 839.1 | 1 652 | 13 | 46 |
| 燕山大学区域经济发展研究中心 | 547 | 1 094 | 0 | 0 |
| 盐城师范学院沿海发展智库 | 496.6 | 970 | 20 | 28 |
| 华东师范大学长三角区域一体化研究中心 | 458 | 889 | 9 | 54 |
| 西北大学中国西部经济发展研究中心 | 413.7 | 817 | 2 | 23 |
| 黄河科技学院河南中原创新发展研究院 | 403.2 | 795 | 9 | 15 |
| 中南大学地方治理研究院 | 314.8 | 625 | 1 | 10 |
| 西安交通大学陕西经济研究中心 | 311.5 | 623 | 0 | 0 |
| 江西师范大学苏区振兴研究院 | 298.6 | 581 | 15 | 18 |
| 浙商研究院 | 298.2 | 588 | 2 | 18 |
| 云南大学沿边开放与经济发展智库 | 286.5 | 565 | 0 | 20 |
| 广东外语外贸大学广东国际战略研究院 | 263.5 | 504 | 23 | 23 |
| 吉林大学东北振兴发展研究院 | 257.5 | 509 | 0 | 15 |
| 南通大学江苏长江经济带研究院 | 256 | 482 | 26 | 36 |
| 山东大学山东区域金融改革与发展研究中心 | 255.6 | 507 | 7 | 0 |

(数据来源:CTTI系统)

---

① 谢琳灿.从二十大报告看中国区域对外开放的发展趋势[J].中国对外贸易,2022(11):13-14.

安徽大学创新发展研究院成立于2016年5月,是安徽省重点智库。创研院以现有若干个科研机构为基础,整合形成安徽大学"1+N"智库体系,聚焦五大发展美好安徽建设,面向安徽经济社会发展重大现实问题,充分利用安徽大学综合优势,展开富有科学性、前瞻性、应用性的对策研究。创研院积极进行体制改革和模式创新,致力成为安徽大学成果转化发布载体,全省重点智库交流合作平台,智库研究人才汇聚高地。[①] 研究院在产出高质量研究成果及推广研究成果等方面展示了较强能力。在2021年至2022年,发表CSSCI、EI等核心期刊文章50余篇,报纸、网络文章70余篇,上述成果说明研究院在学术研究和专业分析方面的能力非常强,有着高产的研究成果与论文发表,具有较强的科研能力和影响力。此外,报纸、网络文章的发表显示了研究院有着很好的传播与推广能力,能有效将自己的研究成果、观点和建议推广至社会公众和政策决策者。

东吴智库依托学科齐全、人才集聚的苏州大学,立足苏南这一经济先发地区,聚焦苏州乃至国家经济社会发展中亟待解决的前沿性、战略性重大问题,以"城镇化与城市发展"为关键词,以"城市经济与管理""城市与社会治理""城市文化与传播""城市规划与建设"为主要研究领域,以"名城名校融合发展"战略工作为主要抓手,强化问题意识,凝练主攻方向,聚合多方资源,为支撑和推动江苏和苏州高质量发展提供智力支持。[②] 在学术层面,2021—2022年,东吴智库发表CSSCI等核心200余篇,显示出智库在进行深度学术研究,挖掘和分析问题,形成有深度和广度的研究成果方面的优秀能力。在品牌建设方面,定期举办"对话苏州""长三角论坛",显示出智库在建立和提升自身品牌,进行知识分享和研究成果推广的能力。同时,建有数字化平台推动智库数字化发展。

粤港澳大湾区研究可以深化对"一国两制"的理解和实践,驱动该区域的科技创

---

① 安徽大学创新发展研究院[EB/OL].[2023-06-29]. http://ahthinktank.ahu.edu.cn/6167/list.htm.
② 苏州大学东吴智库[EB/OL].[2023-06-29]. http://sutt.suda.edu.cn/23329/list.htm.

新并为其他城市群的发展与规划提供参考和借鉴。广东外语外贸大学粤港澳大湾区研究院以国家重大区域战略为导向,以重大决策咨询任务为牵引,以体制机制改革为保障,基于政、产、学、研、媒、商等多种资源的汇聚交融理念,构建紧密合作、资源共享、优势互补、互利共赢的协同创新机制,深入研究粤港澳大湾区的理论、政策和实践问题,致力于打造助推粤港澳大湾区发展的重要智库和国内外知名的国际湾区战略研究机构。[①] 研究团队在2021—2022年发表SCI、SSCI、CSSCI等核心期刊文章150余篇,承担了国家社会科学基金、国家自然科学基金、教育部等各类项目10余项,撰写研究报告50余篇,上述成果说明研究院具有强大的学术研究能力,能够承担各种重要的科研项目,并能通过撰写并发表大量的研究报告,进行重要的知识产出和分享。

区域经济发展研究可以揭示不同区域在经济发展中的特性和优势,为政策制定者提供数据支持和策略指导。安徽财经大学安徽经济发展研究院致力于为安徽各级政府及产业界的科学决策、民主决策、依法决策提供理论支撑,为重大现实问题的解决提供决策咨询。同时,需要研究地方战略和国家战略,开展前瞻性研究和基础性研究。每年提出10篇以上有分量的政策建议供省市政府决策参考,彰显团队智库成果的问题意识与政策导向。精心谋划与定期发布安徽经济社会发展系列研究报告,科学服务安徽经济发展,形成团队智库成果的品牌与亮点。

重庆工商大学长江上游经济研究中心以"服务三峡库区、重庆市、成渝经济区、长江上游经济发展、长江经济带和'一带一路'为主线",以"水利水电库区安稳致富和流域可持续发展为特色",围绕新时期长江上游地区可持续发展重大问题,结合国家和地方重大战略需求开展研究。中心承办有学术期刊《西部论坛》和其他相关学术集刊。其中,《西部论坛》是国内知名、美誉度高的综合经济类专业学术期刊,显示出智

---

① 广东外语外贸大学粤港澳大湾区研究院[EB/OL].[2023-06-29]. https://ygadwq.gdufs.edu.cn/gywy/yqjs.htm.

库在研究经济学相关领域时有着深厚的学术底蕴和理论支持。中心拥有特色资料室,藏有丰富的国内外经济类书刊,以及覆盖全国各省(市)、省会城市重要领域与行业的统计年鉴。同时,拥有 10 余种数据库资源、电子图书,并自建《三峡库区经济社会发展特色数据库》等数据库,①彰显出智库收集、整理和分析数据方面拥有强大能力,尤其自建的《三峡库区经济社会发展特色数据库》,展示了智库在经济社会发展这一主题上有着独特的研究视角和研究方法。

## (八)法律与司法政策领域

"全面依法治国是国家治理的一场深刻革命",这是党的二十大报告"坚持全面依法治国"部分的开篇语。这一开篇语是习近平法治思想中的一个重大命题,该命题的提出有一个过程。② 习近平总书记指出:"全面推进依法治国,必须走对路。"③道路走错,就会徒劳无功甚至有害无益,而中国特色社会主义法治道路是"唯一正确道路"。④ 表 2-13 展示了法律与司法政策领域 PAI 值较高的 20 家智库。

**表 2-13　法律与司法政策领域 PAI 值评分 Top 20**

| 智库名称 | PAI | P 值 | A 值 | I 值 |
| --- | --- | --- | --- | --- |
| 天津大学国家知识产权战略实施研究基地 | 708 | 1 375 | 51 | 26 |
| 中南大学知识产权研究院 | 526.6 | 996 | 68 | 41 |
| 南京师范大学中国法治现代化研究院 | 516.9 | 1 018 | 11 | 23 |
| 武汉大学国际法研究所 | 467 | 921 | 13 | 13 |
| 中南财经政法大学知识产权研究中心 | 446.5 | 860 | 31 | 36 |
| 中南大学医疗卫生法研究中心 | 392.5 | 785 | 0 | 0 |

---

① 重庆工商大学长江上游经济研究中心[EB/OL].[2023-06-29]. https://cjsy2014.ctbu.edu.cn/info/1003/5218.htm.
② 刘翀,濮艳.党的二十大报告"坚持全面依法治国"部分对习近平法治思想的凝练[J].哈尔滨市委党校学报,2023(2):1-6.
③ 习近平.加快建设社会主义法治国家[J].求是,2015(1):3-8.
④ 习近平.论坚持全面依法治国[M].北京:中央文献出版社,2020:93.

(续 表)

| 智库名称 | PAI | P 值 | A 值 | I 值 |
| --- | --- | --- | --- | --- |
| 吉林大学犯罪治理研究中心 | 391 | 782 | 0 | 0 |
| 中南大学中国文化法研究中心 | 359.5 | 719 | 0 | 0 |
| 中南大学教育立法研究基地 | 347.1 | 691 | 0 | 8 |
| 中国政法大学法治政府研究院 | 325.8 | 624 | 22 | 36 |
| 中南财经政法大学法治发展与司法改革研究中心 | 263.8 | 500 | 46 | 0 |
| 武汉大学环境法研究所 | 254.2 | 488 | 22 | 18 |
| 华东政法大学华东检察研究院 | 249.5 | 499 | 0 | 0 |
| 西南政法大学人权研究院 | 231.6 | 449 | 13 | 16 |
| 深圳大学港澳基本法研究中心 | 172.4 | 335 | 1 | 23 |
| 天津财经大学法律经济分析与政策评价中心 | 147 | 294 | 0 | 0 |
| 广东外语外贸大学土地法制研究院 | 133.5 | 267 | 0 | 0 |
| 华南理工大学公共外交与跨文化传播研究基地 | 129.3 | 247 | 4 | 23 |
| 广东外语外贸大学区域一体化法治研究中心 | 121.9 | 232 | 11 | 13 |
| 北京理工大学智能科技风险法律防控工信部重点实验室 | 113 | 226 | 0 | 0 |

(数据来源:CTTI 系统)

国家知识产权战略实施研究为政府制定知识产权政策提供决策依据,为企业提升知识产权管理水平提供指导,为社会公众了解知识产权保护知识提供服务。天津大学国家知识产权战略实施研究基地于 2013 年 4 月得到国家知识产权局正式批复,是在国家知识产权局领导下、在天津市知识产权局协助管理下、由天津大学主要负责建设的国家级战略研究基地。[①] 基地以国际学术前沿为牵引,长期开展系列调研,立足中国知识产权及创新发展实践开展深入扎实的理论研究与政策分析。在 2021 年

---

① 天津大学国家知识产权战略实施研究基地[EB/OL]. [2023 - 06 - 29]. http://sip.cme.tju.edu.cn/jdjs.htm.

至 2022 年，基地承担 1 项国家自然科学基金项目与 5 项国家社会科学基金项目，承担了 10 余项省部级项目，发表 SCI、SSCI、CSSCI 等核心期刊文章 50 余篇，提交研究报告 10 余份，一方面展现了出色的学术能力和研究能力，另一方面也表明智库致力于为公众提供高质量的服务。

创新是引领发展的第一动力，保护知识产权就是保护创新，推动知识产权运用是将创造力转化为生产力。中南大学知识产权研究院发挥知识产权智力资源优势，打造民智荟萃、理论与实务互动的知识产权交流平台，为知识产权强国建设出力，为国家创新驱动发展护航。学术能力方面，在 2021—2022 年，研究院发表 SCI、SSCI、CSSCI 等核心期刊文章 60 余篇，论文发表在国际顶级期刊和会议上，并获得了国内外学术界的广泛认可。在宣传能力方面，研究院通过各种渠道宣传其研究成果，包括报纸、杂志、网站、社交媒体等，其研究成果得到了广泛的传播，并对社会产生了积极的影响。研究院致力于成为政府决策的智囊、学术研究的基地、人才培养的阵地和宣传咨询的窗口，为湖南省乃至全国做出积极的贡献。

南京师范大学中国法治现代化研究院立足江苏、面向全国、放眼世界，重点围绕法治发展战略研究等七个领域，定期推出中国法治现代化领域系列专题咨询报告、法治中国指数综合评估报告和专项评估报告等一系列智库产品，力争在中国法治现代化理论建设、战略研究、社会引领、政策建言等方面走在全国前列。[①] 近两年研究院出版 10 余本图书，其中《法治现代化蓝皮书·中国法治社会发展报告（2022）》，是全国唯一以法治社会发展报告为专题内容的蓝皮书。[②] 同时，完成了 80 余项理论和决策咨询成果，其中有多项决策咨询成果获得批示。在"人民网""新华网""光明网""学习强国"等中央级网络新媒体平台发文 10 余篇，其中公丕祥教授的《以人民为中心是

---

① 新型智库中国法治现代化研究院成立[EB/OL].[2023-06-29]. http://www.xinhuanet.com//politics/2015-11/01/c_128380011.htm.
② 中国法治现代化研究院.《法治现代化蓝皮书·中国法治社会发展报告（2022）》出版[EB/OL].[2023-06-29]. http://www.jsthinktank.com/jiangsuzhiku/njsfdxzgfzxdhyjy/yjdt/202210/t20221017_7727557.shtml.

中国式法治现代化的根本立场》《中国特色社会主义法治道路的历史底蕴》《习近平法治思想是推进中国式法治现代化的理论指南》三篇文章在"学习强国"阅读量近90万。

武汉大学国际法研究所是一家注重国际公法、国际私法、国际经济法研究，并强调这些学科的交叉和综合研究的国家高端智库。研究所主办期刊包括《中国国际法期刊》《武大国际法评论》《中国国际私法与比较法年刊》，其中《中国国际私法与比较法年刊》是 CSSCI 来源集刊，期刊的出版和发行为智库提供了一个交流学术成果的平台，同时也证明其在学术界有一定的认可度。在 2021—2022 年，研究所发表 SCI、SSCI、CSSCI 等核心期刊文章 40 余篇，表明智库的研究成果在国内外学术界都受到一定的关注，并被高水平的学术期刊接受和发表。智库完成报告近 100 份，这也反映其在为政府、企业或其他组织提供咨询和研究服务方面的能力。

中南财经政法大学知识产权研究中心是国内最早从事知识产权教学与研究的机构之一。在品牌建设方面，自 2004 年以来，中心举办"知识产权南湖论坛"国际研讨会 12 届，现已将"知识产权南湖论坛"成功打造为知名学术品牌，成为知识产权领域内的高端国际学术交流平台和民间学术盛会，产生了良好的社会影响。同时，中心开辟了《知识产权蓝皮书》、国家精品课程、德恒知识产权大讲堂、知识产权暑期学校、图书馆和中国知识产权研究网等学术窗口，实现了科学研究、学术交流、人才培养、资料信息建设等方面的综合协调发展。中心依托重点研究基地，集中精干力量、打造学术精品，实现了从单一学术平台独立运转到将诸多平台叠加再创造的转变；实现了从传统的象牙塔里作文章到社会场中觅学问的转变。在学科交叉中创新，在决策咨询中锻造，在人才培养中凝练，在社会服务中反思，是中心发展的不竭动力。

（九）公共安全领域

党的二十大报告提出，国家安全是民族复兴的根基，社会稳定是国家强盛的前提。必须坚定不移贯彻总体国家安全观，把维护国家安全贯穿党和国家工作各方面全过程，确保国家安全和社会稳定。要提高公共安全治理水平，坚持安全第一、预防为主,完善公共安全体系,提高防灾减灾救灾和急难险重突发公共事件处置保障能力,加强个人信息保护。① 将公共安全放在国家安全之下进行论述,体现了公共安全对于国家安全的重大意义。公共安全领域智库积极发挥特长优势,为人民安居乐业、社会安定有序编织起一张公共安全网。表 2-14 展示了公共安全领域 PAI 值较高的 5 家智库。

表 2-14 公共安全领域智库 PAI 值评分 Top 5

| 智库名称 | PAI | P 值 | A 值 | I 值 |
| --- | --- | --- | --- | --- |
| 中南大学社会稳定风险研究评估中心 | 658 | 1 314 | 0 | 5 |
| 中国人民公安大学首都社会安全研究基地 | 646.8 | 1 272 | 22 | 21 |
| 江南大学食品安全风险治理研究院 | 426 | 841 | 1 | 26 |
| 江苏警官学院江苏省公共安全研究院 | 197 | 386 | 10 | 5 |
| 天津大学生物安全战略研究中心 | 173.6 | 338 | 0 | 23 |

(数据来源:CTTI 系统)

中国人民公安大学首都社会安全研究基地是北京市哲学社会科学规划办公室与北京市教育委员会于 2004 年 9 月联合批准设立的首批北京市哲学社会科学研究基地之一。研究基地现由中国人民公安大学治安学院负责建设管理,紧密围绕社会安全这条主线积极开展学术研究,主要研究领域涵盖社会安全、平安中国建设、社会治安综合治理、社会治安防控、低空安全、反恐防暴、首都安全、校园安全、城市安全等领域。自成立以来承担国家级课题三十余项,省部级课题数十项,出版学术著作十余部,发表学术论文百余篇,提交研究咨询报告数十份,标志性成果是,平安中国蓝皮书系列——《平安中国蓝皮书:平安北京建设发展报告(2018)》《平安中国蓝皮书:平安北京建设发展报告(2019)》《平安中国蓝皮书:平安北京建设发展报告(2020)》《平安

---

① 习近平.高举中国特色社会主义伟大旗帜 为全面建设社会主义现代化国家而团结奋斗:在中国共产党第二十次全国代表大会上的报告[J].求是,2022(21).

中国蓝皮书:平安建设发展报告(2021)》,2018—2021共四本,《平安京津冀建设发展报告(2022)》;围绕"平安北京"举办了首都社会安全论坛、超大城市社会治安治理论坛等学术论坛,产出了系列智库成果,形成了研究基地的学术品牌,为服务北京"四个中心"建设作出了积极贡献。①

中南大学社会稳定风险研究评估中心于2013年3月8日由中南大学批准成立,是全国首家高校第三方社会稳定风险评估机构,以中南大学公共管理、社会学、法学、资源安全、能源、生命科学等相关学科的科研人员组成核心研究团队。工作团队主要成员长期从事公共危机管理、社会影响评估和公共政策评估的教学与研究,既可为政府重大决策提供社会风险评估与咨询,又可以直接从事社会稳定风险评估的实际业务,通过调查研究提供重大工程项目社会稳定风险评估报告。设有理事会、学术委员会和"稳评"科研部、"稳评"项目部、"稳评"培训部三个日常工作部门,研究团队来自公共管理学院、商学院、法学院、资源与安全工程学院,专业知识深厚,②多项研究成果受到采用。

### (十) 文化政策领域

党的二十大首次提到"文化自强",建设文化强国,要"全面建设社会主义现代化国家,必须坚持中国特色社会主义文化发展道路,增强文化自信,围绕举旗帜、聚民心、育新人、兴文化、展形象建设社会主义文化强国,发展面向现代化、面向世界、面向未来的,民族的科学的大众的社会主义文化,激发全民族文化创新创造活力,增强实现中华民族伟大复兴的精神力量"。③智库围绕红色革命文化、语言文化、民族民间文化等文化领域,坚守中华文化立场,提炼展示中华文明的精神标识和文化精髓,深

---

① 中国人民公安大学.首都社会安全研究基地[EB/OL].[2023-09-19]. https://www.ppsuc.edu.cn/info/1361/12926.htm.
② 中南大学社会稳定风险研究评估中心[EB/OL].[2023-09-19]. https://cssra.csu.edu.cn/zxjs/zxgk.htm.
③ 习近平.高举中国特色社会主义伟大旗帜 为全面建设社会主义现代化国家而团结奋斗:在中国共产党第二十次全国代表大会上的报告[J].求是,2022(21).

化文明交流互鉴,推动中华文化更好走向世界。表 2-15 展示了领域内 PAI 值较高的 20 家智库。

表 2-15 文化政策领域智库 PAI 值评分 Top 20

| 智库名称 | PAI | P 值 | A 值 | I 值 |
| --- | --- | --- | --- | --- |
| 湖南师范大学道德文化研究院 | 1 009.4 | 2 013 | 3 | 10 |
| 华东师范大学中国现代思想文化研究所 | 752.1 | 1 496 | 7 | 10 |
| 武汉大学国家文化发展研究院 | 591.8 | 1 171 | 7 | 21 |
| 北京外国语大学国家语言能力发展研究中心 | 572.8 | 1 133 | 9 | 18 |
| 河南大学黄河文明与可持续发展研究中心暨黄河文明省部共建协同创新中心 | 493.6 | 916 | 100 | 28 |
| 陕西师范大学西北历史环境与经济社会发展研究院 | 298 | 591 | 5 | 5 |
| 北京外国语大学国际中国文化研究院 | 267.1 | 503 | 52 | 0 |
| 西藏民族大学西藏文化传承发展协同创新中心 | 231.6 | 455 | 7 | 10 |
| 江苏省道德发展智库 | 212.5 | 410 | 25 | 0 |
| 北京第二外国语学院中国文化和旅游产业研究院 | 208.1 | 400 | 15 | 18 |
| 中南大学中国村落文化研究中心 | 196.7 | 384 | 5 | 16 |
| 天津大学中国文化遗产保护国际研究中心 | 191 | 359 | 23 | 23 |
| 北京科技大学科学技术与文明研究中心 | 184.3 | 347 | 22 | 21 |
| 吉林大学中国文化研究所 | 183 | 366 | 0 | 0 |
| 上海外国语大学中国外语战略研究中心 | 161.1 | 303 | 32 | 0 |
| 东南大学中国艺术发展评价研究院 | 160 | 320 | 0 | 0 |
| 兰州大学西北少数民族研究中心 | 145.5 | 291 | 0 | 0 |
| 黑龙江大学黑龙江省文化发展战略研究中心 | 136 | 268 | 0 | 10 |
| 湖南师范大学汉语国际推广研究院 | 114.6 | 224 | 0 | 13 |
| 四川大学中国藏学研究所 | 105.9 | 201 | 18 | 0 |

(数据来源:CTTI 系统)

党的二十大明确提出"加快构建中国话语和中国叙事体系,讲好中国故事、传播好中国声音，展现可信、可爱、可敬的中国形象。加强国际传播能力建设，全面提升国际传播效能，形成同我国综合国力和国际地位相匹配的国际话语权"。北京外国语大学国家语言能力发展研究中心扎根于中华优秀传统文化，利用外语学科发挥作用，提升中国的国家话语能力。该中心系国家语委科研机构，具体由教育部语言文字信息管理司与北京外国语大学共建共管。中心的主要任务是深入研究语言在政治、军事、安全等方面的重要作用，重点做好国家语言能力的理论构建和现状调研，开展语言人才资源、世界主要国家语言政策、国际城市外语能力等方面的研究工作，为党和国家制定语言文字政策提供决策参考，为经济社会发展提供服务。[①] 为了探讨外语学科如何在全球沟通中发挥作用，2022年主办了第二届国家话语能力与国际传播能力高层论坛，论坛邀请来自外语、国际传播、国际问题研究等方面的专家学者从多学科领域进行探讨，围绕外语学科人才培养和科学研究的思路和举措，以期提升国家话语能力，促进国际传播能力建设。

武汉大学国家文化发展研究院整合了三个国家研究基地，以服务国家和社会文化建设需要、推动学科发展为宗旨，围绕人类命运共同体构建、国家文化形象的学术建构、国家文化和旅游行业改革发展与长江经济带建设等国家战略上发力，先后承担国家级项目近200项，在《中国软科学》《中国图书馆学报》等重要期刊发文近200余篇，出版专著30余部，获国家相关机构采纳的政策建言有160余份，获省部级及以上科研成果奖励10余项；与国内外各高校、学术机构联合举办各类学术会议、论坛数十次，并先后与美国芝加哥大学、加拿大维多利亚大学、荷兰阿姆斯特丹自由大学等国际知名高校建立了广泛、深入的合作关系。

践行社会主义文化教育，引导人民知史爱党、知史爱国，不断坚定中国特色社会主义共同理想。湖南师范大学道德文化研究中心是教育部人文社会科学重点研究基地，主要依托国家重点学科伦理学，拥有"伦理学与大学生思想道德教育团队"系国家

---

① 国家语言能力发展研究中心[EB/OL].[2023-09-19]. https://gynf.bfsu.edu.cn/zxjj.htm.

级教学团队,开展2门国家级精品课程,此外中心有6名专家参加中央马克思主义理论研究与建设工程,共培养硕士研究生500余人、博士研究生200余人,博士后研究人员数十人。中心主持了"中国共产党的集体道德记忆研究"等国家社科基金重大招标项目,"中华民族道德生活中的价值认同研究""马克思主义伦理思想中国化最新成果研究""中国传统道德本体建构研究"等国家社科基金重点项目和教育部重大攻关项目"新形势下弘扬爱国主义精神重大理论与实践问题研究";出版了《伦理大思路——当代中国道德和伦理学发展的理论审视》《伦理学》《我国生态文明发展战略研究》《成人与成圣——儒家伦理道德精粹》等150余部著作,在全国范围形成较大影响力;获教育部人文社会科学优秀成果奖和湖南省社会科学优秀成果奖30余项。

### (十一) 教育政策领域

中国正在由"教育大国"迈向"教育强国"。党的二十大报告强调要强化现代化建设人才支撑,坚持以人民为中心发展教育,加快建设高质量教育体系,发展素质教育,促进教育公平。教育智库作为构建中国特色新型教育科研体系的重要环节,肩负着教育政策研究和实际培养人才的职责,以发展高质量教育、参与教育治理和强化国际比较研究为重要方针。表2-16展示了该领域内PAI值较高的15家智库。

表2-16 教育政策领域智库 PAI 值评分 Top 15

| 智库名称 | PAI | P值 | A值 | I值 |
| --- | --- | --- | --- | --- |
| 华东师范大学课程与教学研究所 | 1 260.6 | 2 501 | 25 | 13 |
| 西南大学西南民族教育与心理研究中心 | 665.5 | 1 331 | 0 | 0 |
| 华东师范大学基础教育改革与发展研究所 | 663.6 | 1 322 | 0 | 13 |
| 高教强省发展战略与评价研究中心 | 370.1 | 737 | 0 | 8 |
| 淮北师范大学安徽省高校管理大数据研究中心 | 361.9 | 719 | 8 | 0 |
| 华东师范大学国家教育宏观政策研究院 | 361.8 | 711 | 21 | 0 |
| 东北师范大学中国农村教育发展研究院 | 279.3 | 551 | 6 | 10 |
| 上海师范大学国际与比较教育研究院 | 234.1 | 463 | 0 | 13 |

(续　表)

| 智库名称 | PAI | P值 | A值 | I值 |
| --- | --- | --- | --- | --- |
| 西南大学基础教育研究中心 | 226 | 445 | 3 | 13 |
| 华东师范大学上海终身教育研究院 | 198.1 | 393 | 0 | 8 |
| 长江教育研究院(国家教育治理研究院) | 177 | 354 | 0 | 0 |
| 浙江大学中国科教战略研究院 | 172.2 | 338 | 0 | 16 |
| 华南师范大学粤港澳大湾区教育发展高等研究院 | 148 | 296 | 0 | 0 |
| 华南师范大学港澳青少年教育研究中心 | 133 | 266 | 0 | 0 |
| 西南大学教育政策研究所 | 132.6 | 253 | 17 | 5 |

(数据来源:CTTI系统)

华东师范大学课程与教学研究所成立于1999年,是首批教育部人文社会科学重点研究基地,2017年入选国家高校高端智库联盟首批成员。附设课程改革与政策、学校课程发展、传统文化与道德课程、教研员课程领导力发展、考试与评价改革、国际课堂分析实验室、中国课程经验国际化等7个PI团队。领衔起草《国家基础教育课程改革纲要》和《中国教师教育课程标准》等重要政策性文本,主办《全球教育展望》期刊,为我国21世纪基础教育课程改革和教师教育课程改革做出了杰出的贡献,坚持探索课程理论,不断创新;服务课程决策,提供咨询;参与课程实践,共享智识,围绕我国基础教育课程大变革的重点难点问题,开展了一系列卓有成效的研究,被誉为课程与教学研究领域的"国家队"。

西南大学西南民族教育与心理研究中心是教育部民族教育发展中心民族教育发展与少数民族高层次人才培养研究重点基地,坚持立德树人,以少数民族高层次骨干人才培养和对口支援计划为特色,形成"科教协同　研学育人"的研究生高质量教育体系,探索出了"一花五叶""全链条"等特色育人模式,培养硕、博士研究生和海外留学硕、博士生500余人,其中,少数民族学生占比26.90%;毕业生面向西部地区、民族地区就业人数占70%;少数民族骨干人才计划毕业32人,为西部民族地区教育事业发展做出杰出贡献。此外，中心把黔东南州从江县民族二中作为"扎根学校"，开展长期合作，基于调研和测试为该校完善课程体系建设和铸牢中华民族共同体意识教育实践提供参考，为少数民族教育现代化累积实践经验。

教育的国际比较对于教育政策的制定和实施有着很大的参考价值，是办好人民满意的教育的重要推力。上海师范大学国际与比较教育研究院以"立足国际比较，发现教育知识，提供决策咨询，培养专业人才，服务教育发展"为发展宗旨；以"学术研究为基，决策咨询为用"为指针；重点开展教育政策国际比较、教师教育国际比较、中国教育走向世界、都市教育发展、比较和国际组织与教育发展等五方面的研究，参与撰写《国家中长期教育改革和发展规划纲要 2010—2020》、教育部《中小学校长专业标准研究报告》，参与了 PISA（国际学生评估项目）、TALIS（教师教学国际调查项目）和 SABER（教育系统结果基准研究），探索国际经验的本土化实践，转化为中国特色的教育体制创新。

聚焦科教兴国、科教兴校，浙江大学中国科教战略研究院通过"三个面向"发挥战略研究的思想库作用。一是面向国家科技和高等教育发展战略需求。通过构建大平台，承接国家部委和浙江省的重大研究任务，为国家科教兴国战略实施提供咨询意见。二是面向学校改革与发展重大需求。针对浙大长远发展的战略性问题和每一阶段亟待解决的紧迫性问题，提供政策建议，推动学校科学发展。三是面向发展战略研究发展前沿。分析国内外科技发展和高等教育发展形势，跟踪世界一流大学改革动态，把握世界高等教育发展趋势，提供高质量研究成果。还积极与联合国教科文组织、科学院、工程院、教育部教育发展研究中心等相关机构，以及国内外大学开展合作，打造大学发展、协同创新的研究平台。[①]

### （十二）科技政策领域

党的二十大提出要完善科技创新体系，"强化国家战略科技力量，优化配置创新

---

① 浙江大学中国科教战略研究院[EB/OL].[2023-09-19]. http://www.icstep.zju.edu.cn/2549/list.htm.

资源,优化国家科研机构、高水平研究型大学、科技领军企业定位和布局,形成国家实验室体系,统筹推进国际科技创新中心、区域科技创新中心建设,加强科技基础能力建设,强化科技战略咨询,提升国家创新体系整体效能。深化科技体制改革,深化科技评价改革,加大多元化科技投入,加强知识产权法治保障,形成支持全面创新的基础制度"。科技是国之利器,科技现代化是中国现代化的重要环节,我国科技智库要针对中国现代化进程中的问题,结合理论背景和实践经验,提出前瞻性、专业性的科技决策咨询建议,针对强化战略科技力量给出智库视角的答卷,助推中国科技大步前进。表 2-17 展示了该领域内 PAI 值较高的 7 家智库。

表 2-17 科技政策领域智库 PAI 值评分 Top 7

| 智库名称 | PAI | P值 | A值 | I值 |
| --- | --- | --- | --- | --- |
| 华东师范大学全球创新与发展研究院 | 648.1 | 1 252 | 55 | 28 |
| 南京航空航天大学工业和信息化智库评价中心 | 136 | 254 | 30 | 0 |
| 广州数字创新研究中心 | 106.1 | 203 | 0 | 23 |
| 吉林大学中国科技政策与科技管理研究中心 | 58.5 | 117 | 0 | 0 |
| 北京理工大学中国工程科技前沿交叉战略研究中心 | 50 | 100 | 0 | 0 |
| 清华大学科技发展与治理研究中心 | 38 | 76 | 0 | 0 |
| 江西省科学院科技战略研究所 | 28 | 56 | 0 | 0 |

(数据来源:CTTI 系统)

华东师范大学全球创新与发展研究院是教育部高等学校软科学研究基地、上海市高校智库,下设上海市软科学研究基地美国创新与发展研究中心和上海市人民政府决策咨询研究基地杜德斌工作室,致力于科技创新战略和地缘安全战略的研究。研究院面向国家重大战略需求,持续深入地进行全局性、基础性、前瞻性研究,并随时承接相关领域的国家应急课题,为中央和国家科学决策服务,为解决重大现实问题提供理论支撑。近年来完成一系列国家重大研究课题,向中央领导和国家有关部门提交了大量研究专报,研究成果多次获得党和国家领导人批示,出版和发表了大量高水平学术著作和研究论文,多次组织高层次战略研究国际学术会议,出版著作《全球科技创新中心发展指数》和连续著作《中美科技竞争力评估报告》,后者从2019年至今共出版3册,从科技人力资源、科技财力资源、科学研究、技术创新和科技国际化五个方面,2 022册增加了中美两国企业科技竞争力的分析,研究了中美两国科技创新发展的态势及趋势,产生了较大社会影响。

吉林大学中国科技政策与科技管理研究中心由吉林省科技厅与吉林大学共同建设,旨在搭建服务全国的科技政策与科技管理研究平台,通过吉林大学带动吉林省内外相关研究力量,针对吉林省及全国科技政策的系统调整、科技创新体系的全面创建以及科技管理体系创新进行深入研究,打造专业的科技工作"智库",培养相关领域研究团队。中心采取"开放、流动"的管理方式,邀请吉林大学校内外相关专业研究人员来中心担任课题研究。此外,吉林省科技厅每年委托该中心组织实施吉林省科技规划项目的相关课题,并根据吉林省科技工作发展需要,设立专项研究项目或应急项目,同时与国家科技部、吉林省内外科技部门展开密切合作。

清华大学科技发展与治理研究中心是中国科学技术协会和清华大学联合发起的清华大学校级非营利性科研机构,联合清华大学社会科学学院、生命科学学院共同开展科学研究、战略咨询与人才培养工作。旨在围绕推进国家治理体系和治理能力现代化的要求,开展科技发展治理体系建设,科技治理政策分析,科技伦理风险评估体系建设等领域的科学研究;为国家培养科技治理领域复合型创新人才、学术领军人才和决策支撑人才;推动构建涵盖政府组织、私人部门和社会组织的广泛学术共同体,建设国际一流的科技治理学术高地,助力建设世界科技强国和实现全面深化改革总目标。通过各方组织协同、制度创新、政策配套与资源整合,打造"高层次国家科技治理智库"旗舰,推动建立和完善科研管理与科技治理的相关法律、政策、标准与规范。[1]

---

[1] 清华大学科技发展与治理研究中心[EB/OL]. [2023-09-19]. https://www.sppm.tsinghua.edu.cn/yjjg/xjyjy_zx_/qhdxkjfzyzlyjzx.htm.

## （十三）生态文明领域

"推动绿色发展,促进人与自然和谐共生""推动经济社会发展绿色化、低碳化是实现高质量发展的关键环节。加快推动产业结构、能源结构、交通运输结构等调整优化。实施全面节约战略,推进各类资源节约集约利用,加快构建废弃物循环利用体系。完善支持绿色发展的财税、金融、投资、价格政策和标准体系,发展绿色低碳产业,健全资源环境要素市场化配置体系,加快节能降碳先进技术研发和推广应用,倡导绿色消费,推动形成绿色低碳的生产方式和生活方式",党的二十大报道明确指出要"站在人与自然和谐共生的高度谋划发展"。以生态文明为主要研究领域的智库需迎接我国现代化所带来的挑战,为建设绿色中国建言献策。表2-18展示了领域内PAI值较高的10家智库。

表2-18 生态文明政策领域智库 PAI 值评分 Top 10

| 智库名称 | PAI | P值 | A值 | I值 |
| --- | --- | --- | --- | --- |
| 中国海洋大学海洋发展研究院 | 1 169.5 | 2 339 | 0 | 0 |
| 北京科技大学北京企业低碳运营战略研究基地 | 309.9 | 618 | 3 | 0 |
| 天津大学中国绿色发展研究院 | 224.8 | 436 | 14 | 13 |
| 江西财经大学江西省生态文明制度建设协同创新中心 | 133.5 | 267 | 0 | 0 |
| 天津科技大学能源环境与绿色发展研究中心 | 98.5 | 191 | 0 | 15 |
| 兰州大学绿色金融研究院 | 95.5 | 191 | 0 | 0 |
| 南京信息工程大学气候与环境治理研究院 | 78.5 | 146 | 15 | 5 |
| 济南大学山东龙山绿色经济研究中心 | 73 | 146 | 0 | 0 |
| 暨南大学广州区域低碳经济研究基地 | 70.2 | 138 | 4 | 0 |
| 上海交通大学国家海洋战略与权益研究基地 | 67.2 | 123 | 7 | 18 |

（数据来源:CTTI系统）

中国的海域总面积约473万平方千米,大陆海岸线长度约1.8万千米,是当之无愧的海洋大国。党的二十大指出,要发展海洋经济,保护海洋生态环境,加快建设海洋强国。中国海洋大学海洋发展研究院是全国唯一一所海洋人文社科综合研究基地，2019年受聘成为中央外办海权办19家咨询机构之一。围绕国家海洋强国建设的重大需求，聚焦全球海洋治理、海洋经济发展、海洋文化等重点方向开展基础理论研究，出版《海洋经济概论》，长期致力于"全球海洋治理"理念内涵的解读，积极建言献策，其中《科学制定我国北极战略》等3项成果获习近平总书记重要批示，为海洋强国建设和地方经济社会发展作出了重要贡献。

立足我国能源资源禀赋，加快绿色低碳循环发展的能源体系建设，缓解环境生态压力，适应新发展格局。北京企业低碳运营战略研究基地成立于2011年，整合生产管理、环境管理、生态经济等相关学科，发挥学科交叉渗透和融会贯通的优势，紧密围绕北京企业低碳运营中出现的亟待解决的重大理论与现实问题开展研究，研究目标包括北京市重点工业企业低碳运营战略研究、北京市公共事业"绿色运营服务链"研究以及北京企业低碳文化与市民低碳行为研究，为北京企业低碳运营中出现的亟待解决的重大理论与现实问题提供智慧支持，多项研究成果直接应用于企业，并为企业创造了直接的经济效益，降低了碳排放。[1] 天津科技大学能源环境与绿色发展研究中心成立于2010年，聚焦气候变化与低碳经济研究，在《国参建言》发表项目阶段性成果"工业化后期的我国优化开发区域碳排放达峰问题研究"，提出优化开发区域内外经济发展阶段的差异，协调好工业化进程和碳减排的关系，以创新为动力，摆脱对传统路径的依赖，优化开发区域在达峰中实现持续稳定健康发展，获得国务院有关领导的关注。

推动经济社会发展绿色化、低碳化是实现高质量发展的关键环节。绿色金融具有连接、反映、配置和控制生态、经济和社会系统运行与结构的功能，在推动经济社会发展绿色化、低碳化方面发挥着重要作用。兰州大学绿色金融研究院成立于2019

---

[1] 北京科技大学经济管理学院. 北京企业低碳运营战略研究基地[EB/OL]. [2023-09-19]. https://sem.ustb.edu.cn/bkjg/zzjg/yjjga/bjqydtyyzlyjjd/index.htm.

年,下设4个研究中心,分别是:绿色金融政策研究中心、绿色金融与产业发展研究中心、绿色金融产品创新研究中心、绿色金融与"一带一路"国际合作研究中心。研究院以"培养金融人才,服务地方经济,实现生态文明,奉献美丽中国"为使命,以资源互通、全面交流、科学研究、主动服务为理念,致力于打造国内领先、国际知名的绿色金融学术高地、绿色金融高端智库、绿色金融人才培养基地和绿色金融国际合作平台。连续两年推出《甘肃绿色金融发展报告》(2020、2021)为绿色金融助力全国特别是甘肃省绿色生态产业与实体经济的健康发展提供了理论支撑和实践指引。

### (十四) 能源与基础设施领域

能源是工业的粮食、国民经济的命脉。加快规划建设新型能源体系是更好服务国计民生、满足人民对美好生活向往的重要保障。从党的十八大以来,面对能源供需格局新变化、国际能源发展新趋势,以习近平同志为核心的党中央提出了"四个革命、一个合作"能源安全新战略,能源发展取得历史性成就。交通、通信、供水、供电、环保等基础设施是经济社会发展的重要支撑和必备条件,也为建设现代化强国打下坚实基础。表2-19展示了领域内PAI值较高的8家智库。

表2-19 能源与基础建设领域智库PAI值评分Top 8

| 智库名称 | PAI | P值 | A值 | I值 |
| --- | --- | --- | --- | --- |
| 上海海事大学上海国际航运研究中心 | 323.8 | 608 | 42 | 36 |
| 中南大学金属资源战略研究院 | 273 | 546 | 0 | 0 |
| 北京交通大学北京交通发展研究基地 | 214.5 | 429 | 0 | 0 |
| 南方电网能源发展研究院有限责任公司 | 156.7 | 305 | 14 | 0 |
| 北京交通大学北京物流信息化研究基地 | 149 | 298 | 0 | 0 |
| 湖南大学资源与环境管理研究中心 | 128.5 | 257 | 0 | 0 |
| 四川石油天然气发展研究中心 | 121.5 | 243 | 0 | 0 |

(数据来源:CTTI系统)

国网能源研究院有限公司是国家电网有限公司独资设立的智库机构和软科学研

究单位,承担着理论创新、战略创新和管理创新的研究职责,为国网公司战略决策和运营管理提供智力支撑,为政府政策制定和能源电力行业发展提供咨询服务,包括11个研究领域、53个研究方向,以及模型工具和实验室研发。入选国家能源局首批研究咨询基地,是央企智库联盟首届理事长单位支撑机构,2014年入选国家能源局第一批研究咨询基地,列入世界银行、亚洲银行注册咨询单位名录。研究实力在国内能源电力软科学研究机构中名列前茅,研究成果多次被政府部门采纳和国家级领导批示。

湖南大学资源与环境管理研究中心成立于2014年,面向国家能源与气候变化领域的重大政策需求,围绕能源资源经济、能源战略与气候政策中的关键科学问题开展基础性、前瞻性、创新性研究,推动能源经济、环境管理和气候政策等学科发展,培养高水平综合型专门人才,搭建国内外学术交流的重要平台,并为国家有关部门和能源企业的管理决策提供科学参考,出版《能源回弹效应与能效提升政策研究》《国际原油市场定价机制与预测研究》等能源相关著作。

中南大学金属资源战略研究院与中南大学地质、采矿、选矿、冶金、材料等金属资源优势学科群紧密合作,搭建起了学校金属资源优势硬学科与软科学交叉融合的开放式研究平台。研究院专注于国家金属资源重大战略问题研究,致力于成为国家金属资源战略研究的思想高地、金属资源产业政策决策的国家智库、金属资源战略情报信息中心、金属领域高端复合型人才的培养基地。研究院始终围绕国家资源安全观,紧跟社会及技术发展脉络,发现现实问题,提出前瞻性对策,为打造供给稳定、经济安全、生态绿色的国家金属资源发展模式提供战略性引领。承担国家社会科学基金重大项目10项、国家自然科学基金重点项目2项以及国家科学基金面上项目、青年项目30余项;在 *Energy Economics*、《中国工业经济》等重要期刊上发表论文400余篇;撰写国家资源安全丛书8本;4篇成果要报被中宣部社科规划办全文刊发,获党和政府领导批示多份;部分相关研究成果被国务院国资委、湖南省政色等政府部门采用。①

北京交通发展研究基地成立于 2005 年 12 月，以服务于北京综合交通和经济社会高质量发展为宗旨。研究基地充分发挥涵养学科汇聚人才的优势功能，产出众多研究成果，发表高水平期刊论文 100 余篇；连续多年出版《北京交通发展研究报告》《中国城市交通绿色发展报告》《中国交通发展综合报告》；为国家相关机构和北京市政府提供成果要报和内参文件，多篇建议得到批示；连续举办十届品牌活动"运输与时空经济论坛国际会议"。

### （十五）扶贫与"三农"领域

2022 年 12 月 23 日至 24 日，习近平总书记在中央农村工作会议上强调，全面推进乡村振兴、加快建设农业强国，是党中央着眼全面建成社会主义现代化强国作出的战略部署。建设农业强国要体现中国特色，立足我国国情，立足人多地少的资源禀赋、农耕文明的历史底蕴、人与自然和谐共生的时代要求，走自己的路，不简单照搬国外现代化农业强国模式。要全面推进产业、人才、文化、生态、组织"五个振兴"，统筹部署、协同推进，抓住重点、补齐短板。要依靠科技和改革双轮驱动加快建设农业强国。要一体推进农业现代化和农村现代化，实现乡村由表及里、形神兼备的全面提升。② 党的二十大提出要全面推进乡村振兴，"全面建设社会主义现代化国家，最艰巨最繁重的任务仍然在农村。坚持农业农村优先发展，坚持城乡融合发展，畅通城乡要素流动。加快建设农业强国，扎实推动乡村产业、人才、文化、生态、组织振兴"。扶贫与"三农"领域内智库紧跟国家乡村振兴的相关政策，有效促进扶政策建设落地及"三农"问题的解决。表 2-20 展示了领域内 PAI 值较高的 10 家智库。

---

① 中南大学金属资源战略研究院.本院简介[EB/OL].[2023-09-19].https://imrs.csu.edu.cn/yjygk/byjj.htm.
② 中华人民共和国农业农村部.习近平：加快建设农业强国 推进农业农村现代化[EB/OL].[2023-09-19].http://www.moa.gov.cn/ztzl/xjpgysngzzyls/zyll/202303/t20230317_6423398.htm.

表 2-20 扶贫与"三农"领域智库 PAI 值评分 Top 10

| 智库名称 | PAI | P 值 | A 值 | I 值 |
| --- | --- | --- | --- | --- |
| 浙江大学中国农村发展研究院 | 790 | 1 559 | 11 | 36 |
| 华中师范大学中国农村研究院 | 463.9 | 912 | 21 | 8 |
| 中南大学乡村振兴研究中心 | 356.3 | 712 | 1 | 0 |
| 四川省农村发展研究中心 | 236.1 | 466 | 5 | 8 |
| 华中农业大学湖北农村发展研究中心 | 219 | 422 | 4 | 34 |
| 江西现代农业及其优势产业可持续发展决策支持协同创新中心 | 189.5 | 377 | 0 | 5 |
| 吉首大学民族地区扶贫与发展研究中心 | 134.5 | 269 | 0 | 0 |
| 贵州基层社会治理创新高端智库 | 115 | 230 | 0 | 0 |
| 西南大学农村经济与管理研究中心 | 85 | 170 | 0 | 0 |
| 金善宝农业现代化发展研究院 | 56.8 | 101 | 21 | 0 |

(数据来源:CTTI 系统)

华中师范大学中国农村研究院是以研究现代化进程中的农村和农民问题为主的专门性学术机构,现为政治学世界一流学科建设单位、教育部人文社会科学重点研究基地,2017 年入选教育部高校高端智库联盟发起单位之一。中农院始终遵循深耕农村、扎根中国大地的宗旨,"把思想政治教育工作做在祖国大地上",全力建设中国农村发展高端智库和具有中国特色的田野政治学派。近十年来,中农院先后在《中国社会科学》《政治学研究》发表论文十多篇,获得多项国家及省部级项目。很多咨询服务成果被国家各部委吸纳采用。随着研究内容的不断深化,中农院调查研究和学术研究的成果转换速度也不断加快,撰写出版"学术三峡工程"《中国农村调查》40 卷,约 4 215 万字;撰写出版"翻译三峡工程"《满铁农村调查》9 卷,约 1 609 万字。2022 年,主办的"青春心向党 奋斗正当时"田野青春故事分享会,推进中国农村研究院"田野党建"和"田野思政"育人体系建设,引导广大青年学生积极投身田野学习实践,践行新时代青年责任与担当,受到《人民日报》《光明日报》《中国青年报》等多家媒体关注。

贵州基层社会治理创新高端智库成立于2019年,聚焦基层治理的"堵点""难点""痛点"问题,进行长期专题研究、深度融通研究、跟踪调查研究,源源不断产出具有思想性、建设性、科学性、前瞻性、独立性和特色化的智库产品,逐步形成了"新时代文明实践与乡村治理创新""乡村绿色治理与产业转型升级"和"数字化改革与基层治理现代化"三大研究领域和特色,逐渐呈现跨学科、跨领域的研究态势。智库立足中国农村经济社会发展最薄弱的领域——喀斯特地区,建成了中国喀斯特地区农村经济社会调查数据库(CKRS),采集了全国喀斯特地貌分布区湖北、湖南、广州、广西、云南、四川、重庆和贵州8个省(市区)、500个村共6250份10000户家庭的农村发展一手样本数据,[①]《中国喀斯特地区农村发展报告(贵州卷)》即将问世,其他省(市区)卷本的调研报告也将陆续出版。

### (十六)"一带一路"领域

2013年,习近平总书记分别提出建设"新丝绸之路经济带"和"21世纪海上丝绸之路"的合作倡议。依靠中国与有关国家既有的双多边机制,借助既有的、行之有效的区域合作平台,高举和平发展的旗帜,积极发展与沿线国家的经济合作伙伴关系,共同打造政治互信、经济融合、文化包容的利益共同体、命运共同体和责任共同体。[②]截至2022年,"一带一路"倡议已提出9年,经过近十年的发展,倡议已经扎根各国和地区,从夯基垒台、立柱架梁到落地生根、持久发展,已成为开放包容、互利互惠、合作共赢的国际合作平台和国际社会普遍欢迎的全球公共产品。党的二十大报告提出,推动共建"一带一路"高质量发展。"一带一路"国际智库合作委员会的成立也论证了"一带一路"智库对于促进各国繁荣发展、构建人类命运共同体的重要作用。近年来我国该领域下的智库不断深耕,积极发声,为"一带一路"倡议高质量发展提供智力支

---

① 贵州大学打造高端智库服务高质量发展[EB/OL].[2023-09-19].http://szb.gzrbs.com.cn/pc/cont/202205/26/content_58963.html.

② 一带一路[EB/OL].[2023-09-19].https://baike.baidu.com/item/一带一路/13132427?fr=aladdin.

撑。表 2-21 展示了领域内 PAI 值较高的 7 家智库。

表 2-21 "一带一路"领域智库 PAI 值评分 Top 7

| 智库名称 | PAI | P 值 | A 值 | I 值 |
| --- | --- | --- | --- | --- |
| 西安交通大学"一带一路"自由贸易试验区研究院 | 1 542.8 | 3 053 | 27 | 41 |
| 中国丝路智谷研究院 | 484.6 | 927 | 39 | 47 |
| 海南大学"一带一路"研究院 | 416.6 | 791 | 41 | 44 |
| 上海外国语大学丝路战略研究所 | 239.4 | 463 | 23 | 5 |
| 北京师范大学一带一路学院 | 91.8 | 183 | 1 | 0 |
| 陕西师范大学"一带一路"建设与中亚研究协同创新研究中心 | 63.6 | 124 | 0 | 8 |
| 中山大学"一带一路"研究院 | 43 | 86 | 0 | 0 |

（数据来源：CTTI 系统）

为加强对"一带一路"倡议的研究，为国家和海南参与"一带一路"倡议提供决策咨询服务，海南大学"一带一路"研究院于 2019 年揭牌成立。又于 2021 年成立了"国际数据与舆论研究中心"，运用大数据、人工智能、自然语言处理等研究方法，研究成果受到国家发展和改革委员会地区经济司表扬肯定。研究院以"一带一路"倡议和海南自贸港建设为研究中心，多篇内参报告被采用或获得省部级以上领导批示，在顶级国际学术期刊以及《人民日报》《光明日报》等中央媒体发表论文 11 篇，中英文文章 92 篇，接受中外主流媒体采访 276 次，出版《"一带一路"新征程与人民币国际化》《"一带一路"下的粤港澳大湾区蓝图》等多本中英文专著。成立以来，研究院承担了不同单位委托的多项课题。

上海外国语大学丝路战略研究所成立于 2015 年，以"一带一路""丝绸之路""人文交流"为智库建设的主攻方向，立足于上外多语种、跨学科的专业优势与特色，旨在形成"1+2+3+4"发展战略，即一支跨校跨专业的研究队伍，政治学和外国语言文学两个一级学科支撑下的国别与区域研究，经贸、人文与安全三路并举的研究范式，中东、东南亚、中亚、美欧(含拉美)的四大研究板块。上外丝路所出版3部丝路学研究著作、16期《新丝路学刊》、1套"丝路学研究丛书10部"、12期《丝路学动态》、77期《丝路译报》等20多个"丝路学品牌项目"成果,还连续举办多届丝路学论坛,从哲学、社会学、政治学、国际关系学等方面进行讨论。在十二届论坛召开之际,伊斯兰教科文组织与上外丝路战略研究所在上外虹口校区举行共建丝路学术共同体签约仪式,在线签署了合作备忘录,正式启动共建丝路学术共同体。

西安交通大学"一带一路"自由贸易试验区研究院以"服务陕西,立足西部,面向中国,全球视野"为宗旨,在省委省政府的大力支持下,整合国内外优质智力资源,通过制度创新与任务牵引,建设政智共生、咨政启智的生态平台,社会科学处为秘书处单位,下设4+X个研究中心。策划"中国(陕西)自由贸易试验区创新探索系列丛书",编撰"中国(陕西)自由贸易试验区创新探索系列丛书",参编《中国自由贸易试验区发展蓝皮书》等系列图书19部,汇编《中国(陕西)自由贸易试验区建设成效总结》(2017—2022)等理论成果,为自贸建设人员提供参考读物;围绕重大改革需求,全程服务自贸试验区协同创新区申报、培育、案例撰写等,开展各功能区的量化评估工作,全程参与重要改革文件起草;连续举(承)办两届"中国(陕西)自由贸易试验区发展论坛",为政、产、学、研、用搭建前沿高端智库交流平台;积极对接自贸试验区建设需求,与陕西省政府相关领导、陕西省商务厅(省自贸办)领导、中央党校中青一班等开展调研座谈,并赴上海、河南、四川、重庆、福建等自贸试验区等地进行实地考察;协助自贸试验区各片区、功能区,培育、挖掘创新案例,共同凝练陕西自贸试验区创新案例,12项参与创新案例入选全国"最佳实践案例",多项在全省范围内复制推广。[①]

### (十七)综合型智库

除了上文涉及的16大主要研究领域以外,CTTI还收录了一类综合型智库,其

---

① 西安交通大学."一带一路"自由贸易试验区研究院[EB/OL].[2023-09-19]. http://www.xjtu.edu.cn/info/2017/2066313.htm.

特点在于其研究内容通常不局限于某一领域,而是致力于多学科、多领域的交叉融合研究,CTTI 共收录综合型智库 111 家,由中国社会科学院、中共中央党校(国家行政学院)以及各个地方社会科学院、党校/行政学院构成。2015 年,中共中央办公厅、国务院办公厅印发《关于加强中国特色新型智库建设的意见》提到"社科院和党校行政学院要深化科研体制改革,调整优化学科布局,加强资源统筹整合,重点围绕提高国家治理能力和经济社会发展中的重大现实问题开展国情调研和决策咨询研究。"

社科院智库专业背景深厚的综合智库,资源统筹力极强,是中国特色新型智库体系的重要支柱。中国社会科学院作为中国哲学社会科学研究的最高学术机构和综合研究中心,是国家级综合性高端智库,现有研究所 31 个,研究中心 45 个,全院总职工 4 200 余名,其中科研业务人员占 3 200 余名。在过去的两年间,中国社会科学院出版专著近 800 部,发表学术论文万篇,研究报告近 5 000 份,发布 49 项重大科研成果。中国社会科学院始终以服务党和国家发展大局为己任,以人民为研究导向,注重基础理论研究与应用对策研究融合发展,坚持用中国理论阐释中国实践、用中国实践升华中国理论,充分发挥为党和国家决策服务的思想库作用。跟踪中国式现代化的探索与实践,推动"习近平新时代中国特色社会主义思想研究"等重大科研课题,发表《新时代中国特色社会主义法治建设理论与实践研究》《晋江经验:中国式现代化道路的县域探索》等研究成果;帮助中国特色哲学社会科学学科体系、学术体系、话语体系的建设取得实质性进展;为新阶段我国经济社会高质量发展贡献智慧,出版《经济蓝皮书:2022 年中国经济形势分析与预测》《成长的烦恼:中国迈向现代化进程中的挑战及应对》《共同富裕理论探索》《共同富裕论纲》等著作;积极回应当代国际关系的重大问题,推出 *China's Major Country Diplomacy——Chinese Characteristics, Connotations, and Paths*(《中国特色大国外交:内涵与路径》英文版)、《国际形势黄皮书:全球政治与安全报告(2022)》、(*World Openness Report 2021*)《世界开放报告 2021》《制度兴衰与道路成败——世界政治比较分析》等成果。中国社会科学院聚焦事关党和国家事业全局的重大理论和实践问题,开展前瞻性、战略性研究,为全面建设社会主义现代化国家开局起步贡献力量。①②

在现代新型智库布局中,地方社会科学院作为服务于地方党委政府的重要智库机构,积极发挥智力资源禀赋助推地方社会发展。山东社会科学院是中共山东省委直属的综合性社会科学研究机构,深入实施科研立院、人才兴院、管理强院、开门办院战略,努力打造山东省马克思主义研究宣传的思想理论高地和意识形态工作重要阵地、省委省政府的"思想库""智囊团"、山东省哲学社会科学高端学术殿堂、山东省省情综合数据库和研究评价中心、服务经济文化强省建设的创新型团队,共有近千项研究成果获得省级以上领导肯定性批示。每年举办国际性、全国性学术会议30余次,积极开展对外学术交流,先后与10余个国家的高校和科研机构建立学术交流关系。③

党校行政学院智库是肩负干部培训、思想引领、理论建设、决策咨询四大重任的科研机构,具有更靠近档案政府决策实际的先发研究优势、扎实的党史、马哲等学科基础以及充沛的学员资源优势。《关于加强中国特色新型智库的意见》指出中共中央党校(国家行政学院)应推动教学培训、科学研究与决策咨询相互促进、协同发展,在决策咨询方面发挥更大作用;地方党校行政学院要着力为地方或中央党委和政府决策服务。中共中央党校(国家行政学院)是党中央培训全国高中级领导干部和优秀中青年干部的学校,是研究宣传习近平新时代中国特色社会主义思想、推进党的思想理论建设的重要阵地,是党和国家哲学社会科学研究机构和中国特色新型高端智库,是党中央直属事业单位。

地方党校行政学院利用好党建优势和人才资源,做好智库人才转化,抓住定位优势,在实际工作中为地方政府建言献策。中共浙江省委党校(浙江行政学院)是省委

---

① 中国社会科学院发布26项创新工程重大科研成果[EB/OL].[2023-09-19]. http://www.cssn.cn/skgz/202301/t20230112_5579594.shtml.
② 中国社会科学院发布23项创新工程重大科研成果[EB/OL].[2023-09-19]. http://www.cssn.cn/skgz/bwyc/202208/t20220803_5465884.shtml.
③ 山东社会科学院简介[EB/OL].[2023-09-19]. http://www.sdass.net.cn/articles/ch00041/202103/f9110e3d-69f0-4263-8fe6-f0b95c880587.shtml.

培训领导干部和优秀中青年干部的学校,是党的思想理论建设的重要阵地,是省委省政府的哲学社会科学研究机构和重要智库,为中共浙江省委直属事业单位。科研咨政建设成效显著,国家课题立项数有四年居省级党校第一,目前在研国家课题30余项、省部级以上课题100余项,科研生产能力位居全国省级党校第二,入选全省5家高端智库建设试点单位,积极完成省委交办的"八八战略"实施综合评估等重大任务,推出《忠实践行"八八战略"》《共同富裕看浙江》《走好中国式现代化道路——高质量发展的浙江探索》等系列专著,学报《治理研究》入选CSSCI来源期刊。学校将坚持以习近平新时代中国特色社会主义思想为指导,深入学习贯彻党的二十大精神,认真贯彻落实习近平总书记在中央党校建校90周年庆祝大会暨2023年春季学期开学典礼上的重要讲话精神和《中国共产党党校(行政学院)工作条例》,坚守为党育才、为党献策的党校初心,突出政治立校、改革强校、质量兴校、从严治校,放大干部培训、思想引领、理论建设、决策咨询新优势,奋力谱写中国式现代化浙江篇章。[①]

综合型智库依靠多方位的理论支撑,坚持理论和实践相结合,积极建言献策,提出若干条具有前瞻性、全局性的决策咨询,形成多项重要研究成果,成为中央到地方的重要参谋机构,有力支撑了各级党委政府的决策工作。

---

① 中共浙江省委党校[EB/OL].[2023-09-19]. http://www.zjdx.gov.cn/art/2023/5/11/art_1229656545_36.html.

# 专题三 智库建设最佳案例汇编

智库建设案例是我国特色新型智库经多年发展,在顶层设计规划、体制机制创新、人才队伍管理、各类资源配置等方面凝练总结而成的特色经验。为宣传推广我国各级各类智库在智库管理与运营方面形成的创新做法,提升我国智库的整体管理水平与运行质量,推进新时代中国特色新型智库的健康可持续发展,加快形成具有中国特色、中国风格、中国气派的新型智库建设体系,南京大学中国智库研究与评价中心组织开展了 2022 年 CTTI 智库建设案例征集活动,通过组织中国特色新型智库自主编写智库的优秀建设案例,征集各智库单位在制度建设、体制创新、实体运营等过程中积累的特色化、个性化、创新性、先进性经验,具体涉及资金管理、人员管理、成果推广、对外合作等多项内容,以此传播智库实体建设工作中的优势亮点与面貌风采,为全国智库界推介出定位明晰、特征鲜明、机制完备、运作有序的范例与样板。

## 一、CTTI 智库建设案例综述

### (一) CTTI 智库建设最佳案例的推介意义

从理论来说,最佳实践(Best Practice,简称 BP)这一概念由来已久,起源于管理学领域,即"认为存在某种技术、方法、过程、活动或机制,可以使生产或管理时间的结果达到最优"。推介最佳实践在管理活动中是一个通常的做法,推介那些已经在别处产生显著效果并且能够适用于此处的优秀实践。该理念被广泛地应用于软件设计、环境管理、人力资源管理、图书信息处理、公共政策分析等各个领域。在企业管理中,最佳实践是标杆管理的核心内容之一,是企业实现科学管理的关键所在。标杆管理(Bench Marking),又称基准管理,是美国施乐公司于 1979 年首创的现代企业管理方法,与企业再造、战略联盟一起被西方管理学界并称为20世纪90年代三大管理方法。标杆管理的本质是一种面向实践、面向过程,以方法为主的管理方式,其基本思想就是系统优化、不断完善与持续改进,简单来说就是一个模仿、学习和创新的过程。在这个进程中,作为"最佳实践"的"标杆"显得格外重要。现在标杆管理方法已被广泛运用于各领域,各行业都在寻求本领域的最佳做法,从标杆管理方法中提取出先进的工作经验,在本领域进行宣传和普及,以推动全行业共同向前发展。

国外对"最佳案例"的实践已应用于多个行业。例如,美国图书馆协会(American Library Association,ALA)发挥的功能之一便是"制定各种标准与最佳实践模式",协会及其分支机构会将行业内典型项目与优秀案例进行系统收集与整理,从中总结提炼出最佳做法,编制最佳实践指南,并进行推广,包括《信息素质计划最佳实践特征:指导方针》《研究图书馆协会EAD最佳实践指南》等。在医疗卫生领域,最佳实践的概念也得到了广泛使用。美国疾病预防控制中心(U. S. Centers for Disease control and prevention,CDC)对于本领域内的最佳实践下了定义:最佳实践是为提高健康效果,使其产生公共卫生影响、符合证据质量项目实施的过程,并经过一系列同行反复评议取得最佳精确水平的实施结果。

在国内,树典型示范引领,推广经验做法是党一贯的方法。2023年是毛泽东同志批示学习推广"枫桥经验"60周年,是习近平总书记指示坚持和发展"枫桥经验"20周年。"枫桥经验"就是我党在治理过程中的做法标杆之一。可见"最佳实践"方法也早已在党的建设与治理过程中得到运用。为贯彻落实党的二十大会议精神,推介宣传智库界、思想理论界的优秀研究成果,助力中国特色新型智库提高政治站位、拓宽研究视野,引导智库开展高层次研究、实现高质量发展,2022年CTTI智库最佳案例征集与推介活动得到了来自高校、党政部门、社科院、社会等智库机构的热烈关注。

通过本次活动,进一步弘扬求真务实理论联系实际的实践精神,进一步弘扬问题导向和目标导向的实事求是精神。激发全国智库的主动精神,按照"做中学"的方式,通过自我评估、自我总结、自我提炼,为全国智库建设与发展贡献自身智慧与亮点,发掘有关深化体制机制改革、优化内部管理流程、加强智库成果质量和提升决策咨询能力的成功经验,力争在全国特色新型智库建设与发展过程中形成示范效应,满足广大智库学习先进经验、结合自身实际进行对标管理、提高自身发展水平的迫切需求,通过宣传推广促进新型智库管理上的共同进步,并为未来在国际智库界推广中国经验提供素材。

（二）CTTI智库建设最佳案例的推介过程

经过前期的论证与筹备环节,南京大学中国智库研究与评价中心于2022年11月发布了"2022 CTTI智库优秀成果"推介启事,正式开始征集工作。智库建设最佳案例征集截止时间为2022年11月30日24点,申报主体包括CTTI来源智库及非来源智库,申报方式为智库主动申报,每家申报单位最多可申报一项,申报单位须根据《2022 CTTI智库建设最佳案例编写格式要求》中的相应要求填写《2022 CTTI智库建设最佳案例申报表》,提交电子版材料。

在收到申报材料后,工作人员对每份材料进行了仔细审查,针对其中不合规范或漏填、误填部分通过邮件、电话核实,保证其准确性与规范性。最终将所有申报材料逐一编号,由工作团队进行初审,为后续推介过程做好充分准备。

为提高奖项推介的科学性与专业性,推介过程本着公平、公正、公开的原则,主要采用专家组同行评议方法。专家组由智库负责人、智库主管机关领导和智库研究界专家组成。整个推介过程定性与定量方法相结合。

（三）CTTI智库建设最佳案例的推介结果

本年度推介活动共有来自20个省、直辖市的141家智库机构申报了141个案例。经过工作团队初审和专家委员会终审两个步骤,最终共有72份建设案例入围智库建设最佳案例推介名单,其中标杆案例14份、示范案例23份、优秀案例35份。本次参评智库呈现以下两个特征：

一是申报主体类型多元,高校智库占绝对主导,其他类型智库分布均衡。图3-1体现了智库建设最佳案例申报主体的类型分布情况,从整体上看,高校智库占比84%,数量上占据了绝对优势,除高校智库外,其他类型智库分布较为平均,社会智库、党政部门智库、社科院智库、科研院所智库等也是此次申报的重要参与者。图3-2、图3-3、图3-4则反映了获评标杆案例、示范案例以及优秀案例的智库类型分布情况，从中可以看出获评示范案例智库类型较其他两个类型更为丰富。

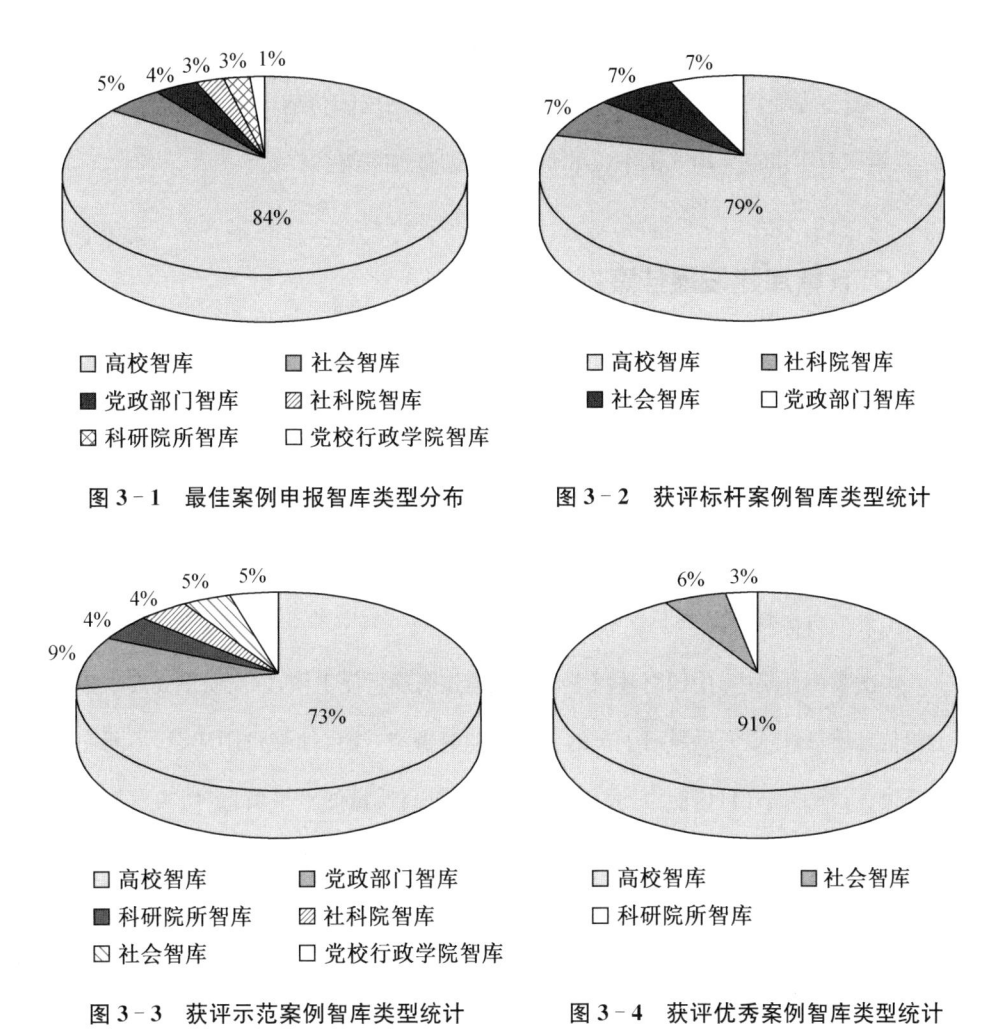

图3-1 最佳案例申报智库类型分布

图3-2 获评标杆案例智库类型统计

图3-3 获评示范案例智库类型统计

图3-4 获评优秀案例智库类型统计

二是地域分布广泛，苏、沪、京三地表现突出。此次申报的智库来自20个省、直辖市，其中江苏、上海、北京表现突出，申报总数居于前列。其中江苏在省委省政府对智库建设的大力支持与各智库的积极响应下，申报数量跃居前列；上海凭借其经济、教育与国际交往优势，申报数量占据优势；北京作为全国的政治、科教文化和国际交往中心,有较为集中的政治、教育、科研优势,参选数量较多。此外,天津、广东、浙江、湖北等地也对此次申报表现出了极大热情,参与度较高。总体来说,参与申报的智库类型和区域分布基本符合我国智库的实际分布状况。

本次获评的案例具有五种主要特征,包括积极创新体制机制、主动服务地方发展、善于凝练专业特色、推动数据驱动转型、大力开展国际传播。本专题结合以上特征,在第二节中重点介绍入围本次推介名单中的最佳案例。

## 二、CTTI智库建设最佳案例推介(节选)[①]

### (一) 机制创新促进智库效能提升

新型智库建设试点工作重点任务之一就是创新体制机制,充分调动专家和行政干部的积极性和主动性。智库机制创新是有针对性地对现行用人机制、科研体制、组织方式、资源配置模式、管理方法等进行改革创新,最大限度地解放和发展科研生产力,激发人员活力,实现多出大家、出名家,多出成果、出精品,这也是我国建设新型智库所追求的目标和方向。

本次案例征集中,中国财政科学研究院通过明确责任主体,以高质量高要求狠抓上报信息质量,注重激励科研人员的内在潜能等做法,注重加强机制建设、不断完善业务流程、着力提升科研能力,完成了一批具有较高质量的上报信息,切实发挥了国家高端智库在调查研究、咨政建言等方面的积极作用,也形成了具有财科院自身特色的决策服务能力;武汉大学国际法治研究院通过整合优势资源,举全校之力建设国家高端智库,学校从提升治理层级、健全实体平台、扩大研究队伍等方面进行了成功有效的探索和实践。同时为高校一些具有智库功能的高端学术平台在学科与智库互动机制的构建方面积累了一定的经验,作为国家高端高校智库,武汉大学国际法治研究院与该校的国际法国家级重点学科紧密结合、相互支撑,呈现出学科快速可持续发

---

[①] 以下节选案例已获得机构同意进行推介。

展、智库影响力显著提升的双赢格局;粤港澳大湾区发展广州智库作为广东省重点新型智库,以推动咨政研究、打造高端平台和推动粤港澳大湾区发展为主要功能,逐步建立了跨部门跨体制跨领域,党、政、学、研协同的管理服务机制,建立了以"贡献、质量、管用"为基本原则的智库激励机制,在管理服务机制、运行机制、应用转化机制、成果产出激励机制等方面进行了有益探索,取得了良好的建设成效。

### 1. 中国财政科学研究院：抓好上报管理，提升决策服务能力

（1）单位介绍

中国财政科学研究院（以下简称"财科院"）作为国家高端智库,注重加强机制建设、不断完善业务流程、着力提升科研能力,完成了一批具有较高质量的上报信息。多年来财科院紧密结合不同时期经济社会发展和体制改革情况,围绕国家财政中心工作,开展财经理论和政策研究,其价值在于凸显了对不同时期经济社会发展和体制改革情况,重视国家财政中心工作,开展财经理论和政策研究,体现了智库研究的战略性与前瞻性,为国家决策和国家治理建言献策,为财政政策提供智力支撑。

（2）主要内容

① 完善组织,规范流程,建立上报信息管理的长效机制

向决策部门提交高质量的上报信息,是智库单位的核心工作之一。财科院近年来通过明确责任主体、完善组织架构、规范审核流程,建立了上报信息管理的长效机制。

明确上报信息管理责任主体。经财政部批准,财科院于2018年2月设立智库建设管理办公室,与科研组织处合署办公,正式在编人员9人,智库建设管理办公室具体负责建章立制、审核上报信息、组织研究专班、发布选题指引以及智库建设的日常工作。此外,设有专门对接上级有关部门的专职岗位和负责上报信息审核报送的管理岗位。通过量化细化绩效考核办法,对相关人员形成了有效激励。

规范上报信息管理工作流程。财科院拥有多个信息直报渠道,能确保重要信息在第一时间呈报给上级相关部门,包括向上级决策部门不定期就经济社会发展的重大问题形成专题研究材料;向财政部领导不定期报送相关信息;向部分单位定向报送

内刊。为强化上报信息的分类管理,进一步提升规范化水平,财科院制定出台了《信息报送工作管理办法》《信息上报工作规则》以及 OA 办公审核流程。

创新科研任务组织方式。针对上级交办任务、自主选题、调研选题的不同特征及要求,财科院积极探索符合国家高端智库运行特点的任务组织方式。针对时间紧、任务重的上级交办任务,比如约稿,由院领导牵头,合理选择研究力量,通过组建专班开展应急研究,确保上报信息按时高质完成。针对没有严格时限要求的上报题材,则在全院范围内实行揭榜挂帅,鼓励有能力、有思路、有兴趣的科研人员自主选题,并开展跨部门的协同创新。

② 提高标准,鼓励创新,狠抓上报信息质量

作为国家高端智库,财科院始终将打造高质量的智库产品、有效服务于党中央国务院重大决策和部中心工作作为立院之本、强院之基。一方面,要求科研人员尊重科研规律、深入调查研究,在"守正"上下功夫;另一方面,鼓励科研人员根据目标任务灵活选择研究方法和调研方式,在"创新"上做文章。

提高上报信息审核标准。2021 年初,财科院党委将全年工作主线确定为"高质量发展年",把提升智库产品质量作为一项事关全局、久久为功的重要工作来抓。2021 年 9 月,出台专门文件就加强和改进调查研究、强化科研与业务融合、提升咨政建言能力等方面提出了具体要求。2022 年 8 月,制定关于提高上报信息质量的具体要求,强调进一步提升科研成果质量和决策影响力,明确了负面清单,要求审稿人员对上报信息从严把关,凡一般性论述、无新意的泛泛建议、没有案例支持和调查研究的文章,一概不用。

优化科研创新的基础条件。在提升工作质量的基础上,财科院党委将 2022 年确定为"创新年",在科研管理、智库建设、运营机制等方面大胆创新,尤其在科研服务上创新举措,为科研人员撰写高质量上报信息提供了有力支撑。一是构建财科院内部运行的"调研数据系统",为科研人员使用调研数据库、开展网上问卷提供必要支撑,鼓励科研人员采取线上线下相结合的方式,切实提高调研实效。二是采取"请进来"

和"走出去"相结合的方式,促进横向交流。2018年以来,财科院先后与19家国内外知名智库、政府部门和知名企业签署战略合作协议或挂牌科研基地。三是牵头打造全国财政智库联盟平台,吸纳各地财科所、行业学会、高校等科研机构加入,更好整合财科院的理论、政策优势与地方科研机构的实践、信息优势,鼓励科研人员和外部专家联合撰写上报信息。四是购置先进的科研基础设施。为全院科研人员统一配置万德、同花顺、知网等平台的账号资源,集中采购Stata等统计分析工具,鼓励研究人员创新研究方法、提升数据分析能力,实现从"用数据说话"转向"让数据说话"。

③ 强化激励,注重引导,充分发掘科研人员的内在潜能

针对如何进一步提升上报信息质量,财科院紧紧围绕"人"来做文章,着力培养一批立足中国国情、擅长调查研究、具有全球视野的智库人才队伍,并在如何更好激发科研潜能方面开展了一系列初见成效的工作。

强调按贡献分配的正向激励。在院内课题结项、部门年度考核、科研人员评先评优的过程中,将上报信息获采用、获批示或获奖励的情况作为重要的加分项,分类进行指标细化,赋予分值标准、明确认定依据,建立起与高端智库建设相适应、体现智力报酬与创新报酬的考核评价体系。修订完善相关奖励办法,并将上报信息工作完成情况作为职称评审及晋升调岗的重要参考。

注重对重点选题的宏观指引。一是安排专人密切关注党中央重大决策和社会的重点关切,及时收集提炼有价值的研究方向,不定期发布上报信息选题指引,鼓励科研人员根据专长自主开展调查研究并撰写上报信息。二是不定期邀请领导干部、业内专家、知名学者来院解读党中央国务院重要会议及文件精神,培养科研人员敏锐的洞察力和领悟力,为科研选题提供方向性建议。三是组织院内专家就如何写好上报信息开展经验传授和观点分享,探索建立"传帮带"的学术梯队。

(3) 主要成效

① 提高了智库管理的质量和效率

五年来,财科院通过持续完善上报信息的组织架构、业务流程和管理办法,极大

提升了服务决策的能力和水平。一方面，通过对上报信息的策划、收集、组稿、编辑、审校、统稿、督办、报送等工作明确操作规范和实施要点，有效改善了智库产品的质量和审核效率，确保每一篇上报信息都能按时高效完成，基本做到了"零延时、零失误"。另一方面，通过优化科研创新的基础条件和辅助设施，确保科研人员在撰写上报信息过程中能全面了解实际情况、即时获取一手资料，有效提升调研实效和上报信息撰写效率。

② 培养了一批高水平智库专业人才

财科院注重以思想建设为引领，加大对智库人才的培养使用，打造了一支"想干事、能干事、干成事"的专业化智库人才队伍。采用物质奖励与精神激励相结合的方式，对在上报信息工作上取得突出贡献或优异成绩的科研人员给予激励，起到了很好的示范效果。科研人员的工作积极性持续高涨，研究能力明显提升，绝大多数科研人员都能很好地兼顾科研、教学、智库等多重任务，展示出良好的工作态度和敬业精神。在一系列科学制度的激励下，一些以理论研究、教学见长的研究人员也主动结合自身专长，积极撰写上报信息，形成了争先创优、百花齐放的良好局面。

③ 形成了一批高质量智库成果

近年来，财科院通过提高审核标准，狠抓上报信息质量，形成了一大批具有较大影响力和较高决策参考价值的智库成果，无论是上报数量、采用数量、还是批示数量，均屡创新高，累计有数十篇获得中央领导同志批示，数百篇获得省部级领导批示，部分研究成果对国家重大决策起到了参考作用。

（4）推介评语

财科院自2017年成为国家高端智库培育单位以来，以加强思想建设、能力建设、人才建设、品牌建设和数字化建设为抓手，以提升决策影响力、学术影响力、社会影响力和国际影响力为目标，扎实推动智库建设各项工作，为高层决策积极贡献智库力量。2020年3月，财科院正式成为国家高端智库建设试点单位。

财科院近年来通过明确责任主体、完善组织架构、规范审核流程，建立了上报信息管理的长效机制;提高标准,鼓励创新,针对如何进一步提升上报信息质量,财科院紧紧围绕"人"来做文章,着力培养一批立足中国国情、擅长调查研究、具有全球视野的智库人才队伍,并在如何更好激发科研潜能方面开展了一系列初见成效的工作。对新型智库立足专业领域、提高决策站位具有一定参考价值。

### 2. 武汉大学国际法治研究院:举全校之力建设国家高端智库

(1) 单位情况

武汉大学国际法治研究院(以下简称"国际法治研究院")以武汉大学国际法研究所为依托,优化整合研究资源组建而成,专门承担国家高端智库建设任务。[①] 武汉大学国际法研究所在国际法领域有着近四十年的积淀,始终围绕国际法治与中国主权安全、国际经济新秩序、全球治理等方面深耕细作。国际法治研究院自成立以来,充分利用学校的支持政策,不断创新机制体制,对高校建设中国特色新型智库和国家高端智库进行了积极探索,通过利用高校智库优势,编辑出版了具有重要学术影响力和引领力的国际法系列出版物,包括《武大国际法评论》、*Chinese Journal of International Law*(牛津大学出版社出版、中国学者主编唯一进入 SSCI 刊源的法学刊物)、*Chinese Journal of Transnational Law* 等。

(2) 主要内容

① 整合优势资源,举全校之力建设国家高端智库

根据我国发展与全球治理的客观需求,武汉大学发挥综合大学多学科融合优势,将全校的优质资源整合起来,举全校之力建设国家高端智库。学校从提升治理层级、健全实体平台、扩大研究队伍等方面进行了成功有效的探索和实践。

成立高规格智库建设工作领导小组和专门办事机构,做好智库治理体系顶层设计规划。为更好地从全校层面总揽高端智库建设工作,学校成立了武汉大学国家高

---

① 武汉大学人事部. 国际法治研究院[EB/OL]. 2020 - 12 - 23. https://rsb.whu.edu.cn/info/1177/2053.htm.

端智库建设工作领导小组,校党委书记、校长共同担任组长,分管工作的党委副书记担任副组长,学校核心职能部门和相关研究机构为领导小组成员单位,进一步加强对高端智库建设工作的统筹领导。同时,设立武汉大学智库工作办公室,落实领导小组专项工作意见,统筹调配全校资源,落实条件保障。这种由学校"总揽方向舵、下好一盘棋"的顶层设计规划工作路径使得高端智库治理模式得到明显改善。

成立实体化运作智库建设单位,保障人、财、物和研究生指标等关键资源的充分配置。学校主动改变以国际法研究所为依托建设国家高端智库的体制机制,建设新的实体研究机构——武汉大学国际法治研究院。在新的实体机构运行模式下,研究院加强领导班子配置,学校科研管理部门负责人兼任研究院常务副院长,更加有力对接学校人、财、物和研究生培养管理部门,充实行政管理团队,通过精细化管理保证研究院各项自主权落地运行。

扩展智库学科领域,汇聚校内相关学科优势研究力量,打造核心研究团队,协同攻关。国际法治研究院在学校的支持下汇聚全校优势学科资源,整合武汉大学网络治理研究院、人权研究院、环境法研究所、媒体发展研究中心、信息资源研究中心、国际战略研究中心、美国加拿大经济研究所、欧洲问题研究中心、中宣部经济舆情研究基地等相关科研机构力量,进一步充实和壮大核心研究团队,形成了战略性、前瞻性、对策性研究三大类共16支核心研究团队,实行研究团队首席专家负责制,智库研究高水平人才队伍明显壮大,协同攻关能力显著增强。

② 采取双轮驱动,实现学术研究、人才培养、智库建设协同发展

国际法治研究院通过与国际法研究所的紧密协作,不断加强科学研究、人才培养、社会服务、学术交流和信息化建设,强力打造国际法与全球治理领域国际知名专业智库。主要负责以建设中国特色国际法理论创新中心和中国涉外法治人才培养基地为目标的学术研究与人才培养工作,承担国家高端智库建设任务,围绕国家重大战略需求,开展对策性、战略性研究,为中央决策提供切实管用的决策建议。同时,国际法治研究院积极打造具有国际影响力的学术交流平台,重点建设国际法期刊方阵,塑

造国际会议品牌,引领我国国际法学术研究和交流,促进中国国际法学科的整体发展,增强对国际学界的中国话语输出,提升我国国际法学术交流的国际可见度和影响力。

国际法治研究院与研究所共建国际法重点学科、教育部重点研究基地和国家高端智库,共担国际法人才培养任务,共享行政管理团队和图书资料信息。院长肖永平教授同时担任研究所所长,主持院所领导联席会议,研究决定院所工作,统筹利用国家高端智库建设经费、教育部人文社会科学重点研究基地经费、"双一流"建设经费、科研项目经费和基金会经费,形成学术研究和智库研究相互促进、共同发展的局面。研究所积极筑牢理论之基,为应用对策研究提供源头活水。研究院立足中国实践,服务中央决策,开展法律外交,引导社会舆论。

③ 发挥自身优势,打造具有国际影响力、世界知名度的新型平台

为贯彻落实习近平总书记关于统筹推进国内法治和涉外法治、加强国际法研究和运用等系列重要论述,服务"一带一路"高质量发展及推动构建人类命运共同体等战略大局,国际法治研究院以提升我国国际话语权和全球治理中的制度性权力为目标,持续打造一系列具有国际影响力、世界知名度的新型平台。一方面,就国际商事争端预防与解决组织的定位、法律架构、设立路径和相关法律配套等问题提出系列具体建议,有力推动了该国际组织的成立,受邀成为该国际组织的发起单位,并积极参与该组织的工作;另一方面,与外交部合作设立"中国—亚非法协国际法交流与研究项目培训基地"。2018年以来,成功主办三期培训班,共培训来自35个亚非法协成员国和非成员国的150多名外交人员,受到外交部与亚非法协的高度评价,被誉为"我国开展法律外交的一张名片"。此外,还设立武汉大学国际法研究所莫干山研究中心,直接服务联合国全球地理信息知识与创新中心在我国的落地运行,对扩大中国在相关领域的话语权具有重要战略意义。与此同时,重点打造以"东湖国际法律论坛"为代表的国际会议品牌,传播中国国际法理念、主张。

④ 聚焦国家需求，创新体制机制，大力培养涉外法治高端人才

国际法治研究院聚焦国家高端智库建设和我国制度性开放对涉外法治人才的迫切需求，按照激活存量、储备增量、提升质量的思路，大力汇聚和培养高端人才。

一是创新人才引进、培养和使用机制。研究院设置全职教授、特聘教授、兼职教授、实践教授、研究员等研究岗位，建立校内"智库特区"，不断激发人才创新活力，成功引进和培养了多名国家高层次人才，围绕国家重大战略需求组建了多支跨学科核心研究团队，初步形成了一支发展潜力大、党和政府"信得过、用得上、靠得住"的高层次智库人才队伍。同时，积极推动与政府和国际组织建立常态化的"旋转门"制度，采用全职、校内外兼职、访问学者等灵活多样的形式，吸纳跨学科实务领域高层次研究型智库人才加盟，形成稳定、广泛的人才网络。

二是恢复招收国际法本科生，建立国际法本科、硕士、博士和博士后人才完整培养体系，为满足我国日益走近世界舞台中央的需求，培养高素质涉外法治人才。开智库型博士培养之先河，将智库建设与服务国家、学术研究与实践发展、人才培养与国际合作有机结合。聚焦国家人才需求，多方位推动国际组织人才培养，成功申请并有效开展国家留学基金委"培养国际组织后备人才项目"。长期支持师生组队参加国际性专业竞赛，多次问鼎多项赛事的国内最高奖项，并在国际决赛舞台上数次获得亚洲高校相关赛事最好成绩。

⑤ 开辟专门通道，为智库成果等效评价和人才队伍建设提供保障

国际法治研究院以国际法为核心研究领域，强化"精、专、深、透"研究理念，同时从全球治理视角拓展研究的广度与深度，兼及国际关系、国际政治、世界经济等多个领域，不断提升智库研究成果的思想分量、对策质量和价值含量。为助推研究院高质量咨政成果的产出，培养高水平的智库研究团队，武汉大学和国际法治研究院从校院两级层面制定了强有力的措施。一方面，在职称评审中单列智库型专业技术岗位，将获得《国家高端智库报告》录用或党和国家领导人批示的咨询报告等智库类成果与相应的学术评价建立对应关系，建立专门的智库研究人员职称晋升通道。另一方面，在

学校科研成果奖励文件中,修订并单列智库类研究成果相关奖励内容,加大对智库成果产出的激励力度。

此外,国际法治研究院通过制定完善《智库奖励类别及标准》《智库职称系列评审办法》《智库成果评价办法》等规章制度,对在国外知名出版社出版的著作、在SSCI期刊发表的学术论文、在国内权威期刊及主要报刊发表的学术论文给予咨询报告同等的奖励,引导研究人员不断进行思想和理论创新。

（3）主要成效

通过以上成功的创新发展模式和有力工作措施,国际法治研究院的研究领域和研究实力得以有效扩大,智库研究成果的决策影响力、社会影响力和国际影响力也得以显著提高。国际法治研究院成立2年来,共向中宣部报送高质量咨询报告100余篇;向全国人大、中共中央办公厅、外交部、最高人民法院等提交咨询报告和专家建议200余篇;50余件报告获得党和国家领导人肯定性批示100多次,150余篇报告获省部级单位采纳;并成功入选国家级涉外法治研究基地、中宣部对外话语创新平台、对外舆论斗争重点智库等党和国家重要平台。

（4）推介评语

建设国家高端智库是党中央在新时代的重要战略布局和创新擘画,也是中央赋予我国若干所高水平大学的一项崭新而艰巨的战略任务。武汉大学国际法研究所,于2015年入选首批国家高端智库试点建设单位,开始踏上建设中国特色新型专业化智库的探索之路。2020年11月,武汉大学正式成立国际法治研究院,替代国际法研究所专门承担国家高端智库建设任务,标志着中央设在武汉大学的国家高端智库进入2.0版,武汉大学在探索国家高端智库建设之路上翻开了创新发展的新篇章。

国际法治研究院通过整合优质资源,从学校层面提升治理层级、健全实体平台、扩大研究队伍等方面进行了成功有效的探索和实践;与国际法研究所紧密协作,实现学术研究、人才培养、智库建设协同发展;充分发挥自身优势,打造具有国际影响力、世界知名度的新型平台,聚焦国家需求,创新体制机制,大力培养涉外法治高端人才,通过制定完善《智库奖励类别及标准》《智库职称系列评审办法》《智库成果评价办法》等规章制度,打造完善的激励机制,为高校建设国家高端智库找到了一条成功之路。

### (二)智库研究重心下移,积极服务地方建设与社会发展

《关于加强中国特色新型智库建设的意见》[①]中提到"地方社科院、党校行政学院要着力为地方党委和政府决策服务,有条件的要为中央有关部门提供决策咨询服务。"中国特色新型智库建设至今,已从提升决策站位、立足全省乃至全国提供决策咨询服务,到继续发挥智库的理论创新和舆论引导功能,加强重大活动的参与度并继续在重大思想理论问题提出新概念、取得突破,不断提升智库站位,聚焦国家关心的重大安全议题,开展战略性、前瞻性和储备性研究,提升决策咨询的层次与格局。

本次征集案例中河北省社会科学院通过优化智库布局、深化实施创新工程、强化智库功能、加强人才队伍建设、秉持开放理念、加强数据库建设等主要做法,智库综合实力稳步提高,社会影响力不断扩大,服务效果日益显现,为建设经济强省、美丽河北和中国式现代化河北场景提供智力支持与思想支撑;江西省科学院科技战略研究所紧跟时代要求,不断提升特色科技智库建设水平,紧密围绕江西省委、省政府重大关切,聚焦区域创新与科技评价、产业科技与发展战略、知识产权发展战略三大板块,在决策咨询、学科建设、人才引育、开放合作、智库影响等方面创新突破,为谱写中国式现代化江西篇章提供有力支撑;江苏沿海发展智库作为江苏省重点智库,围绕江苏沿海绿色经济发展,集聚创新发展新动能,群策群力,凝聚共识,取得了成果转换、服务地方、互联创新的"三大联动效应",为促进江苏沿海地区绿色经济转型发展,助力江苏沿海地区实现碳达峰碳中和提供了强有力的智力支持。

---

① 新华社.中共中央办公厅、国务院办公厅印发《关于加强中国特色新型智库建设的意见》[EB/OL].[2023-06-21].http://www.gov.cn/xinwen/2015-01/20/content_2807126.htm.

## 1. 河北省社会科学院：推动河北中心智库高质量发展，助力构建中国式现代化河北场景

（1）单位情况

河北省社会科学院（河北省邓小平理论、"三个代表"重要思想和科学发展观研究中心，中共河北省委讲师团，河北省社会科学界联合会）是省委、省政府直属事业单位，是社科研究、理论宣讲机构和社团机构。近年来，河北省社会科学院认真贯彻落实中央和河北省委关于加快建设中国特色新型智库的重大决策部署，始终把智库工作作为全省哲学社会科学繁荣发展的重点工程来抓。经过多年探索与实践，形成了独具特色、行之有效的智库工作模式和运行机制。

（2）主要内容

① 优化智库布局，构建科学合理的智库体系

河北省社会科学院聚焦河北全面深化改革需要，围绕解决经济社会发展重要问题，有效精准服务省委省政府决策，根据《河北省社会科学院中国特色新型智库建设先行试点方案》《河北省社会科学院新型智库研究中心建设与运行管理办法》，适时整合科研资源，拓展优化智库布局。2021年，河北省社科院在10个院内专业智库研究中心和2个院外合作共建社会智库的基础上，围绕国家和河北经济社会高质量发展的新形势、新任务、新要求，增设城市经济研究中心和数字经济研究中心；2022年，围绕弘扬伟大建党精神，成立西柏坡研究中心。为全面贯彻落实党的二十大精神，推动构建中国式现代化河北场景，正在筹备成立中国式现代化研究中心。

② 深化实施创新工程，以机制改革推动精品成果产出

在圆满完成哲学社会科学创新工程一期任务的基础上，深化实施第二期创新工程。对已有的创新工程配套制度，根据发展实际，多次进行修订完善，为智库高效运行奠定坚实的制度基础。进一步探索和完善具有可测性、可比性，注重实绩、倡导精品的绩效评价机制，提高高质量成果在绩效考核评价体系中的分值和权重，并依据绩效评估结果进行资源配置。建立科学的智力报偿制度，大幅提升精品智库成果报偿

力度,真正实现让研制优质智库成果的科研人员得到智力补偿。出台《河北省社会科学院高质量学术论文资助管理办法》,进一步加大对高质量学术论文的资助力度,激发科研人员产出高质量成果的积极性和创造性。

③ 强化智库功能,提高服务决策的能力和水平

积极打造"政智互动"体系,建立重大科研项目选题征集制度,主动与省委省政府对接,把握重大决策需求,组织论证重大选题供省领导圈阅,并将省领导圈定和交办的任务列为院重大项目,组织智库专家深入开展前瞻性、针对性和储备性研究,精准服务党委政府决策。积极探索成果转化的畅通渠道,持续完善直报件的管理,建立专家审读制。充分发挥舆情咨政功能,利用中宣部舆情直报点和舆情分析重点实验室渠道,及时上报舆情信息。聚焦河北高质量发展,出版《河北蓝皮书》系列丛书,呈送省领导和相关部门领导参阅。

④ 加强人才队伍建设,打造全省社科人才高地

坚持以优势学科和学术高地吸引人才,加大人才引进力度,特别是注重引进在相关领域有一定影响、对智库建设具有较大推动作用的拔尖人才,通过加大支持力度、改善科研条件等措施,吸引人才来院。坚持对标学术高端,通过到中国社科院、中国人民大学等一流学府开展访学研修、利用博士后创新实践基地合作培养博士后等方式,搭建人才交流平台。聚焦可持续发展,实施青年科研人员传帮带工作,制定切实可行的培养计划,提升青年科研人员能力水平。坚持优化作风学风,加强科研诚信承诺管理,开展"把论文写在大地上"等专题学习教育讲座,营造风清气正、互学互鉴、积极向上的学术生态。

⑤ 秉持开放理念,推动河北中心智库向纵深发展

坚持开门办智库,拓展开放广度深度,提高开放质量水平,以开放促改革、促创新、促合作。广泛开展国情省情社情调研,2018、2019年,在全省各市建立了第一批共10个调研基地,目前正在筹措建立第二批省情调研基地。积极开展学术交流与项目合作,围绕全省中心工作,组织开展各级各类学术研讨活动,打造"河北省经济形势

分析会""河北经济高质量发展系列学术研讨会"等学术交流品牌,凝力汇智,献计献策。深化拓展智库研究视野,积极推动与国内社科院智库、媒体智库、高校智库、政府智库以及国际智库深化项目合作,与美国、日本、韩国等20多个国家和地区的智库机构建立合作关系。

⑥ 加强数据库建设,为智库发展提供技术支撑

积极开展河北中心智库数据库建设,通过建设功能完备的智能化信息采集分析系统,夯实智库研究的数据支撑,为智库研究提供可靠数据和一手资料,提升智库科学分析研判的能力。河北中心智库数据库共搭建经济、政治、文化、社会、生态文明、党建、京津冀协同发展、省情、公共政策、社科专家10个子数据库,以构建大数据联盟,形成智库研究知识图谱,并开发智能检索、智能分析、智能辅助决策系统,建设河北中心智库数据库门户网站,推动搭建与政府、高校、行业等相关部门互联互通的信息共享平台,共享智库数据和信息。目前,河北中心智库数据库一期建设已完成。

(3) 主要成效

目前,河北中心智库建设成效明显,智库决策影响力、学术影响力和社会影响力显著增强。七年来,智库共取得5 000余项科研成果,其中精品成果近4 000项,特别是实施创新工程以后,成果总量和精品成果量实现连续增长。2016年入选CTTI(中国智库索引系统)首批来源智库,2019年入选年度"CTTI智库最佳实践案例",2020年荣获"CTTI来源智库年度精品成果奖"。此外,院属京津冀协同发展(雄安)研究中心自成立以来,连续5年在河北省新型智库考核中位列A等次第一位。

① 决策咨询和舆情咨政能力不断提升

围绕中央和省委省政府重大决策部署,聚焦事关全省发展的重大现实问题,产出大量决策咨询服务成果,智库决策话语权和影响力显著提高。一是围绕多位省领导为全院圈定的百余项重大研究课题,根据智库实际,进一步谋划确定院重大课题,组织智库专家深入研究,全程跟踪,定期调度,如期完成并上报了高质量智库成果,得到了省委省政府的肯定。二是围绕全省中心工作开展应用对策研究,通过《智库成果专

报》等直报件向省委省政府报送高质量咨政报告,科研年度有百余项成果获得批示,批示率达70%以上。三是紧扣舆情热点,组织智库团队开展实时调研,上报了千余篇舆情咨政报告,多篇报告获得肯定性批示或被采用,连续6年被评为舆情信息工作优秀单位。四是积极打造河北蓝皮书品牌,蓝皮书家族已扩展至经济、农村、社会、法治、人才、文化产业、社会主义核心价值观、新闻和旅游等9卷本,有一项成果获皮书报告奖,蓝皮书总报告成为全省"两会"的指定选送材料。另外,每年还出版《京津冀协同发展报告》《河北省乡村振兴发展报告》等,发挥了服务决策以及经济社会发展的积极作用。

② 基础研究和理论创新能力不断增强

积极打造坚强的马克思主义理论阵地和哲学社会科学研究创新高地。一是充分发挥理论研究优势,组织专家围绕研究宣传习近平新时代中国特色社会主义思想和习近平总书记关于河北工作重要指示批示精神,在省级以上重点报刊发表500余篇理论文章,在核心期刊发表150余篇学术论文,理论影响力和学术话语权显著增强。二是围绕马克思主义中国化时代化、河北高质量发展等重大理论和现实问题,组织专家编撰出版了300余部学术著作,其中,《习近平新时代中国特色社会主义思想与河北实践研究》《从马克思到习近平:马克思主义理论与实践的飞跃》《马克思主义中国化研究》《雄安研究》等理论著作产生良好反响,智库学术影响力得到提升。

③ 学术交流和项目合作不断拓展

通过开门办院、开放汇智的智库建设理念,主动融入国际国内学术和智库网络,搭建起多元化、稳健化的智库交流合作平台,形成了推动智库发展的有效合力。一是立足发展前沿,办好各级各类学术会议,组织召开"河北省国际智库论坛""河北省经济形势分析会"和"河北经济高质量发展系列学术研讨会",会议综述形成的智库报告得到省领导肯定批示。二是加强与国内外其他智库机构的交流合作,与西安交通大学、河北大学等高校智库,与省委农办、省农业农村厅、涞源县等政府智库,与国网河北电力经研院、中国电信河北分公司等企业智库,与中国社科院等社科院智库以及其他国际智库开展学术交流和项目合作。

④ 智库人才队伍和团队建设显著增强

创新人才引培机制,为智库建设提供人才保障。通过公开招聘和调入等方式引进一批优秀人才,是建院以来人才引进数量最多、层次水平最高的一个时期,为智库建设储备了坚强的后备力量。发挥智库团队首席专家和学科带头人作用,推动形成"头雁效应",构建起领军人才、中青年骨干人才和有潜力的后备人才合理布局的"雁阵型"人才梯队。目前,智库研究队伍已形成相当规模,全院拥有一批国家哲学社会科学高层次领军人才、全国宣传文化系统"四个一批"人才、享受国务院特殊津贴专家、省管优秀专家、省政府特殊津贴专家以及其他荣誉称号的专家学者。

(4) 推介评语

党的二十大提出新时代新征程的使命任务,对加快构建中国特色哲学社会科学工作提出新要求。河北省社科院将全面贯彻落实党的二十大精神,贯彻落实中央和河北省委的决策部署,深入推进河北中心智库建设,为繁荣发展中国特色哲学社会科学,为建设经济强省、美丽河北和中国式现代化河北场景贡献智库力量。为建设具有中国特色、河北特点、在全国有较大影响的河北中心智库,河北省社科院充分发挥学科门类齐全、综合性专业研究、科研人才密集的优势,不断探索和拓展高端智库服务决策的有效路径,推出一批"有远见、有实策、能致用"的高质量智库成果,为领导决策和经济社会高质量发展提供具有前瞻性、针对性、有效性的建设性方案,为建设经济强省、美丽河北和中国式现代化河北场景提供智力支持与思想支撑。

河北省社会科学院积极开展"河北中心智库"建设,努力在机制创新、布局优化、科研组织、成果评价、平台建设、成果转化、人才队伍建设、对外交流合作等方面创新突破,激发了科研创新内生动力,产出了一批高质量智库成果,为助力河北高质量发展、构建中国式现代化河北场景贡献智库力量。为全国社科院智库打造标杆,促进社科院智库在智库机制建设方面达到新突破,为我国新型智库建设添砖加瓦。

## 2. 江西省科学院科技战略研究所：建设高水平科技智库，助力谱写中国式现代化江西篇章

（1）单位情况

江西省科学院科技战略研究所作为"江西省级重点高端智库""江西省科协高端科技创新智库研究基地""江西省科技厅科技创新战略研究基地"，围绕省委省政府重大决策及全省经济和社会发展的重大需求，为全省各级政府、行业企业、科研院所、高等院校等社会各界提供科技战略研究、科技咨询、科技查新及知识产权分析评议等科技服务，为江西省科技、经济、社会发展的宏观决策、创新驱动发展提供有效支撑。研究所在省内具有一定影响力，为江西省科技创新、社会经济发展发挥了积极作用。自2013年底成立以来，江西省科学院科技战略研究所始终定位于"服务区域创新、支撑战略决策、促进产业发展"，着眼于为江西省委、省政府决策服务，为推动江西省经济社会发展服务，主动研究江西省发展大局中的重点、难点与热点问题，打造成为"政府的参谋，产业的向导，企业的智囊"，为谱写中国式现代化江西篇章贡献智库力量。

（2）主要内容

① 聚焦"科"字特色，建言献策

紧密围绕江西省委、省政府重大关切，聚焦区域创新与科技评价、产业科技与发展战略、知识产权发展战略三大板块，组建化学、材料、环境、生物、经济、法律、管理科学等以理工科为主的多学科团队，建立"用数据说话、用数据决策、用数据管理、用数据创新"的有效机制，以定量与定性分析相结合，有组织、有规划地开展前瞻性、针对性、储备性研究。针对县域创新，每年发布《江西省县域科技创新能力评价报告》系列成果，为江西省摸清"家底"掌握实情、优化决策、扬长避短提供了参考价值，有力地推动了全省县域科技创新发展。跟踪全球科技、产业发展动态，每月编译内刊，为省领导及相关部门决策部署提供科技支撑。

② 聚焦开放合作，提升能力

加强与中国科学院、中国工程院等国家大院大所的交流合作，协同推进区域科技

创新。一是深化与中国科学院合作。中国科学院选派优秀干部到我所担任副所长，与中国科学院文献情报中心联合编译《科技决策参考》（快报）。二是拓展与中国工程院合作，2021年成立的中国工程科技发展战略江西研究院依托战略研究所运行管理，50名院士组成的学术委员会为战略所的发展提供了有力支撑，科研人员通过参与中国工程院院士领衔的咨询研究项目，提升了能力和水平。三是加强国际合作，与乌克兰国家科学院科技潜力与科技史研究所和经济预测研究所建立合作，共同开展国家引智项目和省级双千人才计划项目并当选国际科学院协会科学与科学学学会理事单位。

③ 聚焦机制创新，培养人才

根据智库知识密集型和技术密集型的特点，加强智库人才队伍建设。一是围绕区域创新与科技评价、产业科技与发展战略和知识产权发展战略学科，建立以领军人才、团队负责人、重点培育骨干"三位一体"的智库人才梯队，确保"人人有舞台、个个能成才"，组团"作战"。二是建章立制，出台十余项管理和奖励办法。通过机制创新激发科研人员的积极性，提升智库产品的质量，形成以品德、能力和贡献为导向的人才评价机制和激励政策。印发实施《江西省科学院科技战略研究所改革试点方案》，建立以产出科技成果为导向的绩效考核机制，实行科研人员积分制绩效考核评价，确保"干多干少不一样、干好干坏不一样"。三是建立了与党政部门之间人员交流机制，选派多名青年人才到党政部门锻炼学习，熟悉政策制定过程，把准政策评估要义；选派优秀青年博士到地市园区挂职，深入基层，提升能力。

④ 聚焦论坛活动，扩大影响

围绕江西经济社会发展全局性重大问题，承办电子信息、新能源汽车产业、全国统一大市场等各类论坛活动，邀请省内外院士近100人，为江西经济社会发展谋篇布局。江西智库峰会作为江西省委常委会每年重点工作，自2018年每年举办，连续5年承办"江西智库峰会"，产生了良好社会反响。2021年承办江西省政府与中国工程院全面合作系列活动，院领导与中国工程院8个学部50名院士出席活动，为江西科技创新、产业发展等把脉问诊、指点迷津。2018年承办"中国科学院科技创新成果展

(江西站)",这是中国科学院科技创新成果巡展首次走进江西,230个单位的5 000多人参观了巡展,产生了巨大的社会效应。

（3）主要成效

经过近10年发展,江西省科学院科技战略研究所智库建设成效显著,已成为江西省重点高端智库。2016年成为全国地方科技智库联盟副理事长单位,2017年入选中国智库索引CTTI并当选国际科学院协会科学与科学学会理事单位,2021年成为中国工程科技发展战略江西研究院运行管理单位,2022年入选首批江西省科协高端科技创新智库研究基地和江西省科技厅管理科学研究基地。

① 智库决策服务能力不断提升

聚焦重点学科方向,围绕省委省政府重大关切和江西经济社会发展的重大问题,提出前瞻性、建设性的建议,咨政建言质效不断增强。一是服务省委、省政府决策。主动研究江西发展大局中的重点、难点与热点问题,承担国家级和省级项目180余项,报送决策咨询报告160余篇,获重要批示269次。二是服务省直相关单位政策出台。积极主动为省直相关单位制定政策,出台举措提供科技支撑。如编制《智联江西建设三年行动方案(2021—2023年)》《江西省实验室建设工作总体方案》《江西省"十四五"石油化工规划》等政策。三是服务县(市、区)产业、区域创新发展,为地方科技规划出谋献策,开展知识产权服务,在制度建设、资金管理、创新技术和政策等方面贡献智慧。如编制赣州、九江、吉安等地市以及铅山、万年、章贡区、瑞金、吉水等多个县(市、区)科技、产业规划30余项。

② 智库成果转化能力不断增强

以问题和需求为导向,以实实在在的成效助推江西省经济社会高质量发展。智库系列成果《江西省县域科技创新能力评价报告》连续5年获省主要领导批示,2020年,获得批示后引起全省各县(市、区)的高度关注,对推动县域科技创新发挥了重要作用;《国家大科学装置》报告获重要批示后,中药国家大科学装置(本草物质科学研究设施)预研中心在江西落地。

③ 智库人才队伍建设不断加强

创新人才引育机制，汇聚高端智库人才。目前全所科研人员50人，其中高级职称13人，博士18人，硕士22人；80年、90年后研究人员44人，占比88%。一是建立了以青年人才为主的人才团队，极具创新活力，2021年获首批江西社会科学青年创新团队。二是延揽精英。柔性引进院士3人，聘任智库专家8人，为我所提升科研水平和核心竞争力提供了有力支撑。三是建立院士专家库，包括30余名省内专家库专家，60余名中国科学院、中国工程院、企业高管及专家组成的院士专家，为我所的智库研究成果质量把关。

④ 智库影响力不断扩大

以开放的思路和理念，不断拓宽科技决策咨询的视野。集聚国内外高端学术资源，围绕江西经济社会发展全局性重大问题，精心举办重要活动。承办"2022江西智库峰会暨国家级大院大所产业技术及高端人才进江西活动"和"数字经济背景下江西电子信息创新发展高峰论坛"等重大活动17次。人民网、新华网、江西卫视、都市现场、今视频等主流媒体对活动进行报道。相关研究成果获省领导批示，大大提升了我所智库影响力。在国家级媒体和江西日报发表理论文章70余篇，论文80余篇，出版专著15部。获省部级社科奖25项，其中，省社科优秀成果奖8项（一等1项，二等3项），华东科学技术情报成果奖15项等。

习近平总书记强调，青年强则国家强。江西省科学院科技战略研究所集聚着一批青年科技智库人才，深刻理解把握时代潮流和国家需要，敢为人先、勇于突破，肩负起时代重任，让更多"对策"融入"决策"，服务江西省委省政府重大部署，为谱写中国式现代化江西篇章贡献智库力量。

(4) 推介评语

近年来，江西省科学院科技战略研究所深入贯彻落实中央和江西省委关于加快建设中国特色新型智库的重大决策部署，紧跟时代要求，不断提升特色科技智库建设水平，努力在决策咨询、学科建设、人才引育、开放合作、智库影响等方面创新突破，点燃高质量发展引擎,产出了一批高质量智库成果,为谱写中国式现代化江西篇章提供有力支撑。江西省科学院科技战略研究所以为江西省区域发展提供智力支持,"建设高水平科技智库"为主要工作,聚焦科技智库特色,探索出科技智库建设的新路径,并形成若干有影响的经验和做法。如突出地方优势,开展了一系列有成效、有影响的工作;通过加强与中国科学院、中国工程院等国家大院大所的交流合作,协同推进区域科技创新;注重机制创新和人才培养,针对智库知识密集型、技术密集型特征加强智库人才队伍建设;举办论坛,为江西经济社会发展谋篇布局。

### (三) 学科建设与智库建设协同发展,呈现双赢格局

专业性、科学性、学术性是我国新型智库体现中国特色、中国风格和中国气派的基础。智库专业化建设需要每个智库根据自身理论积累和学科专长确定专业研究范围、主攻方向与旗舰型产品,采用差异化、个性化发展战略,才能实现智库研究的纵深化发展,才能推动智库研究更具洞察力与时代性。

我国高校智库对高校学科建设、人才培育产生了重要影响,有力推动了哲学社会科学研究范式的创新和高校学科建设与科研体制改革的突破。智库建设与学科建设在学术战略、研究方向上保持高度协同,从实践来看,如果学科与智库能够紧密结合、相互支撑,通常都会呈现出学科快速可持续发展、智库影响力显著提升的双赢格局,研究成果源于学科又反哺支撑学科,实现智库与学科的良性互动,助力推进世界一流大学和一流学科建设。同时,有些研究基地、协同创新中心,本身就是与智库一体化进行建设的。如南开大学中国特色社会主义经济建设协同创新中心立足经济学科传统优势,不断推动经济学理论自主创新,完善经济学拔尖创新人才培养模式,努力打造成为新时代中国特色社会主义政治经济学创新高地;上海交通大学国家海洋战略与权益研究基地服务海洋强国建设,以国家海洋权益与战略研究为重心,聚集法律政策、海洋相关学科、国际关系、人文史地等诸多交叉学科的优势力量,致力打造机制完善、功能齐全的一流海洋一站式"品牌"智库;厦门大学东南亚中心牢牢把握区域国别学发展历史性机遇,努力建构中国自主的东南亚知识体系,从著作出版、图书资料数

据库建设、期刊建设、咨政建言等方面着力建设新时代"面向东南亚、面向华侨华人、面向海洋"的特色高校智库。

以上三家智库积极发挥模范带头作用,从国家重大发展战略和自身学科优势出发,探索出了一条利于自身发展、彰显自身优势的研究路径,可见,智库依托学科优势,能够将学科优势转化为智库的专业优势,实现政策研究与学术研究的双轮驱动,努力做到"学以致用、用以促学、学用相长",以特色学科赋能智库多维发展。

### 1. 南开大学中国特色社会主义经济建设协同创新中心:努力打造新时代中国特色社会主义政治经济学创新高地

(1) 单位情况

南开大学中国特色社会主义经济建设协同创新中心(以下简称"中心")成立于2014年10月,坚持以马克思主义为指导,全面贯彻习近平新时代中国特色社会主义思想,按照"国家急需、世界一流、制度先进、贡献突出"的总体要求,以建设中国特色社会主义经济理论创新高地、高水平新型智库、经济学拔尖创新人才培养重镇为目标,在学科建设、科学研究、人才培养、学术交流、咨询服务、机制体制创新等方面取得重大进展。

中心以南开大学经济学科为核心依托,以中国特色社会主义政治经济学理论体系、话语体系、教材体系构建和创新为主攻方向,撰写出版了《中国特色社会主义政治经济学通论》等一系列学术专著和教材;创办了经济学拔尖创新人才培养实验班,为高等教育经济学人才培养改革提供可借鉴的经验;创办了面向全国的"政治经济学大讲堂",培训各系统专业人才近3 000多人次;完成多项咨政报告,为中央和地方决策提供有重要参考价值的智力支持。

(2) 主要内容

中国特色社会主义政治经济学是新中国成立70多年、改革开放40多年来取得的最重大理论成就之一。事实证明,中国共产党领导中国人民不仅可以创造世所罕见的经济快速发展奇迹,而且可以创造与之相匹配的理论成果。"知中国,服务中国"

是南开自创校之初即确立的办学宗旨,旨在坚持本土化和国际化融合发展,不断提升教育教学质量和理论创新水平,为国家经济社会发展和中华民族伟大复兴提供人才和智力支持。新时代、新征程、新伟业背景下,中心以习近平新时代中国特色社会主义思想为引领,继续坚持"知中国,知世界,服务中国"的南开传统,担当起发展和完善中国特色社会主义政治经济学学科的时代使命,不断开拓当代中国马克思主义政治经济学、21世纪马克思主义政治经济学新境界,努力打造成为新时代中国特色社会主义政治经济学创新高地。

一是协同创新,彰显南开经济学科的时代特征,不断提升中国特色社会主义政治经济学的领先地位和辐射影响力。党的十八大报告中指出"以全球视野谋划和推动创新,提高原始创新、集成创新和引进消化吸收再创新能力,更加注重协同创新"。[1]以南开大学政治经济学科为核心和骨干的中国特色社会主义经济建设协同创新中心积极响应习近平总书记的号召,于2014年获批为国家"2011计划",并按照"国家急需、世界一流、制度先进、贡献突出"的总体要求,以建设中国特色社会主义经济理论创新高地、高水平新型智库、经济学拔尖创新人才培养重镇为目标,在科学研究、人才培养、学术交流、智库建设、机制体制创新等方面取得了实质性进展,形成了厚实高效的协同创新文化氛围。

二是教学创新,坚持立德树人之本,开创中国特色社会主义政治经济学人才培养新境界。中心不断加强马克思主义理论在教学中的主导地位,推动经典名著进课堂,有效丰富和完善马克思主义经济学课程体系。为保证教学质量,组成实力雄厚的教学队伍,由资深教授为本科生主讲骨干课程,教学效果显著提升。在原有基础上增设了马克思主义经济学名著导读、《资本论》政治经济学、中国特色社会主义政治经济学、马克思主义经济学说史、数理政治经济学、经济理论与政策前沿等课程。中心率

---

[1] 人民网.胡锦涛在中国共产党第十八次全国代表大会上的报告[EB/OL].(2012-11-08)[2023-09-12]. http://cpc.people.com.cn/n/2012/1118/c64094-19612151-4.html.

先在国内给经济学院全院本科生、硕士生和博士生开设"中国特色社会主义政治经济学"课,形成覆盖本硕博三个阶段的中国特色社会主义政治经济学课程体系,积极开展面向南开大学全体本科生的"名师引领通识课"——中国特色社会主义政治经济学前沿问题。作为培养创新型人才的重要措施,中心高度重视实践教学,以"知中国,知世界,服务中国"为宗旨,建设多个教学实习基地和学生社会实践活动组织。组织教师带队学生开展海外教学交流活动和国内各地区的社会调研实践活动,取得良好效果。

（3）主要成效

中心自成立以来,积极承接国家和省部级委托的重大课题项目,并在《人民日报》《光明日报》《求是》等主流报刊发表 100 余篇重要理论文章;上报多项应用成果为党和政府采纳,产生了巨大的经济和社会效益;发表 550 多项高水平理论成果,为我国现代化建设、经济理论创新和学科发展做出重大贡献,在马克思主义政治经济学基本原理、中国特色社会主义政治经济学研究等领域的系列成果产生重大影响,居于全国前列。多位教师参与马克思主义理论研究和建设工程,其中逄锦聚教授受聘为马工程咨询委员和国家教材委专家委员会委员,还有多位智库研究员担任首席专家和重要成员,参与为中央政治局集体学习的讲稿写作,受到中央领导好评。

一方面,中心不断完善拔尖创新人才培养模式,坚持课堂教学—校园文化—社会实践的"三位一体"育人模式,逄锦聚教授主持编写的《马克思主义基本原理概论》等马工程教材为全国高校本科生思政课通用教材,受到中央领导和广大师生的肯定。中心创办"全国高校经济学人才培养基地"和"2011 计划拔尖创新人才实验班",为高校人才培养模式和机制改革积累了广泛经验。由中心为主申报的"经济学基础创新人才培养模式的理论与实践探索"获国家级教学成果一等奖,"发挥中国特色社会主义政治经济学优势探索新时代经济学拔尖创新人才培养新路"获天津市教学成果特等奖,逄锦聚教授荣获"全国高校国家经济学基础人才培养基地建设终身成就奖"和"南开大学教育教学终身成就奖"。

另一方面,中心不断提升学术交流与话语传播能力,瞄准当前经济热点问题,坚持举办高水平学术交流活动,致力于打造中国特色社会主义政治经济学学术交流和话语传播平台。为响应习近平总书记"学好用好政治经济学"的指示精神,提高高校师生的理论素养,中心于2016年创办"全国政治经济学大讲堂",至今已成功举办14期,培训全国高校、社科院、党校等各系统专业人才3 000余人次,成为中国特色社会主义政治经济学理论宣讲和队伍建设、人才培养的重要平台。此外,中心研究团队联合攻关,相继撰写出版了《中国特色社会主义政治经济学通论》《中国特色社会主义政治经济学概论》《奋斗与创新——新中国经济理论与实践70年》《中国特色社会主义政治经济学》等多部著作和教材。其中《中国特色社会主义政治经济学通论》获第八届高等学校科学研究优秀成果奖(人文社会科学)二等奖、第十六届天津市社会科学优秀成果奖一等奖、第七届中华优秀出版物奖等,被大英图书馆等全球知名学术机构收为藏书,《现代经济学大典》等多部标志性成果入选"中华学术外译项目",在全球出版发行,有效提升了学术传播水平和国际影响力。

此外,中心努力打造高校新型智库,为中央部委和地方政府提供咨询报告600余份,内容涉及治国理政经济思想、"一带一路"建设、供给侧结构性改革、京津冀协同发展等重大理论与现实问题,成功入选"中国智库索引"(CTTI)首批来源智库和2018CTTI高校智库百强榜。

(4)推介评语

本案例反映了中心立足于南开大学"知中国,服务中国"的办学宗旨,为继承发扬南开经济学科的传统优势、营造厚实高效的协同创新文化氛围、培养中国特色社会主义政治经济学拔尖人才等方面做出了卓越贡献,介绍了中心在科学研究、人才培养、学术交流、智库建设等方面取得的重大成效。

## 2. 上海交通大学国家海洋战略与权益研究基地:服务海洋强国建设,打造一流海洋"品牌"智库

(1)单位情况

上海交通大学国家海洋战略与权益研究基地(以下简称"基地")成立于2013年

7月,依托上海交通大学海洋法治研究中心和极地与深海发展战略研究中心进行实体化建设,是首批上海高校智库中唯一的海洋类智库。基地以国家海洋权益与战略研究为重心,聚集上海交通大学法律政策、海洋相关学科、国际关系、人文史地等诸多交叉学科的优势力量,面向国家海洋领域的重大问题,紧扣发展热点,致力于海洋战略与权益等方面的创新性研究,为国家海洋政策制定,战略规划的运用等,进行有针对性的专题研究。

基地自获批立项建设以来,陆续完成队伍建设和研究力量的专业化调配,通过建立以服务国家为导向、以实质性贡献为标准的评价和激励体制,激发人才科研创新的动力,实现人才的汇聚优势。围绕国家海洋战略与权益研究相关问题,举办了多场国际会议和学术讲座等,为国家涉海管理机构提供政策咨询报告。同时,充分利用现有的优势条件和成果积累,培养高端涉海人才,为相关学科的发展奠定基础,为国家海洋战略的制定提供新思路、新理念,为海洋强国的建设保驾护航。

(2) 主要内容

基地深入学习贯彻党的二十大报告中关于海洋强国建设的重要论述,结合研究海洋强国建设的理论与实践,追踪全球海洋治理与法律领域最新进展,服务于全国海洋战略、海洋安全保障、海洋经济和海洋产业发展、海洋环境保护,积极建言献策,为我国完善海洋法治体系,维护国家海洋权益献计献策、提供智力支撑,发挥一站式智库功能。同时,基地通过对管理团队、科研团队、行政人员等的队伍建设和研究力量的专业化调配,以及建立以服务国家为导向、以实质性贡献为标准的评价和激励体制,激发人才科研创新的动力,实现人才的汇聚优势。基地围绕国家海洋战略与权益研究相关问题,举办并参加了多场海洋法领域国际会议和学术讲座等,为国家涉海管理机构提供政策咨询报告,致力打造机制完善、功能齐全的一流海洋一站式"品牌"智库。

① 团队建设与运营管理

在运营与管理方面,基地基于"首席专家提供宏观指导+专家学者从事专题研究"模式,依托上海交大海洋学科特色和专业优势,结合自身特色研究领域,遵从"问题领域",而非"学科"范式,针对性促进高质量成果转化。同时为促进成果高效产出,基地制定了针对性奖励机制和成果评议机制。团队核心成员在成果写作的初期、中期和后期分别召开小组会议,共同为成果的产出献计献策,并根据成果所涉问题的背景,邀请国内外所涉问题领域的专家学者进行评议。基地后期将转化的成果纳入业绩考核,并给予资助奖励。

在渠道建设方面,基地继续与自然资源部、大洋事务管理局、外交部等国家涉海部门保持密切联系,通过线上、线下会议等形式参加政府内部访谈、研讨会等。在学校层面,随着上海交通大学"大海洋"战略的逐步落地实施,基地递送政策要报途径更加顺畅。

在人才队伍建设方面,基地依据"小团队、大协作"的研究队伍建设理念,以国际法为主,海洋科学、经济、环境等学科为辅的核心专职队伍为主力军,融合联合国、高校、企业、政府等外部研究员,强化跨学科、跨部门的联合攻关、协同研究。同时,基地与海内外访问学者以协同合作、国际交流等方式形成一系列新的课题与研究方向,并致力以博士生为主的智库复合型人才储备库,为打造"新型社科人才"做准备,最终形成高水平、专兼结合、分层分类的智库人才队伍建设。此外,基地在人才培养方面依托高校平台,招收博士后、博士,积极培养海洋法专业人才,同时依托交流访学、暑期研修班、学术讲座和学术研讨会等智库品牌项目,培养具有开阔国际视野和持续创新能力应用型科研人才。

② 学术研究与对外交流

基地的研究团队多方位纵深研究深海相关问题。不仅依附于学校、极地与深海中心建设获得国家社科基金重大研究专项立项,还聚焦热点海洋治理与海洋法律问题,在 SSCI、CSSCI 等国内外核心期刊上发表学术论文,应邀参与国际海洋法律、国际关系等领域相关议题的国内外学术会议及论坛,时刻关注国际海洋法的最新发展,跟进研究。基地首席专家先后承担了联合国环境署、国家社科基金一般项目、重点项目,教育部人文社会科学重点研究基地重大项目等多项重要课题;还主持了相关部门委托的海洋法规的起草或修订等多项课题；提供了大量政策咨询及决策参考报告，为国家有关部门撰写了大量的研究报告和政策建议。

在对外合作交流方面，基地通过参与国内外学术会议和主流媒体转播提升团队和成果的学术影响力，最终形成"以小见大"的成果推广模式。例如，基地与国家深海机构、深海采矿相关企业和深海技术与装备相关学者联系密切，形成"政企研"三边跨领域针对性合作，实现智库成果专业化、体系化与创新性并重。同时，基地具体依托网络通信平台等，通过线上线下相结合方式积极参加各类学术会议，加强与国内外学术机构的"云端"交流与合作。基地每年的学术会议和讲座计划通过线上线下结合的参与方式，实现了更好的传播效果。

（3）主要成效

基地的工作与研究成果得到了委托单位和学界同仁的高度认可，国家海洋战略与权益研究基地承担各级政府部门委托研究项目，接受各级政府部门咨询，基地人员撰写的政策要报和研究报告获得采纳和批示的情况良好，有较高的政策影响力。2019年发布《2018中国智库报告——影响力排名与政策建议》中，基地位列政法类智库专业影响力第八位。在决策咨询成果方面，根据海洋法律的新动向，结合国家需求，就BBNJ协定谈判、[①]南海海洋权益维护、国际海底区域活动、海洋环境保护等主题积极撰写要报。基地专家积极接受国内外媒体的采访和相关机构的咨询，提供法规咨询意见，充分发挥智库功能。

基地通过举办研修班讲座、出版刊物等途径积极扩大影响力。自2016年以来，已连续举办四届"海洋法理论与实践"暑期国际高级研修班，学员来自东欧、亚洲、非洲、拉丁美洲等国家和地区。研修班积极传播海洋法知识，并侧重帮助发展中国家进行能力建设，提升海洋法领域内的中国影响，在联合国海洋法司、国际海洋法法庭以

---

① BBNJ协定是根据《联合国海洋法公约》的规定就国家管辖范围以外区域海洋生物多样性（Marine Biodiversity of Areas Beyond National Jurisdiction, BBNJ）的养护和可持续利用问题拟订的一份具有法律约束力的国际协定，也常被媒体简称为"公海协定"。

及国际海底管理局都获得较好评价。此外,基地从2016年起定期举办"海洋法律与权益"系列学术讲座,邀请国内外名家对海洋法基本理论、国际海洋法前沿等问题做分析阐释。每年组织举办"海洋治理与海洋权益维护"学术研讨会及"深海海底区域科学技术发展与法律的互动与共进"学术研讨会("深海论坛"),邀请国内外专家学者就热点和前沿议题分享交流,"深海论坛"的成功举办搭建了国际海底区域制度构建与治理动态的交流机制,成为深海领域具有国际影响力的高端品牌项目和科学与法律学科交叉、学者互动交流的学术平台。

(4)推介评语

本案例体现了基地作为学校"大海洋"学科建设、海洋法律与战略学术研究、师资队伍培养、人才培养和服务国家海洋强国建设和政府决策的重要平台,建立了完备的智库管理体系,发挥了重要的智库职能。基地在运营管理、渠道建设与人才队伍建设方面完善机制,在科学研究、决策咨询和对外交流方面稳定发力,基本形成了以研究领域专精特新、研究队伍结构合理、研究成果多元丰硕、国际影响力剧增为主的一流海洋一站式"品牌"智库发展格局,对其他智库开展专精特新建设和跨学科研究具有重要的参考价值。

## (四)以数字化建设为抓手,打造智库核心竞争力

智库研究面临着跨界交叉研究、大数据分析等新需求,数据驱动的研究模式给传统社会科学研究带来了新的研究方法与思路,也为中国特色新型智库建设带来了新的机遇。作为国家治理体系和治理能力现代化建设的重要支撑力量,新型智库基于多源数据开展分析与研判工作,以此辅助党委政府科学决策、生产出对政府决策和大众认知产生影响的高质量成果。可以说数据已成为智库开展研究的重要基础资源,以多源数据为根基、以数字化技术为手段、以大数据人才为支撑成为新型智库数字化转型的基本原则,数据驱动型政策研究成为智库研究新范式。

在本次智库建设最佳案例推介当中,智库的数据驱动转型成为重要特征之一。其中南京大学长江产业经济研究院(下称"长江产经")在数字化建设上为新型智库提

供了强有力的范本,作为国家高端智库建设培育单位,长江产经积极探索数字化赋能新型智库之路;广东亚太创新经济研究院向我国新型智库界积极探索与推进智库数字化转型,创新融合智库研究与大数据分析能力,实现体制机制、业务体系与产品研发、人才建设三位一体的转型创新,为智库高质量发展提供了新的转型思路和实践案例;南京数字经济科技学会在学术研究、决策服务以及宣教传播领域做出积极探索,持续发挥科技智库作用。在社会各界支持下,学会依托已有学术、决策以及社会工作等需要,创建"STEC"科技传播项目,并利用数字手段不断创新传播形式与传播内容,致力形成知识传播品牌,在科技智库宣传领域探索新兴势能。

### 1. 南京大学长江产业经济研究院：新型智库数字化建设的"三步走"实践路径

（1）单位情况

长江产经成立于2015年11月,是在中宣部指导下由江苏省委宣传部和南京大学共同建设的国家级专业化智库,并被列为江苏省首批重点高端智库。2017年,长江产经正式纳入国家高端智库建设培育单位,这也是江苏省第一个国家高端智库试点机构。长江产经坚持产业经济和区域发展专业化的智库定位,探索我国经济转型时期的重要理论和实践问题,围绕"共同富裕""国内统一大市场建设"等重大舆情发挥舆论引导功能,扎实履行智库职能。

《国家高端智库管理办法(试行)》中提出,智库建设"要充分利用大数据、云计算等技术,加强专业数据库、案例库和信息系统平台建设,为决策咨询研究提供有力的信息和技术保障"。按此要求,长江产经作为国家高端智库建设培育单位,积极探索数字化赋能新型智库之路。理念上,提出了"信息化、数据化、平台化"三步走新型智库数字化建设思路;实践上,我院联合技术支撑单位共同开发打造"智库数字化系统2.0版",将人工智能相关技术融入系统,布局分类型成果管理、课题全流程管理、年度成果统计与绩效考核、多维度专家精准画像、政策库等若干模块,实现成果需求端(对智库成果有需求的各政府部门)和智库管理端(智库管理部门)对接、辅助成果关键词搜寻和智能推荐等功能,实现智库与管理部门、政府需求部门之间的精准对接和有效互动。

(2) 主要内容

① 信息化:新型智库数字化建设的手段

长江产经运用信息化手段,并结合人工智能、数据挖掘等新兴技术,在"智云"智库管理与服务系统内布置了成果展示系统、课题管理系统、稿件评审系统、绩效考核系统等四大业务系统,呈现可视化、智能化、流程化的智库管理特色,推进智库研究、资源整合、运营传播等中心工作。

成果展示系统。首先,成果展示将智库成果的动态信息可视化,将不可见的成果数据转化为可见的图形符号,利用合适的图表截了当且清晰而直观地表达出来,实现数据自我解释、让数据说话的目的。其次,利用可视化技术实时监控成果数据变化,并将数据关联起来,通过归纳发现其中的规律和现象,分析当下研究的热点,为智库研究提供更多的思路。

课题管理系统。课题是智库重要工作之一,课题管理系统涵盖了课题的发布、申请、开展、审核、结题、成果归档等各个环节,清晰记录课题每个步骤的操作,形成完整的课题管理流程日志。与此同时,设置了提醒功能,在特定的时间节点提醒课题负责人和智库机构相关课题信息,方便专家用户更加便捷产出成果。研究院将今年的20余项课题运用该系统管理,准确跟踪记录下每项课题的完成情况,包括课题完成的及时性、课题质量,并以此作为对课题负责人的评估指标之一。

稿件评审系统。利用微信、邮件等方式邀请专家审稿已经不能满足大批量稿件审核的需求,审核状态不清晰、时间节点不明晰、历史文档无法准确记录等问题比比皆出。为此,专业的稿件评审系统应运而生,它满足了智库个性化的需求,集投稿、邀请审核、反馈意见、历史记录等功能于一体,方便智库和专家用户管理稿件的审核。

绩效考核系统。绩效考核为职称评聘、晋升、科研业绩津贴奖励等方面提供重要依据,为学校学科评估、社会服务影响力考核等方面提供相应的科研资料。开发绩效考核系统,量化指标,让系统自动运算,大大节省了计算成本,减少了计算误差。

除了以上四大业务系统外,下一阶段,2.0版智库管理与服务系统还将开发云研讨系统、情报研究信息系统、专家智能推荐系统,进一步完善"智云"智库管理系统功能,强化智库的数字化建设。

② 数据化:新型智库数字化建设的基础

数据库的建设是数据资源积累、储存和使用的最直接形式。研究院将智库的成果信息、专家信息以及专业研究信息数据化,致力于整合智库资源,打通信息壁垒。"智云"智库管理系统底端共有三大数据库:成果数据库、专家数据库和专业数据库。

成果数据库。成果数据库汇集了智库专家的各类成果,包括咨政内参、研究报告、媒体成果、学术论文、出版图书、所获荣誉、承接项目、活动成果等八类成果。成果数据库打通了专家端和智库端,专家和智库机构能够相互认领、补充成果,保证了成果的完整性;各类成果动态更新,便于及时掌握最新信息,同时,可采用关键词、时间段等条件加以限制,随时调取所需信息,大大提高了成果管理和统计的效率和准确性。

专家数据库。专家数据库一是通过收集专家的基本信息,形成专业且全面的专家个人数据;二是通过与成果数据库挂钩,掌握专家参与研究、参加会议、媒体采访等活动的数据及其动态变化情况,在信息脱敏之后为专家标签化和专家推荐做数据支撑,切实达到精准抓取、精准推荐的功能。研究院现有大外围专家500余名,采用标签化手法,将专家精准分类,为研究提供更为专业化的团队,更好服务决策咨询。

专业数据库。专业数据库是长江产经根据自身产业经济研究的专业特色,开发了"产经数据库",先将长三角地区的产业数据汇总、清洗、分类、计算,数据范围细化到县级市,数据精确到小数点后三位,数据量超200G,为长三角地区产业研究提供了有力的数据支撑,大大减轻了研究人员在数据查找、核实等方面的工作量。

③ 平台化:新型智库数字化建设的方向

长江产经以平台化建设为方向,基于NLP的数据深度挖掘、知识图谱、算法推荐等互联网技术支撑,布局智库数字化建设。致力于通过制度化设计和先进互联网手段的运用,将散布在各个地域、各个界别、各个行业的智力资源汇聚成有机研究体,并通过合理的分工协作形成有序、优质、高效的"研究链",最终将智库打造成一个新型的研究平台模式,更好发挥服务国家经济社会发展的功能。

(3) 主要成效

长江产经迄今已报送报告 500 余份,获得肯定性批示 120 余份,另有数十篇报告被相关国家部门采用,多项建议被采纳并转化为决策;承接政府专项课题 230 余项,其中国家部委课题 120 余项,多项课题成果被政府部门认定为"有重大参考价值"并形成长期合作关系,成为政策研究与制定的"外脑"。这些成绩背后都离不开智库数字化模式的创新。智库数字化系统建设完成后,在课题管理方面,研究院运用该系统管理百余项课题,准确跟踪记录下每项课题的完成情况,包括课题完成的及时性、课题质量,并以此作为对课题负责人的评估指标之一。在专家管理方面,将现有的 500 余名大外围专家采用标签化手法精准分类,并由系统自动跟踪专家研究信息,根据研究需要自主推荐专家,为研究提供更为专业化的团队,更好服务决策咨询。在成果管理方面,高效管理近万条成果信息,做到成果即刻上传、随用随取、可视化分析,保证成果信息的完整精确……此外,智库数字化系统 2.0 版已经在江苏省 29 家智库投入使用,并得到全省智库的一致认可。

(4) 推介评语

长江产经积极推动智库数字化建设,探索了中国新型智库数字化转型的新路径,是发展新型智库的有益尝试。在数字化建设机制上,研究院在充足调研国家高端智库、江苏省重点智库后,已初步形成较为完备的智库数字化建设机制;在数字化建设理念上,提出了"信息化、数据化、平台化"三步走新型智库数字化建设思路;在数字化建设成效方面,长江产经在数字化建设过程中联合技术支撑单位共同开发打造"智库数字化系统 2.0 版",已从"摸着石头过河"到逐步建立起完备数字化智库建设体系。

### （五）丰富的二轨外交活动彰显智库国际影响力

中国特色新型智库作为国家形象的名片，在国际交往中肩负着"二轨外交"、讲好中国故事、传播中国理念的重要职能。面对世界百年未有之大变局，我国智库需要坚持中国立场、培养世界眼光，主动传播新时代外交理念，积极参与国际政策辩论，塑造新时代国家形象。

媒体与智库合作已经成为融媒体时代智库发挥国际影响力的重要趋势。北京大学中外人文交流研究基地创新智库媒体合作机制，与中国国际电视台（China Global Television Network，以下简称CGTN）共同主办了"对话思想者"特别论坛，在议题选择机制、嘉宾邀请模式、媒体传播渠道等多种传播要素上都进行了优化与创新，服务于"落实中国新时代国际话语权构建"目标，推动了国际话语传播能力建设；对外经济贸易大学国家（北京）对外开放研究院努力做足"外"字文章，服务国家和首都经济社会高质量发展，正向引导社会舆论，主动回应国内外关切，研究院专家长期活跃在主流媒体最前沿，在重大事件中踊跃发声，解读社会热点问题和国家重大政策。

相比官方智库，社会智库具有更强烈的市场意识、更灵活的体制机制和更多样的治理模式，在决策咨询、协商民主、国际关系的"二轨外交"以及全球治理等方面具有独特优势，对我国实现国家治理体系与治理能力现代化产生重要正向效应。如全球化智库在过去的一年中持续发挥国际化社会智库作用，积极开展二轨外交，其中"国际青年领袖对话"项目表现突出，举办了"国际青年中国行""国际青年智汇行动""国际青年英才对话论坛"等系列活动，为不同文明、不同国家、不同领域的国际青年搭建了交流思想、互学互鉴、增进友谊的对话平台。

### 1. 北京大学中外人文交流研究基地：创新高端智库媒体合作机制，推动国际话语传播能力建设

（1）单位情况

北京大学中外人文交流研究基地（Institute for Global Cooperation and Understanding，iGCU，以下简称"基地"）成立于2011年10月，由教育部批准设立并

由北京大学承办。基地集科研、政策咨询与人才培养为一体,主要研究领域为中外人文交流、大国关系、全球治理等。基地服务于人文交流"十大机制",[①]引领国内人文交流研究的高地,统筹、协调和推进国家中外人文交流事业发展。

基地自成立以来,在教育部、北京大学有关部门的支持和领导下,依托北京大学深厚的人文底蕴,在学术研究、科研合作、文化交流等方面积极推动中外人文交流、服务党和国家重大战略,做出了卓越贡献。基地拥有100多位杰出学者和来自多个学科的专家担任基地的学术委员会委员和常驻/非常驻研究员以及高级访问研究员,坚守"沟通人文,理解世界"的使命,致力于通过开展创新性研究和政策分析,促进全球合作与了解。

(2)主要内容

当今世界,地缘政治动荡不安,全球化进程面临新的挑战,能否在世界之变、时代之变和历史之变的关键期,为中华民族伟大复兴创造良好的国际国内环境,向世界展示中国式现代化的借鉴意义,为人类和平与发展注入更多中国声音、中国智慧和中国力量,引领再全球化进程,是我们当前构建新型智库媒体合作机制、提升中国话语构建与传播能力的时代契机。围绕上述时代命题,2022年8月25日晚,基地与CGTN共同主办了"对话思想者"特别论坛。在论坛上,中外前政要和知名专家学者深入分析各方立场,提出政策建议,收到良好效果。

在"对话思想者"特别论坛上,基地与电视台合作,共同邀约到了中国原外经贸部副部长、贸易首席谈判代表、北京大学中外人文交流研究基地特邀专家龙永图,泰国前总理阿披实·维乍集瓦(Abhisit Vejjajiva),吉尔吉斯斯坦前总理、北京大学中外人文交流研究基地高级访问研究员卓奥玛尔特·奥托尔巴耶夫(Djoomart Kaipovich Otorbaev),埃及前外交部长、北大中外人文交流研究基地高级访问研究员纳比尔·

---

① 十大机制:包括中俄人文交流机制、中美人文交流高层磋商机制、中英高级别人文交流机制、中欧高级别人文交流对话机制、中法高级别人文交流机制、中印尼副总理级人文交流机制、中南高级别人文交流机制、中德高级别人文交流对话机制、中印高级别人文交流机制与中日高级别人文交流机制。

法赫米(Nabil Fahmy)、新加坡国立大学李光耀公共政策学院前院长、新加坡驻联合国前代表、联合国前安理会主席马凯硕(Kishore Mahbubani)、美国国务院前代理助理国务卿、耶鲁大学法学院中国中心高级研究员董云裳(Susan Thornton)等出席会议。中外前政要和知名专家学者齐聚一堂，就共同关心的问题充分发表看法，提出了许多富有价值的见解和建议，论坛取得了丰硕成果。

在合作模式方面，本次"智库—媒体"合作打破了固有分工桎梏，摒弃过往"媒体负责会前宣传，智库负责学术贡献"的僵化合作形式，充分调动双方资源，集成智库学术实力、政治资源、体制优势等特点，与媒体对外宣精神的准确把控、对国际形势的快速响应、与国际传播工作的充分经验等优势相结合，召开会议多次磋商，合理判断、群策群力，共同完成对论坛选题"时效性、专业性、政治性"的把控，最终合作敲定选题。

在参会人员邀请方面，本次合作采取了联合邀请的方式，在嘉宾的选择和对接中充分发挥出智库"推动文化外交与文化互鉴"这一重要作用。智库和媒体各集所长，将学术人脉资源和媒体传播资源相结合，在邀请工作中，突破过往工作中"嘉宾池固定、僵化"这一弊端，更多使媒体资源渗入进来，使论坛交流对话的实质得到更充分的发挥。智库与媒体各自发挥优势，抓好论坛筹备各处细节、做好突发演练、注重人员培训、强调品质与创新，共同完成高品质活动。

在媒体渠道创新方面，此次活动最终实现了"全媒体内容技术互相支撑，构建起了多元化融媒体传播体系"。媒体受智库助力，更好发挥出"作为媒介准确传递信息"的作用，双方合力使本次活动成了中美两国乃至全球政治文化交流宣讲的一次舞台，影响力不仅限于政治外交界、学术界，更通过媒体平台准确地将会议内容扩展到民众层面，是一次自上而下成功的宣传尝试。通过媒体加持，智库成果也最终实现了大众化传播，向新型智库建设迈出一大步。通过对智库运维过程中对合作机制的优化、对体制建设的创新，切实做到了提高智库服务决策能力与水平。

在此机制创新下，2022年10月28日，由中央广播电视总台CGTN主办，基地协办"全球变局下的中国机遇与世界发展"高端电视主题论坛再次成功举办。基地与CGTN的"智库—媒体"机制化合作模式也逐渐成形,并正式达成战略合作伙伴关系,在未来将以更多形式、更广泛话题下实现充分、固定频次的合作。

(3) 主要成效

基地与CGTN的创新合作机制取得丰硕成果,受到广泛赞誉,产生巨大影响。本次"对话思想者"特别论坛得到外交部主要领导高度肯定,外交部并将此次论坛作为外宣的典型实例,指示全球238个使领馆重点对外宣介。同时,萨摩亚驻华大使马里纳称赞本次论坛"非常精彩"。本次论坛作也作为公共外交优秀案例,被清华大学苏世民书院采纳,进行深入、全面的案例分析教学,为公共外交积累更多实践经验。"对话思想者"特别论坛获得全球阅读量667.1万,独立用户访问量229万,互动量5.7万,视频观看量48.6万。

本次智库媒体合作的成功实践,是新型的智库和媒体结合的一次有益尝试。传统媒体层级化的运作模式优势渐退,扁平化和去中心化是互联网时代的传播特质。由此出发,着力于信息深度加工和解读的媒体与智库合作,将成为一种新的智库能力创新方式。此项不但可以强化智库的舆论引导功能,且与官方主流媒体相互借力,共同发挥出国家决策层面和社会舆论层面的桥梁作用。

(4) 推介评语

基地与CGTN共同主办的"对话思想者"特别论坛邀请了多位中外前政要和知名专家学者,在议题选择机制、嘉宾邀请模式、媒体传播渠道上都进行了优化与创新,最终取得了丰硕成果。本案例是基地与中国国际电视台的一次成功合作,双方协同整合了高端智库媒体丰富资源,创新了多种传播要素合作机制,叠加融合体现了比较竞争优势,是中国特色新型智库与媒体合作的有效案例。作为高校智库,基地肩负着开展战略性国际传播的重任。本次有意识的实践合作旨在发挥出智库智力输出的最大效率,并以此促进智库各类生产要素资源以创造价值、推动智库把握国际信息传播秩序,从而抓住机遇找到智库与国际舆论互动的契合点,进而影响和塑造与华友好的国际舆论大环境,服务"落实中国新时代国际话语权构建"的目标。

## 2. 对外经济贸易大学国家（北京）对外开放研究院：做足"外"字文章，做强特色优势，凝心聚力加强新时代新型智库建设

（1）单位情况

对外经济贸易大学国家（北京）对外开放研究院（以下简称"研究院"）成立于2017年，以"国家亟需、特色鲜明、制度创新、引领发展"为目标，以国家和北京市的重大理论和现实问题为主攻方向，搭建支撑学校承接国家各类重大、热点、急需项目的平台，研究内容涵盖开放型经济理论与模式、对外直接投资、开放型经济宏观经济政策、"一带一路"等，为国家科学决策提出有针对性、前瞻性、创新性和战略性的对策和建议，致力于发展成为服务国家开放型经济建设的一流智库、具有国际影响力的中国特色新型智库。研究院经过积极摸索，初步形成了一定的资源整合调配优势、成果生产与转化效率优势、咨政服务影响力与话语权优势，并着重在国家和北京市开放型经济建设领域，向政府机关、企事业单位和社会公众提供优质高效的政策咨询服务、热点应急研究、舆论引导和政策解读等社会服务。

（2）主要内容

研究院在对外经济贸易大学党委的统一领导下，始终坚持把习近平新时代中国特色社会主义思想作为新型智库建设的思想旗帜，牢牢把握党对智库建设工作的统一领导，努力做好智库品牌，做足"外"字文章，做强特色优势，服务国家和首都经济社会高质量发展，在创新体制机制、高质量咨政建言、传播智库声音、打造品牌产品、拓展对外交流等方面取得了显著的建设成效。

① 坚持党的全面领导，创新体制机制，涵养人才资源

研究院始终坚持党对智库建设的全面领导，准确把握党和国家事业发展大局，把思想和行动统一到党中央对形势的分析判断和总体部署上来，着力深化体制机制改革，推动建设良好智库发展生态。作为学校倾力打造的智库平台，研究院在学校党委的正确领导下，坚持"党管人才"，不断创新体制机制，探索践行理事会领导下的院长

负责制。2021年北京对外开放研究院组建了新一届理事会,理事会由学校主要领导、北京市相关部门领导、校内外专家组成,进一步加强了决策部门对智库工作的指导,强化了府校对接机制。通过内培外引,研究院聘请校内开放经济领域专家学者担任兼职研究员,邀请商务部贸研院、中国社科院、阿德莱德大学、世界贸易组织等研究机构、国际组织的知名专家驻院工作,打造了一支通晓国际规则、具有开拓视野、了解国情市情的智库人才队伍,为智库发展奠定智力资源基础。与学校职能部门密切配合,推动将智库研究成果纳入学校科研评价体系、职称评聘体系,制定完善课题管理办法、经费管理办法、成果奖励办法等制度体系,激发人才创新活力。

② 始终心系国之大者,笃行学术报国,服务中心大局

研究院牢记坚守贸大建校经世济民的初心使命,赓续弘扬贸大人学术报国和新时代科学家精神,聚焦国家重大战略和首都中心工作,紧密围绕中国对外开放前沿理论和现实问题,提升学校服务国家决策的能力。2020年,研究院贯彻落实习近平总书记重要指示要求,为统筹做好新冠疫情防控和经济社会健康发展、扎实做好"六稳"工作、全面落实"六保"任务、全力抓好脱贫攻坚等工作提供高质量决策咨询服务。第一时间组织疫情防控应急研究工作,组织撰写抗疫专题系列咨政报告,助力疫情下我国社会经济有序恢复相关政策制定;积极参与学校云南滇西扶贫工作,设立扶贫专项研究课题,选派权威专家赴滇授课,为打赢扶贫攻坚战做出贡献。2020年全年共报送各类研究报告180余篇,学校被采纳报告数量居教育部高校前三名。

③ 发挥舆论引导作用,传递时代之声,讲好中国故事

研究院不断提高政治站位,加强对党的创新理论、国家政策方针和社会热点问题的研究与阐释,推动习近平新时代中国特色社会主义思想在中华大地落地生根,正向引导社会舆论。研究院专家学者长期活跃在央视、新华网、《人民日报》、《光明日报》、《北京日报》等主流媒体最前沿,在重大事件节点踊跃发声,解读中国国际服务贸易交易会(简称"服贸会")、中国国际进口博览会(简称"进博会")、《区域全面经济伙伴关系协定》(RCEP)等社会热点问题和国家重大政策。通过组织开展学术研讨会,推动

国内外智库和学者间的政策研究学术交流合作,主动回应国内外关切。例如,举办世界贸易组织2019年度公共论坛"科技,服务和WTO的未来"分论坛、中美经贸关系发展论坛暨中国美国经济学会2019年学术年会、中国数字贸易30人论坛——"拜登任内中美数字贸易治理博弈前景展望"等学术活动,向世界分享全球经济治理的中国观点、中国方案。

④ 牢固树立品牌意识,凝练特色优势,打造"拳头"产品

学校因贸易强国而生,因改革开放而兴,因新时代高水平开放伟业而盛。研究院立足学校七十年办学优势,坚持开放经济研究特色,牢固树立品牌意识,打造多种类特色品牌产品,以品牌联动效应提升智库发展活力。研究院与中国工业经济联合会紧密合作,共同打造高端论坛品牌产品,于2019年和2021年联合举办首届、第二届"一带一路"基础设施建设与制造强国建设协同发展论坛,在政府、行业和企业持续搭建两大战略协同发展的内部交流平台。与社会科学文献出版社合作推出系列蓝皮书,2022年初举办北京对外开放发展论坛暨《北京对外开放发展报告(2021)》蓝皮书发布会。该部蓝皮书作为我国出版的第一部对外开放蓝皮书,为推动形成国内国际双循环新发展格局、打造北京对外开放新局面贡献了思想、提供了方案,受到决策部门、30余家主流媒体广泛关注。

⑤ 拓展智库共建网络,加强交流合作,提升社会声誉

研究院积极开展对外交流合作,坚持"引进来""走出去",广泛建立对外合作研究与交流渠道,不断拓展智库共建网络,提升学校智库社会声誉。国际层面,对接欧洲经济研究中心、澳大利亚墨尔本大学中国当代研究中心等知名机构,通过校际交流、支持教师海外交流、引进国外专家学者、构建国际化研究团队等多种形式,开展国际课题合作研究;国内层面,依托学校资源和自身开拓,与国家和各地方政府部门保持长期联系,紧密跟踪需求、服务政府决策,并与中国工业经济联合会、中国国际贸易学会、中国美国经济学会、中国数字贸易论坛、中国宏观经济研究会等业内学会商会建立友好合作关系;学校层面,联合相关学院,组建跨学科研究团队,开展跨学科、跨领

域课题研究,联合组织开展学术交流活动,助力提升学校整体社会影响力。

(3) 主要成效

自成立以来,研究院聚焦国家和北京市经济社会发展战略,共承担国家社科基金项目、首都高端智库决策咨询项目等各类纵向、横向课题近200项,上报各类政策研究报告近400篇,其中获得批示百余篇,被各级政府部门采纳近60项,部分政策建议直接转化为重大决策,对国家和首都经济社会发展产生了积极影响。及时响应国家和地方政府实际需求,选派专家近120人次出席专家咨询会近80场,围绕高水平对外开放、自贸区(港)建设、京津冀协同发展、北京"两区"建设等问题建言献策。形成了内容精、层次高、范围广的话语传播体系,研究院专家学者在"三报一刊"发表理论文章近50篇,通过央视、新华网、人民日报等主流媒体,参加专访、采访以及电视、广播直播评论等400余场。打造了"内刊—论坛—讲座—蓝皮书—研究报告"系列产品,推出《开放型经济资政简报》《首都高端智库专报》《全球观察》《对外开放焦点透视》等内刊,出版《北京对外开放发展报告》《北京平台经济发展报告》等系列蓝皮书,举办北京对外开放发展论坛等高端学术活动30余场,开展12期"名家大讲堂"讲座,获得校内外广泛关注和师生一致好评。研究院2020年成为新华社"一带一路"国际智库合作委员会参与机构,2022年成为厦门金砖创新基地智库合作联盟成员单位。《现代教育报》《投资北京》《丝路会客厅》等媒体整版及专题报道研究院智库建设工作,赞誉研究院为"连接世界的中国智库""助力首都开放发展的智囊团"。

(4) 推介评语

本案例中,研究院的主要做法是探索践行理事会领导下的院长负责制,内培外引打造智库人才队伍;聚焦国家和北京市经济社会发展战略,产出优质成果;正向引导社会舆论,主动回应国内外关切;打造高端论坛、系列蓝皮书、高端讲堂/讲座、咨政内刊等特色品牌,提升智库发展活力;在国际、国内、学校三个层面不断拓展合作与共建网络,赢得社会和媒体的广泛关注。

### 3. 全球化智库：智库二轨外交——国际青年领袖对话项目

（1）单位情况

全球化智库（Center for China and Globalization，以下简称"CCG"）成立于2008年，主要研究领域为全球化、国际关系、全球治理、国际经贸与投资、国际移民、人才与企业全球化、中美关系与中美经贸、一带一路、智库发展等，拥有专职智库研究和专业人员近百人，是中国领先的国际化智库，是首个进入世界百强的中国社会智库，首个获得联合国特别咨商地位的中国智库，具有广泛的国际影响力。

作为中国最早"走出去"的智库之一，CCG秉承"国际化、影响力、建设性"的专业定位，坚持"以全球视野为中国建言，以中国智慧为全球献策"，已在巴黎和平论坛、慕尼黑安全会议、达沃斯世界经济论坛等重要国际场合举办边会，已成为各国使馆、国际政要、国际智库和国际组织交流和沟通的重要平台，通过接待来访、组织圆桌研讨会、举办名家演讲活动等形式，搭建了中外沟通的桥梁和常态机制，充分发挥了智库外交的作用。

（2）主要内容

做好国际青年工作是我国在深化开放发展中加强中外人文交流、改善国家形象、推进人类命运共同体构建的重要组成部分，也是我国民间外交工作可着力发展的重要方向。2020年12月15日，CCG发起了"国际青年领袖对话"（Global Young Leaders Dialogue，以下简称"GYLD"）项目，项目旨在通过系列对话活动增进不同文明背景、不同职业背景青年英才间的相互交流和理解，激发合作创新，培养一批胸怀世界的全球化人才，携手共创人类美好未来。GYLD发起近两年来，陆续开展了国际青年中国行、国际青年沙龙、国际青年智汇行动等系列活动，为中外青年提供了人才成长新机制，增进了其对华认知，也搭建了文明沟通的桥梁。2021年8月10日，习近平主席给GYLD外籍青年代表回信，对他们积极到中国各地走访、深化对华了解表示赞赏，鼓励他们加强交流互鉴，为推动构建人类命运共同体贡献青春力量。① 习近平主席的回信在外籍青年、国际交流各领域人士中引发热烈反响。

① 向世界展现可信、可爱、可敬的中国形象

党的二十大报告指出"增强中华文明传播力影响力。坚守中华文化立场,提炼展示中华文明的精神标识和文化精髓,加快构建中国话语和中国叙事体系,讲好中国故事、传播好中国声音,展现可信、可爱、可敬的中国形象"。②

当今世界,青年对全球治理的影响力正在逐渐提升。作为发掘、培养、链接具有全球观和领导力的青年人才的有效方式,青年领袖机制被国际组织和各大国际智库等机构广泛应用。如联合国教科文组织、慕尼黑安全会议、世界经济论坛、全球巴库论坛、亚洲协会等论坛和机构,都设有青年领袖机制。CCG 多年来深耕国际人才工作,在研究并推动国家及相关部门完善留学、国际人才流动、国际人士在华等政策过程中积累了深厚的研究基础及人脉资源,为开展国际青年人才项目奠定了基础。同时在 CCG 看来,做好青年领袖工作在一定程度上可对未来国际事务和国际关系的发展变化施加影响与做出预判。建立青年领袖机制,加强青年工作,拓宽民间外交渠道,有利于凝聚更多"知华派",从而进一步增强国际话语权,提升全球治理参与度和能力。

GYLD 开展了"国际青年中国行"活动,围绕开放创新、生态保护、脱贫攻坚、文明交流等不同主题,邀请在华的各国青年到中国国内开展有趣味、有特色的参访和交流活动,2021 年发起至今,国际青年中国行的足迹遍布国内 10 个省市,活动将青年交流、科技交流、文化交流等多种形式的人文交流与打造新的中国话语和中国叙事体系等国际传播工作充分整合起来,发挥合力,展现一个可信、可爱、可敬的中国形象。减贫是联合国 2030 可持续发展目标的第一项目标,而中国在 2020 年实现了全面脱

---

① 习近平给"国际青年领袖对话"项目外籍青年代表回信[EB/OL].(2021-08-11)[2023-09-12].http://www.qstheory.cn/yaowen/2021-08/11/c_1127751254.htm.

② 习近平.高举中国特色社会主义伟大旗帜 为全面建设社会主义现代化国家而团结奋斗:在中国共产党第二十次全国代表大会上的报告[J].求是,2022(21).

贫。许多青年,特别是发展中国家的青年对此很感兴趣。因此,GYLD 先后组织青年走进贵州遵义花茂村、广东东莞石塘排尾村、河北正定塔元庄村,与村支书、村民对话交流,深入了解中国在脱贫攻坚战中积累的精准脱贫等经验。

② 培养具有包容心态、全球视野和领导力的青年英才

习近平总书记在给 GYLD 外籍青年代表的回信中提出"我们欢迎更多国际青年来华交流,希望中外青年在互学互鉴中增进了解、收获友谊、共同成长,为推动构建人类命运共同体贡献青春力量。"[1]多样性是世界的基本特征,也是人类文明的魅力所在,因此加强世界上不同国家、不同民族、不同文化的交流互鉴,有助于夯实构建人类命运共同体的人文基础。

GYLD 发起人、CCG 秘书长苗绿将项目特色概括为 3 个"D":对话(Dialogue)、多样(Diversity)、民间外交(Diplomacy)。CCG 对人才多年的研究证实青年人正处成长成才的关键时期,对于其他国家其他文明较少有严重的刻板印象。因此,通过将不同文明、不同国家、不同职业背景的青年人聚集在一起,将培养他们的人类命运共同体意识,关心关注全球性问题,并发挥自身领导力,推动完善全球治理。GYLD 将对话植入行走,人与人之间的交流对话增强了青年的参与感和主动思索,避免了空洞的信息灌输。除了倾听还有输出,互学互鉴可实现真正的思想交流、精神链接和情感共鸣。而且着力于对话个体人物可将中国故事由宏大叙事改为讲述个体故事,也更接地气,更深入人心。

在国际青年人员筛选方面,GYLD 既注重兼顾不同国家、不同领域的多样和性别的平衡,也重视成员是否具备发展潜质。如非洲青年门杜虽然仍在北大读博士,但他发起创办了中非青年联合会,会讲 9 种语言,未来计划到联合国工作;再如字节跳动的高级内容经理罗志成(Jonathan Lopez),毕业于清华大学苏世民书院,在全球多

---

[1] 习近平给"国际青年领袖对话"项目外籍青年代表回信[EB/OL]. (2021-08-11)[2023-09-12]. http://www.qstheory.cn/yaowen/2021-08/11/c_1127751254.htm.

个地方都有工作学习经历,是名副其实的全球公民。

③ 打造多元化、共成长、有活力的国际青年社区

GYLD通过近两年的发展,已经凝聚了来自60多个国家不同行业领域的约200名国际青年英才,通过线上线下多种形式的定期互动交流,逐渐形成了一个多元化、共成长、有活力的国际青年社区。作为由社会智库机构发起的国际化民间外交活动,GYLD在运营上注重发挥民间性的灵活优势,遵循国际交往规则,采取青年喜闻乐见的形式,从而使项目始终生机勃勃,国际青年朋友圈越来越大。

多元多样的特点有助于营造一个高质量跨文化跨界交流及相互学习的场域。Marelli公司企业战略经理就表示:"成员的多样是我此行最有价值的收获,不同国家不同领域但都年轻有活力的专业人士在一起,我们碰撞出不少火花,大家在一起几天深入了解了中国也了解了对方,我们可能会成为一辈子的朋友。"GYLD还定期开展"国际青年沙龙"这一常态化交流活动,举办了国际青年中秋沙龙、"从首都实践看全过程人民民主"国际青年沙龙等活动,并在2022年联合国日邀请国际青年走进联合国驻华系统,与联合国官员面对面交流,让国际青年在放松的环境和国际化的氛围中收获友谊,得到启发,发现机会。

(3) 主要成效

在"国际青年中国行"活动中,GYLD注重以青年视角产出新媒体产品,通过多平台多渠道广泛传播,吸引更多国际友人来华参访,了解更加真实可爱的中国;鼓励和支持参与活动的青年拍摄视频博客,将他们在活动中的所见所闻所感所知记录下来,因其真实自然、轻松幽默的风格感染并刷新了更多国际人士对中国的认知,受到欢迎,达到百万量级浏览量。

"国际青年领袖对话论坛""国际青年智汇行动"等活动也搭建了平台,让世界听到青年的声音。同时,CCG发挥多年资源积累赋能项目,邀请国际青年参与CCG品牌论坛"中国与全球化论坛",对接中国国际进口博览会、中国国际服务贸易交易会、中关村论坛等中国各领域的重大国际性活动。在这些论坛上,国际青年得以与国内

外政产学研各界的资深人士进行交流。正是中外各领域杰出青年的联结,让 GYLD 不仅具有宏大国际背景下的时代意义,也充满了细致入微的生命力和感染力,而文明也在其中得以对话交融。

(4) 推介评语

CCG 发起的"国际青年领袖对话"项目,旨在为不同文明、不同国家、不同领域的国际青年搭建交流思想、互学互鉴、增进友谊的对话平台,倡导各国青年发扬人类命运共同体理念,为完善全球治理汇聚更多国际化、年轻化、多元化力量,为增进不同文明背景的青年英才间的相互理解,激发合作创新,培养胸怀世界的全球化人才做出了贡献,也因其突出表现获得习近平总书记的回信,是社会智库成功开展二轨外交活动的典范。

# 专题四　智库研究精品成果汇编

智库研究成果是全国新型智库在发挥咨政建言、理论创新、舆论引导、社会服务、公共外交等智库功能的过程中形成并产生一定影响的成果,类型涉及研究报告与内参、图书、学术论文、报纸文章等。为贯彻落实党的二十大精神,聚焦智库界、思想理论界围绕不同领域开展的专业化、精品化、特色化、创新化政策研究与学术研究,推介全国智库形成的全局性、前瞻性、战略性、科学性研究成果,鼓励中国特色新型智库立足国家需求、面向世界大局开展研究,产出具有更高质量、更大影响、更好效果的决策咨询成果,有力发挥智库基本功能、不断提升智库水平,南京大学中国智库研究与评价中心启动了 2022 CTTI 智库研究精品成果征集与推介活动,以此集中展示新时代中国特色新型智库理论创新、咨政育人、舆论引导的价值追求与使命担当。因内参成果具有保密性,因此本专题推介的节选成果以公开出版的图书、研究报告等为主。

## 一、CTTI智库精品成果征集与推介活动概况

### （一）CTTI智库精品成果征集与推介的活动目的

一是打造荣誉供给体系,助力智库行业发展。课题组连续多年开展本活动,面向全国各层级、各类型、各领域智库征集优秀研究成果,经严格的专家评审后,为各获奖单位及个人提供获奖证书,意在激发我国智库共同体向心力,助力智库行业的建设与进步。

二是推介智库精品成果,展示智库发展现状。本活动一经启动便得到了有关方面的高度关注,国内数百家智库积极参与。评选结果公布后,得到了媒体、高校等社会各界的广泛报道与传播,有力增强了我国智库的影响力与曝光度,向社会各界展示

了我国智库行业的发展现状与代表成果。

三是提供先进经验，各级智库按需参考。本活动涉及的成果类型多样，研究领域多元，基本覆盖了智库所产出的各类成果。评委会经严格的评议后，对所征集成果优中选优，最终公布了特等、一等、二等的推介成果名单。推介名单对我国各层级、各领域智库均有较强的参考意义，供各智库根据自身定位，找准合适目标借鉴学习。

### （二）CTTI智库精品成果征集与推介的活动过程

本次智库精品成果征集与推介活动的成果征集范围为近两年内产出的成果，是各申报单位在发挥咨政建言、理论创新、舆论引导、社会服务、公共外交等智库功能的过程中形成并产生一定影响的高质量成果，类型包括研究报告与内参（公开与非公开）、图书（专著、皮书、教材等）、学术论文（期刊论文、会议论文）、报纸文章等，每家申报单位最多可申报成果两项。申报单位须按要求填写《2022 CTTI智库研究精品成果申报表》并提交电子版或纸质版成果原件。活动自2022年11月14日启动，材料提交周期为两周。截至2022年11月30日，共收到603份智库成果。

收到申报材料后，课题组成员对每份材料进行了仔细审查，针对其中不合规范或漏填、误填部分通过邮件、电话核实，保证其准确性与规范性。最终将所有申报材料逐一编号，由课题组团队进行初审，为后续评选过程做好充分准备。

为提高奖项评选的科学性与专业性，评选过程本着公平、公正、公开的原则，主要采用专家组同行评议方法。专家组由智库负责人、智库主管机关领导和智库研究界专家组成。评审过程重点关注成果的针对性、前瞻性、科学性、学理性及影响力。经过工作团队初审和专家委员会终审两个步骤，共有225份成果入围智库研究精品成果推介名单，推介率37.3%，其中特等奖63份，一等奖84份，二等奖78份。

### （三）CTTI智库精品成果征集与推介的结果分析

从本次推介主体的分布来看，高校智库仍是其中的"主力军"，社会智库、社科院智库、党政部门智库、党校行政学院智库等分布均衡。由于本次活动规定的申报单位为智库或智库上级单位，也吸引了不少智库职能机构的管理单位参与。

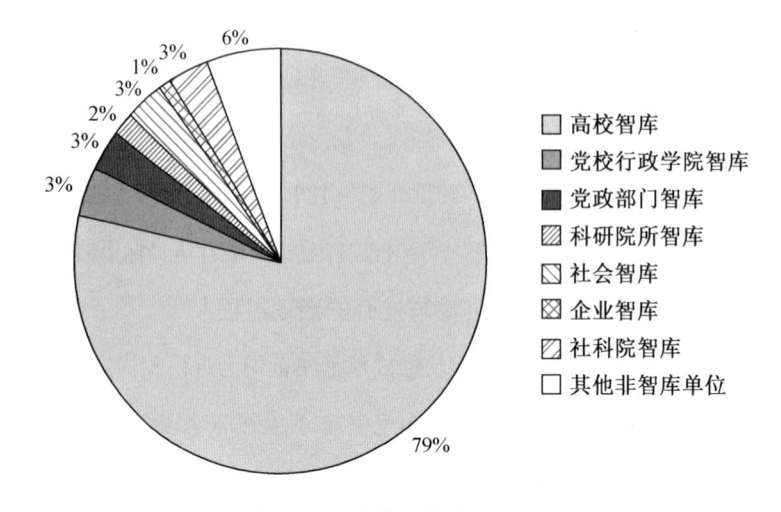

图 4-1 获奖主体分布情况

从申报单位所属地域分布上看，此次申报的智库来自23个省、自治区、直辖市，分布较广，其中江苏省、天津市、上海市、湖南省和北京市表现突出，该部分地域智库获奖成果数量多且相近，共占本次申报获奖成果中的57.8%。江苏在省委省政府对智库建设的大力支持与各智库的积极响应下，研究报告与智库活动的申报数量跃居前列；天津市社会科学界联合会对本次征集与推介活动高度关注和配合，组织天津市多家智库积极参与，申报总数居于前列；上海凭借其经济、教育与国际交往优势，智库活动的数量占据了优势；湖南智库联盟依托高校文、史、哲、理、工、经、管、法律等门类齐全的学科优势，形成了一系列高质量成果；北京作为全国的政治、科教文化和国际交往中心，也有较为集中的政治、教育、科研优势，参选的智库研究报告、活动数量较多。此外，广东省、湖北省、河北省、陕西省等地也对此次申报表现出了极大热情，参与度较高。

本次申报成果涉及16个主题（如图4-2所示），其中有关社会治理、文化政策、国际关系与外交政策、区域发展、法律与司法政策、产业与金融、教育政策、公共安全、生态文明等主题的成果数量较多，均在10份以上。另外，各智库对科技政策、区域国别研究、宏观经济、"一带一路"、能源与基础设施等也有一定关注度。此次公共安全主题的获奖成果数量较往年有明显提升,尤其是在疫情防控斗争中,广大智库专家学者以高度的政治责任感和使命感,发挥专业优势,在分析疫情形势、完善防控策略、指导医疗救治、加快科研攻关、修订法律法规、促进国际合作等方面献计献策,为疫情防控斗争作出了重要贡献,在公共卫生安全方面产出多项优秀成果。[①] 此外,信息安全和食品安全也是公共安全主题中的热点问题,而"一带一路"和扶贫与"三农"主题的成果呈减少趋势。

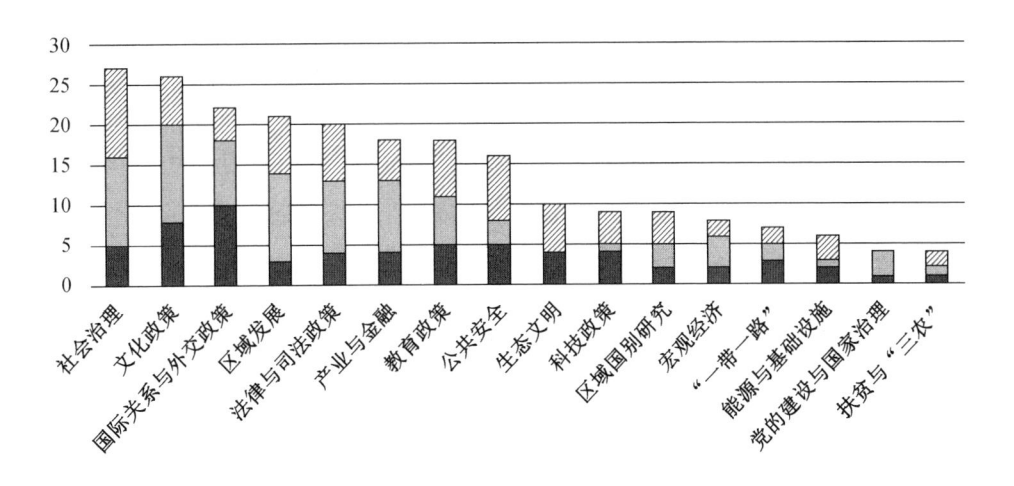

图4-2 各级别获奖成果主题数量分布[②]

## 二、CTTI 智库精品成果推介(节选)

### (一)中国财政科学研究院:《百年大党的人民财政观》

党的二十大报告提出"健全宏观经济治理体系,发挥国家发展规划的战略导向作用,加强财政政策和货币政策协调配合,着力扩大内需,增强消费对经济发展的基础

---

① 习近平.构建起强大的公共卫生体系 为维护人民健康提供有力保障[J].先锋,2020(9):4-8.

② 以下节选成果均获得机构同意推介,由于内参成果较为敏感,因此本章以公开出版物或研究报告为主要汇编内容。

性作用和投资对优化供给结构的关键作用。"[1]智库作为政府"外脑",有责任在宏观经济问题、财政问题、货币问题等各方面,向党委、政府部门建言献策。

### 1. 成果背景

作为中华人民共和国成立后最早设立的人文社会科学研究机构和财经决策咨询机构之一,财科院在研究工作中始终高度关注党和国家在各个时期的重大战略部署,并全力为之建言献策;始终力求准确把握我国经济社会发展进程,从财政理论与实践总结提炼上探寻中国特色社会主义之特色所在。近几年来,财科院在建设国家高端智库工作中,秉承应有的责任担当,主动抓住党和国家发展中的重大历史节点、紧扣"财政是国家治理的基础和重要支柱"的科学论断,深入探究历史演进背后的财政"密码"。为庆祝中国共产党成立100周年,财科院发挥作为国家高端智库建设试点单位的理论研究优势,组织专门研究团队,深入总结、深刻阐释党的百年伟大历程、辉煌成就和宝贵经验,开展专题研究,形成著作《百年大党的人民财政观》。该成果由刘尚希、傅志华牵头组织研究,课题组成员还有马洪范、李成威、程瑜、陈龙、申学锋、史卫、闫晓茗等,2021年由人民出版社出版。

### 2. 成果内容

本书是财科院集体智慧的成果,由刘尚希院长主持。书稿系统梳理以人民为中心是中国共产党人民财政观的核心理念,以人民为中心既体现在财政的政治、经济和社会属性当中,也体现在财政的法治、监督和绩效特征当中。全书总结百年党史中的财政观,从历史角度重新认识财政。从本质上来说,财政是集中和动员社会资源,用于化解社会共同体面临的公共风险,构建社会共同体发展确定性的机制。本书对于财政的叙述,基于不同的历史阶段面临的公共风险。从这个逻辑出发,在历史中加深对财政的认识,也在历史中认识和理解中国共产党的财政观是如何形成和发展的。

---

[1] 习近平.高举中国特色社会主义伟大旗帜 为全面建设社会主义现代化国家而团结奋斗:在中国共产党第二十次全国代表大会上的报告[J].求是,2022(21).

全书分为总论及后续六个章节。

"人民至上""以人民为中心"这样一种人民观,作为政治理念是一种历史的进步,是人类政治文明的发展。在不同历史时期,人民的内涵是有很大差异的。今天的人民观是一个历史的发展,是从阶级的人民观发展而来的。今天的人民观是人本主义的人民观,是马克思主义关于人的解放和自由全面发展学说的继承和发展。人本人民观已经成为党的基本立场和基本价值,作为一种政治理念,集中体现了一个政党的政治属性——人民性,为了人民,依靠人民;作为一种发展理念,反映出经济社会发展模式的变迁——群众性,发动群众来创造、创新和发展。人本人民观彰显了人民在历史发展中的主体地位,为财政的人民主体性提供了理念和价值前提、由此使"人民财政观"区别于传统的以国家为主体的"国家财政观"。

共产党的人民基因使共产党领导的财政打一开始就树立了坚定的人民财政观,成为以人民为主体的财政。财政的内在逻辑从此改变,"人本逻辑""风险逻辑"和"发展逻辑"叠加成为财政的新逻辑。以人民为主体的财政,意味着财政是人民的财政,财政的这种政治属性为财政公开透明、人民监督和财政法治提供了依据,也为财政责任、财政治理和财政职能的"生成"提供了政治前提。

### 3. 成果影响

刘尚希等执笔的阶段性研究成果《财政监督与百年党建》入选中组部召开的庆祝中国共产党成立100周年党的建设历史经验研讨会。本书创新研究视角,不拘泥于从显性的财政形态去探讨,而是进一步拓宽视野和维度,透过现象看本质,从党的伟大实践中汲取灵感,更深刻地认识财政把握财政,推动财政理论研究不断创新。成果发布后,在学界引起广泛关注好评。《百年大党的人民财政观》入选长安街读书会第20220308期干部学习新书书单。

### (二) 华东师范大学周边合作与发展协同创新中心:《中国与周边国家关系:国际问题与国际关系现实问题研究》

党的二十大报告提出,"中国坚持在和平共处五项原则基础上同各国发展友好合作,推动构建新型国际关系,深化拓展平等、开放、合作的全球伙伴关系,致力于扩大同各国利益的汇合点"。① 新型国际关系的构建意味着世界秩序、格局、结构的不断调整与重构,国家社会与政治决策者需要荟萃更多智慧,选择更优的发展战略。国际关系智库作为专业化的思想库与政策研究机构,其使命和任务就是针对国际关系理论、国际事务、地区热点、外交政策等重要问题展开研究,为政策制定者提供决策咨询服务。

### 1. 成果背景

华东师范大学周边合作与发展协同创新中心(以下简称"中心")由华东师范大学发起并作为牵头单位,北京大学、复旦大学为主要参与单位,在外交部、中联部等有关政府部门的指导下,对与中国周边的和平发展相关的重大理论和现实问题进行战略性、前瞻性研究,提升高等院校人才、学科、科研三位一体的周边研究创新能力,为国家的长远发展、核心利益和整体安全服务。中心通过发布研究报告《中国与周边国家关系:国际问题与国际关系现实问题研究》,聚焦中国周边国家的移民问题、能源问题、国家关系以及与中国的经济文化交往等议题展开深入探讨,该报告由"中国周边国家移民治理及相关政策比较研究""中日关系:历史哲学、变迁动力、方向抉择""中蒙俄经济走廊中的蒙古""'丝绸之路经济带'上的俄罗斯""中国与俄罗斯、中亚农业合作的新环境与新问题"共五篇分报告组成。成果作者为冯绍雷、潘兴明、阎德学、王浩、王宪举、肖辉忠。

### 2. 成果内容

(1) 移民问题

在大国周边治理中,人口流动及其控制和引导是重要因素之一。在经济方面,人口流动能够反映各相关国家的经济状况、地位和相互经济关系,推进地区一体化和全

---

① 习近平.高举中国特色社会主义伟大旗帜 为全面建设社会主义现代化国家而团结奋斗:在中国共产党第二十次全国代表大会上的报告[J].求是,2022(21).

球化进程,对移民移入国和移出国的经济发展、人才竞争和就业状况产生不同的影响;在社会方面,人口流动能够体现各相关国家人口的年龄性别、文化水平、族裔或种族构成情况,对移入国造成的影响包括改变人口年龄构成,减缓老龄化和少子化问题,解决劳动力不足和高层次人才缺乏的问题,而对移出国而言,主要的影响是减缓人口压力,同时出现人才流失;在安全方面,人口流动一方面可增进不同国家人民的相互了解和交流,减少误解和误判的风险,另一方面也可能造成不同文化和种族的对立和冲突,给国际反恐带来新的变数。

中国的周边国家包括与中国接壤和与中国相邻近的国家,包括俄罗斯和中亚国家、东亚国家、东南亚国家、南亚国家等26个国家。这些国家在移民方面有不同的历史经历,人口构成方面也有不同的特点,所实行的移民政策也各不相同。鉴于这些周边国家在中国移民事务方面的重要地位和作用,作者对各国的移民政策分别作了专门和系统的梳理和分析,为中国应对和处理移民事务提供有价值的参考和借鉴,推动和引导积极、合法的移民运动,打击和消除非法移民和不利于国家利益与安全的人口流动。

(2) 中日关系

基于中日关系近两千年的客观史实,作者归纳出"国家主义"与"天下主义"的世界观、危机意识的变革与忧患意识的革命、朝贡体系与东亚秩序的建构、朝鲜半岛争夺与保卫战、政治领导人的历史担当与义利观等两国关系发展的历史哲学,在此基础上,作者认为,当前中日关系仍然受到两国历史哲学的规范和制约,如何让日本成为实现中国梦的助力而非障碍,如何借助中国的发展重振日本经济,关键取决于中日两国领导人的政治智慧与历史担当,据此再加强对话交流,毫不动摇地贯彻落实四点原则共识,早日建成中日韩自由贸易区,进而在为亚洲和世界提供更多公共产品的进程中,真正走上新型战略互惠关系的康庄大道。

总之,中日关系再次"破冰""融冰""回暖"是一个"有进有退"的动态变迁过程,中日两国要努力从长远大局出发,从两国人民和东亚地区的稳定与和平出发,保持两国关系的稳扎稳打、逐步改善。遵循中日四点共识,落实好中日四个政治文件的基本精神和具体内容,相向而行,推动两国关系走上稳定、和平、发展、合作、共赢的发展轨道。

(3) 中蒙俄经济走廊

中蒙俄经济走廊是"一带一路"倡议中的六个经济走廊之一。三面与中国相邻、一面与俄罗斯接壤的蒙古国在推进中蒙俄经济走廊建设中所处的重要地位不言而喻。作者在该研究中探讨了蒙古国对于中蒙俄经济走廊持有何种态度,具体采取什么措施,以及中蒙俄经济走廊建设的有利因素及存在的障碍等问题。

在对相关问题进行深入研究后作者指出,推进中蒙俄经济走廊建设需多措并举,才能切实推进。作者对相关工作提出了三点建议:第一,抓住时机,发挥蒙方的能动作用,充分释放三国能源经济互补潜力,扩大互利共赢、利益共同体理念的影响力,夯实合作基础。第二,注重人文与经贸的互动,重视发挥学术机构和非政府组织的重要作用,拓展合作的空间。第三,充分利用好现有双边合作机制,中蒙俄三国合作机制化,使现有合作机制与中蒙俄经济走廊倡议互动,启动共同感兴趣的项目。

总之,中蒙俄三国应凝聚共识,相互信任,秉承万里茶道精神,遵循立足于当前,着眼于长远,先易后难,循序渐进的原则,以中蒙俄经济走廊为主线,把丝绸之路、发展之路及欧亚大铁路相对接,以此为合作平台加强互联互通,实现地区的共同繁荣与发展,实现经济上的可持续发展,从而促进本地区的安全与稳定,实现本地区的共同繁荣、人民共同富裕的目标。

(4) 俄罗斯研究

俄罗斯是"丝绸之路经济带"上的重要国家。这不仅是由于俄罗斯具有重要的地理位置,而且缘于俄罗斯是中国重要的全面战略协作伙伴。两年多来,俄罗斯对"丝绸之路经济带"建设的认识和态度经历了迷惑不解、予以理解和积极参加的阶段。如今,俄罗斯不仅支持和参与"丝绸之路经济带"建设,而且率领欧亚经济联盟与"丝绸之路经济带"进行合作对接。

作者在详细梳理了作为"丝绸之路"北线的重要通道的俄罗斯对"丝绸之路经济带"态度的演变,并对在"丝绸之路经济带"建设中与俄罗斯合作的有利条件和不利因素做了深入分析后给出了三点建议:第一,协调国际货运班列,发挥西伯利亚大铁路潜力。第二,为了加强中国与俄罗斯及其他上合组织国家的"民心相通",我国文化和旅游部应把乌鲁木齐"金色秋季国际电影节"、新疆国际民族舞蹈节、国际清真美食节、"丝绸之路"城市市长会晤、欧亚经济论坛、兰州"敦煌之行——丝绸之路国际文化旅游节"等都纳入"丝绸之路经济带"框架中。第三,建设"丝绸之路经济带",搞好"一带一盟"建设对接合作,是长期的工作,不会一蹴而就。我们一定要稳妥、有序地进行,不急于求成,也不"因噎废食"。

(5) 农业合作

在该研究报告中,作者首先介绍了俄罗斯、中亚国家(哈萨克斯坦、乌兹别克斯坦、吉尔吉斯斯坦、塔吉克斯坦)的农业概况,以及新近的发展态势与问题。然后分析中国与之在农业领域内的合作关系、案例,以及问题和前景。

农业涉及领域广,对国家建设与发展具有较大影响。因此,各国都非常注意保护和发展本国的农业。农产品国际贸易比起其他的贸易更容易引起纠纷。如果中国能够成为俄罗斯及中亚农产品的主要出口市场,一方面,可以在一定程度上减轻中国本国种植粮食、棉花的土地和水资源压力;另一方面,对于提高中亚农村贫困地区的生活水平和就业,都可能会产生积极的影响。

### 3. 成果影响

本书是上海市高校智库年度研究报告成果之一,聚焦中国周边国家的移民问题、能源问题、国家关系以及与中国的经济交往等议题,各作者借助详实的各国历史档案,进行了扎实细致的研究,对新时期中国发展所面临的国际格局形式变化以及相应的对策,提出了专业的建议,对我国推进与周边国家的合作与发展具有重要的参考价值。

## （三）山东社会科学院：《从解决温饱到全面小康：中国共产党减贫实践的百年回溯》

党的二十大报告提出"落实新时代党的建设总要求，健全全面从严治党体系，全面推进党的自我净化、自我完善、自我革新、自我提高，使我们党坚守初心使命，始终成为中国特色社会主义事业的坚强领导核心。""要不断彰显中国特色社会主义制度优势，不断增强社会主义现代化建设的动力和活力，把我国制度优势更好转化为国家治理效能。"①响应党和国家的需求，为党的建设与国家治理提供高质量知识产品是相关智库的重大使命。

### 1. 成果背景

贫困问题在人类历史上长期存在，人类发展的过程也是与贫困不断斗争的过程。中国共产党作为中国工人阶级的先锋队及中国人民和中华民族的先锋队，带领全体人民摆脱贫困实现共同富裕，是我党始终不渝的奋斗目标。1921年以来，在实现中华民族伟大复兴与创造人民幸福生活的道路上，中国共产党以坚定的道路自信、理论自信、制度自信、文化自信在不断探索与创新中，带领全国人民砥砺前进。文章《从解决温饱到全面小康：中国共产党减贫实践的百年回溯》回顾了历经百年奋斗，在民族独立与人民解放的基础上，中国共产党如何带领全国人民实现了从解决温饱向全面小康的伟大跨越，以及举世瞩目的减贫成就与宝贵经验。成果作者为山东社会科学院党委副书记、院长袁红英。

### 2. 成果内容

首先，作者详细回顾了中国共产党自成立以来始终秉承"为中国人民谋幸福，为中华民族谋复兴"的初心与使命，在摆脱贫困的道路上根据不同历史阶段的时代背景与国情变化，制定的差异性的减贫重点与目标任务，即1921—1948年，民族独立与人

---

① 习近平.高举中国特色社会主义伟大旗帜 为全面建设社会主义现代化国家而团结奋斗：在中国共产党第二十次全国代表大会上的报告[J].求是，2022(21).

民解放阶段；1949—1977 年，国民经济恢复与社会主义改造阶段；1978—1993 年，改革开放与大规模扶贫开发阶段；1994—2000 年，八七扶贫攻坚与基本解决温饱阶段；2001—2011 年，巩固温饱与综合开发阶段；2012—2021 年，精准扶贫与全面小康阶段。

其次，作者论述了中国共产党百年减贫成就与世界贡献。作者认为，中国共产党的减贫成就主要有四点：一是贫困人口减少与贫困发生率下降，二是贫困地区农村收入稳定提高，三是贫困地区农村居民生活质量改善，四是贫困县全部脱贫摘帽。而中国减贫对世界的贡献主要体现在三个方面：一是推动全球贫困人口减少，二是提高全球人类福祉，三是为世界减贫贡献了宝贵经验。

再次，作者总结提炼了中国共产党百年减贫的五点主要经验。第一，实现国家主权自主与独立是摆脱贫困的根本前提；第二，坚持持续扶贫的执政理念是摆脱贫困的基础保障；第三，党和政府主导的政治与制度优势是摆脱贫困的关键支撑；第四，始终将人民利益放在首位是摆脱贫困的先决要素；第五，益贫式增长的经济发展是摆脱贫困的核心动力。

最后，在总结与展望部分，作者认为，回溯中国共产党减贫实践的百年历程，是一段从压迫走向独立，从封闭走向开放，从贫穷走向富强的历程。在中国共产党的领导下，我国创造了世界减贫史上的伟大奇迹。随着第一个百年奋斗目标的实现，2021 年我国开启了全面建设社会主义现代化国家的新征程，贫困治理方式开始由攻坚式、超常规举措转向长效式、常规式做法，贫困治理对象开始由聚焦农村贫困人口转向兼顾城乡低收入人口与欠发达地区，更加关注补齐城乡发展、区域发展、收入分配等方面不平衡不充分的短板。在中国共产党的带领下，全体中国人民正向着实现共同富裕的目标道路上稳步前进。

### 3. 成果影响

庆祝中国共产党成立 100 周年理论研讨会是中国共产党成立 100 周年庆祝活动的一项重要内容。本次理论研讨会由中央宣传部、中央组织部、中央党校（国家行政学院)、中央党史和文献研究院、教育部、中国社会科学院、中央军委政治工作部共同主办,于2021年7月1日至2日在北京召开。本文作者——山东社会科学院党委书记、院长袁红英研究员受邀参会,并作为代表参加在首都天安门广场举办的庆祝中国共产党成立100周年大会。2021年7月,本文入选"庆祝中国共产党成立100周年理论研讨会论文",中共中央宣传部办公厅特发证书。

## (四)中国人民大学国家发展与战略研究院:《国家智库报告·"一带一路"国别研究系列报告》丛书

共建"一带一路"是习近平主席提出的一项重大国际合作倡议,是习近平新时代中国特色社会主义思想的重要组成部分,是推动构建人类命运共同体的重要实践平台。党的二十大报告指出"共建'一带一路'成为深受欢迎的国际公共产品和国际合作平台",并提出了"推动共建'一带一路'高质量发展"的要求。① 近年来,相关智库围绕"一带一路"这一重要国际项目,积极建言献策,有着丰硕的成果产出。

### 1. 成果背景

《国家智库报告·"一带一路"国别研究报告》丛书为国家社会科学基金重大专项"一带一路沿线国家信息数据库"(项目号:17VDL001)的阶段性成果,被全国哲学社会科学办公室定位为专项的标志性成果。丛书内容涵盖"一带一路"绿色发展报告、投资友好指数、能源投资指数研究以及包括俄罗斯、印度、越南、格鲁吉亚、斯里兰卡在内的共建"一带一路"国家的区域国别研究等方面,通过定量与定性相结合的方法,全面深入分析共建"一带一路"的一系列重大现实问题,为国家有关部委、高校智库及科研院所提供决策参考。总主编为中国人民大学原副校长刘元春教授,执行主编为人大国发院一带一路中心主任许勤华教授,作者团队来自国家发展与战略研究院、国际关系学院、经济学院、财政金融学院等,2020年由中国社会科学出版社出版。

---

① 2023共建"一带一路":十年征程再出发[N].光明日报,2023-01-11(12)

## 2. 成果内容

(1) 能源资源投资

基于中国与共建"一带一路"相关国家之间能源资源禀赋的差异性,能源成为"一带一路"倡议实施的重中之重。通过合作投资既可加强"一带一路"相关国家的能源安全、减少地区能源贫困、改善地区人民生活质量,也可为中国与相关国家开展其他合作奠定坚实基础。

"一带一路"倡议提出以来,对相关国家投资的风险研究成为学术界关注的重点,相继出现了不同维度和不同视角的风险研究成果。然而,针对能源领域的投资,特别是从政治角度对风险进行定义和分析的研究尚未出现。因此,本报告在研究对象和分析视角风险方面具有较高的创新意义。本报告在充分参考迄今已有的具有权威意义的风险研究和分析方法的基础上,提出了"广义政治风险"的概念,针对共建"一带一路"相关国家的能源投资进行分析,创建"一带一路"能源资源投资政治风险指数,并根据指数计算结果对相关国家的安全状况作出评估。

(2) 投资友好指数

本报告提出了"投资友好性"概念,设计了一套指标体系对此加以度量并合成最终的投资友好指数,对各国投资友好性进行了量化测度,供中国共建"一带一路"相关各国投资者做参考。

本书首先基于生产函数设计了一套科学、动态可调整的指标体系,包括宏观环境、人力资源、基础设施、制度环境、金融服务、国际交往六个维度,说明各种定性、定量数据的标准化方法,然后介绍了专家打分法、层次分析法、主成分分析法、VAR 脉冲响应方法以及动态模型选择的时变向量自回归(TVP－FAVAR)模型法等确定权重的方法与步骤。随后以指标数据为基础,基于数据标准化与权重确定方法,计算了宏观环境友好指数、人力资源友好指数、基础设施友好指数、制度环境友好指数、金融服务友好指数、国际交往友好指数六大分指数的指数权业与分指数分,进而得到共建"一带一路"各国投资友好指数。指数计算与研究结果表明,对于发展中国家而言无论是区域内还是区域外,影响"一带一路"投资友好性的最重要的因素是基础设施、人力资源和制度环境,而发达国家则由于基础设施已相对成熟,影响其投资友好指数得分的,主要是人力资源、制度环境与金融环境。以上结果给中国对外直接投资提供了一个事前评估的优良视角与参考。

(3) 绿色发展

"一带一路"相关国家涉及广泛的新兴发展中国家和能源生产消费大国,部分地区环境与气候条件较为薄弱,传统粗放型经济增长模式为其生态环境带来压力,在国际社会致力于推动绿色低碳转型的背景下,各方具有实现经济与环境协调发展的强烈动力与愿望。因此,在"一带一路"建设中倡导绿色发展理念、围绕相关国家和地区的实际环境需求提供多样化的解决方案,既能够增进相关国家和地区人民福祉、为具体合作落实提供便利,也能促进"一带一路"与全球气候治理等可持续发展议程相协调,使其成为全球治理的重要组成部分。

本报告利用横跨国际关系、公共管理、能源治理环境与气候变化经济学的多学科优势,基于现有的联合国、世界银行、国际能源署等权威机构的统计数据,首创了包含20个核心指标的用于综合评估"一带一路"国家绿色发展水平的指标体系。基于指标体系的科学赋权,该小组计算出综合性的"一带一路"绿色发展指数(GDI),定量衡量"一带一路"国家绿色资产存量、绿色技术创新与绿色发展结果三个维度的发展水平,归纳国家间主要的差距及原因,分析、识别在绿色"一带一路"建设发挥关键作用的技术与措施,通过对相关国家绿色发展情况的梳理比较,把握中国在该进程中的定位,从而为"一带一路"国家作推进绿色发展指明方向。

作者通过分析研究得出了以下五项结论:第一,"一带一路"国家绿色发展整体水平有明显提升,但与经合组织国家相比仍然有明显差距。第二,"一带一路"国家的绿色发展水平与经合组织国家相比,差异性更大,分化明显。第三,"一带一路"绿色发展指数由自然资产、绿色技术与发展成果三个维度的分指数构成,三个分指数中,"一带一路"国家与经合组织国家在绿色技术分指数平均得分上的差距最大,但"一带一路"国家的绿色发展指数分值提升也主要来自绿色技术分指数的增长。第四,绿色发展指数与人均 GDP 有较强的相关性,二者之间呈现近似倒"U"形曲线关系。第五,基于绿色发展指数的评估,中国在 2006—2015 年这 10 年在绿色发展领域取得了积极进展,经评估成为同期指数分值增长最快的国家之一。

### 3. 成果影响

第一,自出版以来,该套丛书的国内外影响力不断扩展。一方面,丛书得到了中共中央宣传部、全国哲学社会科学工作办公室、外交部、中共中央对外联络部、国家发展和改革委员会、商务部、生态环境部等国家部委的关注,多家媒体持续关注此书。另一方面,丛书被多国驻华使馆、"一带一路"相关国家的政府部门及高校智库关注并热议,有的国别分册成为驻华使馆的外事礼物。该丛书现已成为中国社会科学出版社关于"一带一路"研究领域重要的精品系列图书之一。

第二,人大国发院在此研究基础上产出"一带一路"领域的更多延伸成果,包括深度国别报告智库丛书 20 余本,指数建型和综合数据库 6 个,若干国别数据库,对"一带一路绿色发展"的理论概念新界定,并共建了中泰、中埃两个一带一路合作研究中心和中美(哥伦比亚大学)、中澳(澳大利亚国立大学)、中乌(乌兹别克斯坦兀鲁伯国立大学)三个种子基金合作团队。2017 年中国人民大学以"一带一路绿色发展"为主题召开论坛,开办至今百度搜索量上亿、谷歌 5000 多万、收看量几千万,倡议并成功启动了世界大学智库联盟,人大国发院承担起该创新联盟的秘书处论坛;还受邀加入中联部"一带一路"智库合作联盟,成为理事单位成员之一;加入《人民日报》"一带一路"新闻联盟和新华社"一带一路"智库合作委员会,在政策解读、调查研究、讲好中国故事、推进"一带一路"建设等方面开展了富有成效的工作。

### (五)河南国际数字贸易研究院:《中国跨境电商发展报告(2022)——以制度型开放打通跨境电商发展堵点》

党的二十大报告提出"要坚持以推动高质量发展为主题,把实施扩大内需战略同深化供给侧结构性改革有机结合起来,增强国内大循环内生动力和可靠性,提升国际循环质量和水平,加快建设现代化经济体系,着力提高全要素生产率,着力提升产业链供应链韧性和安全水平,着力推进城乡融合和区域协调发展,推动经济实现质的有效提升和量的合理增长。"①相关智库在产业与金融等领域深入研究,为产业发展和金融体系改革贡献高质量研究成果。

## 1. 成果背景

在"双循环"新发展格局下,我国提出"主动对标高标准国际经贸规则,推动制度型开放,以高水平开放促进深层次改革、推动高质量发展"。因此,《中国跨境电商发展报告(2022)——以制度型开放打通跨境电商发展堵点》,全面总结2021年我国跨境电商发展的主要特点和取得成效,深入分析2022年我国跨境电商的发展趋势,并就新发展格局下跨境电商如何通过制度型开放实现高质量发展提出对策建议,以期构建以跨境电商为代表的新型数字贸易政策制度和标准规则体系,助力我国经济的高质量发展和高水平开放。全书深度融入了2021年中央经济工作会议、《"十四五"商务发展规划》、《"十四五"电子商务发展规划》、《"十四五"对外贸易高质量发展规划》的新思想、新提法、新要求,以期为新形势下稳定跨境电商产业链供应链、提升跨境电商制度型开放水平提供理论参考和智力支持。全书共42万字,共包括主报告、专题篇、案例篇、探索篇、附录五部分,既有对我国跨境电商发展情况和未来发展趋势的宏观分析,也有对天津、南京、宁波等综试区创新改革成果和典型经验做法的微观聚焦,具有研究视野全面研究问题前沿、编写团队权威的特点。成果作者为张大卫、苗晋琦、喻新安、薛培军、王小艳、王岳丹,2022年由社会科学文献出版社出版。

## 2. 成果内容

全书由总报告、专题篇、案例篇、探索篇、附录组成。总报告在深入分析2021年我国跨境电商发展环境和存在问题的同时,站在全球视角总结下一阶段跨境电商的

---

① 习近平.高举中国特色社会主义伟大旗帜 为全面建设社会主义现代化国家而团结奋斗:在中国共产党第二十次全国代表大会上的报告[J].求是,2022(21).

发展趋势,并阐述了跨境电商在构建"双循环"新发展格局、打造安全自主可控产业链供应链体系中面临的重大发展机遇以及肩负的重要历史责任。专题篇从国家供应链体系、数字服务税、跨境数据流动、数字贸易国际规则、数字平台治理等方面,探讨如何通过跨境电商制度设计全面提升数字贸易的全球竞争力和规则制定能力。案例篇聚焦天津、南京、威海、泉州、南阳跨境电商综试区,以及许昌假发产业带、宁波慈溪家电产业带、常熟服装产业带,通过具有创新性、示范性的跨境电商综试区和跨境电商产业带,归纳和提炼它们的创新改革成果和典型经验做法,以期为全国其他跨境电商综试区建设和产业带转型升级提供参考借鉴。探索篇立足跨境电商行业理论研究和实践探索的前沿问题,从大变局时代的跨境电商物流、后疫情时代跨境电商发展模式、区块链与跨境支付、跨境电商供应链本地化等方面,深入探究跨境电商发展过程中的重点、难点、热点问题,并提出跨境电商可持续健康发展的思路和相应举措。附录部分是2021年跨境电商行业大事记和全国跨境电商综试区重点政策和重大活动汇总,希望能为跨境电商行业相关管理部门和从业者提供基础资料。

2021年跨境电商行业遭遇一轮突变式周期,内外部环境变化也使我国跨境电商发展呈现新特点。跨境电商市场规模不断扩大,2021年跨境电商进出口额达到1.98万亿元,同比增长15%,充分发挥了疫情冲击下稳外贸的重要作用。跨境电商出海渠道日益多元,社交电商新玩法不断涌现,短视频、直播快速兴起,独立站异军突起,跨境电商去中心化多平台布局成为发展潮流。同时,跨境物流供应链体系更趋完善,2021年我国海外仓数量超过2 000个。更重要的是,我国物流市场的"国家队"——中国物流集团有限公司正式成立,这是我国以综合物流为主业的新央企,将打破中国跨境电商产业对国际物流巨头的依赖。此外,跨境电商进一步与医药服务、农产品、文化旅游等领域融合发展,河南省获批首个国家级跨境电商零售进口药品试点,"跨境电商+"新业态持续涌现。

在百年变局和世纪疫情背景下,世界经济形势和市场环境风云突变,全球产业链、价值链、供应链、服务链加速重构,以跨境电商为代表的新业态新模式迅速崛起,已经成为国际贸易的主要趋势和全球经济复苏的重要引擎。但在疫情常态化的2021年,全球经济的复苏在人类抗疫和病毒变异的较量中艰难前行。疫情的反复造成全球供应链拥堵,并对全球经济造成威胁。但正所谓"不破不立",跨境电商行业的加速洗牌,推动了跨境电商合规经营、稳健增长时代的到来,坚持走长期主义的"品牌出海"之路成为行业共识。面对新的发展形势,跨境电商竞争已经从前端的流量竞争转移到后端的供应链较量,无论是从国家供应链安全角度还是企业长远健康发展角度看,建立快速响应需求的柔性供应链将成为企业应对未来风险和构筑核心竞争力的重要力量。

### 3. 成果影响

该成果首先是我国跨境电商领域的第一本蓝皮书,得到了商务部、海关总署等国家部委的高度评价,成为跨境电商研究领域的知名图书品牌。其次,该成果是全球跨境电商大会的重要成果。全球跨境电商大会是商务部和河南省倾力打造的国际性跨境电商交流平台,本系列作为河南省跨境电商领域的重要研究成果,每年在全球跨境电商大会的高峰会上向全球发布。此外,该成果是广受媒体关注的权威报告,得到社会和媒体的广泛关注,《人民日报》、新华社、商务部新闻的权威媒体报道纷纷援引本书的数据和观点。图书发布新闻得到人民网、光明网、中国新闻网、《河南日报》、河南电视台、《郑州日报》、郑州电视台、大河网、顶端新闻、腾讯网、搜狐网、凤凰网、网易等50余家媒体宣传报道,累计阅读量超百万人次。

### (六)中国法治现代化研究院:《法治现代化蓝皮书·中国法治社会发展报告(2021)》

党的二十大报告提出:"要坚持走中国特色社会主义法治道路,建设中国特色社会主义法治体系、建设社会主义法治国家,围绕保障和促进社会公平正义,坚持依法治国、依法执政、依法行政共同推进,坚持法治国家、法治政府、法治社会一体建设,全面推进科学立法、严格执法、公正司法、全民守法,全面推进国家各方面工作法治化。"①法治社会建设是当前重大的时代命题,也是法律与司法政策领域智库的研究重点。

## 1. 成果背景

近代以来,伴随着民族国家的建构过程,国家现代化与法治化成为国家和社会生活变革与发展的主旋律。然而,这一进程在不同的国家往往具有不同的历史特点,形成各具特质的法治发展及其现代化道路。中国法治现代化是在中国的具体国情条件下所展开的法治变革过程,体现了独特的内在逻辑。在当代中国,中国共产党人以高度的历史主动性深刻认识法治这个治国理政最大最重要的规矩在国家现代化进程中的重要作用,坚定不移地厉行法治,深入推进广泛而深刻的社会与法治变革进程,中国的法治现代化显示出旺盛的活力与强大的生命力,充分表达了法治现代化的中国经验。

《法治现代化蓝皮书·中国法制社会发展报告(2021)》是由江苏省首批新型高端智库中国法治现代化研究院组织编撰专注于新时代中国法治现代化领域重要问题的连续性的年度研究报告,旨在坚持以习近平法治思想为指导,面向新时代全面推进依法治国、加快建设法治中国的伟大实践,紧扣"建设中国特色社会主义法治体系、建设社会主义法治国家"的全面依法治国总目标,重点围绕探讨法治中国发展战略,全面贯彻实施宪法,推进科学民主立法、加强法治政府建设,深化司法体制改革,加快法治社会建设,推动区域法治发展,加强法治工作队伍建设、中国法治国情调研等领域,推出中国法治现代化领域年度专题研究报告与法治智库产品,突出理论思考,突出问题导向,突出实证分析,突出咨政建言,努力在新时代中国法治现代化理论建设、战略研究、社会引领、政策建言等方面取得新的成果以助力新时代的中国法治现代化事业。本成果由总报告、地方报告、研究报告、调研报告和年度事件报告五个板块组成。

---

① 习近平.高举中国特色社会主义伟大旗帜 为全面建设社会主义现代化国家而团结奋斗:在中国共产党第二十次全国代表大会上的报告[J].求是,2022(21).

公丕祥为报告主编,李力、庞正为副主编,2022年由社会科学文献出版社出版。

2. 成果概述

2021年度中国法治社会发展报告由总报告、地方报告、研究报告、调研报告和年度事件报告五个板块组成。总报告着重围绕法治宣传教育、公共法律服务、社会领域立法、社会规范建设、社会基层治理和矛盾纠纷化解等六个方面总结回顾2020年我国法治社会建设总体面貌,指出各地在法治社会建设中仍然存在的困难和问题,针对《法治社会建设实施纲要(2020—2025)年》,厘清政策脉络、发布意义和基本内容,尝试就"十四五"期间法治社会建设的发展趋势作出预判和展望。

地方报告是总报告的细化,是在空间意义上的分报告,是法治社会建设在特定空间范围内的具体呈现。"地方"是法治社会建设的主要场域,也是法治社会建设相对于法治国家、法治政府建设的特殊性所在。本卷地方报告以安徽省为专门对象,从法治宣传教育、公共法律服务、矛盾纠纷化解和社会基层治理等四个方面细致地展示了法治社会建设在特定地方层面的整体样貌。

研究报告以法治社会建设的特定问题为板块,突出实践领域的问题意识和问题导向。本卷研究报告选取了"网格化社会治理""法治社会建设指标体系""新乡贤与新时代乡村治理"三个主题,采用实证考察与理论评析相结合的研究方法,专门展示和讨论了网格化治理、评估指标体系运行和共建共治共享的乡村治理模式等问题,为新时代法治社会建设探寻有效实践路径。

调研报告以实证研究为基本范式,运用观摩、访谈、问卷、数据统计等具体方法,致力于呈现城乡基层法治社会建设和社会治理创新的基本面貌优势特色、工作亮点、条件限制、存在问题和完善方案。本卷调研报告选取"江苏宿迁城市社区"作为城市基层治理样本,选取"豫南传统村社共同体治理"作为乡村治理样本,尝试针对法治社会发展中的地方实践和具体问题,在深入扎实的调查研究基础上,努力提出前瞻性、有分量、可操作的咨询建议。

年度事件报告是中国法治现代化蓝皮书的特色板块,用以专门筛选并发布"中国法治社会发展年度十大事件"。主编单位中国法治现代化研究院已连续多年开展"年度十大法治事件"评选发布活动,获得了广泛影响和良好声誉,入选了CTTI十大创新案例。法治社会发展年度事件报告,是在前述评选活动基础上专门就法治社会议题进行的具体化拓展,旨在集中呈现法治社会发展过程中的影响力事件,其中既包括政策出台和制度创新,也包括焦点事件和典型案例。

### 3. 成果影响

自2018年起,研究院开启了"中国法治现代化蓝皮书"的编撰和发布工作,于2019年8月出版了《法制现代化蓝皮书中国法治现代化报告(2019)》,自2020年开始,中国法治现代化研究院决定将年度报告内容聚焦于法治社会领域,以"法治社会发展报告"为专题开展蓝皮书建设工作,分年度持续展示我国法治社会发展的历史性场景,为法治社会建设事业咨政建言。在社会科学文献出版社"皮书系列"中,《法治现代化蓝皮书·中国法治社会发展报告》是我国唯一以法治社会建设为专门选题的法治类蓝皮书,2021年卷出版后获得了较高的社会反响,社会需求量较大,为此社科文献出版社在第一次印刷后又加印了2 000册。

### (七)中南财经政法大学收入分配与现代财政学科创新引智基地:《中国战胜农村贫困的百年实践探索与理论创新》

党的二十大报告指出"我们坚持精准扶贫、尽锐出战,打赢了人类历史上规模最大的脱贫攻坚战,全国八百三十二个贫困县全部摘帽,近一亿农村贫困人口实现脱贫,九百六十多万贫困人口实现易地搬迁,历史性地解决了绝对贫困问题,为全球减贫事业作出了重大贡献。"[1]相关智库围绕脱贫攻坚这一历史命题进行了大量深入的研究。

### 1. 成果背景

理解中国战胜农村贫困的百年实践,需立足中国农村发展的历史脉络:读懂中国

---

[1] 习近平.高举中国特色社会主义伟大旗帜 为全面建设社会主义现代化国家而团结奋斗:在中国共产党第二十次全国代表大会上的报告[J].求是,2022(21).

特色减贫思想,需紧扣中国减贫的价值理念,把握中国减贫实践的历史逻辑、制度逻辑、理论逻辑和实践逻辑。中国消除农村贫困主要经历了5个阶段,即初心与使命驱动下的革命式减贫阶段、制度保障下的救济式扶贫阶段、深化农村改革下的开发式扶贫、市场化导向下的培育内生动力减贫阶段以及习近平新时代精准扶贫阶段。各历史阶段的减贫战略,在思想与理论上是一脉相承的,也是减贫理论与实践探索的融合、发展与创新。特别是党的十八大以来,形成了习近平新时代精准扶贫思想,既是历任中国共产党领导人减贫思想的继承与发展,也是在农村减贫实践探索中的重大创新,且与经济社会发展和国家重大战略需求相适应。中国消除绝对贫困、实现全面小康很大程度上依赖农村深化改革和经济发展中的带动力量,但更重要的是探索出了融合"理论、理念、制度和机制"为一体的综合性减贫体系,即创新发展了中国特色反贫困理论,始终践行"以人民为中心"的理念指引,充分发挥了社会主义制度的政治优势,构建了"政府、市场和社会"多方联动的减贫机制,从而形成了值得国际社会尤其是发展中国家学习和借鉴的"中国智慧"。

中南财经政法大学收入分配与现代财政学科创新引智基地,是中南财经政法大学重要的学术研究高地和咨政决策智库。智库建设贯彻习近平新时代中国特色社会主义思想,宣传、执行党的路线、方针、政策和党中央决策部署,落实学校有关决议、决定以及工作部署等。近几年,为适应经济社会的快速变革、社会主要矛盾的变化以及外部环境的深刻调整,基地聚焦收入分配与现代财政学本土理论体系,并将研究视野拓宽至全球,思考中国如何适应、引领甚至重塑收入分配与全球财政规则等重大现实问题。中南财经政法大学校长、我国著名财政学家杨灿明教授担任研究院院长,张克中教授、孙群力教授任副院长,鲁元平教授任执行副院长。该成果作者为杨灿明教授,发表于《管理世界》2021年第11期。

## 2. 成果内容

首先,作者回顾了中国战胜农村贫困的百年历程与减贫事业取得的辉煌成就,将中国的战胜农村贫困历程分为了五个历史阶段:一是1921—1948年,初心与使命驱动下的革命式减贫阶段；二是1949—1978年，制度保障下的救济式扶贫阶段；三是1979—2000年，深化农村改革下的开发式扶贫阶段；四是2001—2011年，市场化导向下培育内生动力减贫阶段；五是2012—2020年，习近平新时代精准扶贫阶段。

其次，作者对马克思主义反贫困理论以及中国特色减贫理论的形成、发展和创新分别进行了论述。中国共产党领导人民战胜贫困的百年探索，经历了从实践到经验总结，从感性认识升华到理性认识的过程。中国特色反贫困理论实现了对马克思主义贫困思想的坚持、继承和发展，赋予了马克思主义促进人的全面发展思想从形成、发展到创新的科学内涵。要读懂中国的减贫奇迹，必然要了解中国战胜农村贫困的真实原因，解读中国特色反贫困理论的思想渊源。

再次，作者阐释了我国"四位一体"的综合性减贫体系，即创新发展了中国特色反贫困理论；始终践行了"以人民为中心"的发展理念；充分发挥了社会主义制度的政治优势；构建了"政府、市场与社会"多方联动的减贫机制。中国的反贫困工作经历了长期曲折的过程，不同时期的减贫目标、扶贫模式和扶贫重点存在差异。中国减贫实践的阶段划分与减贫思想的发展进程是基本对应的，不同的减贫探索阶段，因中国社会经济发展环境、改革进程、主要特征和贫困状况的不同，减贫思想与战略导向也随之调整。事实上，中国战胜农村贫困在各个发展阶段不仅与当时的经济条件有关，在理论基础与减贫理念上也是相互补充的，是减贫实践探索与减贫理论创新的统一，是将马克思主义反贫困理论中国化的原创性成果。

最后，作者指出：中国曾是世界上贫困人口最多的国家，中国百年减贫实践创造了人类历史上第一次消除绝对贫困的伟大创举，这注定会载入人类发展的史册。"脱贫不是终点，人们对美好生活的向往永不停歇"，消除贫困和追求更加美好的生活，是中国特色社会主义的本质要求。消除了现有标准下的绝对贫困，并不意味着中国已完全实现了共同富裕，也并不意味着中国消灭了所有贫困问题。消除绝对贫困后，中国的贫困问题发生了根本性转变，从解决农村贫困人口的温饱、巩固温饱、全面小康，向同时着力缓解城市与农村居民福利贫困、相对贫困等贫困治理方向转变。在迈向

"第二个百年奋斗目标"的进程中,低收入人口因要素禀赋差异导致相对收入或多维福利差距将会成为反贫困工作的重点,此时的扶贫工作将从减少绝对贫困转向治理相对贫困或改善多维福利的全新阶段。

### 3. 成果影响

该成果为管理学权威期刊《管理世界》2021年第11期封面文章,庆祝建党100周年系列文章之一。作者在文章最后提炼了五点要素:第一,消除绝对贫困的"四位一体"综合性减贫理论体系仍适合于相对贫困治理,相对贫困治理需更加注重"政府、市场和社会"的多方联动发展,激发低收入人口谋求发展的内生动力,并且进一步完善低收入人口在教育、健康和社会保障方面的发展机制。第二,在新发展格局下,党和政府在开展相对贫困治理的同时,还需注重低收入人口的多维福利和消费问题。多维福利贫困的治理是一个长期的动态过程,这不仅需要强调治理成效,还需统筹考虑治理成本和低收入家庭生活状况,注重脱贫质量的可持续性,实现贫困治理常态化发展。第三,结合新时代新发展格局,需进一步优化政府、市场和社会协同治理贫困的模式,加大对低收入人口"志智双扶"的力度,提升低收入人口在减贫过程中的主观能动性,激发低收入群体参与经济发展的积极性,为此政府可以出台有利于激励低收入群体自力更生能力培育的辅助性政策。第四,在消除绝对贫困过程中,社会组织扶贫发挥了不可替代的作用。依靠政府和市场力量不能完全解决的问题,今后还需要充分发挥社会组织扶贫的优势。第五,精准扶贫高效的行政动员能力和"以人民为中心"的发展理念,不仅只运用于农村的减贫工作中,而且将其纳入了现代化国家治理体系和治理能力的战略构想中,广泛运用于国家治理的各个方面。这意味着,精准扶贫思想不仅可以运用于农村的减贫实践,而且可以用于国家所面对的各项紧急事件的治理中。此外,中国的减贫成就,加速了全球减贫的进程,创造了丰富的减贫经验,形成了中国走向现代化强国的道路自信、理论自信、制度自信、文化自信的有机统一体,为全球减贫理论贡献了原创性的中国智慧,用事实证明了社会主义制度能够消除绝对贫困的制度优势。

## （八）江西师范大学管理决策评价研究中心："2022年中国公共安全服务'百优市'研究报告"

党的二十大报告提出"国家安全是民族复兴的根基，必须坚定不移贯彻总体国家安全观，推进国家安全体系与能力现代化，坚决维护国家安全与社会稳定。""坚持安全第一、预防为主，建立大安全大应急框架，完善公共安全体系，推动公共安全治理模式向事前预防转型。"[1]相关智库积极发挥特长优势，系统深入研究公共安全风险生成与发展规律，为公共安全政策和制度的制定完善服务。

### 1. 成果背景

一方面，高质量的公共安全服务，是国家安全的主要内容及基本保障，是增进人民民生福祉的重要依托，是切实增强居民获得感、幸福感和安全感的直接表征；另一方面，公共安全服务是我国地级市政府效率的重要方面，是加快地级市政府职能转变的重要前提。因此，考察、评价中国333个地级市政府公共安全服务，有助于进一步优化我国公共安全服务、提高政府治理效率、推进国家安全能力现代化，具有极高的现实意义及学术价值。"2022年中国公共安全服务'百优市'研究报告"为江西师范大学管理决策评价研究中心主编的《中国地方政府效率研究报告（2022）》的核心内容，反映了地方政府执行力与公共安全服务水平，是高校智库诠释党的二十大报告推进国家安全现代化战略的代表性成果。本成果根据公共安全服务研究文献、结合我国公共安全服务实际，建立相关指标体系，运用《中国统计年鉴（2021）》等国内出版的有关统计数据及地级市政府网站公开的公共安全服务信息，测度我国333个地级市政府公共安全服务水平，并以此确定2022年公共安全服务测度结果排在全国前100名的地级市政府名单，即"2022年中国政府公共安全服务'百优市'榜单"，分析政府公共安全服务"百优市"的特征，面临的问题及治理的对策。成果作者为唐天伟、江丽姗、孙姗。

---

[1] 习近平.高举中国特色社会主义伟大旗帜　为全面建设社会主义现代化国家而团结奋斗：在中国共产党第二十次全国代表大会上的报告[J].求是，2022(21).

## 2. 成果内容

(1) 公共安全服务测度指标体系

公共安全服务是地级市政府履行的公共安全职能,是地级市政府为辖区居民提供的公共安全方面的服务,是政府效率的重要内容,能够进行量化分析。因此,本案例借鉴政府效率及公共安全服务测度理论、方法,建立反映公共安全服务内容的测度指标体系,定量分析公共安全服务。

本成果所设计的地级市政府公共安全服务测度指标体现中国式现代化背景下国家安全现状及内容,由生产安全事故死亡人数占年末常住人口的比例、全年空气质量优良率等指标组成。根据2022年国内出版的相关统计年鉴数据及地级市政府网站公开的有关公共安全服务信息作为测度指标原始数据,然后,运用标准离差法将这些测度指标原始数据进行标准化处理,计算、比较测度指标的标准化值,评价、分析我国地级市政府公共安全服务及其相应的测度指标水平,公布"2022年中国地级市政府公共安全服务'百优市'榜单"。之后,比较分析2022年地级市政府公共安全服务特征及面临问题,提出进一步完善我国地级市政府公共安全服务质量及成效的对策及建议。

(2) 公共安全服务"百优市"测度标准化值排名分析

在对2022年中国地级市政府公共安全服务"百优市"的测度标准化值及排名进行分析后,作者认为2022年中国地级市政府公共安全服务"百优市"的区域分布呈现两个特征:第一,地级市政府公共安全服务的区域差异较大。其中华北、东北、华东、西北等地区地级市政府公共安全服务较好,但是西南、中南地区地级市政府公共安全服务表现一般。比如,公共安全服务排在全国前100位的地级市政府中,华北地区有17个地级市,占该地区34个地级市样本的50%;东北地区有15个地级市,占该地区36个地级市样本的42%;华东地区有25个地级市,占该地区76个地级市样本的33%;西北地区有16个地级市,占该地区51个地级市样本的31%;西南地区有11个地级市,占该地区53个地级市样本的21%;中南地区有16个地级市,占该地区83

个地级市样本的19%。第二,公共安全服务特别优秀、排在全国前10名的地级市政府分别是:华北地区的大同市(第1名)、承德市(第3名)、呼和浩特市(第5名);东北地区的佳木斯市(第2名)、吉林市(第6名)、四平市(第9名)、伊春市(第10名);华东地区的芜湖市(第4名)、吉安市(第8名),西南地区的成都市(第7名),而中南、西北地区无一地级市政府入选全国前10名。可见,公共安全服务特别优异的地级市政府多数来自经济欠发达、工商业产值较低和人口比较稀少的地区,尤其是华北地区和东北地区;而经济较发达、工商业产值较高和人口密度较大的地区,如中南地区,其公共安全服务的潜在风险较大。因此,经济比较发达、人口比较稠密的地区需要高度重视预防公共安全服务存在的风险,重视提升公共安全服务质量与效率,才能统筹区域经济社会发展与公共安全服务,实现地方政府效率提升与社会稳定双重目标。

(3)优化地级市政府公共安全服务面临的问题

有关地级市政府公共安全服务测度及分析揭示了进一步优化我国地级市政府公共安全服务面临以下三方面问题:

第一,公共安全服务发展不平衡。不同地级市之间、城乡间的公共安全服务资源配置不够平衡,制约相关地区及群众公平享有公共安全服务权益。一方面,经济比较发达、人口规模越大的地区,维护当地治安稳定的难度就越大,公共安全服务有待提升。与中部地区相比,东部地区受外来人口和资本流入的冲击,以及复杂的经济社会治理问题的影响,公共安全服务难度更大;而我国西部地区受边境、宗教和民族等问题的影响,其公共安全服务也有待改善。另一方面,我国人均GDP或收入水平高的富裕地区,由于居民对公共安全服务期待较高,也存在区域内部的公共安全服务供给与需求匹配不佳。此外,尽管我国城乡收入差距呈现缩小趋势,但城乡间公共安全服务差距却依然较大,表现在:优质公共安全服务资源主要集中在城镇,而农村居民享有的公共安全服务资源短缺,比如,我国城镇建立了覆盖职工的工伤保险和职工医保制度,但农村居民难以享有职业伤害保障和医疗保障等项目。

第二,地级市政府公共安全服务治理水平和能力有待提升。首先,有的地级市政府公共安全服务的主体意识淡漠,公共安全文化发展不足,这与推进国家安全现代化战略所强调的"重视人的因素和文化的因素"不相符合。不同地级市政府的公共安全服务意识参差不齐,有的地级市政府缺乏防患于未然的风险意识,有关灾害和风险预警机制运行不佳。同时,普通市民的公共安全服务意识也比较匮乏。公众对公共安全服务的强烈需求与对公共安全服务风险认识不足等问题同时存在,普遍缺乏公共安全服务知识和基本的危机应对能力。其次,地级市政府公共安全服务主体相对单一,社会力量参与公共安全服务缺位,缺乏有效的社会动员机制,没有形成多元主体良性互动的公共安全服务框架。

第三,公共安全服务供给的单一性与需求的多样性之间存在矛盾。向社会提供公共安全服务产品是地级市政府的责任,长期以来我国实行以政府为主体的单一中心的公共安全服务供给体制。随着市场经济主体活动的日益活跃,公众对公共安全服务数量和质量的要求日益提高,但目前地级市政府部门财政压力增加,公共安全服务有效供给和多元需求的矛盾更加凸显。因为人们在满足经济生活领域需求多样化的同时,对公共安全服务的需求也日益多样化、高质量。因此,公共安全服务供给的单一性与公共安全服务需求的多样性存在矛盾。

(4)进一步优化我国地级市政府公共安全服务的对策

第一,推动公共安全服务区域间共建共享,实现公共安全服务均等化。一方面,加强公共安全服务跨区域统筹协调,鼓励相邻地区打破行政区划限制,推进公共安全服务标准协同、信息互联互通、设施共建共享。鼓励部分地级市率先实现基本公共安全服务均等化,探索基本公共安全服务资源共享机制,扩大优质公共安全服务资源辐射及覆盖范围。完善公共安全服务区域合作机制,支持不同区域公共安全服务协同发展,鼓励具备条件的地级市与周边地区加强公共安全服务标准统筹,建立区域便利共享的公共安全服务制度体系。另一方面,加大对农村以及城郊公共安全服务力量投入,缩小城乡差距,增强农村警力,指导农村自治组织,提高公共安全服务水平。对标对表国家基本公共安全服务标准,积极采取针对性强、覆盖面广,作用更直接、效果更明显的举措,促进公共安全服务资源向基层延伸、向农村覆盖、向生活困难群众倾斜,加快补齐基本公共安全服务人才、设施、经费等软硬件短板弱项。

第二,构建韧性组织制度,推进公共安全治理现代化。首先,政府作为城市公共安全服务的关键主体,应在职责范围内担负起公共安全服务建设的领导者、组织者和协调者角色,积极构建更具韧性的公共安全服务治理制度体系。同时,地级市政府需要实现从"单兵作战"状态向"协同治理"转变,通过引入市场机制,充分调动私人部门、社会组织、公众和新闻媒体等内生力量在公共安全服务治理中的参与积极性。其次,通过公民教育和专业培训有效提升城市居民的公共安全服务风险意识和危机应对技能。再次,建立健全公共安全服务保险制度,充分发挥市场机制提升公共安全服务治理水平,推动商业保险进入风险管理领域是我国城市公共安全治理的战略选择。

第三,构建公共安全服务多元化供给格局。首先,坚持多元参与、共建共享。既强化政府在基本公共安全服务供给的兜底职责,支持社会力量参与公共安全服务供给,发挥各类企事业单位、协会、商会、公益团体等市场主体和社会组织的作用,充分调动群众自我管理、自我服务的积极性,广泛参与公共安全服务,形成政府、社会、个人协同发展,全民共建共享的公共安全服务多元供给格局。其次,积极鼓励事业单位、社会组织、国有企业等社会主体参与公共安全服务供给。深化国有事业单位改革,强化公益属性,提高治理效能,引导事业资源参与公共安全服务供给。鼓励社会力量通过公建民营、政府购买服务、政府和社会资本合作等方式参与公共安全服务供给。支持社会组织发展,大力培育面向社区居民提供各类公共安全服务的社区组织,支持社区社会组织承接社区公共安全服务,开展社区志愿服务,逐步扩大政府向社会组织购买服务的范围和规模。发挥国有经济作用,进一步明确国有经济参与公共安全服务的领域和条件,更好发挥国有资本在提供公共安全服务、应急能力建设和公益性服务等领域的作用。

### 3. 成果影响

本成果是江西师范大学管理决策评价研究中心 2022 年推出的最新研究成果,其前期相关研究已经引起积极广泛的社会影响,比如获得省级以上领导批示肯定5次;获得5项江西省社科基金及国家社科基金项目资助;构成《中国地方政府效率研究报告(2020)》《中国地方政府效率研究报告(2021)》(社会科学文献出版社出版)的重要内容;获得江西省社科优秀成果二等奖等。

## (九)华中师范大学国家教育治理研究院:《新时代教育治理与教育智库研究丛书》(10册)

党的十八大以来,党中央坚持把教育作为国之大计、党之大计,作出加快教育现代化、建设教育强国的重大决策,推动新时代教育事业取得历史性成就、发生格局性变化。习近平总书记指出,要完善教育对外开放战略策略,统筹做好"引进来"和"走出去"两篇大文章,有效利用世界一流教育资源和创新要素,使我国成为具有强大影响力的世界重要教育中心。[①] 建设教育强国是全党全社会的共同任务,新型教育智库理应承担起推进国家教育治理体系和治理能力现代化的重要使命,为国家意识形态教育贡献出谋划策。

### 1. 成果背景

华中师范大学国家教育治理研究院着眼于建设高质量教育体系、推进教育现代化、建设教育强国,结合国家教育改革发展中重大理论问题、政策问题、实践问题,积极对接国家重大战略需求、创新研究体制机制、凝练教育研究方向、开展跨学校、跨学科协同合作;聚焦教育治理理论创新,为国家教育战略决策、第三方评估贡献专业智慧并提供可行性方案;建设教育治理与智库研究数据库,提升研究保障能力。努力贡献既有战略性、全局性、前瞻性,又有针对性、可行性和可操作性的研究成果,致力于建成教育治理研究领域国内一流并具有国际影响的研究高地与高端智库,本成果是其研究成果的结晶。该成果2021年由湖北教育出版社出版,成果作者为周洪宇、申国昌、刘来兵、张炜和龚欣。

---

① 加快建设教育强国 为中华民族伟大复兴提供有力支撑[N].人民日报,2023-05-30(1).

## 2. 成果内容

《新时代教育治理与教育智库研究丛书》(10 册)专著,分别是《建设高质量教育体系:背景、理论、路径》《智库的力量》《智者的呼吁》《智库的成长》《智者的思想》《教育治理论》《教育智库论》《教育法治论》《教育改革论》《中国教育指数 2021》,简要内容如下:《建设高质量教育体系:背景、理论、路径》①是国内首部研究高质量教育体系的专著,对新时代高质量教育体系进行全面分析和政策解读,明确了体系建设的现实路径,对我国在"十四五"期间建设高质量教育体系,实现 2035 教育现代化具有重要参考价值。《智库的力量》②力求原汁原味地呈现研究院历年"教育政策建议书",旨在将为国家教育改革与发展建言献策的宝贵成果予以固化,见证和记录一个民间教育智库成长和贡献的足迹,并为我国教育改革与发展的脉络留下可供研究的历史资料。《智者的呼吁》③凝聚了十余年来研究院专家学者对教育改革发展创新教育治理与教育智库建设等问题的专业建言,反映了智库学者的教改呼声。《智库的成长》④全面回顾、总结了研究院 15 年成长、发展与探索的基本历程和宝贵经验,忠实记录了研究院历年咨政建言的成果和社会反响。《智库的力量》汇集了研究院历年提交全国人大和全国政协的教育政策建议书,其中多项建议最终促成有关政策和法律的出台,推动了教育治理现代化进程。《智者的思想》⑤汇聚了顾明远、朱永新等全国知名专家学者在系列论坛上发表的重要演讲,集中体现了研究院专家团队为提升我国教育治理水平和治理能力奉献的思想智慧。《教育治理论》⑥梳理了中国教育治理的历史及现状,论述了中国参与全球教育治理的途径,总结了国际组织和各国知名智库实施全球教育治理的机制和方法,为实现我国教育治理现代化提供宝贵借鉴。《教育智库

---

① 周洪宇,龚欣.建设高质量教育体系:背景、理论、路径[M].武汉:湖北教育出版社,2021:333.
② 周洪宇.智库的力量[M].武汉:湖北教育出版社,2021:344.
③ 周洪宇.智者的呼吁[M].武汉:湖北教育出版社,2021:306.
④ 周洪宇,中国昌.智库的成长[M].武汉:湖北教育出版社,2021:298.
⑤ 中国昌,刘来兵.智者的思想[M].武汉:湖北教育出版社,2021:244.
⑥ 周洪宇.教育治理论[M].武汉:湖北教育出版社,2021:366.

论》[1]在论述智库的作用与地位的基础上，总结了国内外教育智库在参与教育治理过程中取得的成就，探索了新时代中国教育智库发展的路径。《教育法治论》[2]直面我国教育治理中的难题、困境，解析了研究院教育立法议案，梳理相关立法进程，展现了研究院在教育法治建设现代化进程中发挥的重要作用。《教育改革论》[3]从宏观、中观、微观三个层面对中国教育改革进行专题探讨，大致勾勒出中国教育改革历程，展望了新时代教育改革的未来。而《中国教育指数2021》[4]通过指数化研究对31个省（区、市）教育综合指标进行全面、科学度量，配合国家最新战略，凸显了教育领域智库服务国家战略的智库精神。

### 3. 成果影响

《新时代教育治理与教育智库研究丛书》新书发布会一经召开，被中国社会科学网、中国新闻网等主流媒体报道。除此之外，针对丛书的系列书评文章也形成了一定的社会影响力，其中：《教育研究》书评栏目发表了《新时代教育智库与国家教育治理现代化——评〈教育智库与教育治理研究丛书〉》，书评指出，该丛书依照从宏观到微观、从总体到个案、从理论到实证、从转型到创新、从国外到国内、从历史到现实、从当下到未来的思路布局，打通历史、现实与未来，历史纵深感、现实参与感和未来预见感交相辉映。[5] 丛书通过系统研究，提出中国特色新型智库应秉持"全球视野、中国立场、专业能力、实践导向"的基本定位为我国教育智库及教育治理研究提供重要参考。

湖北省教育出版社发表书评《新时代教育治理与教育智库研究丛书：与时代同行为改革奉献》，指出本套丛书具有前沿性、权威性、专业性、实用性。前沿性体现在丛书站在中国教育治理和教育智库研究理论前沿，回应党和国家关于全面提高国家治

---

[1] 周洪宇.教育智库论[M].武汉：湖北教育出版社，2021：241.
[2] 周洪宇.教育法治论[M].武汉：湖北教育出版社，2021：327.
[3] 周洪宇.教育改革论[M].武汉：湖北教育出版社，2021：346.
[4] 张炜，周洪宇.中国教育指数2021[M].武汉：湖北教育出版社，2021：218.
[5] 付睿，周文鼎.新时代教育智库与国家教育治理现代化：评《教育智库与教育治理研究丛书》[J].教育研究，2017，38(11)：152，155.

理体系和治理能力现代化这一重大关切,深刻阐释了中国特色教育治理、新型教育智库建设的基本理论、路径和方法。权威性体现在丛书汇集国内著名教育研究机构以及华北、华东、中南、西北、西南、华南等联合智库中权威教育专家的思想智慧,体现了中国教育智库的一流水平。专业性体现在丛书集"政、产、学、研、用"多方研究视角为一体,是国家社科基金"十三五"规划教育学重大招标课题——"建设教育强国的国际经验与中国路径研究"的阶段性成果。实用性体现在丛书全面收录周洪宇教授团队历年提交给全国人大、全国政协和政府有关部门的教育政策建议书,其中多项建议最终促成有关政策和法律的出台,有力推动了中国教育治理现代化进程。

该套丛书总结了中国特色新型教育智库发展经验,探索教育治理体系与治理能力现代化之路,集中展现了国家教育治理研究院的顾问、专家在教育治理、教育智库、教育法治、教育改革等方面的研究成果,深入浅出地阐述了中国教育治理与教育智库的有关重要问题。对于深化教育改革、加快教育发展,建设中国特色新型教育智库,推进教育治理体系和治理能力现代化等具有重要作用。

## (十) 天津大学生物安全战略研究中心:《科学家生物安全行为准则天津指南》

习近平总书记强调,人类要破解共同发展难题,比以往任何时候都更需要国际合作和开放共享。要构筑国际基础研究合作平台,设立面向全球的科学研究基金,加大国家科技计划对外开放力度,围绕气候变化、能源安全、生物安全、外层空间利用等全球问题,拓展和深化中外联合科研。要前瞻谋划和深度参与全球科技治理,参加或发起设立国际科技组织,支持国内高校、科研院所、科技组织同国际对接。[1] 科技智库主要是在科技战略与规划、科技管理与政策、科技体制改革、科技统计信息、科技法律法规研究等方面大显身手。

---

[1] 切实加强基础研究 夯实科技自立自强根基[N].人民日报,2023-02-23(1).

## 1. 成果背景

为贯彻落实习近平总书记总体国家安全观的重大部署,应对生物武器、生物恐怖主义、大规模传染病相互交织的多样化挑战,天津大学生物安全战略研究中心在教育部、科技部和外交部的指导下正式成立,作为专业性国际智库,在生物技术发展、生物军控履约、国际法等多领域开展决策咨询。2021年1月,天津大学与美国约翰斯·霍普金斯健康安全中国际科学院组织(IAP)共同牵头,以天津大学生物安全战略研究中心专家团队主笔并由中国代表团提交至《禁止生物武器公约》第八次审议大会的工作文件"生物科学家行为准则"为基础,广泛征集来自全球20多个国家生物科学家的意见和建议,经过三十余次反复磋商与打磨,最终于2021年7月形成《科学家生物安全行准则天津指南》(简称《天津指南》)。成果作者为天津大学生物安全战略研究中心、美国约翰斯·霍普金斯健康安全研究中心和国际科学院组织。

## 2. 成果内容

生物科学领域的进步增进了人类福祉,但亦可能被滥用,特别是被用于发展和扩散生物武器。为弘扬负责任的文化,天津大学生物安全战略研究中心鼓励所有科学家、研究机构和政府部门将《科学家生物安全行为准则天津指南》的内容纳入其相关实践、章程和法规中。最终的目标是在不妨碍生物科研成果产出的同时防止滥用,这既与《禁止生物武器公约》一脉相承,也有利于促进联合国可持续发展目标。

《科学家生物安全行为准则天津指南》包含10项内容,从道德基准、法律规范、科研责任、研究对象、风险管理、教育培训、成果传播、公众参与、监管责任、国际交流多个环节倡议提高科研人员生物安全意识,是套旨在促进负责任科学和加强国家和机构层面生物安全治理的指导原则和行为标准。各项内容具体如下:道德基准方面,科学家应尊重人的生命和相关社会伦理,他们肩负着特殊的责任,要通过和平利用生物科学以造福人类,要弘扬负责任的生物科学文化,要防止滥用生物科学,包括避免生物科研破坏环境;法律规范方面,科学家应了解并遵守与生物研究相关的国内法律法规、国际法律文书及行为规范,包括禁止生物武器,鼓励科学家及专业机构为推动建立并完善相关立法作出贡献;科研责任方面,科学家应提倡科学诚信,努力防止不当行为,应认识到生物科学有多种潜在用途,包括可能被用于发展生物武器应采取措施,防止生物制品、数据、专业知识或设备被滥用并产生消极影响;研究对象方面,科学家有责任保障人类和非人类研究对象的权利,并在充分尊重研究对象的前提下,基于最高的伦理标准开展研究活动;风险管理方面,科学家在追求生物研究效益时,应识别并管控潜在风险,在科学研究的全过程当中,应考虑潜在生物安全关切,科学家及科研机构应建立预防、减缓和应对风险的监督机制和操作规程,并致力于构建生物安全文化;教育培训方面,科学家应与相关行业协会一道,努力维持业务精湛、训练有素的各层级科研人员队伍,研究人员应精通法律法规、国际义务和准则,相关教育和培训应由社会科学、人类科学等跨领域专家来实施,以便研究人员更深刻地理解生物研究的影响,科学家应定期接受科研伦理培训;成果传播方面,科学家应意识到,他们的研究如被滥用可能引发生物安全风险,为此,传播研究成果应平衡兼顾效益最大化和危害最小化,既要广泛宣传研究的益处,又要最大限度减少发布研究成果的潜在风险;公众参与方面,科学家和科学组织应发挥积极作用,促进公众对生物科技的理解和关心,包括了解生物科技的效益及风险,应向公众澄清事实、释疑解惑,以保持公信力,研究人员及研究机构应倡导基于和平性质及伦理规范开展生物科学应用,并共同努力防止滥用专业知识、工具和技术;监管责任方面,研究机构、出资机构及监管机构等应了解生物科研被滥用的风险,并确保在生物科研的各个阶段,专业知识、设备或设施不被用于非法、有害或恶意的目的,应建立适当的机制和程序,监测、评估并减缓研究活动及成果传播中潜在的薄弱环节和威胁;国际合作方面,鼓励科学家及研究机构开展国际合作,共同致力于生物科学的和平创新和应用,加强学习与交流,分享生物安全最佳实践,积极提供专业知识与协助,以应对生物安全威胁。

### 3. 成果影响

《科学家生物安全行为准则天津指南》遵循《禁止生物武器公约》,主要致力于防止生物科研被滥用和误用,通过采纳和实施《科学家生物安全行为准则天津指南》,所有科学家、科研机构及专业组织可提升其生物安全水平,将相关风险及危害降到最低。该成果被翻译成六国语言,一经公布得到国际科学院组织(IAP)正式核可并鼓励各成员单位实施,作为中国代表团工作文件提交至2021年《禁止生物武器公约》缔约国会议以及第76届联合国大会。2022年9月被世界卫生组织《负责任地使用生命科学的全球指导框架》收录为高级别原则。

多家主流新闻媒体都对《科学家生物安全行为准则天津指南》进行了报道。外交部评价"《天津指南》是第一个以中国地名命名、内容以中国倡议为主的生物安全国际倡议。""中国一贯倡导负责任的生物科研,早在2015年就提出制定科学家生物安全行为准则,受到国际社会积极评价。《天津指南》既源于中国倡议,又经过广泛讨论,体现了国际共识。"

### (十一)国网福建省电力有限公司经济技术研究院:福建省打造世界级海上风电产业的路径对策研究

2021年10月21日,习近平总书记在胜利油田看望慰问石油工人时指出"中国作为制造业大国,要发展实体经济,能源的饭碗必须端在自己手里。"[①]在中国逐步走向制造业强国的过程中,制造业乃至整个实体经济,对能源的需求巨大,而近年来,全球能源问题日益凸显,一方面,我国工业生产实现了超额恢复,大幅超越疫情前,导致能源需求上升;另一方面,受制于能源投资的周期性,加之疫情后需求复苏,新能源供给还不稳定。[②] 响应党和国家的需求,相关智库积极投身于确保我国能源供应安全的相关研究中。

### 1. 成果背景

国网福建省电力有限公司经济技术研究院是福建省电网发展建设的经济技术支

---

[①] 张晓松,朱基钗,杜尚泽.大河奔涌,奏响新时代澎湃乐章[N].人民日报,2021-10-24(1).DOI:10.28655/n.cnki.nrmrb.2021.011108.

[②] 丁怡婷,冉永平,陆娅楠,等.能源的饭碗必须端在自己手里[N].人民日报,2022-08-17(1).DOI:10.28655/n.cnki.nrmrb.2022.008869.

撑单位,承担省电网规划、设计、造价控制、设计评审、500千伏及以上电压等级工程建设项目管理及建设标准制定等工作。[①] 近年来,国网福建电力加快构建由国网福建电力办公室统筹管理、国网福建经研院牵头的"1+5"智库体系,组织开展重大课题研究,设立软科学成果奖,全力打造能源领域一流智库。国网福建电力智库围绕宏观经济、能源电力行业转型等关键问题,牵头承担11项省部级及以上重大决策咨询研究课题,围绕服务党委政府决策咨询呈报研究内参36篇,在服务福建省全方位推进高质量发展超越、服务福建电网高质量发展中持续贡献智库力量。[②] 成果作者为陈彬、蔡建煌、项康利、杜翼、陈晚晴、陈柯任、施鹏佳、李益楠、林昶咏、李源非、蔡期塬、郑楠、陈晗、陈思敏、陈津莼和林晓凡。

## 2. 成果内容

本成果聚焦福建省打造世界级海上风电产业的发展目标,对全球和我国海上风电发展情况进行分析,研究海上风电发展趋势,总结提出世界级海上风电产业应具备的特征,梳理福建省海上风电发展现状及发展潜力,研究兄弟省份推进海上风电产业高质量发展的典型做法,进而深入剖析福建省海上风电产业发展存在的问题,并提出加快我省打造世界级海上风电产业发展的对策建议。

福建省重大决策咨询研究课题"福建省打造世界级海上风电产业的路径对策研究"负责人指出,海上风电是优质的新能源资源,地处东南沿海的福建,海上风电理论蕴藏量超1.23亿千瓦,远高于光伏、核电等其他清洁能源装机规模,"风头"十足,但资源优势尚未转化为产业发展优势。本成果提出"以风电外送为定位、以装备制造为抓手、以技术研发为驱动、以服务保障为根本"的产业发展整体规划建议,为福建省打

---

① 国网福建省电力有限公司经济技术研究院简介[EB/OL].(2016-10-18)[2023-06-29]. https://ee.seu.edu.cn/2016/1018/c13606a172149/pagem.htm

② 入选中国智库索引 国网福建电力智库再创多项第一[EB/OL].(2022-12-21)[2023-06-29]. https://m.163.com/dy/article/HP3NRNIK05346936.html

造世界级海上风电产业提供精准助力。①

### 3. 成果影响

一是研究成果进内参,提供科学决策基础。课题形成"制约我省海上风电发展的因素及对策""关于用足用好核心优势做大做强我省海上风电产业的几点建议"等两份研究专报,均入选政府内参,获时任省委书记尹力、省长赵龙、副省长郭宁宁等省部级领导批示肯定;形成"海上风电发展存在的问题及建议"内参,上报国家电网公司。

二是研究成果进政策,优化产业发展布局。课题有关海上风电布局相关建议被纳入《福建省推进绿色经济发展行动计划(2022—2025)》等重大政策文件,为福建省海上风电发展布局指明方向,为外省深化海上风电建设提供经验借鉴。

三是研究成果进大会,助力重要部署落地。课题研究成果被纳入国网福建电力年中会等重大会议,国网福建电力作出"聚力建设东南能源大枢纽""支撑海上风电及核电大规模并网送出"等重要指示,助推海上风电发展,服务国家新能源体系构建。

四是研究成果重落地,精准破解技术难题。针对报告中提出的海上风电安全性等问题,配套储备海上风电相关科技项目2项,推动"软"实力与"硬"科技相结合,推动相关研究不断迭代更新,切实解决海上风电发展难题。"复杂海洋条件下海上风电规模化开发关键技术及应用"等前期研究成果获福建省科学技术进步奖三等奖。

## (十二)南通大学江苏长江经济带研究院:《推动长江经济带发展重大战略研究》

近年来,中国先后制定实施了一系列"区域重大战略",包括京津冀协同发展、长江经济带发展、粤港澳大湾区建设、长三角一体化发展、黄河流域生态保护和高质量发展、高标准高质量建设雄安新区等。党的十八大以来,各地区立足自身比较优势进行深入的实践探索,也取得明显的阶段性成效。只有推动区域协调发展战略、区域重

---

① 国网福建电力公司智库助推打造世界级海上风电产业[EB/OL]. (2022-09-22)[2023-06-29]. http://mm.chinapower.com.cn/dww/qygl/20220922/168207.html

大战略、主体功能区战略等深度融合,优化重大生产力布局,促进各类要素合理流动和高效集聚,才能畅通国内大循环。① 响应党和国家的需求,为区域协同实现更高层次发展提供高质量知识产品是相关智库的重大使命。

## 1. 成果背景

南通大学江苏长江经济带研究院自成立以来,以"对接国家战略,服务江苏发展"为宗旨,积极开展战略研究、政策建言、人才培养、舆论引导和公共外交。《推动长江经济带发展重大战略研究》深入落实习近平总书记关于推动长江经济带发展系列重要讲话精神,以中国式现代化的区域协调发展为主线,以长江经济带为典型区域,立足"破解问题、重在推动",分别从重大理论与实践、生态保护与修复、综合立体交通体系建设、世界级产业集群发展、城市群协调性均衡发展、区域体制机制创新的研究视域及最新研究成果,生动诠释了生态文明思想、经济思想在区域协调发展中的理论创新和实践探索,坚持以"创新、协调、绿色、开放、共享的新发展理念"和"生态优先、绿色发展"的方针统领和贯穿全书始终,系统阐述了区域综合交通、产业群落、城市群落建设对于构筑以国内大循环为主体、国内国际双循环相互促进的新发展格局中的基础性、载体性、"链"动性作用,深刻揭示了流域综合治理和区域体制机制创新在促进全国统一大市场建设、促进上中下游及东中西部地区共同富裕中的统领性、制度性、保障性作用。该成果 2021 年由人民出版社出版,成果作者为成长春和徐长乐。

## 2. 成果内容

本成果内容共分为 6 篇 33 章。第一篇"长江经济带协调性均衡发展重大理论与实践"是全书的总论部分,阐述了长江经济带协调性均衡发展重大理论与实践,包括基本概念及相关理论综述、"区域发展"的相关文献分析、长江经济带发展战略、长江经济带协调性均衡发展的时空演进、区域协调性均衡发展指数评价指标体系和长江

---

① 加快构建新发展格局　把握未来发展主动权[EB/OL]. (2023-04-15)[2023-06-29]. http://www.qstheory.cn/dukan/qs/2023-04/15/c_1129525276.htm.

经济带协调性均衡发展研究结论与任务 6 章内容。第二篇"协调均衡推进长江经济带生态保护与修复"着重梳理了协调均衡推进长江经济带生态保护与修复情况,包括生态保护修复的相关文献研究、长江经济带生态保护修复的现状与挑战、长江经济带生态保护修复的总体战略和长江经济带生态保护与修复的重点任务 4 章内容。第三篇"协调性均衡推动长江经济带综合立体交通体系建设"分析了协调性均衡推动长江经济带综合立体交通体系的建设,包括长江经济带协调性均衡发展与综合立体交通体系建设、国外典型流域综合立体交通体系发展经验借鉴、长江经济带综合立体交通体系现状与特征、长江经济带综合立体交通体系适应性评价及需求预测、以沿江四大航运中心为核心打造综合立体交通枢纽和协调性均衡推进长江经济带综合立体交通体系对策建议 6 章内容。第四篇"协调性均衡推动长江经济带世界级产业集群发展"讨论了协调性均衡推动长江经济带世界级产业集群发展情况,包括产业集群和世界级产业集群、长江经济带经济发展现状与发展环境、长江经济带主要产业集群发展概述、长江经济带产业集群国际竞争力评价、长江经济带电子信息制造产业集群竞争力评价和培育长江经济带世界级产业集群的启示和建议 6 章内容。第五篇"推动长江经济带城市群协调性均衡发展"则探索了推动长江经济带城市群协调性均衡发展的路径,包括国内外城市群协调性均衡发展的文献回顾、长江经济带城市群协调性均衡发展现状与问题、城市群协调性均衡发展国内外经验与模式、探讨了长江经济带城市群协调性均衡发展模式与任务 4 章内容。最后于第六篇"长江经济带协调性均衡发展的体制机制创新"对长江经济带协调性均衡发展的体制机制创新展开深入探讨,包括构建长江经济带协调性均衡发展整体性治理合作机制、长江经济带合作机制历史沿革、国内外流域合作治理的范例研究与经验借鉴、构建长江流域整体性治理合作机制的原则、长江全流域整体性治理合作机制的内容、长江全流域整体性治理合作机制的构建路径和长江全流域整体性治理合作机制构建的政策保障 7 章内容。

### 3. 成果影响

本书是教育部重大攻关项目结项成果,与完成的国家社科重点项目及在研的国家社科重大项目形成研究系列,该项目的过程成果也以英文版在 $Springer$ 期刊上全球发行。

本书产出 105 篇理论和咨询报告,其中《求是》《人民日报》等三报一刊刊载 22 篇,《破解长江经济带"化工围江"的对策建议》等 4 篇报告获韩正副总理肯定批示。另有 13 篇获李强、娄勤俭、吴政隆等省级主要领导肯定批示。核心观点被用于省政府研究室委托的贯彻《中共中央 国务院关于全面加强生态环境保护坚决打好污染防治攻坚战的意见》(中发〔2018〕17 号)[①]文件情况的第三方评估和《江苏长江经济带"十四五"规划》的研制。相关阶段成果 6 次获省级以上部门优秀成果奖,各类媒体报道 430 次,主要成员参加全国各类宣讲 30 次。

本书首发式上国家发改委原副秘书长范恒山和著名经济学家洪银兴、陈文玲、金碚等作点评指导。相关新闻被新华网转载,点击量超 69.5 万次。《光明日报》客户端和《中国社会科学报》等多家媒体进行报道。本书由中国工程院院士张建云作序。洪银兴、金碚分别在《中华读书报》和《新华日报》发表书评,称其是非常有价值的研究成果,在长江经济带领域居于全国领先地位。

### (十三)同济大学德国研究中心:《德国蓝皮书:德国发展报告》系列

随着中国日益走近世界舞台中央,与外界的联系愈加紧密,区域国别研究的国家战略意义愈加凸显。在多数情况下,国际区域问题都是政治、安全、经济、社会、文化、历史的交叉,是区域各个国家不同利益、不同战略、不同政策的交叉。中国是一个区域大国,有着诸多的近邻国家为伴,相互间有着密切的利益连接,需要构建和发展开放、信任与合作的区域关系;中国同时又是一个世界大国,与世界各国、各地区都有着密切的关系和利益连接,需要在世界发展中、国际秩序和体系构建中发挥新型大国的

---

① 新华社.中共中央 国务院关于全面加强生态环境保护 坚决打好污染防治攻坚战的意见 [EB/OL].(2018-06-24)[2023-06-29]. https://www.gov.cn/zhengce/2018/06/24/content_5300953.htm.

作用,努力做"世界和平的建设者、全球发展的贡献者、国际秩序的维护者"。① 因此,无论是区域国别研究机构的设立,还是相关智库研究领域的拓展,都得到了前所未有的发展。

### 1. 成果背景

习近平总书记强调,2022年恰逢中德建交50周年。50载历程表明,只要秉持相互尊重、求同存异、交流互鉴、合作共赢原则,两国关系的大方向就不会偏,步子也会走得很稳。当前,国际形势复杂多变。中德作为有影响力的大国,在变局、乱局中更应该携手合作,为世界和平与发展作出更多贡献。② 同济大学德国研究中心作为对德研究的一个重要基地以及对德交流的一个"窗口"与"平台",长期开展德国问题研究与欧盟问题研究,包括中德关系与中欧关系,研究重点主要涉及中德跨文化研究:中德关系、中德对外文化政策与互动、中德教育体制比较等,《德国蓝皮书:德国发展报告》系列便是其代表成果。该成果由社会科学文献出版社出版,作者为郑春荣。

### 2. 成果内容

同济大学德意志联邦共和国问题研究所欧洲联盟研究所官网上所办刊物栏目中可查询到2012—2020年系列成果报告的摘要及目录信息,此处汇编成果内容主要为《德国蓝皮书:德国发展报告(2022):开启"后默克尔时代"的德国》。③

蓝皮书指出,俄乌冲突对全球经济的前景构成了压力,并带来了巨大的政治不确定性。能源和原材料的短缺,继而价格持续走高,给德国经济和社会方方面面带来挑战。为了惩罚俄罗斯,德国及欧洲其他国家一再削减从俄罗斯进口油气的数量,以减少对俄罗斯的战略性依赖,但这也带来了严重的反噬效应。一份民调显示,56%的德

---

① 张蕴岭.构建中国特色的区域国别学理论[J].东亚评论,2022(2):1-6.
② 习近平:中德作为有影响力的大国,在变局乱局中更应携手合作,为世界和平与发展作出更多贡献[EB/OL]. (2022-11-04)[2023-06-29]. https://www.gov.cn/xinwen/2022-11/04/content_5724660.htm.
③ 郑春荣.德国蓝皮书:德国发展报告(2022):开启"后默克尔时代"的德国[M].北京:社会科学文献出版社,2023:393.

国受访者对朔尔茨政府执政不太满意乃至不满意,而引发德国民众对朔尔茨政府更多不满的是德国政府在应对俄乌冲突给德国经济社会带来的民生问题上缺乏有力手段。迄今为止,虽然德国联邦政府总体上运行平稳,执政联盟内部的诸多矛盾并没有大面积浮出水面,但在后续施政过程中,三党之间妥协的意愿将会下降,进而使朔尔茨政府推动各项改革计划的能力遭遇更大考验。

就中德关系,蓝皮书指出,整体看,德国当前对华政策的调整呈现以下若干特征。其一,强化投资和贸易防御机制。德新政府对于推动中欧投资协定态度较为消极,在外资安全审查、信息技术安全、政府公共采购、出口管制等方面不断完善保护主义色彩浓重的监管机制,或修改本国立法,或推动欧盟层面出台监管措施,事实上禁止人工智能、半导体、量子技术等关键技术企业的并购。其二,突出民主价值观基础。新政府明确强调对华政策以价值观为基础,人权和国际法成为重要标尺。其三,寻求欧洲采取统一的对华战略。德国新政府的对华政策强调对华政策是在欧盟框架下,充分贯彻了欧盟的相关主张,并具体计划在中德政府磋商中强化欧洲立场,酝酿以欧盟对华政策为基准制定全面对华战略,以便在对华制度竞争中更好地实现利益和价值观。在具体涉华事务中,德国也不断联手法国统筹和整合欧盟各国的立场,寻求与其他成员国乃至整个欧盟集体发声。其四,寻求加强与美国的立场协调。但2021年中德双方克服疫情影响,通过多种渠道维护合作基本盘。作为中德关系最稳定的"压舱石",2021年中德双边经贸关系稳步发展,商品贸易总额增至2453亿欧元,中国连续六年成为德国最大贸易伙伴,以1 417亿欧元的进口总额和1036亿欧元的出口总额居德国最大进口来源国和第二大出口目的地的重要地位。

除了汽车等传统合作行业,在气候变化和新技术革命的推动下,中德之间出现了新的合作领域,两国在绿色经济和数字经济领域存在巨大的合作空间。德国是环保和气候变化领域的先行者,有许多值得中国学习的先进理念和经验,应对气候变化是中德最具潜力的合作议题。而环保和应对气候变化的挑战是德国新政府工作的重中之重。中国同样致力于加快形成绿色发展方式,建设生态文明。中德和中欧在应对气候变化和环境保护领域有着广泛共同利益。而在数字技术领域，如今中国发展迅速，大数据、人工智能、5G等技术已处于世界领先地位。中国坚持做强、做优、做大数字经济，积极参与数字经济国际合作。在传统制造业处于全球领先地位的德国面对数字技术的冲击，较早从政策层面发力，推动数字技术发展以及传统产业的数字化、智能化转型。中德双方若能在尊重各自数字主权的基础上，加强战略对话，摒弃零和博弈思维，那么将在数字技术以及多边数字治理合作方面拥有广阔的合作空间。

### 3. 成果影响

自2012年5月首部《德国蓝皮书：德国发展报告》面世以来，截至2022年，已连续发布10部。该报告已成为我国全面跟踪、研究德国问题的权威出版物，并被列入中国社科院创新工程项目。《德国蓝皮书：德国发展报告》于2020年、2021年连续两年获"优秀皮书奖一等奖"，另有若干篇报告荣获"优秀皮书报告奖"。

作为国内德国研究领域的标杆性成果，《德国蓝皮书：德国发展报告》受到中央有关部委和上海市有关部门的关注和肯定。此外，《德国蓝皮书：德国发展报告》的媒体影响力和社会影响力显著，每年的发布会吸引了中国新闻社、人民网、澎湃新闻、《光明日报》、上观新闻、《文汇报》等国内多家媒体的报道，引发社会各界持续关注。

## （十四）兰州大学中国政府绩效管理研究中心：《县级政府绩效蓝皮书：中国县级政府绩效指数研究报告（2021）》

2017年9月19日，习近平在会见全国社会治安综合治理表彰大会代表时强调，要坚持走中国特色社会主义社会治理之路，善于把党的领导和我国社会主义制度优势转化为社会治理优势，着力推进社会治理系统化、科学化、智能化、法治化，不断完善中国特色社会主义社会治理体系，确保人民安居乐业、社会安定有序、国家长治久安。[①] 各级政府都将加强和创新社会治理摆到更加突出的位置，相关智库先后承担

---

① 坚持走中国特色社会主义社会治理之路　确保人民安居乐业社会安定有序[N]. 人民日报. 2017-09-20.

起政府绩效评价的责任。

## 1. 成果背景

兰州大学中国政府绩效管理研究中心由兰州大学与中国行政管理学会共建,是中国政府绩效管理基础理论研究、制度建设与评估发展、数据库建设、人才培养和社会服务的重要基地。中心作为中国首家第三方政府绩效评价机构,开创了中国第三方机构评价政府绩效的先河,推动成立了全国政府绩效管理研究会、全国政府绩效管理合作研究网络,组织编撰了《中国政府绩效管理年鉴》,出版了《政府绩效管理学》等十余部专著。本成果是该智库受国家自然科学基金重点项目、国家社会科学基金重点项目等5项国家级项目联合资助,构建并发布了中国首个县级政府绩效指数的相关产出。该成果2021年由社会科学文献出版社出版,成果作者为包国宪、马翔和王学军。

## 2. 成果内容

郡县治,天下安。两千多年来,县一级政权一直是我国国家结构的基本单元,是治国理政的基石。县级政府绩效是提升国家治理体系与治理能力现代化水平、实现国家长治久安的重要基础。兰州大学中国政府绩效管理研究中心立足于新时代背景,在习近平新时代中国特色社会主义思想的指导下根据以公共价值为基础的政府绩效治理理论框架,主要依据互联网大数据等技术手段,立足甘肃、放眼全国开发了中国第一个县级政府绩效指数,旨在通过科学的指标体系与评价方法,按年度持续测度和评价中国县级政府绩效的状况与态势。

《县级政府绩效蓝皮书:中国县级政府绩效指数研究报告(2021)》主要分为总报告、指数分析篇、典型案例篇、学术应用篇四部分。总报告阐述了县级政府绩效的评价背景、评价目的、评价原则和评价特色,系统呈现了县级政府绩效评价方案,并对评价结果进行了总体分析、省份分析和区域分析,在此基础上提出改进县级政府绩效的对策建议。指数分析篇进一步对县级政府的发展成效、社会治理、政府能力三个维度的评价结果进行分析,在此基础上提出改进各维度绩效的对策建议。典型案例篇围绕县级政府绩效,以及发展成效、社会治理与政府能力方面的标杆案例进行分析,归纳总结各案例在改进政府绩效方面具有借鉴意义的经验做法。学术应用篇围绕县级政府绩效指数三维度的关系、空间聚集效应等议题进行了分析,系统展示了县级政府绩效指数的学术研究价值与潜力。

成果主要如下:第一,全国县级政府绩效以及各维度总体得分均近似符合正态分布,呈现出"两头小,中间大"的分布格局;第二,浙江省县级政府绩效、发展成效、社会治理均表现优异,安徽省县级政府的政府能力整体拔尖;第三,县级政府绩效和社会治理、政府能力得分的区域分布均存在V形绩效鸿沟,发展成效得分的区域分布在"西北—东南"向上呈现"中轴强,两翼弱"的格局,华东地区县级政府绩效及各维度均领先全国;第四,县级政府绩效受木桶定律支配并具有空间聚集效应。

### 3. 成果影响

《县级政府绩效蓝皮书:中国县级政府绩效指数研究报告(2021)》是兰州大学中国政府绩效管理研究中心历时10余年打造的精品工程,对于推进中国公共管理研究和实践发展具有重要意义,受到社会各界的广泛关注。

一是实现理论创新。本成果基于前沿理论构建了中国自己的评价指数体系,提高了我国制度性话语权;推动了以公共价值为基础的政府绩效治理理论落地,为持续提升县级政府绩效提供了理论依据;建立了中国县级政府绩效数据库,为学界建构或验证理论提供了数据保障;拓展了兰州大学公共管理学科增长点,为兰州大学公共管理冲A类学科提供了要素支撑。二是发挥实践价值。本成果为县级政府改进政府绩效提供价值导向,为县级政府把脉绩效现状提供外部标尺,为公众参与政府绩效评价提供互动平台,为县级政府持续提升绩效提供服务平台,为构建系列指数衍生产品提供实践探索。三是产生社会影响。成果由包国宪教授领衔团队在潜心研究十三年的基础上勤力推出,其间聚焦该议题举办了6场国际国内学术研讨会、先后深度参与指数构建、数据搜集或研究报告撰写的科研人员超过150人、累计投入科研资金超过100万元。成果一经推出就受到学术界、政务界、智库界与媒体界的广泛关注,取得了广泛持久积极的社会影响。本成果获得包括中央部委、地方政府、学界和主流媒体的高度关注。四是衍生重要成果。以本书为重要依托,成功创办了国内第一本政府绩效管理专业刊物,出版或发表了大量高水平成果,并针对"中国县级政府绩效指数"指标体系的优化完善,召开专题研讨会展开多次研讨。

**(十五)中国人民大学重阳金融研究院:《碳中和与中国未来》**

党的十八大以来,我们加强党对生态文明建设的全面领导,把生态文明建设摆在全局工作的突出位置,作出一系列重大战略部署,开展了一系列根本性、开创性、长远性工作,决心之大、力度之大、成效之大前所未有,生态文明建设从认识到实践都发生了历史性、转折性、全局性的变化。生态环境保护和经济发展是辩证统一、相辅相成的,建设生态文明,推动绿色低碳循环发展,不仅可以满足人民日益增长的优美生态环境需要,而且可以推动实现更高质量、更有效率、更加公平、更可持续、更为安全的发展,走出一条生产发展、生活富裕、生态良好的文明发展道路。实现"双碳"目标是一场广泛而深刻的变革,不是轻轻松松就能实现的,相关智库也基于自身研究以高质量智库成果贡献智慧力量。

## 1. 成果背景

中国人民大学重阳金融研究院(以下简称人大重阳)成立于 2013 年 1 月 19 日,是重阳投资向中国人民大学捐赠并设立教育基金运营的主要资助项目。近年来,人大重阳在金融发展、全球治理、大国关系、宏观政策等研究领域在国内外均具有较高认可度。《碳中和与中国未来》一书承接了过往人大重阳系列作品的撰写风格,具有鲜明的国家本位特征。当前市面上不少碳中和主题图书聚焦在碳中和概念与相关经济学分析,而《碳中和与中国未来》的新意之处是对碳中和对中国的国际影响进行了细致的分析。例如,在气候变化下的大国博弈、碳中和全球治理、绿色金融的国际比较等方面都做了特别分析与研究,为中国的决策者提供了政策建议与启发,也向广大民众展现了中国在气候变化领域的世界影响力。本书为广大读者带来碳中和理念的思考,令更多人了解到中国所开展的这场历史上最大的碳减排运动,尝试向世界讲好中国碳中和故事。该成果由北京师范大学出版社于2022年7月推出,成果作者为王文、刘锦涛和赵越。

## 2. 成果内容

本书仔细梳理并深入分析了碳中和目标和国际低碳发展背景下的气候理论传承与发展、国家政策制定与规划、行业减排路径与进展、国际合作与竞争等一系列碳中和前沿问题,全书四个篇章分别加以阐述。

第一篇,理论延续部分。这部分深入剖析了碳中和理念在国际气候治理历史中的发展和深化过程,挖掘了碳中和如何成为国际共识,又如何主导了国际气候治理和国际博弈关系的演变方向,从产业革命的角度探讨低碳转型与气候治理问题,在碳中和带来的大国博弈新规则下分析国际关系存在的多种潜在矛盾和不确定性。

第二篇,政策转变部分。这部分详细地列举了自2020年碳中和目标提出以来,中国从中央到地方、从部委到行业所发布的一系列双碳重大政策文件,涵盖了顶层设计、行业布局、地方推进等多个层次,清晰地展示出了中国生态文明建设的整体布局,探讨了金融业绿色升级与碳中和战略之间的紧密联系,从碳市场的角度看待碳金融的发展模式,从碳核查与碳核算的角度研究金融体系环境信息披露的现状和前景,由此引出碳中和最大的支持力量——绿色金融的创新与升级方向。

第三篇,大国战略部分。这部分扩展到宏观视野,以碳中和成为中美博弈新战场作为切入点,将气候博弈这场21世纪最大的国际博弈展现在读者眼前,也涵盖了欧盟碳关税下的国际绿色贸易竞争以及以广西为出发点探索中国面向东盟的绿色金融跨境合作路径,最终为中国未来的气候治理行动方向作出展望。

第四篇,未来发展部分。这部分以更长远的视角探讨碳中和对中国未来的现实意义,不仅具备充分的学术性和理论性,也做到了紧贴实务,具备现实指导意义,例如,探讨中国如何从新冠肺炎疫情中实现绿色复苏以及防范"双碳"目标下的"运动式"减碳问题。

### 3. 成果影响

碳中和的未来关乎中国未来。本书是首部从大国博弈角度解读碳中和的著作，何亚非、马骏、李政、刘科、李俊峰等知名专家倾情推荐。该书自上市以来广受社会关注，新华社、《人民日报》《纽约时报》、彭博社等全球重磅媒体相继报道，刊发书评并进行重点推介，图书上市一个月就迅速占据各大平台新书榜榜首，在京东、当当网、亚马逊等销售平台上均获好评，列入畅销书榜单。

## （十六）上海交通大学国家文化产业创新与发展研究基地：《上海市志·文化产业分志（1978—2010）》

党的十八大以来，以习近平同志为核心的党中央高度重视社会主义文化建设，牢牢掌握意识形态工作的领导权、管理权、话语权，大力培育和践行社会主义核心价值观，提高全民族思想道德水平，推动文化事业全面繁荣和文化产业快速发展，为实现中华民族伟大复兴的中国梦提供思想保证、精神力量、道德滋养。文化智库为我国文化产业发展提供深谋远虑的智慧和方案，既增加新的经济增长点，也为讲好中国故事、传播好中国声音提供更多更好的平台和载体。

### 1. 成果背景

上海交通大学国家文化产业创新与发展研究基地由中华人民共和国文化和旅游部和上海交通大学共建，是我国建立的第一个国家级文化产业研究基地。在编纂过程中，编纂组查阅了上一轮地方志中有关分志和专项志，以及《解放日报》《新民晚报》《文汇报》《广播与电视报》《上海文化统计手册》《上海市文化文物统计资料》等材料，走访多位上海市文化产业发展的亲历者、见证者，搜集并整理制作约700万字卡片，最后成书112万字，资料详实生动，全面真实记载了党的十一届三中全会以来上海市文化产业发展的成就、经验和教训，反映了上海文化产业发展的历史轨迹和客观规律。该成果是2021年上海古籍出版社出版的图书，成果作者为胡惠林、刘素华、王媛、胡霁荣、付缪、齐崇文、王婧、毕晓梅、王元、李敏妍和许晨敏。

## 2. 成果内容

《上海市志·文化产业分志(1978—2010)》以编纂大纲为统揽,大事记为年度要事概览,主体部分以文化产业管理、文化产业规模与结构、文化产业各行业、重点企业与重大项目、文化产业园区与基地等为序,分篇、章、节、目等层次记述,并有若干历史图照,力求客观全面地记述1978年至2010年上海文化产业改革、探索、创新、发展的轨迹和成果。《上海市志·文化产业分志(1978—2010)》全书共分为七篇:文化产业管理,文化服务行业,文化生产行业,重点文化企业和文化产业项目,园区、基地和平台,文化产业学科建设与研究,人物。

(1) 文化产业管理

该篇详细介绍了文化产业的产业概况、管理机构和管理体制。上海市文化产业在总量增长,增速可观的同时,不断优化结构,文化服务业增长率也较显著。管理机构包括中共上海市委宣传部、上海市文化创意产业推进领导小组及办公室、上海市文化广播影视管理局、上海市新闻出版局、上海市文化市场行政执法总队和其他相关部门。在管理体制上出台了多部法规政策,并进行了文化体制改革。

(2) 文化服务行业

文化服务行业包含新闻出版发行服务、广播电视电影服务、文化艺术服务、文化信息传输服务文化创意和设计服务以及文化休闲娱乐服务。改革开放以后,不同行业根据自身行业的特点及基础,分别对体制改革和产业发展作了探索。无论广播电视行业的制播分离、电影制作与发行改革、出版和文艺院团的转企改制、还是公共文化服务体系建设,上海都走在全国的前列。

(3) 文化生产行业

文化生产行业主要指文化相关产业下属的各行业门类,具体包括工艺美术品的生产、文化产品生产的辅助生产、文化用品的生产以及文化专用设备的生产。

(4) 重点文化企业和文化产业项目

文化企业是上海文化产业发展的重要主体,文化企业的发展变迁也是上海文化体制改革的缩影。本篇分别选取了新闻出版发行服务、广播电视电影服务、文化艺术服务、文化信息传输服务、文化创意和设计服务、文化休闲娱乐服务、文化产品生产的辅助生产、文化专用设备生产等行业领域的代表性企业。这些企业的发展变革从一个微观的角度为上海文化产业的发展增添了注脚，与此同时，文化体制改革的推进也正是由这些企业的发展来实践的。

（5）园区、基地和平台

园区、基地和平台是文化产业发展的重要依托。至 2010 年，经上海市政府认定的文化创意产业园区为 81 家，上海还拥有国家级文化产业基地共 13 个。这些园区和基地是文化产业的集聚区，也是助推文化产业发展的重要平台。为更好地服务于文化产权交易，上海还开办了上海文化产权交易所和上海联合产权交易所。

（6）文化产业学科建设与研究

上海的文化产业发展走在全国前列，蓬勃发展的产业实践为理论研究提供了现实基础，因此上海也是全国范围内较早开展文化产业研究并进行文化产业专业人才培养的地区。在学界的努力下，上海召开了一系列高规格的研究会议，并推出了一系列在全国范围内具有开创性和代表性的研究成果，如中国第一部地方文化年鉴——《上海文化年鉴》，中国第一本文化产业学术研究刊物——《中国文化产业评论》（这也是入选 CSSCI 唯一的文化产业研究领域的专业学术刊物），中国第一本城市文化发展报告——《上海文化发展蓝皮书》等。

（7）人物

本篇收录上海文化体制改革及文化产业发展做出重要贡献的人物。收录人物分为三个类别：第一个类别是在宏观管理层面设计并推动上海文化体制改革的人物，主要包括在主要管理机构、重点国有文化单位担任领导职务并推动体制创新的同志；第二个类别是在转型时期，从中国的文化组织层面积极探索文化市场发展道路的人物，主要包括一些身处体制内却不断摸索市场化文化发展模式，以实践探索文化体制机制创新的同志；第三个类别是在文化市场得到肯定和承认后，开拓进取，为上海文化产业发展做出重要贡献的人物,主要包括各领域杰出文化企业的开创者和领导者。

### 3. 成果影响

《上海市志·文化产业分志(1978—2010)》是中国第一部以文化产业为主题的地方志书,是第二轮地方志修志中开创性的成果。作为中国第一部"文化产业志"书,《上海市志·文化产业分志(1978—2010)》开创了写该类志的编写体例,为后续其他省市乃至中国文化产业志的编修提供借鉴。

原国家文化部首任文化产业司司长、中华文化促进会副主席王永章为其作序,并指出"为中国文化产业修志立志,是中国文化产业发展的一件大事",河南、云南等兄弟省份的方志办同志也在交流中表示要学习《上海市志·文化产业分志(1978—2010)》的编写经验,在第三轮修志中编纂出版河南、云南的"文化产业志"。

# 专题五　CTTI 2022 高校智库百强榜推介报告

近年来,在国家统筹推进"双一流"建设、"新文科"建设、中国特色新型智库建设等的战略背景下,高校智库迎来了重大历史机遇,进入繁荣发展的局面。高校智库拥有庞大的科研网络、丰富的智力资源,在增强公共外交能力和国际话语权方面也发挥着重要作用。本章将结合国家政策引领与高校智库的独特优势综合阐述其建设的背景与意义,并以CTTI系统内数据为基础,客观探讨近五年来高校智库的建设现状,剖析智库建设与发展规律。与此同时,本章将详细介绍CTTI 2022高校智库百强榜推介工作的具体内涵、原则、方法、流程和算法等内容,并依据数据与现实情况总结、提炼出百强高校智库的建设经验、亮点与成效,为全国高校智库提供标杆和范本,引导高校智库科学、健康、高效发展,在中国式现代化进程中贡献更大的力量。

## 一、高校智库建设的背景、意义与现状

高校智库担任着服务党和政府科学民主决策、提升国家软实力、推动实现国家治理现代化的重要角色。近年来,高校智库在咨政建言、理论创新、舆论引导、社会服务和公共外交方面均实现了重要的价值,充分体现出中国特色、中国风格、中国气派。本节将详细阐述高校智库建设在国家战略层面的有关部署,归纳出高校智库具备的独特优势,并以此说明其所能发挥出的功能与作用。同时,根据CTTI系统中的数据,分析高校智库的数量与地域分布情况、人才培养规模情况、政策研究领域情况等建设现状,展示出现今我国高校智库的真实发展情况。

## （一）高校智库建设的背景与意义

### 1. 高校智库建设已经上升到国家战略层面

纵览当今世界各国，智库在参与国家治理、服务决策咨询、孕育领域人才等方面扮演着重要角色，随着国际经济、科技、文化、安全、政治格局不断发生深刻变革，智库在这复杂动荡的国际局势中发挥出更加特殊而重要的作用。2013年以来，习近平总书记多次对智库建设作出重要论述、指示批示，强调要加强中国特色新型智库建设，要求各级党委政府高度重视智库建设。高校智库由于其具有学科、人才等方面的独特优势，在影响政府决策、实现思想交流、培养专业人才、传播中国声音具有不可替代的作用，因此建设高校智库具有迫切而重大的意义。2014年2月28日，教育部印发了《计划》，明确了高校智库的功能定位、组织形式、凝练智库建设的主攻方向等内容，对高校智库做出了全面部署。[①] 党的十八大以来，高校智库建设已经成为中国特色新型智库体系建设的重要组成部分。建设中国特色新型高校智库是我国治理能力现代化的重要内容，高校智库正以其独特的服务渠道和服务模式为我国经济社会发展提供智力支持。2022年4月27日，中共中央办公厅印发《国家"十四五"时期哲学社会科学发展规划》，提出要着力打造一批具有重要决策影响力、社会影响力、国际影响力的新型智库，为推动科学民主依法决策、推进国家治理体系和治理能力现代化、推动经济社会高质量发展、提升国家软实力提供支撑。[②] 高校是我国哲学社会科学事业的主力军，高校智库则是促进中国特色哲学社会科学的重要抓手。在推进新文科建设的背景下，学科交叉融合研究的需求更加凸显高校智库组织的优势所在，而高校智库建设也正在改变传统人文社会科学的发展方向与路径。2022年5月27日，中共中央宣传部、教育部联合印发的《面向2035高校哲学社会科学高质量发展行动计

---

① 中华人民共和国教育部.教育部关于印发《中国特色新型高校智库建设推进计划》的通知[EB/OL].[2023-07-20]. http://www.moe.gov.cn/srcsite/A13/s7061/201402/t20140212_164598.html.
② 中共中央办公厅印发《国家"十四五"时期哲学社会科学发展规划》[EB/OL].[2023-07-20]. https://www.gov.cn/zhengce/2022-04/27/content_5687532.htm.

划》提出,要以能力提升为重点,统筹推进高校智库建设,优化高校智库发展环境,打造专业化创新型高质量高校智库矩阵,加强和改进国别与区域研究,建强中国特色新型高校智库。[1] 可见,党中央立足党和事业的发展全局对高校智库建设发展进一步作出重要部署,为高校智库的专业化、高质量发展指明方向,期冀高校智库善用优势,办出特色,并将之转化为智库发展优势,为中国式现代化建设贡献高校力量,对高校智库的发展起到了战略性的促进作用。

### 2. 依托独特优势更好发挥新型高校智库功能

结合学术研究优势,为科学决策提供强有力的智力支持。高校智库与其他类型智库相比具有很强的特殊性,在本质上属于衍生的学术型或具有学术惯性的智库研究机构。[2] 任何研究都需要学术基础理论作为支撑,高校是新知识和新观念的发源地,学术氛围浓厚,拥有扎实的理论基础研究能力、完善的知识体系、科学的方法体系,学术研究能力具有明显优势。同时,智库内部拥有不同学科背景的资深专家学者,具备很强的理论阐释能力,建立在深厚学术研究基础之上的智库研究更为客观、科学、准确,专家学者们在相关领域的学术研究和理论阐述中展开学术争鸣与平等交流[3],碰撞出新观点新理念新思想,有效提升智库的理论创新能力。

发挥人才集聚优势,强化智库高水平、专业化发展。专业人才资源是高校智库区别于其他类型智库的核心竞争力所在,培养输送治国人才也是高校智库的重要功能。一方面,高校智库社科人才是开展决策咨询业务的核心载体,高校拥有大量具有深厚专业功底、技术能力强、实践经验丰富的学科带头人、领军人物等重要专家,成为智库的灵魂人物,把握智库同时由于人文社会科学重点研究基地、软科学研究基地、文科

---

[1] 面向2035高校哲学社会科学高质量发展行动计划[EB/OL].[2023-07-20]. http://edu.people.com.cn/n1/2022/0528/c1006-32432593.html.

[2] 何晓芳,邵英硕.学科优势与学科之困:新型高校智库的内在逻辑与建设路径[J].高等教育研究,2021,42(12):33-39.

[3] 黄海涛,葛欣,张猛猛.稷下学宫的高校智库功能及其当代价值[J].江苏高教,2021(8):54-59.

实验室等重大科研平台的聚合效应,高校智库也更能吸引、凝聚各方人才,建立起相对稳定的高水平专业团队,为智库持续产出高水平研究成果奠定重要基础;另一方面,高校具备科学的人才培育体系与完善的保障机制,是培养智库人才的核心阵地,为高校智库提供"人才蓄水池",源源不断输送优质人才,保障智库的长效发展。

依托学科协同优势,带动智库—学科互促发展。当下时代的各种理论与现实问题纷繁复杂,单一学科或少数几门学科已经无法破解难题,需要从多角度提供战略理念与思想。在此背景下,高校学科齐全,学科边界逐渐被打破,组建协同攻关团队、开展综合性跨学科研究成为未来智库研究的主要模式,高校智库是高校与智库的交汇点,依托高校丰富的学科资源优势,能够带动全校层面甚至多校联动的咨政研究资源汇聚,形成跨学科跨专业的集体智慧团队,聚焦核心领域产出更多高水平的学科前沿成果,在服务国家决策的同时进一步拓宽学科建设视野,反哺学科发展。

运用舆论引导与成果传播优势,充分发挥咨政启民作用。高校智库相对于党政智库等官方智库来说,独立性、客观性更强,在思想表达、知识转化、成果传播方面拥有更广阔的空间。并且,高校智库在学术话语权方面具有很强的公信力,能产出具有思想力、领导力、创新性的成果,因此在公众对话、启迪民智、国际传播等方面扮演着重要角色。高校智库通常以合作交流项目、国内外论坛、品牌出版物、媒体平台为载体对智库观点和成果进行多渠道的发布,在对外发声、宣介、阐释的过程中,一方面,在国际舞台上勇于发声,宣传中国主张、中国智慧、中国方案,在社会舆论层面影响公众,主动推动议程设置,有利于提升智库交流对话能力;另一方面,在参与舆论引导与公众互动过程中,有利于智库敏锐察觉局势动态、抓住更多热点问题,更能促使高校智库及时研判国内外形势、社会舆情与社会需求,进一步增强高校及智库自身的显示度、品牌力、影响力。

利用成果资源积淀优势,提供全方位的研究保障。高校荟萃各类专家、平台资源,具有巨大的科研潜力,不断产出、积累知识成果,在大量科研课题或项目研究过程中积攒了宝贵经验,形成了一套高质量支撑智库研究的模型、流程、框架、方法,构建起专业化、规范化、共识性的研究范式。与此同时,经过经年累月的研究,高校智库在相应研究领域产出了大量原创性学术成果,积累了大量基础或特色数据、知识资源,汇聚知识库、专家库、政策库等情报资源,掌握最为专业、前沿、准确的研究领域信息动态,加之丰富的多学科研究工具、知识、方法,使得高校智库的研究成果更加富有思想内涵与力量,极大地增强了成果的应用性、科学性。

### (二)高校智库建设发展现状

#### 1. 高校智库数量与地域分布情况

中国智库索引系统(Chinese Think Tank Index,简称CTTI)内数据显示,截至2022年12月,CTTI系统内一共收录988家智库,其中高校智库数量为709家,[①]占所有智库类型的71.76%,相比2018年(441家)增加268家,可见高校智库发展迅猛,势如破竹,是中国特色新型智库体系的重要支柱。

从地理分区来看,不同区域的高校智库数量存在较大差异,华北地区210所,数量最多;华东地区187所,数量次之;其他区域的高校智库数量均不足100所,华中地区共95所;华南地区共68所,西北地区共59所;西南地区和东北地区的高校智库数量最少,分别为50所和40所。可以看出,我国高校智库数量分布整体呈现为东多西少,华北地区和华东地区高校智库占比为55.4%,全国有一半以上的高校智库集中在这两个地区,并且华北地区高校智库主要集中在北京市和天津市,华东地区高校智库主要集中在江苏省、上海市和浙江省,这些地区经济实力雄厚,背靠长江经济带和京津冀城市群,为我国高度发达的经济和政治区域,为高校智库建设和发展提供了地缘、政策、资金等方面的有力支持。

从省域覆盖情况来看,拥有高校智库较多的省级行政区为北京市(122所)、上海市(71所)、广东省(61所)、天津市(68所)、江苏省(45所)、湖南省(42所)、湖北省(42所)、陕西省(41所),这8个省级行政区的高校智库总数为492所,占比达到

---

① CTTI系统内收录的智库不包含港澳台地区。

CTTI 系统内所收录高校智库的 69.0%。广东省身处改革开放前沿和窗口，随着粤港澳大湾区、深圳先行示范区"双区"建设等发展战略的落地实施，"新时代"的广东社会经济发展亟须高校智库的智力赋能，因此广东高校智库获得巨大发展，承担起为党委政府贡献智慧的重要职责使命。高校智库建设除了与政策战略考虑、地域经济发展水平密切相关之外，以上省市高校智库发展蓬勃的关键原因之一在于拥有充分的高校资源，教育资源处于优势地位，例如，北京市、江苏省、上海市所拥有的"双一流"高校数量位居全国前三名，分别为 34 所、16 所、15 所，积极推动智库建设与人才培养、学术研究、社会服务、国际交流合作等高校职能深度融合、相互促进，已经具有比较完备的智库建设体系。在以上省市中，广东省高校智库增长最为迅猛，相比 2018 年(17 所)增加 44 所，增幅达到 258.8%，浙江省高校智库相比 2018 年(12 所)增加 17 所，增幅达到 141.7%，湖北省高校智库相比 2018 年(23 所)增加了 19 所，增幅为 82.6%，相比 2018 年(78 家)增加 56.4%，智库建设卓有成效。除此之外，河南省高校智库也有着惊人的发展态势，从 2018 年的仅 2 所增长为 11 所，增幅为所有省市之最。

此外，近年来也陆续成立了越来越多的区域性高校智库联盟。例如，由复旦大学倡议发起成立长三角高校智库联盟，旨在逐渐形成一体化的引领性智库集群；①南开大学京津冀协同发展研究院发起成立国家区域重大战略高校智库联盟，形成助力区域协调高质量发展的智库合力。②

总体来看，新时代高质量发展的总体要求为高校智库的繁荣发展创造了无限的机遇与活力，在新一轮智库建设热潮中，我国高校智库数量成倍增长，越来越多的高校重视并参与到服务国家、地方战略的智库建设之中，得益于政策引领与指导，许多高校智库在宏观治理和整体运营上都取得了长足的进展，积攒了宝贵的建设经验。

---

① 长三角高校智库联盟在沪成立[EB/OL]．[2023 - 07 - 25]．https://www.gov.cn/xinwen/2019-09/23/content_5432336.htm．

② 强强联手！六大高校发起成立"国家区域重大战略高校智库联盟"[EB/OL]．[2023 - 07 - 25]．https://news.nankai.edu.cn/ywsd/system/2021/12/18/030049596.shtml．

但是目前仍然存在高校智库建设地域分布不均衡、建设水平参差不齐的现实情况。

表 5-1 高校智库地域分布情况

| 地域 | 数量 | 地域 | 数量 | 地域 | 数量 |
| --- | --- | --- | --- | --- | --- |
| 北京市 | 122 | 浙江省 | 29 | 安徽省 | 5 |
| 上海市 | 71 | 甘肃省 | 15 | 山西省 | 3 |
| 天津市 | 68 | 山东省 | 17 | 内蒙古自治区 | 3 |
| 江苏省 | 45 | 江西省 | 13 | 广西壮族自治区 | 3 |
| 湖南省 | 42 | 云南省 | 12 | 河南省 | 11 |
| 湖北省 | 42 | 河北省 | 14 | 宁夏回族自治区 | 2 |
| 陕西省 | 41 | 吉林省 | 19 | 海南省 | 4 |
| 广东省 | 61 | 黑龙江省 | 8 | 贵州省 | 2 |
| 四川省 | 15 | 辽宁省 | 13 | 青海省 | 1 |
| 重庆市 | 21 | 福建省 | 7 | 西藏自治区 | 0 |
| 新疆维吾尔自治区 | 0 | | | | |

## 2. 高校智库的人才培养规模情况

人才培养是新型高校智库的核心职能。CTTI系统中统计了各家高校智库现有硕士研究生人数、现有博士研究生人数以及现有在站博士后人数之和。在709家高校智库之中，有422家智库填写了"人才培养规模"板块数据。其中，尚未进行招生的高校智库有112家，有进行招生的高校智库为310家，在这之中填写了具体招生数目的高校智库有280家。据CTTI系统中数据统计，人才培养规模在0—20人的高校智库有57家，21—50人的智库有90家，51—100人的智库有58家，101—150人的智库有25家，151—200人的智库有20家，201—300人的智库有15家，300人以上培养规模的智库有15家（如图5.1所示）。可以看出，大部分高校智库人才培养规模主要集中在0—100人之间。其中有157家智库设立了博士后流动站，说明不少高校智库有意识地注重承担并发挥人才培养功能，积极为博士后、智库型博士提供参与智库研究的机会，以智库建设为支点形成哲学社会科学学术话语队伍，满足学科发展和人才培养模式变革的需求,努力推动人才培养与高校内涵式发展互相融合、相互促进,同时也为智库的高质量建设与发展储备充实的人力资源,打下扎实的学科基础。

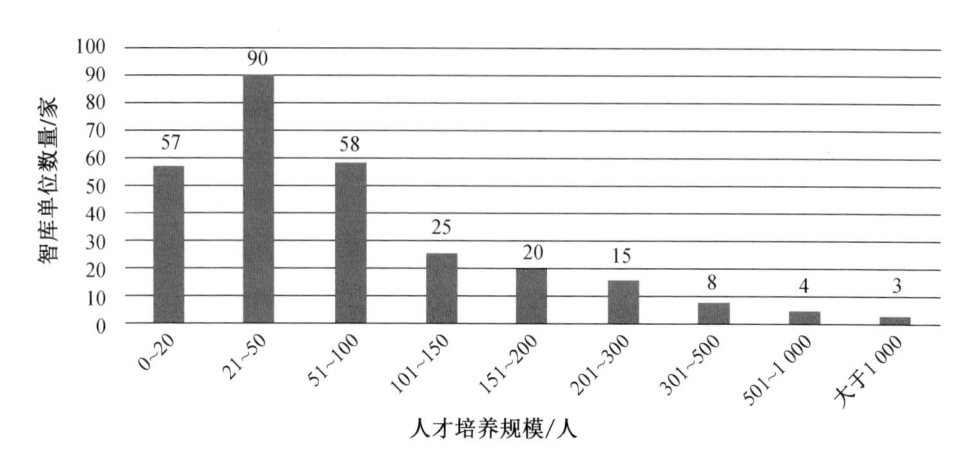

图 5-1　高校智库人才培养规模

### 3. 高校智库的政策研究领域情况

CTTI 系统经过三期迭代,重点更新了智库政策研究领域方面的字段,经过重新整合、细化,目前的政策研究领域划分更加科学、精细,更能贴合智库发展实际。高校智库依托一流学科优势,聚焦各自核心研究领域,根据 CTTI 系统内数据的不完全统计,高校智库聚焦于国际关系与外交政策、文化和旅游政策、教育政策、财政政策、城乡建设政策、对外贸易政策、公安、安全政策、市场政策、民族、宗教政策、科技政策研究领域较多,而高校智库研究较少的领域为服务业政策、军事政策、食品、药品政策、审计政策和消费政策,均仅有个位数智库有所涉及。同 2018 年相比,较为明显的变化是涉及国际关系与外交政策方向、文化和旅游政策、对外贸易政策等研究领域方向、公安、安全政策研究领域的智库明显增多,聚焦民族、宗教政策、科技政策、司法政策、市场政策研究领域方向的智库也有一定增长,关注资源政策、金融政策等研究领域的智库则是有所减少。可以看出,针对新时代、新要求、新局势下出现的新问题、新情况,高校智库坚持"问题导向",以党和国家的发展需求为指向,充分发挥学科优势,调整战略布局与研究方向，聚焦核心研究领域开展协同创新研究。一方面，国家布局，催生相关重点领域智库发展。例如，"铸牢中华民族共同体意识"的重大论题提出以后，中央统战部、中央宣传部、教育部、国家民委等四部委面向有关高校和科研院所发出《关于申报铸牢中华民族共同体意识研究基地的通知》，推动民族研究领域智库建设。[①] 另一方面，高校智库主动发力，聚焦国家急需，确定主攻方向。例如，近年来许多高校积极发挥优势，成立了诸多致力于"一带一路"相关问题研究的智库和智库联盟，如北京师范大学成立了"一带一路"研究院、北京外国语大学成立了丝绸之路研究院等，着力推进公共外交专业化智库建设，现今高校智库已经成为"一带一路"智库公共外交的重要力量。[②]

## 二、CTTI 高校智库百强榜推介意义

南京大学中国智库研究与评价中心（以下简称"中心"）成立专门的高校智库百强榜推介工作小组，基于过往多年智库研究与评价的丰富理论与实践经验，尝试建构起一套相对科学合理、透明客观、覆盖高校智库建设指标的影响力、生产力评价体系。在评价之外，更为重要的是通过遴选与推介，树立起典型标杆、引导业界发展，营造健康、良好的智库生态，希望对高校智库质量的整体提升起到积极的推动作用。

### （一）CTTI 高校智库百强榜推介的依据

步入新时代，开启新征程，高校新型智库蓬勃发展，在理论研究、政策服务、决策咨询等方面发挥的作用日益突出。为总结和推广高校新型智库建设的先进经验，推动高校智库高质量发展，中心于 2022 年 11 月启动了 CTTI 2022 年度高校智库百强榜评选工作。此次高校智库百强榜推介工作在中国智库索引系统收录数据基础之

---

① 廖子夏.时代议题下的民族研究领域智库发展新动态[J].智库理论与实践,2021,6(5):45-51.
② 李一骁,于洪君."一带一路"智库公共外交的特点、挑战及建设路径[J].当代世界,2020(12):73-77.

上，对收录于中国智库索引的663家高校智库（截至2022年9月）从智库产品（Product）、智库活动（Activity）、智库媒体影响（Impact）三个方面进行定量打分，同时结合智库领域权威专家（Expert）的主观评价得分，综合以上四个维度得出各家高校智库的"PAI-E"值，科学合理地推介出100家优秀高校智库。根据"PAI-E"值的综合评分，此次推介评选出了A＋等级高校智库40家，A等级高校智库60家。

## （二）CTTI高校智库百强榜推介的意义

中心始终坚持开放、共建、共享原则，致力于开展中国特色新型智库研究与评价工作。经七年发展，中心已具备较为丰富的智库评价经验、较为成熟的智库评估指标体系和较为系统的智库评价分析范式。因此，开展2022年度高校智库百强榜推介工作是为了实现"三个有利于"，达到以评促建、示范引领、联动提升的目的。

一是有利于剖析全国高校智库建设现状与发展趋势。近年来我国高校智库在政策研究、人才培养、成果评价、国际传播等方面建树颇丰，尤其对高校哲学社会科学发展产生了积极的"溢出效应"，已成为推动科学决策、民主决策，推进国家治理体系和治理能力现代化，增强国家软实力进程的重要组成部分。因此通过开展高校智库百强榜推介工作，能够准确感知当前全国高校智库建设现状，深入分析高校智库发展质量差异及其原因，作出综合研判从而达到及时调整高校智库整体布局、专业引导高校智库全面发展的目的。

二是有利于为全国高校智库寻找建设标杆、产生示范效应。此次推介工作旨在通过遴选出一百家优秀高校智库的方式，推出一批高层次、高水平的高校智库，有力推广这些智库的先进建设理念、优质研究成果和创新运行机制，发挥其在全国高校智库界的标杆和示范作用，并为其他高校智库提供对标对表的对象，在不断赶超、争创一流中实现我国高校智库的飞跃发展。

三是有利于提升来源智库数据填报积极性，提高CTTI系统完整度与知名度。截至2022年12月，中国智库索引（CTTI）共收录709家高校智库，占收录智库总量的71.76％，可见高校智库是CTTI来源智库的重要组成部分。因此，开展高校智库百强榜推介工作能够激励现有来源智库积极填报数据,从而提高系统数据数量与质量,增强系统的权威性与有效性;除此之外,该推介工作能够吸引更多优质高校智库积极申请增补、加入CTTI来源智库行列,从而促进中国特色新型智库共同体建设,扩大CTTI系统的知名度与认可度。

## 三、CTTI 高校智库百强榜推介的原则、方法与流程

中心以智库影响力评价为抓手,基于政治性与学术性、客观性与独立性、科学性与可操作性等原则,以高度的使命感、负责任的态度开展了严谨、细致、科学、透明的评价推介工作。此次CTTI高校智库百强榜推介工作的方法主要为三个"相结合",即在遴选依据方面坚持量化数据与专家意见相结合,在遴选方式方面坚持第三方评价与智库自评相结合,在遴选标准方面坚持一般指标与特色指标相结合。

### (一)推介原则

政治性与学术性。高校智库百强推介工作要为中国特色新型智库建设、为服务国家与社会发展服务,因此,此次推介工作尊重并充分体现中办、国办《关于加强中国特色新型智库建设的意见》精神,以习近平新时代中国特色社会主义思想为指导,牢牢把握智库评价的政治方向,科学把握中国特色新型智库的内涵和原则,立足中国国情,确立符合中国本土、高校情况、现实需求的评价、推介标准,体现正确的政治方向、价值取向、研究导向。[①] 此外,中心在多年发展过程中,不断借鉴学习国际智库的评价模式与方法,夯实智库评价理论基础,在此次推介过程中也注重多种定性与定量评价方法的综合运用,保证推介工作的公信力、权威性。

客观性与独立性。中心始终秉持客观和独立原则,在评价、推介的过程中实事求是,对所有智库一视同仁,在前期收集数据阶段便通过人工审核、邮件电话通知等方

---

① 胡薇.问题与路径:智库评价及中国特色智库评价体系构建[J].社会科学文摘,2021(1):115-117.

式尽最大可能全面收集到各家高校智库建设的数据,并确保数据准确、有效、真实、可靠,以数据说话,保障得出高质量的推介结果,能够展现出各家高校智库的真实建设情况。本次高校智库百强榜推介所用数据均来源于CTTI系统中各家来源高校智库的自主填报、知名智库专家的评价意见以及各类公开信息数据。中心坚持以第三方智库研究机构的身份独立自主开展工作,规避利益导向,不受其他机构和个人影响和干预,遵守国家法律法规,致力于为智库研究与评价中国提供专业支持。

科学性与可操作性。在推介流程过程方面,此次CTTI高校智库百强榜推介工作在推介对象、推介方法、推介周期、推介标准等方面有系统性的规划与安排,主要分为前期的拟定指标、公告发布与数据收集、中期的知名专家意见征集、后期的分数权重统计等环节,将定性与定量方法相结合,力求整个过程公开、透明、科学、公正,确保推介工作顺利、有效开展。在评价指标体系方面,由于考虑到中国高校管理体制与方式具有相似性,且许多高校智库内部的资金、专家、行政人员、硬件设施等与地方政策、高校实力、智库战略等多方面因素有关,若将M值(治理结构)与R值(智库资源)纳入指标体系中可能会产生无意义数据或潜在的不公平因素,因此CTTI高校智库百强榜推介体系与原有的MRPAI评价体系指向性不同,是产出导向型评价,创新性地分离出PAI值指标,主要针对高校智库的生产力和影响力进行评价。同时,根据高校智库的特点,中心也针对其中的指标体系各项分值有侧重性地进行相应调整,确保各项指标最大程度符合现实情况。

理论与实践相结合。高校智库是一项系统性、复杂性、实践性工作。中心有着多年丰富的智库评价经验,曾作为第三方评价机构完成多项智库评价项目,例如,参与江苏省重点高端智库和重点培育智库、江西省重点新型智库、南京市新型智库、清华大学校级智库机构、吉林大学新型智库等智库评估工作,对高校智库咨政建言、学术研究、社会影响等维度有实践层面的探索和理解,因此,中心借鉴过往评价经验,修改、细化指标与分值,力求指标体系更加贴近现实情况,得出的推介结果能够展现高校智库的特色与成就,激发高校智库建设的更多可能性。

## （二）推介方法

### 1. 量化数据与专家意见相结合

此次推介工作的主要遴选依据分为两种，一是CTTI系统内各家高校来源智库主动填报的数据，通过运用我中心形成的指标体系对这些客观数据进行量化处理后得出结果。各家高校智库机构管理员或者智库专家本人可以在截止日期之前随时随地在系统录入数据，CTTI系统后台收到数据后会进行严格人工审核，确保数据的真实性、有效性，每一条数据只有在确认无误后才提交到数据库。由于此次推介工作的主要信息来源是各智库与专家自主填报的数据，数据量的多少、数据质量的好坏对推介结果产生较大影响，也是日后智库数据共建共享的基础，因此推介工作中的"数据众包（众筹）"模式一方面节省了数据采集成本，确保不公开内参、产品和活动数据的完整性，另一方面也能激发各家智库和专家填报数据动力，塑造出全方位、动态化的智库画像。二是邀请智库界高水平、高知名度的专家基于参选智库的基本情况与建设成效进行主观打分并撰写意见。这主要是由于在智库自主填报数据过程中，也有极少数智库存在夸大成果或数据误填情况，无法完全保证精确衡量智库的生产力和影响力，并且，智库影响力体现在决策层、学术界、公众媒体和国际社会等不同层面，智库所产出成果的效率和效能如何、智库的公信力与同行认可度如何、智库品牌建设成效如何等情况，单凭客观指标体系难以计算并得出准确结果。因此，需引入知名专家的主观意见，

两种依据相辅相成，确保遴选结果更具说服力和权威性。

### 2. 第三方评价与智库自评相结合

第三方评估也称独立评估或外部评估，是由政府部门委托第三方机构对公共项目、政策或部门的绩效进行的评估。[①] 因此，本次针对高校智库的第三方评价即指中

---

① 黄清子,马亮.如何评价中国智库评价:基于五组评价报告的比较研究[J].中国社会科学评价, 2020(4):141-154,158.

心秉持中立、客观原则为 CTTI 系统内的高校智库发展绩效做出评价。第三方评价首先是强化评价主体的独立性,独立性是第三方评价机构最重要、最显著的特征,中心作为专门从事智库研究、人才培养、评估评价和管理咨询的机构,保证评估机构、评估人员与评估对象没有利益纠葛关系,充分发挥第三方评估诊断、监督的功能,最大程度上保证评估工作的公正与专业。除此之外,本次推介工作还引入智库自评环节,由各参选智库以机构小传等形式提供自评报告,阐述本智库的运营特色与主要亮点,作为第三方评价的有益补充。这两种评价方式相结合,以达到优势互补,有充分的专业性、有效性保障,遴选结果将有助于进一步催生智库的行业自觉,促进高校智库的自我身份认同。

### 3. 一般性指标与特色性指标相结合

此次推介工作的指标体系"PAI-E"框架层次清晰、结构分明,其中包含一般性指标与特色性指标。一般性指标是指基于中心七年来的智库评估工作经验,结合已有智库评价体系,总结得出的智库建设发展一般性指标,能够为各智库进行全面综合的画像,一般性指标能够从整体上反映智库建设情况,对于推介遴选具有一定的参考价值;此外,由于高校智库拥有突出的人才优势、学科优势、平台优势,因此此次推介工作还会引进特色性指标,加强遴选指标与遴选对象的匹配程度,旨在凸显高校智库特色,为处在不同发展阶段、不同发展水平的高校智库量身打造精准的"指挥棒",保障标杆智库遴选的准确性与有效性,对一流高校智库的建设起到导向作用。

### (三)推介流程

由南京大学中国智库研究与评价中心独立开展此项工作,主要工作流程如下:

第一步,启事发布与工作组织。中心于 2022 年 11 月 11 日在南京大学中国智库研究与评价中心官方网站发布 CTTI 2022 年度高校智库百强榜推介工作启事,并在同时间向 CTTI 系统内所有来源高校智库发送相关邮件,尽可能确保各家高校智库知晓并参与此次推介活动。在数据填报的高峰时段,中心有多位专业工作人员每日负责数据审核与问题答疑,确保各家智库熟悉活动内容、规范数据填报。

第二步，遴选指标构建与数据收集。在推介工作启动之时，中心便同步着手构建高校智库百强榜遴选指标体系，通过德尔菲法，结合知名智库专家意见，在中心研究人员的共同研讨与测评之下，确定 PAI 值和 E 值在本次活动中所占比例，以及对相关指标进行细化修改，最终形成一套权威、专业、科学、客观并符合中国高校智库发展特色的遴选指标体系。在数据填报截止日期（2022 年 11 月 30 日 24:00）之后，中心工作人员第一时间收集下载 CTTI 系统内参评高校智库的数据填报情况，并进行数据的整合、组织、筛选。

第三步，根据客观得分进行初步遴选。通过系统内收集的客观基础数据，并得出初步客观结果，中心将 PAI 值排名前 120 名的智库初步遴选出来，形成 CTTI 高校智库百强榜备选池，作为专家主观评价的基本依据。

第五步，遴选专家评价组并进行主观打分。本次推介工作根据专家代表性、专业性和多元性的原则，共遴选出 51 位智库界著名专家、学者作为专家评价组成员，通过邮件方式向所有专家发放调查问卷，每份问卷的智库顺序为乱序，确保不因智库排序干扰专家评价意见，最后在统一时间节点回收问卷。

第六步，计算得分并得出最终结果。计算最终的高校智库"PAI-E"值，并根据各家智库的 PAIE 值大小得出最终结果，并按照 4∶6 比例以及分数高低将参评高校智库划分为 A＋、A 两个等级，形成最终版的 CTTI 2022 年度高校智库百强榜智库推介名单，并在 2022 年新型智库治理论坛主会场公布名单，介绍此次推介的百强高校智库的基本情况。

## 四、CTTI 高校智库百强榜推介体系及算法

CTTI 高校智库百强榜推介体系为"PAI-E"评价体系，其中"PAI"值是基于系统内客观数据自动导出计算所得，属于客观评价数据；E 值是通过给专家发放调查问卷收集主观意见，并经过后期数据处理所得，属于主观评价数据，最终的推介结果为这二者评价数据的结合。

## （一）CTTI高校智库百强榜推介体系构建

### 1. CTTI系统客观评价数据（PAI值）说明

PAI值由P值、A值、I值构成，是三者之和（见表5.2）。

P（Product）值，囊括智库各类政策与学术产品，是衡量智库有效知识生产的一项指标，是智库的政策影响力和学术影响力的直接体现。政策影响力可以理解为高校智库研究人员通过上报内参、发布调研报告、参与决策咨询活动等直接或间接途径影响政策制定的能力，主要是指其在政策过程中对于政策问题的洞察力、政策方案设计中的创造力以及政策咨询中的说服力。[①] 在P值中我们主要采用被批示内参、研究报告、文稿等测度智库的政策影响力。高校具有学科、人才等天然优势，本身即具有突出的学术建设能力。思想与观点是智库学术影响力形成的第一要素，高校智库是否可以通过产出专业化的思想与观点来创新理论、指导实践、助推发展也是十分关键的测度指标。在P值中我们主要从图书、论文、纵向项目、横向项目等入手了解高校智库的学术影响力情况。综上，在P值中，中心主要采用被批示内参、智库主办或主管的期刊、正式出版的图书、报纸/网络文章、研究报告、文稿、论文、纵向项目、横向项目9类成果指标。值得说明的是，在此次赋值体系中，政策类智库产品的分值相对学术类智库产品的分值更高一些，中心希望通过指标体系发挥"指挥棒"作用，鼓励高校智库从传统的学术思维转变为政策思维，进一步强化对政府的决策支撑作用，提升塑造政策话语的能力，将更多的学术研究服务于政策实践过程之中。

A（Activity）值，主要指智库各类活动开展情况，通过活动打造自身的知名度，产生品牌效应，其研究成果与新闻动态也会受到更多关注。A值包含智库外部活动和智库间活动，主要关注智库举办论坛研讨会、参加培训活动、开展讲座等情况，从活动开展层次、活动开展范围、活动开展形式考察高校智库开展活动的多样性、创新性和

---

[①] 钱再见，高晓霞. 中国特色新型智库影响力的生成逻辑、作用机制与提升路径：基于多维理论视角的学理分析[J]. 智库理论与实践，2019,4(3):1-10,16.

影响力。在智库外部,高校智库潜心打造具备领域特色、形式多样的学术性、行业性品牌活动,能够促进加强中央与地方层面、国内与国际层面的交流,主动把握国内外平台话语权,展现高校智库风采;在智库之间,智库举办富有成效的调研座谈、接受领导考察调研,拓展合作网络,积极学习优秀先进智库做法,有助于进一步提升智库运营的专业水准。综上,在A值中,中心主要采用会议活动、讲学/培训活动、智库的考察(调研)、接受调研、讲座5类活动指标。《国家"十四五"时期哲学社会科学发展规划》中指出"要着力打造一批具有重要决策影响力、社会影响力、国际影响力的新型智库"[1],因此,中心对于智库主办或承办国际性和全国性会议给予较高分值,希望作为人文交流重要主体的广大高校智库能够助力国内外话语体系建设,为参与全球治理提供高水平的决策支持,形成良好的政策效应。

I(Impact)值,度量高校智库的媒体影响力,是把电视、报纸、期刊/杂志、网络4类新闻报道通过赋值方式转化为数值型数据,进而反映出智库媒体影响力、发声度、知名度的指标。高校智库借助各级各类新闻媒体进行重大政策、战略的解读和宣讲,在主流媒体上持续输出曝光,推广智库专家的思想观点、研究成果和政策主张,是智库公众影响力、社会影响力的重要表征。中心根据获得报道媒体的不同级别赋予相应的分数,旨在进一步完善高校智库以传播为核心的营运体系建设,增强智库传播的自主性、互动性,扩大智库的社会效益和品牌影响。

表5-2 高校智库PAI测评指标

| 一级指标 | 代码 | 二级指标 | 计分规则 |
| --- | --- | --- | --- |
| 智库成果 | P | 被批示内参 | 正国级/每条 |
|  |  |  | 副国级/每条 |
|  |  |  | 省部级/每条 |
|  |  |  | 厅局级/每条 |

---

[1] 中共中央办公厅印发《国家"十四五"时期哲学社会科学发展规划》[EB/OL].[2023-08-01]. https://www.gov.cn/zhengce/2022-04/27/content_5687532.htm.

（续　表）

| 一级指标 | 代码 | 二级指标 | 计分规则 | | |
|---|---|---|---|---|---|
| | | 智库主办/主管期刊 | 每种 SCI/SSCI/A&HCI/CSSCI 来源刊 | | |
| | | | 每种 EI、TSSCI、ISTP、CSCD、普通期刊来源刊 | | |
| | | | 每种连续性内部资料 | | |
| | | 图书 | 每种正式出版图书 | | |
| | | 报纸/网络文章 | 被正国级批示/每条 | | |
| | | | 被副国级批示/每条 | | |
| | | | 被省部级批示/每条 | | |
| | | | 被厅局级批示/每条 | | |
| | | | 发表于三报一刊的文章/每篇 | | |
| | | 研究报告 | 通过不同内参渠道报送的报告、国家哲学社会科学规划办《成果要报》报送的报告 | | |
| | | | 公开出版的报告 | | |
| | | | 公开发布的报告 | | |
| | | 文稿 | 负责国家级文稿起草 | | |
| | | | 负责部委级文稿起草 | | |
| | | | 负责省级文稿起草 | | |
| | | | 负责地市级文稿起草 | | |
| | | 论文 | SCI/SSCI 一二区来源刊收录论文/每篇 | | |
| | | | SCI/SSCI 三四区/A&HCI/ISTP 来源刊收录论文/每篇 | | |
| | | | CSSCI、EI、TSSCI、CSCD 来源刊收录论文/每篇 | | |
| | | 纵向项目 | 国家社科基金 | 重大项目 | |
| | | | | 年度项目——重点项目 | |
| | | | | 年度项目——一般项目 | |
| | | | | 年度项目——青年项目 | |

(续　表)

| 一级指标 | 代码 | 二级指标 | 计分规则 | |
|---|---|---|---|---|
| 纵向项目 | | 教育部人文社会科学研究项目 | 重大课题攻关项目 | |
| | | | 基地重大项目 | |
| | | | 一般项目——规划基金项目 | |
| | | | 一般项目——青年基金项目 | |
| | | | 一般项目——专项任务项目 | |
| | | | 一般项目——自筹经费项目 | |
| | | 教育部哲学社会科学研究项目 | 重大课题攻关项目 | |
| | | | 后期资助项目 | |
| | | 国家自然科学基金项目 | 面上项目 | |
| | | | 重点项目 | |
| | | | 重大项目 | |
| | | | 国家杰出青年科学基金 | |
| | | | 国家重大科研仪器研制项目 | |
| | | | 重大研究计划 | |
| | | | 优秀青年科学基金项目 | |
| | | | 应急管理项目 | |
| | | | 科学中心项目 | |
| | | | 创新研究群体项目 | |
| | | | 国际(地区)合作与交流项目 | |
| | | | 专项基金项目 | |
| | | | 海外及港澳学者合作研究基金 | |
| | | | 国家基础科学人才培养基金 | |
| | | | 联合基金项目 | |
| | | | 青年科学基金项目 | |
| | | | 地区科学基金项目 | |
| | | 国家重点研发计划 | 重点专项 | |
| | | | 项目 | |

(续　表)

| 一级指标 | 代码 | 二级指标 | 计分规则 |
| --- | --- | --- | --- |
| | | 横向项目 | 经费≥50万 |
| | | | 30万≤经费＜50万 |
| | | | 15万≤经费＜30万 |
| | | | 5万≤经费＜15万 |
| | | | 经费＜5万 |
| 智库活动 | A | 会议 | 主办承办国际性会议/每次 |
| | | | 主办承办全国性会议/每次 |
| | | | 主办承办省部级会议每次 |
| | | 讲学/培训 | 主办承办国际性讲学（培训）/每次 |
| | | | 主办承办全国性讲学（培训）/每次 |
| | | | 主办承办省部级讲学（培训）/每次 |
| | | 考察(调研) | 正国级考察(调研)活动/每次 |
| | | | 副国级考察(调研)活动/每次 |
| | | | 省部级考察(调研)/每次 |
| | | 接受调研 | 厅(司/局)级考察(调研)/每次 |
| | | | 接受正国级领导调研活动/每次 |
| | | | 接受副国级领导调研活动/每次 |
| | | 讲座 | 接受省部级领导调研活动/每次 |
| | | | 接受厅(司/局)级领导调研活动/每次 |
| | | | 举办讲座活动/每次 |
| 智库媒体影响力 | I | 报纸报道 | 中央级 |
| | | | 省部级 |
| | | | 各部/委/署/局机关媒体 |
| | | | 境外媒体 |
| | | 期刊/杂志报道 | 中央级 |
| | | | 省部级 |
| | | | 各部/委/署/局机关媒体 |

(续 表)

| 一级指标 | 代码 | 二级指标 | 计分规则 |
|---|---|---|---|
| | | | 境外媒体 |
| | | 电视/电台报道 | 中央级 |
| | | | 省部级 |
| | | | 境外媒体 |
| | | 网络报道 | 中央级 |
| | | | 省部级 |
| | | | 境外媒体 |

## 2. 智库专家主观评价数据（E值）说明

在CTTI系统客观评价流程结束后，中心得出一份按照PAI值大小排序的初步名单，以此为基础，确定了客观数据排名前120名的高校智库，将名单乱序后随机发送给评价组的各位专家学者作为评价参考。中心在选择智库专家时充分考虑多元性、专业性和代表性，所选择评价专家与被评估单位无直接利益关系，最终倾向于向三类专家咨询评价意见：第一类是专门从事智库评价或智库研究的专家学者，这些资深专家具有深厚的智库建设、评价的理论与实践探索经验，有部分专家长期任职于知名智库建设领导小组，对于智库的发展规划、政策研究、运营管理等各项重点工作具有丰富经验，能够洞悉发展趋势，深入剖析问题，因此对全国高校智库建设发展情况有着较为准确的认知和专业的判断力；第二类是党政机关、科研院所内的智库专家。党政部门是智库"供智"的主要对象，因此作为服务对象，他们对高校智库咨政服务成效的评价是客观真实的，他们的评价与反馈也能最直接反映出智库建设水平与产出成果质量；第三类是任职于高校智库的行业专家学者。在智库中工作的专家身处智库建设第一线，也时常通过调研交流了解同行智库的建设情况，因此能够真实、客观、科学分析我国高校智库的建设现状与趋势。三类专家共同对初筛后的120家高校智库进行评价，经过去掉最高分和最低分的平均值计算，构成最终的E值。

智库专家主观评价(Expert)主要从五大维度进行智库评价(见表5-3)。一是智库是否具有灵活的治理体制机制,包括智库是否具有科学合理的长短期建设规划、是否制定符合智库特色和发展规律的制度体系、智库日常运营管理部门与人员的配置情况等;二是智库是否具有较强的发展潜力,包括资金保障情况与资金使用效率、可持续吸引领军人物和精英人才的能力、信息化数据化建设情况等;三是智库是否具有较高的声誉,即智库决策咨询成果能够获得领导批示与部门采纳、智库参与高级别决策咨询活动情况、智库的社会知名度、同行认可度、公众影响力等;四是智库是否具有特色鲜明的研究领域,即智库研究领域是否具有前瞻性、战略性、创新性、特色性、针对性,是否为国际前沿或国家亟须领域;五是智库是否在学科建设与人才培养上具有较强影响力,是否能将智库建设化为学科建设和学术发展的"强心剂",是否为智库建设提供坚实人才支撑与人才储备。五个维度分别占分值20分。

表5-3 高校智库 E 值测评指标及其赋值

| 一级指标 | 代码 | 二级指标 |
| --- | --- | --- |
| 专家评价 | E | 智库是否具有灵活的治理体制机制 |
| | | 智库是否具有较强的发展潜力 |
| | | 智库是否具有较高的声誉 |
| | | 智库是否具有特色鲜明的研究领域 |
| | | 智库是否在学科建设与人才培养上具有较强影响力 |

### (二) CTTI 高校智库百强榜评价指标计算方法

首先,CTTI 系统中针对所有来源高校智库进行 PAI 值计算,根据从大到小的顺序进行排序,PAI 值计算方式为

$$PAI_i = P_i + A_i + I_i$$

其中 $PAI_i$、$P_i$、$A_i$、$I_i$ 值分别为每家高校智库的 PAI 值、P 值、A 值和 I 值。

为了使数据更加直观化,中心首先将 PAI 值进行归一化处理,把有量纲表达式

变成无量纲表达式,具体公式为:

$$\text{Adjusted PAI}_i = \frac{\text{PAI}_i - \text{PAI}_{\min}}{\text{PAI}_{\max} - \text{PAI}_{\min}}$$

其中 $\text{PAI}_i$ 为每家机构的 PAI 值,$\text{PAI}_{\max}$ 为所有机构 PAI 值的最大值,$\text{PAI}_{\min}$ 为所有机构 PAI 值中的最小值。Adjusted $\text{PAI}_i$ 为归一化处理后的 PAI 值,记为 $\text{APAI}_i$。

E 值的计算方法为

$$E_i = \frac{1}{n}\sum_{j=1}^{n} E_j, 1 \leqslant j \leqslant n$$

$$E_{\max} = \max\{E_i\}$$

$$E_{\min} = \min\{E_i\}$$

其中 $E_j$ 为每位专家对智库的评分,$E_i$ 为每家机构的最终得分,$E_{\max}$ 为所有机构最终得分的最高分,$E_{\min}$ 为所有机构最终得分的最低分。

同理,E 值也进行归一化处理,公式为:

$$\text{Adjusted } E_i = \frac{E_i - E_{\min}}{E_{\max} - E_{\min}}$$

Adjusted $E_i$ 是归一化处理后的 E 值,记 Adjusted $E_i$ 为 $\text{AE}_i$。

令 $\text{PAIE}_i = \alpha \text{APAI}_i + (1-\alpha)\text{AE}_i, 0 \leqslant \alpha < 1.$

其中 $\alpha$ 为客观数据 PAI 值占 *PAI-E* 评价的比重,该数值通过德尔菲法获得。$\text{PAIE}_i$ 值即为 CTTI 高校智库评价的最终综合得分。

## 五、CTTI 高校智库百强榜推介名单

表 5-4　CTTI 2022 年度高校智库百强榜名单

| 序列 | 机构名称（同等级内按音序排列） | 等级 |
| --- | --- | --- |
| 1 | 北京大学国家发展研究院 | A+ |
| 2 | 北京大学国家治理研究院 | A+ |
| 3 | 北京交通大学北京交通发展研究基地 | A+ |
| 4 | 北京交通大学国家经济安全研究院 | A+ |
| 5 | 北京师范大学国际与比较教育研究院 | A+ |
| 6 | 北京师范大学中国教育与社会发展研究院 | A+ |
| 7 | 东南大学道德发展研究院 | A+ |
| 8 | 对外经济贸易大学中国世界贸易组织研究院 | A+ |
| 9 | 复旦大学复旦发展研究院 | A+ |
| 10 | 复旦大学国际问题研究院 | A+ |
| 11 | 复旦大学中国经济研究中心 | A+ |
| 12 | 华东师范大学中国现代城市研究中心 | A+ |
| 13 | 华中科技大学国家治理研究院 | A+ |
| 14 | 华中师范大学中国农村研究院 | A+ |
| 15 | 吉林大学东北亚研究中心 | A+ |
| 16 | 南京大学长江产业经济研究院 | A+ |
| 17 | 南京大学紫金传媒智库 | A+ |
| 18 | 南京师范大学中国法治现代化研究院 | A+ |
| 19 | 南开大学经济与社会发展研究院（京津冀协同发展研究院） | A+ |
| 20 | 南开大学政治经济学研究中心 | A+ |
| 21 | 清华大学国际关系研究院 | A+ |
| 22 | 清华大学中国应急管理研究基地 | A+ |
| 23 | 厦门大学台湾研究院 | A+ |
| 24 | 山东大学卫生管理与政策研究中心 | A+ |
| 25 | 上海交通大学中国城市治理研究院 | A+ |
| 26 | 上海交通大学中国医院发展研究院 | A+ |

(续　表)

| 序列 | 机构名称(同等级内按音序排列) | 等级 |
| --- | --- | --- |
| 27 | 上海外国语大学中东研究所 | A+ |
| 28 | 深圳大学港澳基本法研究中心 | A+ |
| 29 | 四川大学南亚研究所 | A+ |
| 30 | 苏州大学东吴智库 | A+ |
| 31 | 同济大学德国研究中心 | A+ |
| 32 | 武汉大学国际法治研究院 | A+ |
| 33 | 武汉大学经济发展研究中心 | A+ |
| 34 | 武汉大学社会保障研究中心 | A+ |
| 35 | 西安交通大学"一带一路"自由贸易试验区研究院 | A+ |
| 36 | 浙江大学中国农村发展研究院 | A+ |
| 37 | 浙江师范大学非洲研究院 | A+ |
| 38 | 中国海洋大学海洋发展研究院 | A+ |
| 39 | 中国人民大学国家发展与战略研究院 | A+ |
| 40 | 中国人民大学重阳金融研究院 | A+ |
| 41 | 安徽财经大学安徽经济社会发展研究院 | A |
| 42 | 安徽大学创新发展研究院 | A |
| 43 | 北京交通大学北京物流信息化研究基地 | A |
| 44 | 北京联合大学北京学研究基地 | A |
| 45 | 北京师范大学中国基础教育质量监测协同创新中心 | A |
| 46 | 北京外国语大学国家语言能力发展研究中心 | A |
| 47 | 北京外国语大学日本研究中心 | A |
| 48 | 成都理工大学自然灾害防治与地质环境保护研究智库 | A |
| 49 | 重庆工商大学长江上游经济研究中心 | A |
| 50 | 电子科技大学社会事业和社会保障研究智库 | A |
| 51 | 东北大学中国东北振兴研究院 | A |
| 52 | 广东外语外贸大学粤港澳大湾区研究院 | A |
| 53 | 广州大学广州发展研究院 | A |

(续　表)

| 序列 | 机构名称(同等级内按音序排列) | 等级 |
|---|---|---|
| 54 | 海南大学"一带一路"研究院 | A |
| 55 | 河南大学黄河文明与可持续发展研究中心暨黄河文明省部共建协同创新中心 | A |
| 56 | 湖南师范大学道德文化研究院 | A |
| 57 | 华东师范大学基础教育改革与发展研究所 | A |
| 58 | 华东师范大学课程与教学研究所 | A |
| 59 | 华东师范大学中国现代思想文化研究所 | A |
| 60 | 华南理工大学社会治理研究中心 | A |
| 61 | 吉林大学数量经济研究中心 | A |
| 62 | 暨南大学华侨华人研究院 | A |
| 63 | 江南大学食品安全风险治理研究院 | A |
| 64 | 江苏警官学院江苏省公共安全研究院 | A |
| 65 | 江西师范大学苏区振兴研究院 | A |
| 66 | 兰州大学循证社会科学研究中心 | A |
| 67 | 南京大学社会风险与公共危机管理研究中心 | A |
| 68 | 南京信息工程大学气候与环境治理研究院 | A |
| 69 | 南京医科大学健康江苏研究院 | A |
| 70 | 南开大学中国政府发展联合研究中心 | A |
| 71 | 清华大学国际传播研究中心 | A |
| 72 | 厦门大学高等教育发展研究中心 | A |
| 73 | 山东大学当代社会主义研究所 | A |
| 74 | 山东大学山东区域金融改革与发展研究中心 | A |
| 75 | 陕西师范大学西北国土资源研究中心 | A |
| 76 | 陕西师范大学西北历史环境与经济社会发展研究院 | A |
| 77 | 四川大学中国藏学研究所 | A |
| 78 | 苏州科技大学城市发展智库 | A |
| 79 | 天津大学国家知识产权战略实施研究基地 | A |

(续　表)

| 序列 | 机构名称（同等级内按音序排列） | 等级 |
|---|---|---|
| 80 | 天津大学中国绿色发展研究院 | A |
| 81 | 天津师范大学国家治理研究院 | A |
| 82 | 武汉大学媒体发展研究中心 | A |
| 83 | 西北大学中国西部经济发展研究中心 | A |
| 84 | 西南大学西南民族教育与心理研究中心 | A |
| 85 | 西南石油大学四川石油天然气发展研究中心 | A |
| 86 | 西南政法大学人权研究院 | A |
| 87 | 西藏民族大学西藏文化传承发展协同创新中心 | A |
| 88 | 湘潭大学毛泽东思想研究中心（湘潭大学中国共产党革命精神与文化资源研究中心） | A |
| 89 | 盐城师范学院沿海发展智库 | A |
| 90 | 燕山大学河北省公共政策评估研究中心 | A |
| 91 | 浙江大学社会治理研究院 | A |
| 92 | 浙江大学中国科教战略研究院 | A |
| 93 | 中国海洋大学中国企业营运资金管理研究中心 | A |
| 94 | 中国人民公安大学首都社会安全研究基地 | A |
| 95 | 中南财经政法大学产业升级与区域金融湖北省协同创新中心 | A |
| 96 | 中南财经政法大学城乡社区社会治理湖北省协同创新中心 | A |
| 97 | 中南财经政法大学收入分配与现代财政学科创新引智基地 | A |
| 98 | 中南财经政法大学知识产权研究中心 | A |
| 99 | 中南大学知识产权研究院 | A |
| 100 | 中南大学中国文化法研究中心 | A |

## 六、CTTI 高校智库百强榜数据分析

### （一）CTTI 百强高校智库地域分布情况

2022 年 CTTI 高校智库百强榜中，北京市入选的高校智库最多，共 18 家；江苏

省入选13家,紧随其后;上海市有11家入选,排名第三;其次是湖北省、天津市,分别有10家和6家智库入选,山东省、广东省、四川省以及陕西省均有5家智库入选。在40家A+级高校智库中,北京占11家,数量居于首位,其次是上海、江苏、湖北、天津、山东、浙江。北京市、江苏省以及上海市拥有一大批"双一流"高校,高校综合实力强劲,学科基础扎实雄厚,为高校智库发展奠定了科研基础。湖北、天津、山东等地也聚集了许多高校,在国家政策的扶持下,高校智库建设迅猛发展,成绩斐然。

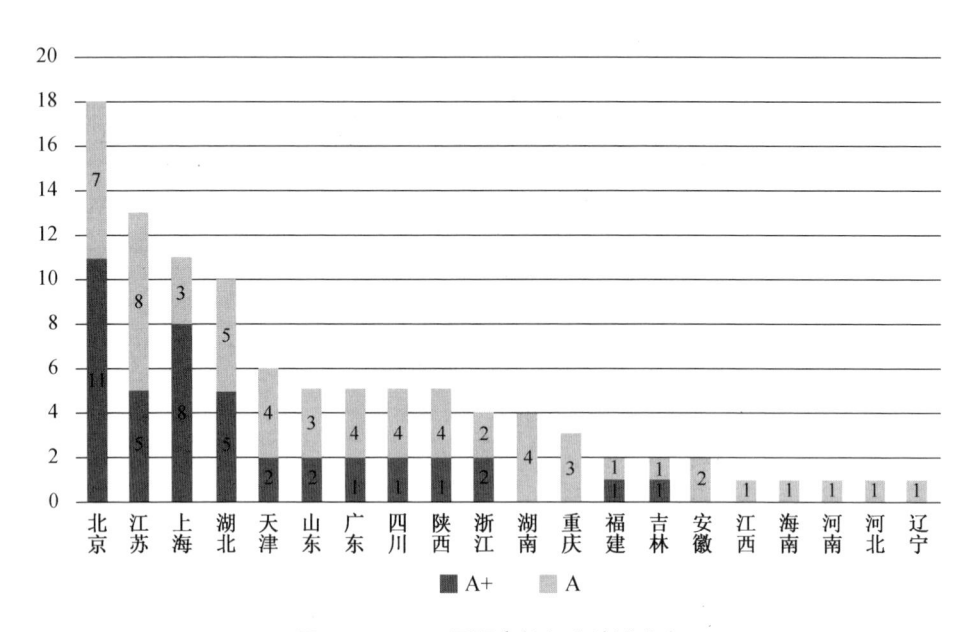

图 5-2  CTTI 百强高校智库地域分布

顶级的高校智库都拥有着不俗的学术科研能力。如北京大学国家发展研究院,是以经济学为基础的多学科综合性学院,北京大学应用经济学一级学科在第五轮学科评估中获得 A+;再如武汉大学国际法研究所,是中国高校第一个国际法研究机构,2017 年国际法入选国家"双一流"学科。因此,高校智库建设先要打学术研究基础。

### (二) CTTI 百强高校智库大学分布情况

本次 CTTI 高校智库百强榜共有 62 所高等院校入围(见表 5-5),其中武汉大学、华东师范大学、中南财经政法大学均有 4 家智库入选百强榜，位居榜首；复旦大学、清华大学、南京大学、北京师范大学、南开大学、北京交通大学、浙江大学以及山东大学都有 3 家智库入选；其次是北京大学、中国人民大学、上海交通大学、厦门大学等 12 所高校均有 2 家来源智库入选，这些高校充分发挥了智库功能。武汉大学和复旦大学在本次评选中的表现可圈可点，均有 3 家智库被定为 A＋，是入选 A＋级别智库最多的两所高校。

**表 5－5　CTTI 百强高校智库大学分布**

| 大学名称 | A＋ | A | 总计 | 大学名称 | A＋ | A | 总计 |
| --- | --- | --- | --- | --- | --- | --- | --- |
| 武汉大学 | 3 | 1 | 4 | 同济大学 | 1 | / | 1 |
| 华东师范大学 | 1 | 3 | 4 | 南京师范大学 | 1 | / | 1 |
| 中南财经政法大学 | / | 4 | 4 | 西南政法大学 | / | 1 | 1 |
| 复旦大学 | 3 | / | 3 | 重庆工商大学 | / | 1 | 1 |
| 南京大学 | 2 | 1 | 3 | 暨南大学 | / | 1 | 1 |
| 清华大学 | 2 | 1 | 3 | 成都理工大学 | / | 1 | 1 |
| 北京师范大学 | 2 | 1 | 3 | 安徽财经大学 | / | 1 | 1 |
| 南开大学 | 2 | 1 | 3 | 江西师范大学 | / | 1 | 1 |
| 北京交通大学 | 2 | 1 | 3 | 西南大学 | / | 1 | 1 |
| 浙江大学 | 1 | 2 | 3 | 河南大学 | / | 1 | 1 |
| 山东大学 | 1 | 2 | 3 | 盐城师范学院 | / | 1 | 1 |
| 北京大学 | 2 | / | 2 | 燕山大学 | / | 1 | 1 |
| 中国人民大学 | 2 | / | 2 | 西南石油大学 | / | 1 | 1 |
| 上海交通大学 | 2 | / | 2 | 广州大学 | / | 1 | 1 |
| 厦门大学 | 1 | 1 | 2 | 东北大学 | / | 1 | 1 |
| 中国海洋大学 | 1 | 1 | 2 | 南京医科大学 | / | 1 | 1 |
| 四川大学 | 1 | 1 | 2 | 北京联合大学 | / | 1 | 1 |
| 吉林大学 | 1 | 1 | 2 | 湖南师范大学 | / | 1 | 1 |
| 东南大学 | 1 | 1 | 2 | 苏州科技大学 | / | 1 | 1 |

(续　表)

| 大学名称 | A+ | A | 总计 | 大学名称 | A+ | A | 总计 |
|---|---|---|---|---|---|---|---|
| 陕西师范大学 | / | 2 | 2 | 广东外语外贸大学 | / | 1 | 1 |
| 北京外国语大学 | / | 2 | 2 | 江苏警官学院 | / | 1 | 1 |
| 中南大学 | / | 2 | 2 | 中国人民公安大学 | / | 1 | 1 |
| 天津大学 | / | 2 | 2 | 江南大学 | / | 1 | 1 |
| 华中科技大学 | 1 | / | 1 | 天津师范大学 | / | 1 | 1 |
| 华中师范大学 | 1 | / | 1 | 海南大学 | / | 1 | 1 |
| 浙江师范大学 | 1 | / | 1 | 南京信息工程大学 | / | 1 | 1 |
| 对外经济贸易大学 | 1 | / | 1 | 西藏民族大学 | / | 1 | 1 |
| 深圳大学 | 1 | / | 1 | 西北大学 | / | 1 | 1 |
| 苏州大学 | 1 | / | 1 | 华南理工大学 | / | 1 | 1 |
| 上海外国语大学 | 1 | / | 1 | 湘潭大学 | / | 1 | 1 |
| 西安交通大学 | 1 | / | 1 | 电子科技大学 | / | 1 | 1 |

## 七、高校新型智库建设中的特色亮点

### （一）研究领域专业化、精细化、特色化、创新化

高校智库的专业化发展必须首先明确定位，紧密围绕高校的优势学科资源，瞄准国家重大战略需求，凝练出符合自身发展规律和独特优势的研究领域，例如经济发展、法治建设、社会治理、公共外交等，以推进高校智库为党委政府提供决策咨询服务的工作。以本次高校百强榜中的智库为例，中国人民大学国家发展与战略研究院充分依托中国人民大学一流学科实力，专注于经济治理与经济发展、政治治理与法治建设、社会治理与社会创新、公共外交与国际关系等四大核心研究领域，带动全校范围内的政策研究资源集聚；北京大学国家发展研究院秉承其历史沿革，聚焦新结构经济学、宏观经济研究、对外经贸关系等重要议题，成为经济领域高水平的综合研究智库；武汉大学国际法研究所在国际法领域积累了近四十年的研究经验，始终专注于国际

法治与中国主权安全、国际经济新秩序、全球治理等方面的深入研究。高校百强智库树立了榜样，突出了智库研究的专业化和特色化，其发展经验对我国高校智库建设具有重要的借鉴价值。高校百强智库充分借鉴国家重大发展战略和自身的学科优势，找到了一条既有利于自身发展又突显自身特色的研究路径，也引领全国各级各类高校智库充分发挥校内丰富的学术资源，加大内部研究方向的专业化深化，将政策研究融入学术研究中，将学科建设与专业发展相结合，努力实现"学以致用、用以促学、学用相长"的目标，为推动知识创新和决策智慧的有机融合贡献力量。

### （二）决策咨询成果质量显著提升

决策咨询能力是智库的核心竞争力之一。在新的发展阶段，智库必须牢固树立自身的强项和优势，选择具有独特竞争优势的领域，并坚持深入研究，以便在关键领域积累核心竞争力和影响力。近年来，高校智库将国家重大战略需求视为头等大事，在决策咨询服务方面取得了显著的成就。

根据CTTI高校智库的数据统计，截至2022年12月底，高校智库积累了超过两万篇的内部参考文献，其中多篇已经获得了领导的批示或相关部门的采纳。高校智库不断提高向党委政府提交内部参考文献的积极性，单篇内部参考文献也逐渐引起了党委政府相关部门的高度重视。这些事实表明，高校智库越来越强烈地意识到主动为党委政府提供决策支持的重要性，其决策咨询能力也在不断提升。与此同时，决策部门也开始更加重视高校智库的声音，积极利用高校研究力量来提高决策的科学性。高校智库决策咨询成果质量的提升是多方面努力的结果。其中有两个关键方面值得强调。一方面，高校智库积极地拓宽咨询渠道，勇敢"出击"。例如，西安交通大学的"一带一路"自由贸易试验区研究院通过制度创新和任务推动，与陕西自贸试验区、功能区以及协同创新区单位建立了良好的沟通机制。这些努力获得了相关部门的认可，西安市的5个案例（其中两个来自西咸新区）被评为全面深化服务贸易创新发展试点的"最佳实践案例"。这些案例都源自西安交通大学的"一带一路"自由贸易试验区研究院的研究工作。另一方面，高校智库注重循证研究，以提高成果的有效性。例如,中山大学的粤港澳发展研究院建立了境内最全面系统的特藏馆之一,即粤港澳档案文献中心。该特藏馆收藏了大量粤港澳研究成果、粤港澳出版物以及其他粤港澳研究文献,总计超过22 180册。此外,该研究院还建立了粤港澳研究数据平台,该平台包含了港澳经济、社会发展等多个专题的追踪数据库,为研究人员进行循证研究提供了充足的数据支持。

可见,高校智库在决策咨询能力方面取得了显著的进展。近年来,高校智库秉持开放和务实的理念,积极走出"象牙塔",深入到国家各地,以更加精准的方式服务党委政府的决策。研究模式也逐渐从学术型向智库型转变,其成果获得了党委政府的认可、采纳和积极反馈,决策咨询职能得到了有效的发挥。因此,高校智库正不断提高其在国家决策和战略研究领域的重要性和影响力。

### (三)复合型人才培养初见成效

高校是人才培养的关键阵地,也是培养年轻研究骨干的重要场所。与其他类型的智库相比,高校智库在培养高端复合型智库人才队伍方面责无旁贷。复合型人才不仅需要具备卓越的专业研究和创新能力,还应兼具政策分析和外部传播能力,为高校智库提供坚实的人才支持,从而保障智库研究的质量与层次。智库的核心在于"智",而"智"来源于卓越的专家学者和富有活力的青年骨干。

根据CTTI数据库的统计数据,智库共收录了20 655名专家学者。在学历方面,其中12 714名专家拥有博士学位,2 151名专家拥有硕士学位,832名专家拥有学士学位,表明硕博士学位的人才已经成为智库人才队伍的主力。从职称结构看,6 779人担任教授职称,3 403人是副教授,1 750人是讲师;同时,1 355人是研究员,902人是副研究员,736人是助理研究员。这些数据呈现出一个"倒金字塔形"的结构,既反映了智库专家大多接受过系统的学术训练,为持续发挥智库功能提供了稳定的智力支持,也表明智库对研究人员学历要求较高。高校智库在人才培养方面取得初见成效。以北京大学国家发展研究院(以下简称"北大国发院")为例,该研究院在学术教育领域取得了显著进展,其经济学硕士和博士项目在全国处于领先地位,其学生毕业后在中国经济学界声名远扬。与此同时，北大国发院还在商学教育、政府行政和经济管理教育方面开展了多层次、多领域的教学，培养了各类复合型智库人才。由此可见，北大国发院作为国家高端智库中高校智库的典型代表，以培养高层次、专业化、复合型人才为目的，基本形成了政、商、学三大教学体系。此外，高校智库还积极搭建合作平台，以增加学生的社会实践经验。例如，中国政法大学与《光明日报》社合作建立了光明新闻传播学院和"明政智库"，通过"校部共建"方式，使学生能够在实践中积累丰富的经验，提高了他们的综合素质。总体而言，高校智库在人才培养方面初见成效，通过培养具备复合能力高水平的智库人才，为中国特色新型智库的建设与发展提供了坚实基础。

### （四）媒体宣传矩阵不断完善

在传统高校科研机构中，通常只注重在专业学术期刊或杂志上发布创新性研究成果，而忽视了其他传播渠道的宣传效果。然而，在融媒体时代，现代高校智库充分认识到与媒体合作的重要性，他们积极与媒体合作，借助媒体来传播智库观点、放大智者声音、提升活动影响力。他们重视将传统媒体与新媒体相结合，开辟多重宣传渠道，以传播高质量研究成果为目标。此外，他们注重提升"明星型专家"的影响力，以拉近与社会大众之间的距离，增强舆论引导的良好效果。

根据 CTTI 提供的高校智库数据，高校智库专家接受报纸、电视和网络新闻媒体的报道数量逐年上升。尤其是报纸新闻媒体一直是高校智库长期依赖的发声媒介，而网络新闻媒体则是近年来逐渐受到重视的宣传渠道。虽然电视新闻媒体在宣传智库成果和活动方面的热度有所下降，但其仍然具有重要性。此外，高校智库也非常注重在新兴媒体平台上的宣传，如微信公众号、官方微博、短视频平台等。以复旦大学中国研究院为例，他们创新性地开展了思想政论节目《这就是中国》，通过"演讲＋真人秀"的模式，由院长张维为教授担任主讲人，以深刻的政治观点和独到的视角向观众传达中国制度、中国理论、中国道路和中国文化的优势和先进性，传达"民族自信"的核心精神。此外，复旦大学中国研究院还建立了"复旦大学中国研究院"公众号，用于宣传院内期刊成果、智库界资讯,以及推广多类型的智库产品。此外,多位专家还在社交媒体上开设了微博账户,积极与网民互动和交流。中国人民大学重阳金融研究院采用多种传播形式来推广新成果、新观点和新活动。他们在门户网站上开设了视频专栏"重头说起",由院内专家就大国关系、宏观经济、全球治理、资本市场等主题定期发布观点,已经发布了超过 300 个相关视频。此外,他们在官方网站和微信公众号上定期更新专家观点文章,紧密关注当前社会生活和突发问题,文章通俗易懂,吸引了广泛的读者群体。此外,研究院还与国内十余家主流媒体建立了合作关系,进一步扩大了研究成果和活动的社会知名度和影响力。

总之,高校智库在不断扩大媒体影响力方面取得了显著进展,他们通过建设多样化的传播矩阵,提高了研究成果的影响力,扩大了活动的传播力,并增强了"明星型"专家的行业权威性和社会影响力,展示了高校智库的独特魅力。

### (五) 智库共同体建设不断推进

高校智库体量庞大,涵盖了多个研究领域,具备广泛的交叉性和特色性。在这个背景下,建立一个促进相互交流和沟通的平台变得至关重要。一些高校通过定期举办智库论坛和高端论坛,以及建立智库联盟等方式,推动了智库共同体的形成,交流与合作变得日益密切。例如,复旦大学的"中国大学智库论坛"每年都以国家亟需解决的问题和中央重大决策为主题,形成了长期稳定的工作机制。直至 2022 年底,该论坛已经成功举办了六届年会,持续推动着中国高校智库为国家战略服务,促进协同合作,传递中国声音。武汉大学也连续举办"珞珈智库论坛",集聚不同领域的专家学者,共同探讨文化发展和智库在解决全球治理体系变革中的角色。此外,高校还开展了一系列有影响力的高端论坛,如中美大学智库论坛、中美大学校长和智库论坛、长三角研究型大学智库峰会等。这些论坛吸引了国内外知名高校智库学者,共同研究紧迫的问题,为中美合作和全球治理等问题提供了理论和实践基础。除了单一高校内部的活动,高校智库联盟也逐渐崭露头角。例如,2017 年成立的高校高端智库联盟,通过发布公约等方式,形成了示范集群,推动高校高端智库协同发展。同时,世界大学智库联盟也在国内外一流高校的倡议下成立,旨在利用全球一流高校的智力资源,为各国政府决策提供支持,构建人类命运共同体。此外,区域性高校智库联盟也在逐渐形成,如长三角高校智库联盟。这些联盟通过联合研究、互鉴特色、人才培养等机制,逐渐形成了引领性的智库集群,[①]发挥了各高校的人才和智力优势。

高校智库论坛和联盟是助力高校智库共同体建设的重要平台和渠道,通过知识共享、资源汇聚整合、沟通协作等方式,不仅为业内交流提供了一个良好的平台,加强了高校智库之间的协同合作,共享研究成果,助推智库成果传播,同时也为解决国家和全球性问题提供了更多高质量的智力支持,智库共同体的成员依据自身专业研究领域,能够实现专业互补,加强智库研究和分析的深度和广度,提高政策建议的质量和实用性。

### (六)智库研究反哺学科建设

高校学科建设与新型智库建设之间存在紧密的逻辑关系。学科代表着系统有序的知识体系,[②]而智库则旨在影响公共政策和舆论。当高校内同时存在学科和智库时,虽然它们在功能、价值、组织形态和评价标准等方面存在差异,但它们也具备高度的互补性。学科着重于学术性和知识生产,而智库更注重知识应用和实践性。学科通常按学科划分标准设立,而智库则依据解决问题的需要,具有多元性和开放性。评价一流学科主要考虑学术性和实践性,而评价一流智库则重点关注研究成果的质量、独立性和对政策和舆论的影响。尽管存在差异,但高校学科建设为智库提供了研究机会和多样化的知识领域,而智库的政策研究成果为学科提供了实例和实证数据,丰富了教学和研究内容。此外,高校智库也注重跨学科的合作,提供了跨学科研究的平台,推动学术界与实践界的融合,为学科建设带来了新的思路,促进了学科的创新和发展。

智库建设与高校学科建设之间的互动关系对于高校的人才培养、科研水平和社

---

① 长三角研究型大学智库峰会2019圆满举办|SAIF动态[EB/OL].[2021-07-03]. https://baijiahao.baidu.com/s?id=1645829494866971158&wfr=spider&for=pc.

② 周光礼,武建鑫.什么是世界一流学科[J].中国高教研究,2016,(1):65-73.

会服务具有积极影响。首先,智库的实践性研究强化了学科建设的实践性,拓宽了学科交叉点。智库研究的实践性强化了学科建设的实际应用,智库通常面对复杂的社会问题,需要跨学科的协作和综合应用多方面知识。这种实践性要求促使高校学科与智库互相交叉,形成新的学科交叉点。通过智库项目的开展,学科研究不仅使得理论与实践相结合,还能够提供实际政策咨询,增强了学科研究的应用性和可操作性。其次,智库的活动促进了研究生人才培养的复合性和实践性。高校学科与智库的合作培养,为研究生提供了更广泛的知识领域和研究方向选择,培养出更具综合素养的复合型人才。智库的研究工作既具备理论研究的要求,又要求具备决策咨询、团队协作、实地调研等实践能力。这样的培养模式有助于提高研究生的综合素质和竞争力。目前,许多智库或科研机构已经开始探索智库复合型人才培养模式。以南京大学中国智库研究与评价中心为例,中心依托的南京大学信息管理学院是南京大学历史最悠久的院系之一。中心所在的南京大学是国内最早把智库研究和智库信息系统方向列入博士生招生目录的高校。截至 2022 年 12 月,CTTREC 已毕业 9 名博士,26 位硕士,在读博士生和硕士生 25 名。中心硕博士研究生具备政策研究能力、决策咨询能力、团队协作能力、项目营运能力等,学术型论文与决策咨询报告撰写能力兼备。最后,智库建设与学科建设在学术战略和研究方向上保持协同性,推动了学科的快速发展和智库影响力的提升。智库项目常常需要依托学科的专业知识和研究力量,同时,学科建设也可以通过与智库合作,将学术资源转化为智库的专业优势,从而反哺学科建设。以上海交通大学"极地与深海发展战略研究中心"为例,该研究中心利用文理协同的学科优势,服务国家海洋外交策略;同时,持续实施文理交叉项目等支持计划,创新并拓展决策咨询研究方法,研究成果源于学科又反哺支撑学科,实现智库与学科良性互动,助力推进世界一流大学和一流学科建设。[①] 这种学科与智库的良

---

① 上海交通大学积极推进中国特色新型智库建设[EB/OL]. [2021-08-21]. http://www.moe.gov.cn/jyb_xwfb/s6192/s133/s166/201904/t20190416_378178.html.

性互动模式有助于学科与智库的联动发展，推动高校学科建设取得更显著的成就，打造出具有中国特色、中国风格、中国气派的学科体系。

# CTTI 来源智库目录（2022）[①]

（按照机构首字母拼音顺序排列，不分先后）

## （一）党政部门智库（75家）

北京市信访矛盾分析研究中心

财政部关税政策研究中心

财政部国际财经中心

成都高质量发展研究院（成都市人民政府研究室）

重庆市经济信息中心（重庆市综合经济研究院）

当代世界研究中心

福建省人民政府发展研究中心

公安部公安发展战略研究所

公安部现代警务改革研究所

国家发展和改革委员会国际合作中心

国家发展和改革委员会宏观经济研究院

国家海洋局海洋发展战略研究所

国家记忆与国际和平研究院（侵华日军南京大屠杀遇难同胞纪念馆）

教育部教育发展研究中心

国家市场监督管理总局发展研究中心

国家税务总局税收科学研究所

---

① 注：CTTI来源智库中的军队智库因密级原因暂不公开列入本目录中。

国家体育总局体育科学研究所

国家卫生健康委卫生发展研究中心

国家卫生健康委医院管理研究所

国家广播电视总局广播影视发展研究中心

国家应对气候变化战略研究和国际合作中心

国家知识产权局知识产权发展研究中心

自然资源部油气资源战略研究中心

国务院发展研究中心

杭州国际城市学研究中心（浙江省城市治理研究中心）

河北省财政科学与政策研究所

河北省宏观经济研究院

湖南省现代民政研究院

生态环境部环境与经济政策研究中心

机械工业经济管理研究院（国务院国资委）

吉林省人民政府发展研究中心

江苏省人民政府研究室

江西省社会科学界联合会省情研究中心

教育部高等学校社会科学发展研究中心

辽宁省人民政府发展研究中心

内蒙古自治区发展研究中心

农业农村部农村经济研究中心

全国党的建设研究会（中共中央组织部）

山东省创新战略研究院

山东省宏观经济研究院

陕西省西咸新区研究院

商务部国际贸易经济合作研究院

上海市发展改革研究院

上海市教育科学研究院

上海市浦东改革与发展研究院【中国(上海)自由贸易试验区研究院】

上海市人民政府发展研究中心

司法部预防犯罪研究所

天津滨海综合发展研究院

天津市科学技术发展战略研究院

中央社会主义学院统一战线高端智库

雨花台红色文化研究院

浙江省发展规划研究院

浙江省工业和信息化研究院

中共中央编译局

中共中央编译局马克思主义研究部

中共中央编译局世界发展战略研究部

中国财政科学研究院

中国城市和小城镇改革发展中心

中国国际问题研究院

中国自然资源经济研究院

中国教育科学研究院

中国劳动和社会保障科学研究院

中国老龄科学研究中心

中国旅游研究院(文化和旅游部数据中心)

中国浦东干部学院领导研究院

中国浦东干部学院长江三角洲研究院

中国浦东干部学院中国特色社会主义研究院

中国青少年研究中心

中国人民银行金融研究所

中国人事科学研究院

中国统计学会/国家统计局统计科学研究所

中国文化遗产研究院

中国现代国际关系研究院

中国新闻出版研究院

中华人民共和国民政部政策研究中心

## （二）社科院智库（55家）

安徽省社会科学院

北京市社会科学院

重庆社会科学院

重庆市生产力发展中心（重庆社会科学院）

福建省社会科学院

甘肃省社会科学院

广东省社会科学院

广西社会科学院

广州市社会科学院

贵州省社会科学院

海南省社会科学院

河北省社会科学院

河南省社会科学院

黑龙江省社会科学院

黑龙江省社会科学院东北亚战略研究院

黑龙江省社会科学院黑龙江社会发展与地方治理研究院

湖北省社会科学院

湖南省社会科学院

吉林省社会科学院

江苏省社会科学院

江苏省社科院廉政与治理研究中心

江苏省社会科学院区域现代化研究院

江西省社会科学院

辽宁社会科学院

南京市社会科学院

内蒙古社会科学院

宁夏社会科学院

青海省社会科学院

区域现代化研究院(安徽省社会科学院)

山东社会科学院

陕西省社会科学院

上海社会科学院

四川省社会科学院

天津社会科学院

西藏社科院

新疆自治区社科院

新时代省情与发展战略研究智库(四川省社会科学院)

粤港澳大湾区战略研究院(中国科学院科技战略咨询研究院与广东省科学院合作共建)

云南省社会科学院

浙江省社会科学院

中国航天工程科技发展战略研究院

中国社会科学院

中国社会科学院财经战略研究院

中国社会科学院当代中国马克思主义政治经济学创新智库

中国社会科学院当代中国研究所

中国社会科学院国家金融与发展实验室

中国社会科学院国家全球战略智库

中国社会科学院欧洲研究所

中国社会科学院上海市人民政府上海研究院

中国社会科学院社会发展战略研究院

中国社会科学院世界经济与政治研究所

中国社会科学院台湾研究所

中国社会科学院意识形态研究智库

中国社会科学院中国文化研究中心

中国社会科学院中国－中东欧国家智库交流与合作网络

## （三）党校行政学院智库（46家）

安徽行政学院安徽省公共政策研究评估中心

中共中央党校(国家行政学院)

中共中央党校(国家行政学院)党的建设教研部

中共中央党校(国家行政学院)国家治理教研部(电子政务研究中心)

中共中央党校(国家行政学院)国际战略研究院

中共中央党校(国家行政学院)发展战略与公共政策研究中心

中共中央党校(国家行政学院)决策咨询部

湖南省科技战略研究中心【中共湖南省委党校(湖南行政学院)】

江苏党的建设理论与实践创新研究院

南京新时代中国特色社会主义发展研究院

山东省委党校(山东行政学院)

中共上海市委党校(上海行政学院)

云南跨越式发展研究院【中共云南省委党校(云南行政学院)】

中共安徽省委党校(安徽行政学院)

中共北京市委党校(北京行政学院)

中共福建省委党校(福建行政学院)

中共甘肃省委党校(甘肃行政学院)

中共广东省委党校(广东行政学院)

中共广西区委党校(广西行政学院)

中共广州市委党校(广州行政学院)

中共贵州省委党校(贵州行政学院、中共贵州省委讲师团)

中共海南省委党校(省行政学院、省社会主义学院)

中共河北省委党校(河北行政学院)

中共河南省委党校(河南行政学院)

中共黑龙江省委党校(黑龙江省行政学院)

中共湖北省委党校(湖北省行政学院)

中共湖南省委党校(湖南行政学院)

中共吉林省委党校(吉林省行政学院)

中共江苏省委党校(江苏行政学院)

中共江西省委党校(江西行政学院)

中共辽宁省委党校(辽宁行政学院、辽宁省社会主义学院)

中共内蒙古自治区委员会党校（内蒙古自治区行政学院）

中共宁夏区委党校（宁夏行政学院）

中共青海省委党校（青海省行政学院　青海省社会主义学院）

中共陕西省委党校（陕西行政学院）

中共四川省委党校（四川行政学院）

中共天津市委党校（天津行政学院、中共天津市委党史研究室）

中共天津市委党校（天津行政学院、中共天津市委党史研究室）新时代创新型与服务型政府建设研究中心

中共天津市委党校（天津行政学院、中共天津市委党史研究室）新时代天津党的建设决策研究中心

中共天津市委党校（天津行政学院、中共天津市委党史研究室）新时代现代化经济体系建设研究中心

中共西藏自治区委党校（西藏自治区行政学院）

中共新疆维吾尔自治区委党校（新疆维吾尔自治区行政学院）

中共浙江省委党校（浙江行政学院）

中共重庆市委党校（重庆行政学院）

中国行政体制改革研究会

中央社会主义学院中国政党制度研究中心

## （四）高校智库（709家）

安徽财经大学安徽经济发展研究院

安徽大学创新发展研究院

安徽大学农村社会发展研究中心

安徽农业大学安徽农业现代化研究院

北京大学国际战略研究院

北京大学国际知识产权研究中心

北京大学国家对外文化交流研究基地

北京大学国家发展研究院

北京大学国家治理研究院

北京大学汇丰金融研究院

北京大学文化产业研究院

北京大学宪法与行政法研究中心

北京大学中国都市经济研究基地

北京大学中外人文交流研究基地

北京第二外国语学院阿拉伯研究中心

北京第二外国语学院北京对外文化传播研究基地

北京第二外国语学院北京旅游发展研究基地

北京第二外国语学院首都国际服务贸易与文化贸易研究基地

北京第二外国语学院中国"一带一路"战略研究院

北京第二外国语学院中国文化和旅游产业研究院

北京服装学院首都服饰文化与服装产业研究基地

北京工业大学北京社会管理研究基地

北京工业大学北京现代制造业发展研究基地

北京国际商贸中心研究基地(北京财贸职业学院)

北京航空航天大学高等教育研究院

北京航空航天大学工业和信息化法治战略与管理工信部重点实验室

北京航空航天大学中国航空工程科技发展战略研究院

北京交通大学北京产业安全与发展研究基地

北京交通大学北京交通发展研究基地

北京交通大学北京人文交通、科技交通、绿色交通研究基地

北京交通大学北京物流信息化研究基地

北京交通大学国家经济安全研究院

北京交通大学乌拉圭研究中心

北京交通大学中国马克思主义与文化发展研究院

北京科技大学北京企业低碳运营战略研究基地

北京科技大学科学技术与文明研究中心

北京理工大学北京经济社会可持续发展研究基地

北京理工大学国际争端预防和解决研究院

北京理工大学空天政策与法律研究院

北京理工大学智能科技风险法律防控工信部重点实验室

北京理工大学中国工程科技前沿交叉战略研究中心

北京联合大学北京学研究基地

北京农学院北京新农村建设研究基地

北京师范大学二十国集团反腐败追逃追赃研究中心

北京师范大学国际与比较教育研究院

北京师范大学教师教育研究中心

北京师范大学农村治理研究中心

北京师范大学首都教育经济研究院

北京师范大学首都文化创新与文化传播工程研究院

北京师范大学一带一路学院

北京师范大学智慧学习研究院

北京师范大学中国基础教育质量监测协同创新中心

北京师范大学中国教育与社会发展研究院

北京师范大学中国收入分配研究院

北京体育大学冬奥文化研究中心

北京体育大学体育产业发展研究中心

北京体育大学中国体育战略研究院

北京体育大学中华民族传统体育研究院

北京外国语大学北京中外文化交流研究基地

北京外国语大学二十国集团研究中心

北京外国语大学公共外交研究中心

北京外国语大学国际中国文化研究院

北京外国语大学国家语言能力发展研究中心

北京外国语大学海湾阿拉伯国家研究中心

北京外国语大学加拿大研究中心

北京外国语大学立法比较研究中心

北京外国语大学日本研究中心

北京外国语大学丝绸之路研究院

北京外国语大学英国研究中心

北京外国语大学中德人文交流研究中心

北京外国语大学中东欧研究中心

北京外国语大学中外教育法研究中心

北京信息科技大学北京市知识管理研究基地

北京语言大学北京文献语言与文化传承研究基地

成都理工大学四川矿产资源研究中心

成都理工大学自然灾害防治与地质环境保护研究智库

成渝地区双城经济圈建设研究院(重庆工商大学)

重庆大学城乡建设与发展研究院

重庆大学公共经济与公共政策研究中心

重庆大学国家网络空间安全与大数据法治战略研究院

重庆大学经略研究院

重庆大学可持续发展研究院

重庆大学中国公共服务评测与研究中心

重庆市高校维护稳定研究咨政中心（西南政法大学）

大理大学云南宗教治理与民族团结进步智库

大连海事大学"一带一路"研究院

大连海事大学大连东北亚国际航运中心研究院

大连海事大学海洋法治与文化研究院

大连海事大学辽宁沿海开放与经济发展研究基地

大连理工大学教育评价与发展战略研究中心

大连外国语大学东北亚研究中心

大庆师范学院大庆精神与龙江西部经济社会发展研究中心

党的创新理论研究与学习服务中心（湘潭大学）

电子科技大学社会事业和社会保障研究智库

东北财经大学经济与社会发展研究院

东北农业大学现代农业发展研究中心

东北师范大学东亚研究院

东北师范大学中国农村教育发展研究院

东南大学反腐败法治研究中心

东南大学交通法治与发展研究中心

东南大学人民法院司法大数据研究基地

东南大学现代管理会计创新研究中心

东南大学中国高质量发展综合评价研究院

东南大学中国特色社会主义发展研究院

东南大学中国艺术发展评价研究院

对外经济贸易大学国际经济研究院

对外经济贸易大学国家(北京)对外开放研究院

对外经济贸易大学教育与开放经济研究中心

对外经济贸易大学全球价值链研究院

对外经济贸易大学中国世界贸易组织研究院

非盟研究中心(天津职业技术师范大学)

福建师范大学竞争力研究中心

复旦大学复旦发展研究院

复旦大学国际问题研究院

复旦大学美国研究中心

复旦大学人口与发展政策研究中心

复旦大学世界经济研究所

复旦大学亚太区域合作与治理研究中心

复旦大学一带一路及全球治理研究院

复旦大学长三角一体化发展研究院

复旦大学政党建设与国家发展研究中心

复旦大学中国经济研究中心

复旦大学中国研究院

复旦大学宗教与中国国家安全研究中心

甘肃政法大学西北民族地区侦查理论与实务研究中心

高校网络意识形态安全建设与评价研究中心(大连理工大学)

广东外语外贸大学广东国际战略研究院

广东外语外贸大学国际移民研究中心

广东外语外贸大学加拿大研究中心

广东外语外贸大学区域一体化法治研究中心

广东外语外贸大学土地法制研究院

广东外语外贸大学外语研究与语言服务协同创新中心

广东外语外贸大学粤港澳大湾区研究院

广西大学广西创新发展研究院

广西民族大学广西知识产权发展研究院

广州大学广州发展研究院

广州大学广州市粤港澳大湾区(南沙)改革创新研究院

广州大学华南人文地理与城市发展中心

广州大学南方治理研究院

广州大学人权研究院

广州国际金融研究院(广州大学金融研究院)

广州数字创新研究中心(华南理工大学)

贵州大学中国－东盟研究中心

贵州基层社会治理创新高端智库(贵州大学)

国际关系学院国际战略与安全研究中心

国家人权教育与培训基地·华中科技大学人权法律研究院

哈尔滨工程大学黑龙江区域创新驱动发展研究中心

哈尔滨工业大学"一带一路"人才战略智库

哈尔滨工业大学黑龙江省双创智库

哈尔滨医科大学黑龙江省公共健康安全及医改策略研究智库

海南大学"一带一路"研究院

海南大学海南低碳经济政策与产业技术研究院

海南大学海南省开放型经济研究院

海南大学海南省南海政策与法律研究中心

杭州电子科技大学浙江省信息化发展研究院

河北大学河北省生态与环境发展研究中心

河北大学河北省文化产业发展研究中心

河北大学跨文化传播研究中心

河北工业大学京津冀发展研究中心

河北金融学院德融研究院

河北经贸大学河北省道德文化与社会发展研究中心

河北经贸大学京津冀协同发展河北省协同创新中心

河北省公共政策评估研究中心(燕山大学)

河北师范大学现代服务与公共政策研究基地

河北新型智库长城文化安全研究中心(河北师范大学)

河海大学江苏长江保护与高质量发展研究基地

河南大学犯罪控制与刑事政策研究所

河南大学河南省教师教育发展研究中心

河南大学河南文化旅游研究院

河南大学黄河文明与可持续发展研究中心暨黄河文明省部共建协同创新中心

河南大学区域创新与高质量发展新型智库

河南大学现代物流研究院

河南大学以色列研究中心

河南大学中原发展研究院

黄河科技学院河南中原创新发展研究院

黑龙江大学黑龙江省文化发展战略研究中心

黑龙江大学龙江振兴发展研究中心

湖北经济学院碳排放权交易省部共建协同创新中心

湖北省中国特色社会主义理论体系研究中心中南民族大学分中心

湖北文化建设研究院(湖北大学)

湖南大学国际贸易研究智库

湖南大学国家腐败预防与惩治研究中心

湖南大学金融发展与信用管理研究中心

湖南大学廉政研究中心

湖南大学民政部政策理论研究基地

湖南大学岳麓书院国学研究与传播智库

湖南大学中国产业金融协同创新中心

湖南大学中国文化软实力研究中心

湖南大学资源与环境管理研究中心

湖南工商大学湖南省廉政建设协同创新中心

湖南师范大学"一带一路"文化交流与传播研究中心

湖南师范大学道德文化研究院

湖南师范大学汉语国际推广研究院

湖南师范大学社会主义核心价值观研究院

湖南师范大学生态环境保护法治研究中心

湖南师范大学生态文明研究院

华北电力大学北京能源发展研究基地

华东交通大学高铁与区域发展研究中心

华东理工大学高校思想政治工作研究中心

华东理工大学能源经济与环境管理研究中心

华东理工大学社会工作与社会政策研究院

华东师范大学俄罗斯研究中心

华东师范大学国家话语生态研究中心

华东师范大学国家教育宏观政策研究院

华东师范大学基础教育改革与发展研究所

华东师范大学课程与教学研究所

华东师范大学全球创新与发展研究院

华东师范大学上海人口结构与发展趋势创新研究基地

华东师范大学上海终身教育研究院

华东师范大学长三角区域一体化研究中心

华东师范大学中国文字研究与应用中心

华东师范大学中国现代城市研究中心

华东师范大学中国现代思想文化研究所

华东师范大学周边合作与发展协同创新中心

华东政法大学华东检察研究院

华东政法大学司法学研究院

华南理工大学公共外交与跨文化传播研究基地

华南理工大学公共政策研究院

华南理工大学广东旅游战略与政策研究中心

华南理工大学广东省地方立法研究评估与咨询服务基地

华南理工大学广州市金融服务创新与风险管理研究基地

华南理工大学广州市岭南文献保护研究中心

华南理工大学广州特大城市风险治理研究中心

华南理工大学广州文化和旅游融合发展研究基地

华南理工大学金融工程研究中心

华南理工大学科技革命与技术预见智库

华南理工大学社会治理研究中心

华南理工大学印度巴基斯坦研究中心

华南理工大学印度洋岛国研究中心

华南理工大学政府绩效评价中心

华南理工大学重大科技项目与平台实施效果第三方评估智库

华南师范大学东南亚研究中心

华南师范大学港澳青少年教育研究中心

华南师范大学广州教育治理现代化高等研究中心

华南师范大学基础教育治理与创新研究中心

华南师范大学粤港澳大湾区教育发展高等研究院

华侨大学华侨华人研究院

华中科技大学非传统安全研究中心

华中科技大学国家治理研究院

华中科技大学健康政策与管理研究院

华中科技大学张培刚发展研究院

华中农业大学湖北农村发展研究中心

华中农业大学湖北生态文明建设研究院

华中农业大学农村社会建设与管理研究中心

华中农业大学自然资源管理与全球治理研究中心

华中师范大学国家教育治理研究院

华中师范大学国家文化产业研究中心

华中师范大学中国农村研究院

淮北师范大学安徽省高校管理大数据研究中心

淮阴工学院苏北发展研究院

吉林大学创新创业研究院

吉林大学东北亚研究中心

吉林大学东北振兴发展研究院

吉林大学犯罪治理研究中心

吉林大学国际关系研究所

吉林大学国家发展与安全研究院

吉林大学廉政研究与教育中心

吉林大学美国研究所

吉林大学社会公正与政府治理研究中心

吉林大学数量经济研究中心

吉林大学司法数据应用研究中心

吉林大学天和劳动关系研究院

吉林大学中国国有经济研究中心

吉林大学中国科技政策与科技管理研究中心

吉林大学中国人口老龄化与经济社会发展研究中心

吉林大学中国文化研究所

吉首大学民族地区扶贫与发展研究中心

济南大学山东龙山绿色经济研究中心

暨南大学"一带一路"与粤港澳大湾区研究院

暨南大学产业经济研究院

暨南大学党内法规研究中心

暨南大学广州南沙自由贸易试验区研究基地

暨南大学广州区域低碳经济研究基地

暨南大学广州市舆情大数据研究中心

暨南大学汉语方言研究中心

暨南大学华侨华人研究院

暨南大学经济与社会研究院

暨南大学经纬粤港澳大湾区经济发展研究院

暨南大学企业发展研究所

暨南大学应急管理研究中心

暨南大学粤港澳大湾区经济发展研究中心

暨南大学中华文化港澳台及海外传承传播省部共建协同创新中心

暨南大学铸牢中华民族共同体意识研究基地

暨南大学资源环境与可持续发展研究所

江汉大学武汉研究院

江南大学食品安全风险治理研究院

江南大学中国物联网发展战略研究基地

江苏第二师范学院教育现代化研究院

江苏海事职业技术学院"一带一路"应用型海事人才研究院

江苏警官学院江苏省公共安全研究院

江苏省道德发展智库（东南大学）

江苏省青少年工作研究基地（预防违法犯罪）（东南大学）

江苏省社区矫正损害修复项目研究基地（东南大学）

江苏师范大学"一带一路"研究院

江西财经大学江西省生态文明制度建设协同创新中心

江西财经大学江西省战略性新兴产业发展监测、预警与决策支持协同创新中心

江西理工大学有色金属产业发展研究院

江西师范大学管理决策评价研究中心

江西师范大学江西产业转型升级发展研究中心

江西师范大学江西经济发展研究院

江西师范大学苏区振兴研究院

江西师范大学中国社会转型研究协同创新中心

江西现代农业及其优势产业可持续发展决策支持协同创新中心

教育部－东南大学教育立法研究基地

教育部高校思想政治工作创新发展中心（华南理工大学）

教育改革与发展研究院(浙江师范大学)

教育立法基地(教育部政策法规司－华南师范大学共建)

金善宝农业现代化发展研究院(南京农业大学)

京津冀新兴产业发展研究中心(天津师范大学)

昆明理工大学云南综合交通发展与区域物流管理智库

兰州财经大学丝绸之路经济研究院

兰州大学阿富汗研究中心

兰州大学绿色金融研究院

兰州大学丝绸之路经济带建设研究中心

兰州大学西北少数民族研究中心

兰州大学县域经济发展研究院

兰州大学循证社会科学研究中心

兰州大学一带一路研究中心

兰州大学中国边疆安全研究中心

兰州大学中国政府绩效管理研究中心

兰州大学中亚研究所

辽宁大学东北地区面向东北亚区域开放协同创新中心

辽宁大学东北振兴研究中心

辽宁大学转型国家经济政治研究中心

民政部－华东师范大学中国行政区划研究中心

南昌大学江西发展研究院

南昌大学旅游研究院

南昌大学中国中部经济社会发展研究中心

南京财经大学现代服务业智库

南京大学非洲研究所

南京大学华智全球治理研究院

南京大学社会风险与公共危机管理研究中心

南京大学长江产业经济研究院

南京大学长江三角洲经济社会发展研究中心

南京大学长三角文化产业发展研究院

南京大学中国南海研究协同创新中心

南京大学紫金传媒智库

南京航空航天大学工业和信息化智库评价中心

南京理工大学江苏人才发展战略研究院

南京理工大学江苏省知识产权发展研究中心

南京师范大学中国法治现代化研究院

南京未成年人心理健康研究院（南京晓庄学院）

南京信息工程大学江北新区发展研究院

南京信息工程大学气候与环境治理研究院

南京医科大学健康江苏研究院

南京艺术学院紫金文创研究院

南开大学滨海开发研究院

南开大学当代中国问题研究院

南开大学经济一体化与全球治理研究中心

南开大学经济与社会发展研究院（南开大学京津冀协同发展研究院）

南开大学跨国公司研究中心

南开大学日本研究中心

南开大学台湾经济研究所

南开大学现代旅游业发展省部共建协同创新中心

南开大学希腊研究中心

南开大学亚太经济合作组织（APEC）研究中心

南开大学政治经济学研究中心

南开大学中国公司治理研究院

南开大学中国特色社会主义经济建设协同创新中心

南开大学中国政府发展联合研究中心

南通大学江苏长江经济带研究院

内蒙古财经大学中蒙俄经济走廊研究协同创新中心（高端智库）

内蒙古大学蒙古国研究中心

内蒙古大学蒙古学研究中心

宁波大学东海研究院

宁波大学海洋教育研究中心

宁夏大学回族研究院

宁夏大学中国阿拉伯国家研究院

企业信息化与管理创新研究中心

青海大学青海省情研究中心

清华大学布鲁金斯公共政策研究中心

清华大学公共管理学院智库研究中心

清华大学国际传播研究中心

清华大学国际关系研究院

清华大学国家治理与全球治理研究院

清华大学国情研究院

清华大学技术创新研究中心

清华大学金融科技研究院

清华大学卡内基全球政策中心

清华大学科技发展与治理研究中心

清华大学全球可持续发展研究院

清华大学现代管理研究中心

清华大学战略与安全研究中心

清华大学政府和社会资本合作研究中心

清华大学中国发展规划研究院

清华大学中国经济思想与实践研究院

清华大学中国应急管理研究基地

全国新文科教育研究中心(山东大学)

人民法院环境损害司法鉴定研究基地(天津大学)

厦门大学东南亚研究中心

厦门大学高等教育发展研究中心

厦门大学宏观经济研究中心

厦门大学台湾研究院

厦门大学中国能源政策研究院

山东大学当代社会主义研究所

山东大学公共治理研究院

山东大学国际问题研究院

山东大学国家治理研究院

山东大学孔子学院研究中心

山东大学山东发展研究院

山东大学山东区域金融改革与发展研究中心

山东大学生活质量与公共政策研究中心

山东大学世界政党研究中心

山东大学卫生管理与政策研究中心

山东大学县域发展研究院

山东大学犹太教与跨宗教研究中心

山西财经大学资源型经济转型协同创新中心

山西大学管理与决策研究所

山西大学晋商学研究所

陕西省创新驱动与产业升级研究中心(西安交通大学)

陕西省经济高质量发展软科学研究基地(西安交通大学)

陕西师范大学"一带一路"建设与中亚研究协同创新研究中心

陕西师范大学扶贫政策与评估研究中心

陕西师范大学教育实验经济研究所

陕西师范大学土耳其研究中心

陕西师范大学乌兹别克斯坦研究中心

陕西师范大学西北国土资源研究中心

陕西师范大学西北历史环境与经济社会发展研究院

陕西师范大学西北民族走廊与边疆社会发展研究中心

陕西师范大学语言资源开发研究中心

陕西师范大学中国旅游研究院西部旅游发展研究基地

陕西师范大学中国西部边疆研究院

上海财经大学公共政策与治理研究院

上海财经大学会计与财务研究院

上海财经大学上海国际金融中心研究院

上海财经大学中国产业经济研究中心

上海财经大学中国公共财政研究院

上海财经大学中国自由贸易试验区协同创新中心

上海城市发展协同创新中心(华东师范大学)

上海大学毒品与国家安全研究中心

上海大学基层治理创新研究中心

上海大学拉丁美洲研究中心

上海大学土耳其研究中心

上海大学智库产业研究中心

上海对外经贸大学国际经贸治理与中国改革开放联合研究中心

上海海事大学上海国际航运研究中心

上海海事大学中国(上海)自贸区供应链研究院

上海交通大学城市科学研究院

上海交通大学城镇空间文化与科学研究中心

上海交通大学第三部门研究中心

上海交通大学改革创新与治理现代化研究中心

上海交通大学国家海洋战略与权益研究基地

上海交通大学国家文化产业创新与发展研究基地

上海交通大学世界一流大学研究中心

上海交通大学文化创新与青年发展研究院

上海交通大学行业研究院

上海交通大学舆论学研究院

上海交通大学中国城市治理研究院

上海交通大学中国医院发展研究院

上海师范大学国际与比较教育研究院

上海市人民政府决策咨询基地/余南平工作室(华东师范大学)

上海外国语大学丝路战略研究所

上海外国语大学英国研究中心

上海外国语大学中东研究所

上海外国语大学中国外语战略研究中心

社会治理德治与法治河北省协同创新中心(河北经贸大学)

深圳大学城市治理研究院

深圳大学港澳基本法研究中心

深圳大学中国海外利益研究院

沈阳师范大学教育改革与教育效能研究院

世界技能大赛中国(天津)研究中心(天津职业技术师范大学)

首都大学生思想政治教育研究基地(研究院)(北京交通大学)

首都经济贸易大学北京市经济社会发展政策研究基地

首都师范大学北京基础教育研究基地

首都医科大学首都卫生管理与政策研究基地

四川大学南亚研究所

四川大学中国藏学研究所

四川大学中国西部边疆安全与发展协同创新中心

四川省农村发展研究中心(四川农业大学)

苏州东吴智库文化与社会发展研究院(苏州大学)

苏州科技大学城市发展智库

苏州石湖智库(苏州市职业大学)

天津财经大学法律经济分析与政策评价中心

天津财经大学工商管理研究中心

天津财经大学公共经济与公共管理研究中心

天津财经大学金融与保险研究中心

天津财经大学天津市自由贸易区研究院

天津财经大学中国滨海金融协同创新中心

天津财经大学中国经济统计研究中心

天津城建大学城市绿色发展研究中心

天津城建大学天津城镇化与新农村建设研究中心

天津大学"一带一路"人文与人才发展研究中心

天津大学国家知识产权战略实施研究基地

天津大学教育科学研究中心

天津大学社会科学调查与数据中心

天津大学生物安全战略研究中心

天津大学天津市旧城区改造生态化技术工程中心

天津大学亚太经合组织可持续能源中心

天津大学灾难医学研究院

天津大学中国传统村落与建筑文化传承协同创新中心

天津大学中国绿色发展研究院

天津大学中国文化遗产保护国际研究中心

天津大学中国智慧法治研究院

天津工业大学天津法治信访研究基地

天津公共部门信息服务评价与治理中心

天津科技大学能源环境与绿色发展研究中心

天津科技大学食品安全战略与管理研究中心

天津理工大学循环经济与绿色发展研究中心

天津理工大学中国重大工程技术"走出去"投资模式与管控智库

天津农学院乡村振兴研究院

天津商业大学现代服务业发展研究中心

天津师范大学风险治理与应急管理研究中心

天津师范大学国家治理研究院

天津师范大学区域发展战略与改革研究中心

天津师范大学天津市基础教育决策服务研究中心

天津师范大学乡村振兴战略研究院

天津师范大学乡土文化教育研究中心

天津师范大学新时代意识形态建设研究院

天津师范大学自由经济区研究所

天津外国语大学应急外语服务研究院

天津体育学院全民健身研究智库

天津外国语大学"一带一路"天津战略研究院

天津外国语大学东北亚研究中心

天津外国语大学中央文献翻译研究基地

同济大学财经研究所

同济大学德国研究中心

同济大学可持续发展与新型城镇化智库

同济大学中国战略研究院

外交学院－亚洲研究所

无形资产评价协同创新中心（天津财经大学）

武汉大学党内法规研究中心

武汉大学国际法研究所

武汉大学国家文化发展研究院

武汉大学湖北政治建设研究院

武汉大学环境法研究所

武汉大学经济发展研究中心

武汉大学经济外交研究中心

武汉大学媒体发展研究中心

武汉大学全球健康研究中心

武汉大学社会保障研究中心

武汉大学质量发展战略研究院

武汉大学中国边界与海洋研究院

武汉大学中国传统文化研究中心

武汉大学中国语情与社会发展研究中心

武汉大学主流意识形态建设与教育研究基地

西安交通大学"一带一路"自由贸易试验区研究院

西安交通大学改革试点探索与评估协同创新中心

西安交通大学立法与党内法规研究中心

西安交通大学欧亚经济(论坛)与全球发展研究院

西安交通大学前沿科技创新与政策研究基地

西安交通大学陕西经济研究中心

西安交通大学社会治理和社会政策协同创新研究中心

西安交通大学丝绸之路国际法与比较法研究所

西安交通大学丝绸之路经济带法律政策协同创新中心

西安交通大学新媒体与社会治理研究中心

西安交通大学知识产权研究中心

西安交通大学中国(西安)数字经济发展监测预警基地

西安交通大学中国管理问题研究中心

西安理工大学社会经济系统管理与政策智库

西安外国语大学波兰研究中心

西安外国语大学东北亚研究中心

西安外国语大学国际舆情与国际传播研究院

西安外国语大学南亚研究中心

西北大学陕西宏观经济与经济增长质量协同创新研究中心

西北大学丝绸之路文化遗产保护与考古学研究中心

西北大学中东研究所

西北大学中国西部经济发展研究中心

西北工业大学无人系统发展战略研究中心

西北工业大学西部国防科技工业发展研究中心

西北师范大学"一带一路"战略与教育发展研究中心

西北师范大学甘肃省文化资源与华夏文明建设研究中心

西北师范大学精准扶贫与区域发展研究中心

西北政法大学反恐怖主义研究院

西北政法大学民族宗教研究院

西藏民族大学南亚研究所(中心)

西藏民族大学西藏文化传承发展协同创新中心

西南财经大学金融安全协同创新中心

西南财经大学中国家庭金融调查与研究中心

西南财经大学中国粮食安全政策研究基地

西南财经大学中国民生指数研发中心

西南财经大学中国西部经济研究中心

西南大学俄语国家研究中心

西南大学公共文化研究中心

西南大学基础教育研究中心

西南大学教育立法研究基地(教育部政策法规司－西南大学共建)

西南大学教育政策研究所

西南大学农村经济与管理研究中心

西南大学普惠金融与农业农村发展研究中心

西南大学三峡库区经济社会发展研究中心

西南大学西南民族教育与心理研究中心

西南大学希腊研究中心

西南大学伊朗研究中心

西南交通大学西部交通战略与区域发展研究中心

西南科技大学四川循环经济研究中心

西南石油大学四川石油天然气发展研究中心

西南政法大学人权研究院

湘潭大学地方立法与区域社会治理研究中心

湘潭大学公共管理与区域经济发展研究中心

湘潭大学毛泽东思想研究中心

湘潭大学政府绩效评估与管理创新研究中心

湘潭大学中国共产党革命精神与文化资源研究中心

心理健康与社会治理智库（天津师范大学）

新时代国家安全研究中心（华东理工大学）

学生体质与身心健康促进研究中心（天津体育学院）

循环经济与低碳发展研究中心（南开大学）

延边大学朝鲜半岛研究院

沿海发展智库（盐城师范学院）

燕山大学东北亚古丝路文明研究中心

燕山大学河北省设计创新及产业发展研究中心

燕山大学互联网＋与产业发展研究中心

燕山大学区域经济发展研究中心

粤港澳大湾区发展广州智库（华南理工大学）

云南财经大学公共政策研究中心

云南财经大学印度洋地区研究中心

云南大学"一带一路"沿线国家民族问题智库

云南大学边疆民族问题智库

云南大学缅甸研究院

云南大学文化发展研究院

云南大学沿边开放与经济发展智库

云南大学云南开放经济与产业发展智库

云南大学周边外交研究中心

云南生态文明建设智库

浙江财经大学中国政府监管与公共政策研究院

浙江大学"一带一路"合作与发展协同创新中心

浙江大学创新管理与持续竞争力研究中心

浙江大学非传统安全与和平发展研究中心

浙江大学公共政策研究院

浙江大学国家制度研究院

浙江大学金融研究院

浙江大学民营经济研究中心

浙江大学社会治理研究院

浙江大学中国科教战略研究院

浙江大学中国农村发展研究院

浙江大学中国数字贸易研究院

浙江大学中国西部发展研究院

浙江工商大学现代商贸研究中心

浙江工业大学中国中小企业研究院

浙江理工大学浙江省生态文明研究院

浙江理工大学浙江省丝绸与时尚文化研究中心

浙江立法研究院、浙江大学立法研究院

浙江农林大学浙江省乡村振兴研究院

浙江省高校智库　高教强省发展战略与评价研究中心（杭州电子科技大学）

浙江师范大学边疆研究院

浙江师范大学非洲研究院

浙江数字化发展与治理研究中心（浙江大学）

浙江万里学院宁波海上丝绸之路研究院

浙商研究院（浙江工商大学）

郑州大学社会治理河南省协同创新中心

职业教育教师研究院（天津职业技术师范大学）

中国传媒大学国家传播创新研究中心

中国传媒大学首都传媒经济研究基地

中国地质大学（武汉）自然资源部法治研究重点实验室

中国东北振兴研究院（东北大学）

中国—东盟区域发展省部共建协同创新中心（广西大学）

中国海洋大学海洋发展研究院

中国海洋大学日本研究中心

中国海洋大学中国企业营运资金管理研究中心

中国海洋装备工程科技发展战略研究院

中国抗战大后方研究协同创新中心（西南大学）

中国矿业大学中国城市公共安全管理智库

中国劳动关系学院劳动关系与工会研究院

中国民航大学临空经济研究中心

中国民航大学中国民航环境与可持续发展研究中心（智库）

中国农业大学北京食品安全政策与战略研究基地

中国农业大学国际发展研究中心

中国农业大学国家农业农村发展研究院

中国农业大学国家农业市场研究中心

中国农业大学中国土地政策与法律研究中心

中国区域发展与治理研究院(湘潭大学)

中国人民大学国家发展与战略研究院

中国人民大学民商事法律科学研究中心

中国人民大学人口与发展研究中心

中国人民大学社会转型与社会治理协同创新中心

中国人民大学刑事法律科学研究中心

中国人民大学中国财政金融政策研究中心

中国人民大学重阳金融研究院

中国人民公安大学首都社会安全研究基地

中国社会科学院大学高校思想政治工作创新发展中心

中国兴边富民战略研究院(中央民族大学)

中国政法大学法治政府研究院

中国政法大学人权研究院

中国政法大学司法文明协同创新中心

中华文化发展湖北省协同创新中心(湖北大学)

中南财经政法大学产业升级与区域金融湖北省协同创新中心

中南财经政法大学城乡社区社会治理湖北省协同创新中心

中南财经政法大学法治发展与司法改革研究中心

中南财经政法大学反恐怖主义研究中心

中南财经政法大学人口与健康研究中心

中南财经政法大学收入分配与现代财政学科创新引智基地

中南财经政法大学知识产权研究中心

中南财经政法大学注册会计师行业发展研究中心

中南大学产业发展战略研究中心

中南大学地方治理研究院

中南大学教育立法研究基地

中南大学金属资源战略研究院

中南大学两型社会与生态文明协同创新中心

中南大学人力资源研究中心

中南大学人权研究中心

中南大学社会稳定风险研究评估中心

中南大学统一战线参政议政工作室

中南大学突发公共事件心理救援研究中心

中南大学乡村振兴研究中心

中南大学医疗卫生法研究中心

中南大学应用伦理学研究中心

中南大学知识产权研究院

中南大学中国村落文化研究中心

中南大学中国文化法研究中心

中南大学中国作协网络文学委员会中南大学研究基地

中南林业科技大学湖南绿色发展研究院

中山大学"一带一路"研究院

中山大学国家治理研究院

中山大学粤港澳发展研究院

中央财经大学绿色金融国际研究院

中央财经大学首都互联网经济发展研究基地

中央财经大学中国财政发展协同创新中心

珠宝首饰的传承与创新发展研究中心【中国地质大学(武汉)】

珠三角科技金融产业协同创新发展中心

驻马店产业创新发展研究院(黄淮学院)

最高人民检察院检察研究基地东南大学民事检察研究中心

## （五）科研院所智库（36家）

北京科学学研究中心

自然资源部测绘发展研究中心

国网能源研究院有限公司

湖南省农村发展研究院

江苏省科学技术情报研究所(江苏省科学技术发展战略研究院)

江苏省苏科创新战略研究院

江西省科学院科技战略研究所

联合国教科文组织国际工程教育中心

辽宁省科学技术情报研究所科技发展战略研究中心

青岛市科技发展战略研究院

山东省科技发展战略研究所

上海国际问题研究院

上海科学技术政策研究所

上海市科学学研究所

首都科技发展战略研究院

水利部发展研究中心

天津市经济发展研究院

西部资源环境与区域发展智库

冶金工业经济发展研究中心

云南省生态环境科学研究院

浙江省科技信息研究院（浙江省科技发展战略研究院）

中国电子信息产业发展研究院

中国工程院

中国环境科学研究院

中国科协创新战略研究院

中国科学技术发展战略研究院

中国科学技术信息研究所

中国科学院

中国科学院科技战略咨询研究院

中国科学院预测科学研究中心

中国社会科学院生态文明研究智库

中国石油集团经济技术研究院

中国信息通信研究院

中国信息与电子工程科技发展战略研究中心

中国艺术研究院文化发展战略研究中心

中国中医药信息学会中医药智库分会

## （六）企业智库（17家）

阿里研究院

北京市长城企业战略研究所

重庆国际投资咨询集团有限公司

电力规划设计总院

国家开发银行研究院（金融研究发展中心）

国网福建省电力有限公司经济技术研究院

国网江苏省电力有限公司经济技术研究院

湖南省经济建设与投资决策研究智库

湖南湘江研究院有限责任公司

南方电网能源发展研究院有限责任公司

上海福卡经济预测研究所有限公司

中国电建集团贵阳勘测设计研究院有限公司

中国电建集团贵州电力设计研究院

中国管理科学研究院专家咨询委员会

中国汽车战略与政策研究中心

中信改革发展研究基金会

苏宁金融研究院（星图金融研究院）

## （七）社会智库（33家）

安徽省发展战略研究会

重庆智库

东中西部区域发展和改革研究院

广东财经大学华南商业智库

广东亚太创新经济研究院

广东中策知识产权研究院

广州金融业协会

国观智库

海国图智研究院

海南亚太观察研究院

河南国际数字贸易研究院

江苏省扬子江创新型城市研究院

江苏苏禾社会治理现代化研究院

蓝迪国际智库

宁夏蓝略智库研究院

盘古智库

上海金融与法律研究院

深圳创新发展研究院

乌镇智库

长江教育研究院（国家教育治理研究院）

长沙市现代产业发展研究会

知远战略与防务研究所

中国（海南）改革发展研究院

中国国际经济交流中心

中国金融四十人论坛

中国经济体制改革研究会

中国领导科学研究会

中国南海研究院

中国企业改革与发展研究会

中国丝路智谷研究院

全球化智库

中智科学技术评价研究中心

综合开发研究院（中国·深圳）

## （八）传媒智库（11家）

第一财经研究院

光明日报文化产业研究中心

光明智库

广州日报数据和数字化研究院

红网智库

瞭望智库

南方舆情数据研究院

南风窗传媒智库

南京政务舆情研究院

人民网新媒体智库

新华通讯社

# 附　录　2022 CTTI 高校智库百强机构简介[①]

## 北京大学国家发展研究院

北京大学国家发展研究院是北京大学的一个以经济学为基础的多学科综合性学院。经过二十多年的发展，国发院已经形成了集教学、科研和智库于一身的综合性学院，成为北大构建世界一流大学的重要组成部分。在智库建设方面，国发院秉承"小机构、大网络"的理念，聚合北大乃至全球的研究资源，在政府与市场的关系、新农村建设、土地问题、国企改革、电信改革、股市治理、人口政策以及经济结构调整等诸多重大问题上，产生了一批有影响力的政策建议，并被政府所采纳。经过多年的耕耘，国发院已经成为中国高校智库当中当之无愧的领军者，2015 年入选国家首批高端智库。国发院拥有"中国经济观察报告会""格政""国家发展论坛"三个智库品牌活动，并牵头组织"中美经济对话""中美卫生对话"，在中美民间外交方面做出了突出的贡献。

## 北京大学国家治理研究院

北京大学国家治理研究院是教育部人文社会科学百所重点研究基地——政治学重点研究基地。研究院以国家治理现代化为研究主题，为中国特色社会主义国家治理现代化和哲学社会科学发展持续发力，不断创新思想理论，推进学科发展，提供咨政支持，展开人才培养。近年来，研究院开拓创新，在基础研究、应用研究和对策研究等方面取得持续进展：以政治学概论、利益政治理论研究为代表的中英文系列成果陆

---

① "附录 2022 CTTI 高校智库百强机构简介"，机构排序方式为在同等级内按机构名称音序排列。

续出版,奠定了研究院的学术阵地;围绕当代中国国家治理现代化重大问题的研究,形成以《中央与地方事权划分的国别研究及启示》为代表的研究成果多次在教育部、北京市组织的评比中获奖;打造的"国家治理论坛"举办国际会议和国外知名学者讲座近百次,建构了国际一流的学术交流平台和互动机制;编写政策建言,形成对策研究报告70余篇,获得省部级以上批示20篇,获国家部委和地方党政机关采纳20余篇。

## 北京交通大学北京交通发展研究基地

北京交通发展研究基地是北京交通大学最早建设的以应用经济学一级学科及相关管理学科为基础、以运输经济与物流管理为优势特色的重点研究基地。创立于2005年,10年建设期内,在北京市哲社办组织的三次验收评估中均获得优秀。研究基地以服务于北京交通建设和经济社会发展为宗旨,紧紧围绕城市交通运输体系建设进行理论与实证研究,为推动北京交通建设发展提供学术和智力支持,建设成集科研、教学、学术交流等为一体的、国内一流的理论研究、成果转化与社会服务基地,使研究基地成为北京市委、市政府以及其他与交通有关的政府主管部门的思想库和智囊团。

## 北京交通大学国家经济安全研究院

北京交通大学国家经济安全研究院是以习近平总书记提出的"总体国家安全观"为指导思想,以维护国家经济安全为总体目标,在中国产业安全研究中心十年丰厚成果积淀的基础上成立的以综合性社会科学研究为主的非营利性研究机构。国经院实行共建制,依托交大,联合20余家高校科研院所和企业集团参与共同建设,目前拥有省部级平台"北京市哲学社会科学北京产业安全与发展研究基地""国家经济安全预警工程北京实验室"。国经院拥有独立招收资格的博士后科研工作站——中国产业安全研究中心博士后科研工作站,招生范围囊括40多个学科,坚持"培养优秀,整合高端"的人才培养理念,创新硕博"学习＋实践"、"个人＋平台"的双＋培养模式,塑造复合型创新管理人才。

## 北京师范大学国际与比较教育研究院

北京师范大学国际与比较教育研究院是我国成立最早和影响最大的比较教育研究机构,是我国比较教育学领域唯一的国家重点学科点和教育部人文社会科学重点研究基地,教育部国别区域问题研究基地和 APEC 高等教育研究中心的依托单位。研究院主要研究方向为教育政策与管理比较研究、高等教育比较研究、基础教育比较研究等。研究院积极推进人才培养模式改革,率先开设全英文教学国际硕士和国际博士项目,多项教学改革成果获国家级和省部级奖励。秉承"立足中国,放眼世界"的理念,以"顶天立地"为原则,积极为政府决策和教育改革实践提供咨询服务。研究院追求学术卓越,坚持走国际化的发展道路,力争建成在国内具有引领和凝聚作用、国际上具有较大影响的比较教育专门人才培养基地、国际与比较教育的研究中心、国家级教育智库和国际教育咨询与服务中心。

## 北京师范大学中国教育与社会发展研究院

为聚焦教育领域的国家高端智库,北京师范大学中国教育社会发展研究院自成立以来,坚持守正创新,以习近平新时代中国特色社会主义思想为指导,牢牢把握中国特色社会主义方向,积极探索更加符合高校智库发展模式。坚持质量导向,围绕中央关心、社会关注、群众关切的重点、热点和难点问题开展政策研究,持续产出"强师工程""教育国情调查"等各类具有战略性、前瞻性、储备性的高质量智库成果。坚持教育特色,打造"教育局长高峰论坛"品牌活动,搭建共建共创共享的交流平台,凝智聚力推动教育高质量发展。研究院将继续主动超前布局、有力应对变局、奋力开拓新局,为建设教育强国、全面推进中华民族伟大复兴提供智力支撑。

## 东南大学道德发展研究院

道德发展智库是2015年成立的江苏首批重点高端智库，也是目前全国唯一聚焦公民道德建设的专业性智库。智库依托全国最强大的伦理学团队，以协同机制整合国内外相关一流学科和一流专家，构筑学术立库、协同建库、数据兴库、开放办库的发展格局，形成理论研究—实证研究—实验研究—战略研究四位一体的新型专业智库研究体系，探索出了一条具有自身特色、原创品牌和独特优势的专业化智库建设之路。目前，智库进行了四轮全国道德国情大调查和七轮江苏道德省情调查，出版了7卷12册1000多万字的《中国伦理道德发展数据库》，建立了迄今最专业最全面的道德国情大型数据库。同时，在推进"东大伦理"理论创新工程，研制江苏道德发展状况测评体系，建构伦理道德发展的中国话语和中国理论，打造道德发展国际论坛品牌等方面取得不俗成绩。

## 对外经济贸易大学中国世界贸易组织研究院

中国世界贸易组织研究院以WTO的规则体系和运行机制为研究重心和出发点，将研究视野投射到经济全球化和中国改革开放的广阔领域；致力于应用经济学、政治学、法学等多学科的研究方法和范式，探索多边贸易体制的发展路径及其对世界政治经济体系的影响，追踪全球化条件下中国开放经济的内在演进规律及其与外部世界的互动关系；致力于重大现实问题的研究和解决，为国家和企业决策提供高质量的咨询服务；致力于创建开放的、共享的研究与交流空间，促进国内外WTO研究领域的智力和资源的融通。中国世界贸易组织研究院自创建以来，通过机制创新整合国内外一流的研究团队，开展了活跃的前沿理论研究和学术交流活动，承担了众多国家级、省部级重大课题和政府、企事业单位咨询项目，形成了一系列高水准的研究成果和学术品牌。中国世界贸易组织研究院已经成为中国WTO研究领域最重要的学术创新基地和交流平台。

## 复旦大学复旦发展研究院

复旦发展研究院着力于"国家发展动力"理论创新,聚焦发展、治理和安全,围绕国家治理、社会治理、生态治理、网络治理、科技创新等领域,通过"观点快报""智库报告"等成果载体,"复旦智库报告""中国观"等研究品牌,上海论坛、中国大学智库论坛等成果转化平台,形成面向世界和国家需求的学术研究和决策咨询成果。研究院首创、首倡海外中国研究中心、国际智库中心、"金砖国家大学联盟"等多种国际交流模式与机制,积极构建国际智库网络。研究院拥有近30个研究机构和实验室,涵盖文理医工多学科,形成智库运营团队、智库研究员、博士后、访问学者、学生助理等多支队伍。研究院与中共中央办公厅、中共中央政研室、中共中央对外联络部、教育部、中共上海市委办公厅、上海市发展和改革委员会等中央与地方党委政府部门建立战略合作和密切联系,深入服务国家和地方发展,同时与金光集团、中宏保险、丰实集团等国内外企业开展深度合作。

## 复旦大学国际问题研究院

复旦大学国际问题研究院成立于2000年11月,是在复旦大学原有的美国研究中心、日本研究中心、韩国研究中心、拉丁美洲研究室等研究机构的基础上合并组建而成。截至2023年6月,国际问题研究院下设15个校级研究中心(研究室),共有专任教师38名。国际问题研究院是"外交部政策研究课题重点合作单位(2022—2024)",还拥有5个"教育部高校国别和区域研究备案中心"。国际问题研究院对标建设国际一流高端智库,确定了"四位一体"发展目标:建成中国国际问题与区域国别研究的顶尖学术重镇;建成服务国家战略和外交事业的顶尖智库;建成中国国际问题与区域国别研究高端人才培养和集聚的顶尖人才基地;建成中国理念和话语的重要国际传播平台。

## 复旦大学中国经济研究中心

复旦大学中国经济研究中心由复旦大学"当代中国经济"长江学者特聘教授、上海市决策咨询委委员张军教授领衔,是以教育部人文社会科学百所重点研究基地复旦大学中国社会主义市场经济研究中心的全部专职研究人员为主体,并与政府研究机构、商业和金融界的研究部门以及海内外学术机构开展广泛合作的研究型智库机构。作为一家立足基础研究和"咨政启民"的思想库,中国经济研究中心定位于前瞻性地为中国未来中长期经济增长与发展提供政策咨询和建议,对涉及未来20年中国经济增长与发展中的重大战略问题作出研究和政策分析。中心在未来5年将努力实现三大发展目标:一是抢占中国经济问题研究的制高点;二是建设成为依托复旦大学的中国经济咨询研究的国际平台;三是逐步建设成为一个关于中国经济研究的国际人才培养基地。

## 华东师范大学中国现代城市研究中心

中国现代城市研究中心成立于2003年,2004年入选教育部人文社会科学重点研究基地(KRI),致力于城市协同发展理论研究与实践探索,位列教育部基地前10%,获评"优秀"等级,是教育部领先的城市研究基地。2016年城市中心入选中国智库索引(CTTI)来源智库,2018年入选中国智库索引(CTTI)高校智库百强榜(前10%),获评A等级,2022年获评A+等级(顶级),蝉联CTTI城市领域PAI总分第一,2023年入选中国《智库报告群(1.0版)》。自成立以来,城市中心依托华东师范大学人文地理学国家重点学科以及社会学、经济学、历史学、管理学等重要学科,致力于打造一流城市学科、国家高端智库、城市协同创新应用平台。城市中心设有城市地理与城市规划、城市社会与城乡人口、城市经济与历史、城市管理与社区四个研究室,拥有专职研究人员25名,兼职研究人员36名。放眼未来,城市中心力争在城市科学中国学派建设以及服务国家长三角区域一体化发展与长江经济带发展国家战略、上海全球城市建设方面取得新的突破。

## 华中科技大学国家治理研究院

华中科技大学国家治理研究院成立于 2014 年 2 月,下设国家治理理论与比较研究中心、国家治理体系与政策研究中心、国家治理调控与评价体系研究中心等机构。研究院现有特聘研究员 3 名,专兼职人员 36 名,客座研究员 62 人(其中外籍客座研究员 30 人)。国家治理研究院自成立以来,承担了国家社科基金重大项目、国家社科基金重大专项、教育部哲学社会科学研究重大课题攻关项目等各级各类研究课题 40 多项;出版《国家治理"道"与"术"》《省级治理现代化》等学术著作 15 部;发表研究论文 300 余篇;编印《国家治理参考》,并为党中央、湖北省委省政府及其他决策部门提交了决策建议案 200 余篇。每年举办"国家治理体系和治理能力建设高峰论坛""全球治理东湖论坛",在国内外产生了重大影响。

## 华中师范大学中国农村研究院

华中师范大学中国农村研究院是以研究现代化进程中的农村和农民问题为主的专门性学术机构,现为政治学世界一流学科建设单位、教育部人文社会科学重点研究基地、教育部签约智库单位、教育部首批年度发展报告承担单位、第一批全国社科规划办政府决策项目承担单位。"十三五"期间,研究院在科学研究、田野调查、数据平台、资政服务、文明传承等方面产生了一批具有特色的标志性成果。近十年来,研究院先后在《中国社会科学》《政治学研究》发表论文十多篇。获得国家重大项目、教育部重大攻关项目 13 项,国家社科基金重点项目 4 项,国家社科一般项目及省部级项目十余项。向国家呈送报告 500 余篇,获得 400 余次批示、采纳和转用。研究院始终遵循深耕农村、扎根中国大地的宗旨,全院师生将汗水洒在大地上,将学问写在大地上,将服务立在大地上,全力建设中国农村发展高端智库和具有中国特色的田野政治学派。

## 吉林大学东北亚研究中心

吉林大学东北亚研究中心隶属于教育部直属高校吉林大学,是首批十五家教育部人文社会科学重点研究基地之一。中心主任为吉林大学哲学社会科学资深教授王胜今,现有专兼职科研人员50人,年均投入经费100万元。中心主动服务国家东北亚外交战略和东北振兴战略需求,围绕东北亚地区基础理论和重大现实问题开展综合研究。近年来,先后出版了《东北亚研究论丛》《俄国史译丛》《铁证如山》等系列标志性著作,220余篇研究报告被各级党政部门批示或采纳,其中5篇被国家领导人批示。打造了"东北地区和平与发展论坛""东北亚国别与区域研究高端讲坛"等具有影响力的国际学术活动品牌,与俄罗斯、朝鲜、蒙古国、日本、韩国等国家多个重要智库及大学共建合作平台达40个。2022年3月吉林大学依托吉林大学东北亚研究院、东北亚研究中心组建"吉林大学东北与东北亚研究院"被纳入国家高端智库建设培育单位。

## 南京大学长江产业经济研究院

长江产业经济研究院(南京大学)是在中宣部指导下,由江苏省委宣传部和南京大学共同建设的国家级专业化智库,并被列为江苏省首批重点高端智库。经过多年的探索与实践,长江产经院不断创新体制机制,着力打造"智政、智智、智产、智媒"四大互动有机联合体,构筑有强大吸引力的智库平台。围绕智库平台建设,长江产经院与党和国家各相关部委、长三角地区各政府部门,国家与地方媒体平台、产业平台等建立互动机制,现已成为国家工信部工信智库联盟核心成员单位、国务院参事室长江经济带发展研究中心成员单位、光明日报战略合作单位、经济日报调研点等,并牵头发起成立"中国经济江苏智库联合研究机制"。在咨政建言方面,长江产经院迄今已报送报告500余份,获得肯定性批示120余份,其中国家级批示近40份,省部级80余份,承接政府专项课题近230余项,其中国家部委课题120余项,多项课题成果被政府部门认定为"有重大参考价值",并形成长期合作关系,成为政策研究与制定的"外脑"。

## 南京大学紫金传媒智库

2015年4月,在省委宣传部和南京大学的支持和指导下,南京大学社会学院、新闻传播学院、信息管理学院、政府管理学院、法学院等五大院系与江苏广电集团、新华报业传媒集团、凤凰传媒出版集团、江苏有线共同成立江苏紫金传媒智库。智库深耕江苏、辐射全国,聚焦传媒领域,积极应对传媒行业的重大问题、热点问题和难点问题;围绕媒体深度融合发展、县级融媒体中心建设、大数据分析与计算、舆论与社会心态、媒体与国家治理、国际传播等方向展开"专、精、深"的研究;以高质量、有特色、具远见的成果,引领社会认知,凝聚思想共识,助力信息技术变革背景下的传媒实践,并为国家治理提供兼具前瞻性与可行性的政策咨询。

## 南京师范大学中国法治现代化研究院

中国法治现代化研究院成立于2015年10月,是江苏省委宣传部批准成立的首批九家省级新型高端智库之一。研究院下设六个研究所、一个调查中心和一个皮书工作室,重点围绕推进法治中国建设、深化法治江苏建设的重要理论和实践问题,深入开展法治发展战略、立法发展、法治政府等领域的理论和决策咨询研究,编纂《中国法治现代化年度报告》(蓝皮书)。研究院依托南京师范大学法学学科,形成了一支专兼职结合的研究队伍。成立近五年来,研究院完成了100多项理论和决策咨询成果,其中有多项决策咨询成果获得了江苏省委省政府主要领导以及中央有关部门领导的批示,产生了良好的社会反响;研究院举办的年度智库论坛、智库报告会、学术研讨会,以及中国十大法治影响力事件的调查与发布等活动,受到中央及省有关媒体的关注和报道。

## 南开大学经济与社会发展研究院(京津冀协同发展研究院)

南开大学经济与社会发展研究院(京津冀协同发展研究院)成立于1998年,现有全职教师20人,其中2位国家四青人才、1位国务院特殊津贴专家、3位南开大学杰出教授和英才教授。目前正致力于建设南开大学体制机制创新试验区、国内领先的应用经济创新平台、全国知名的经济发展高端智库和高水平的国际交流合作示范区。近年来,研究院秉持质量立院、人才兴院、从严治院、特色扮院的原则,统筹兼顾应用经济理论创新与社会服务功能建设,已经形成一批具有理论及应用价值的标志性成果,彰显了南开"知中国  服务中国"的情怀使命。

## 南开大学政治经济学研究中心

南开大学政治经济学研究中心成立于 2000 年 12 月,是教育部与南开大学共建、面向全国的人文社会科学重点研究基地,现有 53 位专职研究人员,其中正高职称 22 人,副高职称 31 人。中心以研究经济学基本理论为特色,选取在当代资本主义和社会主义发展进程中,特别是建设有中国特色社会主义实践中提出的重大理论问题进行研究和探索,力求有所创新、有所突破。中心高度重视并持续做好马克思主义政治经济学概论、经典著作研读以及中国特色社会主义政治经济学的教学与研究工作。目前,南开大学政治经济学团队已在全国高校率先初步建设中国特色社会主义政治经济学学科体系、教材体系和相对完善的课程体系。

## 清华大学国际关系研究院

清华大学国际关系研究院是一个研究与教学相结合的单位,有 1 个研究中心、1 个研究项目、1 个大数据实验室和 2 个编辑部,所有教学与研究人员均承担科研与教学双重任务。国关院的师生规模不断扩大,目前有教学科研人员 35 人,行政人员 6 人,博士生 70 余人,研究生近百人。国关院组织多种多样学术活动,每年举办各种论坛、研讨会和讲座数十场。目前已成功举办 10 届世界和平论坛及 1 届世界和平论坛特别视频会议,连续举办 20 届国际关系研究方法讲习班,连续举办 6 届国际关系理论创新研讨班,连续举办 25 期清华国际关系论坛等。国关院发布多份刊物、政策报告、学术专著和教材,如 *The Chinese Journal of International Politics*、《国际政治科学》《清华国际安全论坛报告》等。国关院建设有院官方网站、世界和平论坛微博、微信公众号等媒体平台,积极通过各类媒体扩大自身的影响力。

## 清华大学中国应急管理研究基地

清华大学应急管理研究基地成立于2004年,是北京市教委和北京市哲学社会科学规划办首批资助的重点研究基地之一,是一个集科研、教学、培训和咨询为一体的跨学科研究机构。应急基地已经形成稳定的博士后和研究生人才培养机制,为国内外科研院所和党政机关培养了大量应急管理专业人才。应急基地面向国家应急管理重大战略需求,先后负责《突发事件应对法(草案)》的立法研究,参与了《国家突发公共事件总体预案》《传染病防治法》《食品安全法》的编制和修订工作,多次参与中共中央、国务院及部委政策及文件的起草工作。应急基地近年来获得了国家自然科学基金重大项目、国家社科基金特别委托项目、教育部重大项目等国家级重要课题和省部级课题,以及其他委托项目百余项。应急基地与国内外机构建立了良好的合作网络,发起了中国应急管理50人论坛、青年分论坛及暑期学校,已成为国内应急管理领域重要的学术交流和人才培养平台。

## 厦门大学台湾研究院

厦门大学台湾研究院于2017年9月被中宣部确定为国家高端智库建设培育单位。智库成立于1980年,现设政治、经济、历史、文学、法律、社会、两岸关系等七个学科导向的研究所,遵循"问题导向、特色鲜明、基础雄厚、学科融合"原则设立的民进党研究中心、两岸青年研究中心、涉台研究中心、战略与安全研究中心等跨学科研究机构,以及两岸融合发展与国家统一政策模拟实验室、文献信息中心等综合性教学科研服务平台。智库完整、准确、全面贯彻落实新时代党解决台湾问题的总体方略,积极发挥中国特色新型高校智库的作用,围绕解决台湾问题和实现祖国完全统一的重大战略需求,在体制机制改革、决策咨询、舆论引导、公共外交等方面,服务于党和政府的重大决策需求。2022年,智库入选CTTI 2022年度高校智库百强榜。

## 山东大学卫生管理与政策研究中心

山东大学卫生管理与政策研究中心成立于2002年,依托国家卫健委卫生经济与政策研究重点实验室,多次入选CTTI年度高校智库百强榜并进入A+级榜单。作为国内外具有较大影响的从事卫生经济、卫生管理和政策研究的科研机构,现有专职研究人员26人,兼职研究人员33人。卫管中心围绕国家和山东省医疗卫生体制改革与发展中的重大问题,开展了多项前瞻性、针对性和对策性调查研究,年均项目经费700万。同时承担各类科研课题和省级咨询项目,多项成果直接转化为政策,并多次获得省委主要领导批示。卫管中心一直紧紧围绕国内卫生改革与发展的需要,紧跟国际卫生研究发展前沿,充分利用良好的国际合作优势,以卫生经济和政策为主要研究领域,开展高水平、多学科交叉的学术研究,培养高端卫生管理人才,提供卫生体制改革与发展的政策咨询,服务人民健康。

## 上海交通大学中国城市治理研究院

2016年10月30日,在上海市人民政府支持下,由上海交通大学和上海市人民政府发展研究中心合作成立中国城市治理研究院。研究院依托上海交通大学文理工医农多学科优势,聚焦以上海为主的特大城市治理面临的突出难题,开展系列研究,助力国家治理与城市高质量发展。共报送咨政建言1 300余篇,获批示采纳800余篇次;形成了论文、指数、研究报告、专著和媒体文章的系列成果;成功举办七届全球城市论坛,主办城市治理最佳实践案例评选、亚洲公共管理学会年会等活动。2019年入选"上海高校智库"一类智库,2020年入选首批上海市重点智库,2022年入选"CTTI 2022年度高校智库百强A+"。

## 上海交通大学中国医院发展研究院

中国医院发展研究院成立于 2011 年,是上海交通大学医学院的下设研究机构和智库平台。成立以来,研究院始终坚持对标"健康中国"国家战略、服务"健康上海"建设,以建设国家级智库为目标,依托交通大学医学院及各附属医院,建立了二十六家下设研究所和一个研究中心,形成了具有鲜明医疗卫生特色的高校智库研究生态体系。研究院已承接国家级、省部级项目二十余项,百余篇决策咨询报告获重要成果转化,具备了较为突出的学术和决策影响力。研究院是上海高校智库"一类智库"、"上海市教卫工作系统党务工作队伍研修基地"、国家卫健委"医药卫生人才工程上海培养基地"。先后获上海市教委记功表彰、入选 CTTI 高校百强智库等荣誉。

## 上海外国语大学中东研究所

上海外国语大学中东研究所始创于 1980 年,是学校独立建制的二级科研实体单位,现为教育部人文社会科学重点研究基地、上海高校一类智库,下设有外交部西亚北非司揭牌成立的中阿合作论坛研究中心,拥有朱威烈、刘中民、丁俊等一批资深知名学者。

研究所编辑出版有中文核心期刊《阿拉伯世界研究》、英文 ESCI 期刊《亚洲中东与伊斯兰研究》、年度《中东地区发展报告》,联合发起主办有"亚洲与中东"国际论坛、上海中东学论坛等机制化学术交流活动,在中东区域国别、国际反恐、伊斯兰教中国化等研究领域优势显著,在国内外享有较高学术声誉,为中国中东学会、中国亚非学会、中国世界民族学会副会长单位,中联部"一带一路"智库合作联盟创始理事单位,与中东国家、英国、美国等多家智库和研究机构有较密切合作关系。

## 深圳大学港澳基本法研究中心

深圳大学港澳基本法研究中心于 2009 年 7 月 11 日揭牌成立,是全国最早独立设置的专门从事港澳基本法研究的科研实体机构,直属深圳大学,与校院系平行。中心围绕服务国家发展战略和港澳工作大局,开展科学研究和咨政服务,发挥对外学术交流平台作用,力争建设成为港澳基本法理论和实践研究基地、人才培养基地、资料信息基地、学术交流基地和决策机关的智库。中心在学术研究、咨政服务、资料信息、交流平台、人才培养等多方面多有建树,2015年1月获正国级国家领导人批示肯定,得到中央、广东省、深圳市港澳工作机构的重视和肯定,得到全国港澳研究领域同行专家的好评,形成了良好的学术影响力和社会显示度。

## 四川大学南亚研究所

四川大学南亚研究所是中国高校系统从事南亚研究时间最长、人员最集中、资料丰富、研究成果丰硕的科研机构。研究所前身是根据周恩来总理关于加强外国问题研究的指示于1964年成立的印度研究室,1979年扩建为南亚研究所,2001年初获批为教育部人文社科重点研究基地,2011年获批为教育部区域和国别研究培育基地并获评优秀,2018年入选"中国智库索引"(CTTI)高校智库百强榜并连续获评A+,以南亚所为基础成功申请国家高端(培育)智库。研究所现有研究人员近20人,历年发表学术论文近2000篇,出版著作约200部,有约200份研究报告获省部级以上部门采纳,招收研究生500多人,近5年获省部级以上奖励7次。研究所与南亚各国高校、智库、使领馆,以及其他国家的南亚研究机构,均建立了密切的交流合作关系。

## 苏州大学东吴智库

苏州大学东吴智库成立于2011年,是国内高校首家以"智库"形式注册登记的独立法人单位,现有专兼职研究员近百人。下设十大研究中心,分别聚焦生态文明、健康产业、政府治理、社会治理、城乡融合与共同富裕、数字经济、财产法、媒介与文化、文旅融合和民办教育十个特色研究方向。构建五大学术品牌,打造"对话苏州"系列活动、"苏州最江南"学术论坛、长三角一体化论坛、东吴智库学者沙龙和东吴智库思享汇等智库学术品牌矩阵。先后获批江苏省重点培育智库、江苏高校哲学社会科学重点研究基地、首批苏州市新型智库；入选中国核心智库、江苏智库实践十佳案例、中国智库特色案例；获评"CTTI 2022 年度高校智库百强 A＋"、年度智库最佳案例和智库优秀成果特等奖、一等奖。

## 同济大学德国研究中心

同济大学德意志联邦共和国问题研究所(简称德国研究所)是跨学科的国际问题研究机构。作为对德研究的一个重要基地以及对德交流的一个"窗口"与"平台"，研究所主要承担以下任务:研究工作:开展德国问题研究与欧盟问题研究，包括中德、中欧关系。教学工作:开设全校通识类选修课"德国概况"；招收、培养外国语言学及应用语言学专业德国问题研究、国别与区域研究方向硕士研究生(科学硕士)与"德汉翻译"MTI 硕士研究生(专业硕士)等。期刊出版:研究所出版有《德国快讯》半月刊、《德国研究》双月刊(CSSCI 来源期刊)。国际交流与合作:研究所与德意志学术交流中心、德国达姆施塔特工业大学、曼海姆大学、卡塞尔大学、汉诺威大学等保持着学术交流关系。社会服务:研究所承接政府机关与经济界委托课题；提供各类有关德国问题的咨询；提供各类证书与材料的翻译服务；举办德国学生短期培训班(暑期班)等。

## 武汉大学国际法治研究院

武汉大学国际法治研究院以国际法研究所为依托，整合法学、经济学、政治学等武汉大学优势学科资源，组建成的非营利法人下属实体科研机构。研究院现有专职研究员 33 名，校外兼职专家 32 名，行政人员 10 名。截至 2023 年招收博士研究生 76 人。研究院利用高校智库优势，编辑出版了具有重要学术影响力和引领力的国际法系列出版物，包括《武大国际法评论》、*Chinese Journal of International Law*(牛津大学出版社出版、中国学者主编的唯一进入 SSCI 刊源的法学刊物)、*Chinese Journal of Transnational Law* 等。研究院积极开展社会服务，与外交部合作设立"中国—亚非法协国际法交流与研究项目培训基地"；积极推动我国建立国际商事争端预防与解决组织;设立武汉大学国际法研究所莫干山研究中心;重点打造以"东湖国际法律论坛"为代表的国际会议品牌。经过3年辛勤建设,研究院成果斐然,学术影响力、社会影响力与决策影响力不断提升,被外交部条法司领导称为"我国开展法律外交的一张名片"。

## 武汉大学经济发展研究中心

武汉大学经济发展研究中心,是依托武汉大学经济学领域四个国家级重点学科(西方经济学、世界经济、人口资源与环境经济学和金融学),集聚校内外发展经济学领域优秀学者而构建的,集理论研究、政策分析和教学于一体的学术机构和智库。自成立以来,中心始终把发展经济学作为主要研究领域,以发展经济学理论和方法研究中国经济实践,以中国经济发展的经验事实推动发展经济学的理论创新,取得了一系列丰硕成果,使武汉大学成为中国发展经济学研究重镇。武汉大学经济发展研究中心是中国唯一的发展经济学学术团体——中华外国经济学说研究会发展经济学分会的常设秘书处。中心现有研究人员43人,其中教授22人,武汉大学人文社科资深教授1人,长江学者特聘教授1人,国家"千人计划"入选者1人,教育部跨世纪人才和新世纪优秀人才7人。中心编辑出版学术期刊《经济评论》,及《武汉大学经济发展研究中心学术丛书》《发展经济学研究》《珞珈智库·经济观察》《中国发展经济学年度发展报告》等五个系列学术产品。

## 西安交通大学"一带一路"自由贸易试验区研究院

西安交通大学"一带一路"自由贸易试验区研究院定位于面向"一带一路"倡议和陕西自贸试验区发展的重大问题,通过制度创新与任务牵引力争打造为开放、合作、共赢的多边、可持续发展的国际化智库平台,促进陕西自贸试验区的制度创新,为中国自贸区的发展贡献陕西声音、陕西力量和陕西模式。自贸院围绕"一带一路"倡议和陕西自贸试验区发展等重大问题,围绕政策咨询与战略研究、专业人才培养、社会服务、人文交流等方面开展工作,承接国家部委、省、市职能部门课题近百项,形成研究报告超过150万字,参与研讨交流、专家咨询等工作百余次。自贸院相关研究成果通过《要情专报》《决策建言》等渠道呈送国家和省市有关部门参阅,并得到省部级领导批示,"一带一路"国际商事法律服务示范区、知识产权证券化交易所建设构想的落地,切实推动自贸试验区重点工作。

## 中国人民大学国家发展与战略研究院

中国人民大学国家发展与战略研究院是中国人民大学集全校之力重点打造的中国特色新型高校智库。2015年入选全国首批"国家高端智库"建设试点单位,并入选全球智库百强,2018年初在"中国大学智库机构百强排行榜"中名列第一。2019年在国家高端智库综合评估中入选第一档次梯队,是唯一入选第一档次梯队的高校智库。人大国发院积极打造"新平台、大网络,跨学科、重交叉,促创新、高产出"的高端智库平台。围绕经济治理与经济发展、政治治理与法治建设、社会治理与社会创新、公共外交与国际关系四大研究领域,汇聚全校一流学科优质资源,在基础建设、决策咨询、公共外交、理论创新、舆论引导和内部治理等方面取得了显著成效。人大国发院以"中国特色新型高校智库的引领者"为目标,扎根中国大地,坚守国家战略,秉承时代使命,致力于建设成为具有全球影响力的世界一流大学智库。

## 浙江大学中国农村发展研究院

浙江大学中国农村发展研究院简称"浙大卡特",是教育部首批人文社科重点研究基地和国家"985"工程人文社会科学(A类)创新基地,构建了学科建设、人才培养与社会服务"三位一体"的发展模式,取得显著发展成效。核心学科农林经济管理在教育部五轮一级学科评估中均处于领先位置,并入选国家"双一流"建设学科。2016年入选中国智库索引(CTTI)首批来源智库,2022年荣登CTTI高校智库百强榜A+,并获年度智库优秀成果特等奖。"浙大卡特"围绕国家重大发展战略,积极开展高水平的基础性、政论性、战略性和对策性研究,取得了一系列高质量智库成果,服务于党和国家决策和地方建设发展。因突出贡献,"浙大卡特"先后荣获了"浙江省五一劳动奖状"和"浙江省工人先锋号"荣誉称号。

## 浙江师范大学非洲研究院

浙江师范大学非洲研究院成立于2007年,是在教育部、外交部支持下的中国高校首个综合性、实体性非洲研究院。研究院坚持以"聚焦重大问题、服务国家战略"为导向,以"当代非洲发展问题"与"新时期中非合作关系"为重点研究方向,下设非洲政治与中非关系、非洲经济与中非投资、非洲教育与中非科技合作、非洲历史文化与中非人文交流四个研究方向,致力于构建区域国别学学科体系,培养中国的"非洲通"和非洲的"中国通",努力打造国家对非合作的高端学术机构与战略智库。办有"中非智库论坛""阿布贾论坛""中非媒体智库研讨会"等一系列影响广泛的机制性年度论坛;编撰出版教育部哲学社会科学年度报告《非洲地区发展报告》《中国—南非人文交流发展报告》等。近年来,智库提交各类咨询报告并被采纳300余篇,30余篇报告获省部级及以上领导批示,其中6篇报告获国家领导人批示;领衔主持国家社科基金重大招标项目、教育部人文社科重大攻关项目各2项,承担国家社科基金项目31项,中宣部、教育部、外交部等部委委托课题100余项;累计出版各类学术著作、译著和专题报告200余部(卷),发表论文400多篇。

## 中国海洋大学海洋发展研究院

中国海洋大学海洋发展研究院成立于2003年,隶属于中国海洋大学,是全国唯一具有海洋特色的综合性教育部人文社科重点研究基地,目前拥有7支重点研究团队,近120位专兼职研究人员。海洋发展研究院在全球海洋治理、海洋经济发展、海洋文化等方向已形成明显优势,初步构建了海洋经济基础理论,为海洋经济高质量发展提供了系统、科学的决策参考,极地与深远海问题研究为我国海洋新疆域法律问题的理论研究构建了基本框架构,围绕构建"海洋命运共同体",长期致力于"全球海洋治理"理念内涵的解读。近年以来,共推出重要咨政成果 130 余件,其中获得习近平总书记批示 4 件,其他党和国家领导同志批示 5 件,国家部委和有关内参采纳 12 余件,为推进我国海洋领域制定战略、立法、规划及参与全球海洋治理提供了全方位智力支持。2016 年海洋发展研究院入选山东省重点新型智库,连续三届受聘成为"中央外办"维护海洋权益工作专家组咨询机构,2022 年入选高校百强智库单位并荣获最高级别 A+。

## 中国人民大学重阳金融研究院

中国人民大学重阳金融研究院(人大重阳)成立于 2013 年 1 月 19 日,是重阳投资董事长裘国根先生向母校捐赠并设立教育基金运营的主要资助项目。作为中国特色新型智库,人大重阳聘请了全球数十位前政要、银行家、知名学者为高级研究员,旨在关注现实、建言国家、服务人民。目前,人大重阳下设 7 个部门,运营管理 4 个中心。近年来,人大重阳于金融发展、全球治理、大国关系、宏观政策等研究领域在国内外均具有较高认可度。人大重阳拥有非常精干而高效的全职运营与研究团队,被多次评为中国最有影响力的"一带一路"研究高校智库,在全球治理、宏观金融、大国关系、公共外交等研究上也处于国内领衔地位。人大重阳与 40 多个国家的主要智库建立固定的合作机制,曾在美国、巴西、英国、伊朗等 20 多个国家承办过相关活动,积极配合中国公共外交,人大重阳还是最频繁在海外发声的中国特色新型智库之一,曾在美国《纽约时报》、加拿大《环球邮报》、英国《金融时报》、俄罗斯《今日俄罗斯》等发表或接受采访数百次。

## 安徽财经大学安徽经济发展研究院小传

安徽财经大学安徽经济发展研究院是依托于安徽财经大学的实体研究机构,2016 年 9 月经安徽省委宣传部批准成为省十大重点智库之一,现有专兼职研究人员

58人,年度经费200万元。智库现有安徽财经大学服务经济社会发展系列研究报告、《安徽财经智库研究要报》、安徽县域经济创新发展峰会等特色品牌。围绕区域经济发展、产业转型和创新绿色发展等方向,智库高度重视成果出版与发表,积极推动智库成果撰写与采纳,长期承担安徽省巩固脱贫成果和乡村振兴第三方评估组织工作。通过与政府部门的协同合作,深度服务地方需求,研究成果多次获得省部级以上领导批示。2022年,再次入选"中国智库索引"(CTTI)高校智库百强榜,在安徽省智库综合考评中获得优秀等次。

## 安徽大学创新发展研究院

安徽大学创新发展研究院于2016年9月依托安徽大学法人成立,组建了"1(省重点智库)+N(其他重要智库平台)"的组织及运行架构,是安徽省重点智库。主要工作:一是编发报送资政专报《安大智库》,成立以来已编发《安大智库》146期,不完全统计已获国家领导人批示5次,安徽省领导批示或省委专报采用55次。二是承担省委宣传部每年发布的"部门出题,智库解题"项目,2017—2022年共承担56项。三是举办论坛平台,连续6年与中科院合肥物质科学研究院联合举办创新发展高峰论坛,在政产学研金各界获得广泛关注。研究院聚焦国家和区域发展重大战略开展智库研究,提供了一系列高质量的资政服务成果,连续被评为CTTI全国高校百强智库,2022年被安徽省委宣传部评为"安徽省优秀重点智库"。

## 北京交通大学北京物流信息化研究基地

北京交通大学北京物流信息化研究基地目标是成为信息管理、物流管理等学科领域中最具国际影响力的领军人才培养基地、科研创新平台和政府决策智库。基地成立以来,主持了欧盟第七框架、国家社科基金重大项目、国家自然科学基金重大及重点、973、863、国家科技支撑计划、北京市社科基金重大等国家和北京市重大项目120余项,累计经费6 000余万元。基地获得国家级科技进步奖2项、省部级科学进步奖 3 项,中国物流与采购联合会一等奖 2 项;获评国家级教学成果奖 3 项、省部级教学成果奖 5 项;在 Management Science、Production and Operations Management、Transportation Research Part B、European Journal of Operations Research、《中国管理科学》、《系统工程理论与实践》、《情报学报》等本领域高质量学术期刊发表学术论文 700 余篇,出版专著 15 部。

## 北京联合大学北京学研究基地

北京学研究基地是以北京联合大学北京学研究所为核心、由北京市哲学社会科学规划办公室和北京市教育委员会于 2004 年 9 月联合批准设立的首批北京市级哲学社会科学研究基地之一,非独立法人。基地创办成果专报《北京学观点》,每年举办一次北京学学术年会、一次全国性或国际性学术研讨会,编辑出版 1 部《北京学研究》学术集刊、1 部《北京学研究报告》,每年设立一批基地开放课题,长期出版"北京学学术文库"丛书,长期开展北京学学术讲座和学术沙龙活动,坚持夯实基础,坚持政产学研用结合,充分发挥链接学术与应用,链接高校、科研院所与政府部门、实际工作单位的作用,多项研究成果被北京市委市政府市政协部门、区委区政府部门和有关企事业单位采纳,部分成果获北京市领导肯定性批示,已逐步建设成为北京地区历史文化研究、文化遗产保护利用、城乡建设发展领域的优秀科研基地和政府决策咨询智库。

## 北京师范大学中国基础教育质量监测协同创新中心

中国基础教育质量监测协同创新中心成立于 2012 年 7 月,并于 2014 年 10 月通过教育部认定,是我国教育学和心理学领域唯一的国家级协同创新中心。中心由北京师范大学牵头,华东师范大学、华中师范大学、东北师范大学、西南大学、陕西师范大学、中国教育科学研究院和科大讯飞股份有限公司等 7 家机构作为核心协同单位共同建立。中心于 2019 年 7 月建设协同中心(珠海)。中心的协同任务为国家基础教育质量标准体系研究、国家基础教育质量监测体系构建与相关制度建设、基础教育质量大数据采集、存储与分析平台建设、国家基础教育决策支持和基于监测与诊断的基础教育质量提升。

## 北京外国语大学国家语言能力发展研究中心

国家语言能力发展研究中心在北京外国语大学中国外语教育研究中心语言政策研究团队的基础上,由国家语言文字工作委员会批准,于 2014 年 7 月正式成立,依托北京外国语大学建设。该中心系国家语委科研机构,具体由教育部语言文字信息管理司与北京外国语大学共建共管。中心的主要任务是深入研究语言在政治、军事、安全等方面的重要作用,重点做好国家语言能力的理论构建和现状调研,开展语言人才资源、世界主要国家语言政策、国际城市外语能力等方面的研究工作,为党和国家制定语言文字政策提供决策参考,为经济社会发展提供服务。中心的第一个建设周期从 2014 年 7 月 10 日起,至 2019 年 7 月 10 日止。中心按照国家语委的建设要求,认真开展软硬件建设。虽然建设时间不长,但中心在科学研究、学科建设、学术团队等方面也取得了显著的成绩。

## 北京外国语大学日本研究中心

北京外国语大学日本研究中心是集中了北京外国语大学日语学科科研力量的高校新型日本研究智库,现有在职科研教学人员 40 余人,其中副高级及以上职称者 20 余人;行政教辅人员 8 人。2012 年,本中心被评定为首批教育部国别与区域研究培育基地。2017 年,入选中国智库索引(CTTI)来源智库。主办的学术刊物《日本学研究》2021 年成功入选 CSSCI(2021—2022)收录集刊,成为国内唯一涵盖政治、经济、文化、外交、社会、历史、语言、文学、教育等全领域的综合性日本研究核心刊物。中心始终坚持国际化的科研教学理念,已发展成为国内屈指可数的集科研、教学、智库、国际交流为一体的综合学术机构。近 40 年来,为我国教育、科研和对外交流部门培养、输送了 1500 余名硕士、博士高层次、高质量、高素质的日本研究专业人才。此外,中心拥有日本本土以外最大规模的专业日文及日本研究类图书馆,现有中日文各类图书14万余册,长年面向本中心和本校师生及全国各高等院校、科研机构和日本学研究界开放。

## 成都理工大学自然灾害防治与地质环境保护研究智库

灾害防治与应急管理研究智库是由2017年成立的四川省首批22个新型智库"自然灾害防治与地质环境保护研究智库"发展而来,智库核心支撑研究单位是成都理工大学地质灾害防治与地质环境保护国家重点实验室。受特殊的地域地质和气候条件影响,我国是世界上地震、滑坡、崩塌、泥石流等自然灾害频发和因灾损失极为严重的国家之一,防灾减灾和应急管理任务繁重。智库紧密结合我国防灾减灾的迫切需求以及痛点、难点,坚持需求和问题导向,开展自然灾害防治与应急管理等领域的理论、技术方法、管理与政策方面的研究,成果获得国家科学技术进步奖2项、获得中国专利金奖等省部级奖项10余项。近五年来提交了《关于提请高度重视汶川地震区山洪泥石流灾害的建议》《关于提高我国建筑防震减灾能力的几点建议》《关于把自然灾害预警模式从单灾种监测预警转变为多灾种联合监测预警的建议》等,科学有效、操作性强、可推广应用,20余项研究成果,现已作为国家和各级政府决策的重要依据,成效显著。

## 重庆工商大学长江上游经济研究中心

重庆工商大学长江上游经济研究中心成立于2002年,是一个研究长江上游地区经济社会重大战略问题的综合性学术机构,是教育部人文社科重点研究基地和首批重庆市新型重点智库,并协同其他5个省部级平台。中心是学校拥有独立建制的处级机构,组建有学术委员会和科研智库团队,建设有《南山智库》决策咨询内参,并依托1个国家级平台和6个省部级平台,协同构建"思政—科研—智库—评价"四位一体的平台方阵。中心以服务成渝地区双城经济圈建设等国家重大战略为引领,承担着新型智库的"智囊团"使命。

## 电子科技大学社会事业和社会保障研究智库

社会事业和社会保障研究智库成立于 2017 年 11 月,属于省委省政府部署成立的首批 22 个新型智库之一。该智库组建了以汤志伟教授为智库主任、5 位首席专家和 60 余位专家学者共同组成的智库专家团队,重点打造的研究方向为社会保障与公共政策、数字公共治理、城乡社会智慧治理。社会事业和社会保障研究智库积极发挥决策咨询功能,已承担四川省委、省政府以及省委政研室委托的决策咨询项目多项。该智库被纳入国家部委的战略决策咨询机构,相继承担农业农村部、中央网络安全和信息化委员会等国家部委委托的决策咨询课题。智库专家累计撰写决策咨询报告 100 余份,其中,一半以上咨询报告被国家级、省市级、地方党政部门批示采纳。同时,社会事业和社会保障研究智库非常注重舆论引导功能的发挥,刘智勇、张会平、贾开等智库专家撰写的多篇理论文章在新华网、人民网等国家级权威媒体发表。杨菁、韩洪等智库专家受到光明网、《华西都市报》的专访。

## 东北大学中国东北振兴研究院

东北大学中国东北振兴研究院是在国家发改委直接指导下,由东北大学和中改院共同发起设立,由东北三省一区政府相关部门、相关高校和知名企业共同参与建设,以东北振兴理论和政策研究为特色,为中央政府和东北地区各地方政府提供政策咨询,服务于党和国家全面振兴东北政策决策的新型高端智库。振兴政策研究职能包括开展东北振兴理论、政策和战略研究;承担国家发改委、其他国家部委和东北三省一区政府委托的课题。社会活动组织职能包括承办每年举办"东北振兴论坛";举办东北振兴大讲堂和东北振兴专家座谈会。人才培养职能包括开办相关研究方向的博士研究生培养项目;为东北三省一区领导干部提供专题培训服务。咨政服务职能包括编制中国东北振兴研究院简报,报送国务院振兴东北地区等老工业基地领导小组成员单位和东北三省一区政府部门和相关机构等。

## 广东外语外贸大学粤港澳大湾区研究院

广东外语外贸大学粤港澳大湾区研究院本着"全球视野、紧跟前沿、服务大湾区"的原则,以国家重大区域战略为导向,以重大决策咨询任务为牵引,以体制机制改革为保障,基于政、产、学、研、媒、商等多种资源的汇聚交融理念,构建紧密合作、资源共享、优势互补、互利共赢的协同创新机制,深入研究粤港澳大湾区的理论、政策和实践问题,致力于打造助推粤港澳大湾区发展的重要智库和国内外知名的国际湾区战略研究机构。研究院初步组建了 20 余名专兼职研究队伍,聘请了南加州大学、兰卡斯特大学、香港岭南大学等高校的博士、教授作为云山学者和兼职研究员,形成了包括长江学者、珠江学者和云山学者的学术梯队。研究团队先后在 Management Science、Marketing Science、Applied Energy、Journal of Business Research、《经济研究》、《管理世界》、《经济学(季刊)》等权威刊物上发表有影响力的论文 100 余篇,承担了国家社科重点课题、教育部重大攻关项目、国家自然科学基金等各类项目 30 余项,承担横向课题经费 500 余万。团队近五年来撰写研究报告 30 余篇,获中央政治局委员批示 8 份,副省级领导批示 15 份,获广东省哲学社会科学奖 6 项。

## 广州大学广州发展研究院

广州大学广州发展研究院是广州大学校属综合性重点科研机构,2005 年成为广东省高校人文社会科学重点研究基地。研究院以"立足广州、服务决策、重点突破、追求影响"为办院宗旨,以"高校新型智库"与"重点科研基地"为发展目标,以"应用研究(服务社会)——基础研究(学科建设)"双轮驱动作为工作抓手,一方面紧跟前沿性学术问题,推进基础研究和学科建设;另一方面根据广东省、广州市政府重大战略决策和经济社会发展重大需求,对省市经济社会发展各方面的重点、热点和难点问题进行多学科、协同性、前瞻性研究,并提出可操作性的对策建议,在产出高端科研成果、服务政府决策、培养智库人才、打造智库品牌、构建特色学科等方面都取得了骄人的成绩,是华南地区具有重大社会影响的高校新型智库。

## 海南大学"一带一路"研究院

海南大学"一带一路"研究院于2019年成立,研究领域为"一带一路"倡议、海南自贸港与粤港澳大湾区联动发展、人工智能和大数据等。研究院有多篇内参报告获中央领导人和省部级领导批示,曾承担国家发展和改革委员会等中央部委、华为技术有限公司等单位研究课题。目前研究院有28名成员,且成立了国际数据与舆论研究中心、新媒体国际研究中心、经济研究中心、全球供应链研究中心等机构。据《CTTI智库报告(2020)》,研究院在"一带一路"领域全国最新专项排名中,媒体影响力全国第一,综合实力全国第五。研究院还成为海南省首个也是目前唯一一个入选2022年度"中国智库索引(CTTI)高校智库百强榜"的海南高校智库。

## 河南大学黄河文明与可持续发展研究中心暨黄河文明省部共建协同创新中心

河南大学黄河文明与可持续发展研究中心暨黄河文明省部共建协同创新中心智库(简称黄河文明中心智库),依托教育部人文社科重点研究基地和省部共建协同创新中心研究平台,聚焦黄河流域生态保护和高质量发展重大国家战略需求,以"黄河学"交叉学科建设为支撑,以服务黄河文化保护传承、黄河生态文明建设、黄河流域高质量发展为重点,致力于打造以文明交流互鉴为特色的新型专业化高端智库。入选河南省首批重点智库,承担了一批国家有关部委和各级地方政府委托课题,出版了《黄河保护与发展报告》等智库产品,打造了"黄河流域生态保护和高质量发展"高层论坛、"黄河学高层论坛"、"中国—希腊环境与文化国际学术论坛"等高端会议品牌。

## 湖南师范大学道德文化研究院

湖南师范大学道德文化研究院为湖南省专业特色智库,智库负责人为湖南师范大学校长,首席专家为道德文化研究院院长向玉乔教授,专职研究员21人,多位成员入选国家级人才计划。年度活动经费为200万元。研究院智库报告《中国共产党继承和发扬中华民族传统美德研究》获中央领导同志重要批示。2017至今,连续承担教育部指派的湖南高校师生思想政治状况滚动调查任务,每年提交2份调研报告。近五年,研究院主持国家社科基金项目11项,重大招标项目2项,发表论文130余篇,智库成果20余项。研究院积极对接国家重大战略需求和地方经济社会发展需求,为党和政府提供理论支撑、智力支持和决策参考。

## 华东师范大学基础教育改革与发展研究所

华东师大基础教育改革与发展研究所是教育部人文社会科学重点研究基地。现有专兼职研究人员30名,组建有23个研究团队。研究所以"把握社会转型特征、深入研究基础教育当代问题,扎根中国教育实际、动态建构21世纪新型学校,发挥学科综合优势、大胆探索教育研究创新道路"为宗旨,从宏观教育政策研究、中观学校转型研究以及微观课程与教学、教师与学生发展等层面展开高质量的研究。在服务国家重大战略、满足国家重大需要的过程中,提出"中国方案",做出"中国贡献"。叶澜、李政涛领衔的研究团队在"新基础教育"研究的基础上,创建了"生命·实践"教育学派,取得了一系列优秀成果,被教育部认定为首批"黄大年式教师团队"。

## 华东师范大学课程与教学研究所

华东师范大学课程与教学研究所是首批教育部人文社会科学重点研究基地,国家高校高端智库联盟首批成员,主办CSSCI核心刊物《全球教育展望》。课程所秉持"为课程,为学生,为未来"的专业信念,领衔起草《国家基础教育课程改革纲要》《中国教师教育课程标准》等重要政策性文本,连续20余年参与国家课程改革的顶层谋划,为基础教育课程改革和教师教育课程改革做出了杰出贡献,被誉为课程与教学研究领域的"国家队"。课程所扎根中国大地,深入建构"中国课程话语"的理论与实践贡献,引领具有中国特色的课程与教学论学科发展,讲好中国课程故事,积极践行"中国经验,世界分享"的国际对话,主动参与国际教育治理网络。连续三次在全国高校人文社会科学重点研究基地评估获评"优秀",连续两次获中国高校智库 A 级认证,课程与教学论专业全国排名第一,三次荣获基础教育国家级教学成果一等奖、上海市教学成果特等奖等荣誉,所长崔允漷教授受习近平总书记接见表彰。

## 华东师范大学中国现代思想文化研究所

华东师范大学中国现代思想文化研究所成立于 1999 年,是教育部人文社会科学重点研究基地。基地结合国家发展战略和当代中国文化建设需求,发挥基础理论研究专长,推动中华优秀传统文化的传承发展;积极参与重大理论问题与时代热点问题的研究,为中央和地方提供决策咨询,并在《人民日报》《光明日报》《解放日报》等重要报刊发表论文,促进中外文明交流互鉴。2010 年,由基地主任杨国荣教授牵头组建的"社会主义核心价值体系"研究基地获批为"上海市社会科学创新研究基地",并在评估中获得"优秀"等级。2022 年主办第 22 届国际中国哲学大会,推动中国学术参与世界性百家争鸣。

## 华南理工大学社会治理研究中心

华南理工大学社会治理研究中心依托公共管理学院建设。中心为广东省首批重点智库,进入 CTTI 全国高校智库百强榜,荣获 CTTI 来源智库最佳实践案例、智库优秀成果。中心承担教育部哲学社会科学研究重大课题攻关项目、国家社科基金重大专项项目等省部级及以上项目 50 余项,接受政府有关部门委托调研项目百余项,40 余篇资政报告获省部级以上部门采用。团队成员在 *Risk Analysis*、*Information Processing and Management*、《中国社会科学(内部文稿)》等国内外高水平学术期刊上发表学术论文 200 余篇，20 余篇论文被《新华文摘》《中国社会科学文摘》《人大复印资料》等转载，多篇论文获得中国政治学会首届青年政治学优秀成果奖、广东省哲学社会科学优秀成果奖等荣誉。

## 吉林大学数量经济研究中心

吉林大学数量经济研究中心成立于 1999 年 10 月，中心现有研究人员 58 人，其中教授 37 人、副教授 21 人、博士生导师 33 人、硕士生导师 25 人。中心自成立以来，坚持理论研究和应用研究相结合、定量分析和定性分析相结合，关注我国社会、经济等领域的重大学科前沿问题，在经济形势分析与预测、经济政策理论与评价、金融市场与金融风险、微观经济计量与模拟、经济学研究的权力范式等方向，产出了一批高水平研究成果。截至目前，中心共计承担国家社科基金、自然科学基金等各类国家与省部级研究课题 200 余项，获得国家部委和省市有关部门采纳的研究报告 40 余份。近年来，中心着力于高水平国际化学术交流平台的建设，为数量经济学科发展与人才培育塑造良好学术生态。

## 暨南大学华侨华人研究院

华侨华人研究是暨南大学重要的学术传统和特色。华侨华人研究院成立于 2006 年，在新时期以中国和平发展的战略需求为导向，立足于为国家的改革开放和现代化建设服务、为社会服务，致力于多学科和国际视野下的前沿研究，优化重组各相关机构的基础条件和研究力量，引进高水平人才，争创华侨华人研究优势学科创新平台，努力把基地建设成为世界一流的学术研究机构和人才培养基地。基地学术刊物有《东南亚研究》和《海外华人研究》，研究院还与学校图书馆共建华侨华人研究文献中心。

## 江南大学食品安全风险治理研究院

食品安全风险治理研究院是江苏省委宣传部于 2016 年 7 月批准的全省重点培育智库,由江南大学与江苏省市场监管局共建,由江苏省疾病预防控制中心、江苏省食品检验检测中心作为支撑单位的全省唯一的以食品安全风险治理为主业的专业性智库。主要的特色活动:① 召开新闻发布会,每年通过国内主流新闻媒体就食品安全风险治理的基本特征、现实状况、未来走势等发表 100 余篇新闻报道、言论、评论与科普类文章。② 聚集重点、热点问题展开调查研究,撰写咨询报告。每年在省部级内参上发表近 20 篇咨询报告,40%的咨询报告获得省部级及以上领导人批示。③ 建有基于动态网络信息的食品安全事件大数据挖掘平台系统、具有预警功能的食品安全监督抽检大数据服务平台,实施了多维度的食品安全风险因子分析,为科学研究提供了强大的数据支撑。④ 应用基础研究能力持续提升,每年在包括 *Nature* 子刊的主流国际 SSCI、SCI 刊物上发表论文 20 余篇,成为国内在国际食品安全管理学领域学术研究的重镇。

## 江苏警官学院江苏省公共安全研究院

江苏现代警务研究中心是经江苏省公安厅批准,在江苏警官学院设立的服务全省公安工作的决策研究和咨询机构,也是学院从事公安高等教育研究,提出学院教育教学改革规划建议的职能部门。中心坚持以习近平新时代中国特色社会主义思想为指导,致力于江苏现代警务发展和平安建设进程中重大现实问题的研究,推动全省公安工作创新研究,推动科研软实力向现实战斗力转化,为推进平安江苏、法治江苏、和谐社会建设提供理论支撑和智力支持。中心按照江苏省普通高等学校哲学社会科学重点研究基地的建设标准,坚持高起点、高标准规划建设,力争经过 5—10 年的艰苦努力,把中心建设成为国内一流、国际知名的现代警务创新研究中心、咨询服务中心、学术交流中心和研究型人才培养中心。中心依托公安"大教育、大培训"工作体系,建立"战、学、研"一体化机制平台,推动教学、研究机构和警务实战部门的战略合作,以江苏现代警务发展为主题,以开展应用对策研究为重点,把握较高的研究层次,重点研究带有战略性、前瞻性、规律性、实用性的课题,公安决策、教育培训、基层实战。

## 江西师范大学苏区振兴研究院

苏区振兴研究院系省重点新型智库试点建设单位,属于江苏省赣南等原中央苏区振兴发展工作领导小组办公室、江西省委党史研究室共建单位。为服务于《国务院关于支持赣南等原中央苏区振兴发展的若干意见》国家战略,江西师范大学于2012年整合本校历史文化与旅游学院、商学院、财政金融学院、政法学院、马克思主义学院的研究力量,组建本院。本院宗旨是立足赣南等原中央苏区经济社会的发展需要,开展苏区振兴的基础理论与应用对策研究,为原中央苏区的振兴发展提供智力支持和社会服务。

## 兰州大学循证社会科学研究中心

兰州大学循证社会科学研究中心是我国首个以"循证社会科学"命名的学术机构,于2018年1月4日正式成立。兰州大学循证社会科学研究中心的定位与使命是组建跨学科的研究、智库团队,整合资源,深度融合,优势互补,开展卓有成效的循证科学研究与循证实践活动,让循证的方法服务社会科学研究、让循证的理念普及整个科学体系、让循证的成果应用推动人类社会发展,并力争在5—10年内将循证社会科学研究中心建成在循证社会科学体系构建、国内外合作交流平台搭建、循证交叉人才队伍培养、循证科学方法培训与探索、高质量社会科学证据研究、循证科学实践和推广、智库循证服务等领域具有强大引领力、传播力、影响力的学术中心、智库中心。

## 南京大学社会风险与公共危机管理研究中心

南京大学的社会风险研究肇始于20世纪90年代。2003年"非典"之后,南京大学正式成立社会风险与公共危机管理研究中心。经过十余年的发展,南京大学社会风险与公共危机管理研究中心目前已经成长为南京大学首批哲学社会科学重点研究基地、江苏省首批哲学社会科学重点研究基地、南京大学申报教育部跨学科重点研究基地第一候选单位。目前,中心已经初步形成理论研究先导、实证调查和智库服务并重的研究特色,并致力于成为享有国际声誉的风险、灾害、危机多学科研究中心。

## 南京信息工程大学气候与环境治理研究院

南京信息工程大学气候与环境治理研究院的官方智库平台,聚焦于气候变化与环境治理的科学问题、经济发展问题以及公共政策问题,重点围绕气候变化、环境污染、雾霾治理、低碳发展、气候政策和生态文化六个方面展开学术研究、决策咨询和政策服务,旨在成为国内气候与环境治理领域的一流研究智库,在气候与环境治理领域发出江苏声音,支撑国家决策,提升国际影响。

## 南京医科大学健康江苏研究院

江苏建设与发展研究院于2016年7月在江苏省委宣传部的支持和指导下成立,成为江苏省重点培育智库,是江苏省卫生与健康领域唯一的智库建设单位。研究院以"健康江苏"建设中的现实问题开展理论和政策研究。研究院聚焦"健康中国""健康江苏"建设与发展,围绕群众健康需求增长、工业化、城镇化、人口老龄化、疾病谱和生活方式变化等问题进行长期跟踪研究,为江苏省不断提升医疗卫生服务能力、着力深化医药卫生体制机制改革、进一步强化健康教育与健康促进、培养全民健康意识和健康生活方式、加快推进城乡健康养老服务、创新发展健康服务业,提供政策决策咨询和智力支持。

## 南开大学中国政府发展联合研究中心

2008年成立的"中国政府发展联合研究中心",是以研究和解决当前中国政治社会生活中的重大问题为己任,以服务政府决策、提供政策咨询为担当的高校智库。2020年,获评天津市优秀高校智库;2022年,入选CTTI高校百强智库;2023年,以南开大学深圳研究院为依托设立深圳分中心。中心以政治学理论国家重点学科和公共管理一级博士点为主要学科支撑,以朱光磊教授牵头的"中国政府与政策"国家级教学团队为核心力量,积极开展引领学术发展的前瞻性研究和服务国计民生的重大公益性研究,重点围绕中国政府发展、城市管理与社会治理两个方向全面推进,在政府职能转变、政府机构改革、行政管理体制、行政区划调整、城市基层治理、政府绩效管理等方面成果显著。

## 清华大学国际传播研究中心

清华大学国际传播研究中心是清华大学校级重点研究机构,是在汪道涵先生和王大中校长的倡议下,由清华大学校务委员会于1999年夏决定成立的,李希光教授任主任。20余年来,中心在全球传播、跨文化传播、健康传播、国家软实力建设、公共外交策略、公共品牌研究、新闻发布制度与实施效果评估、危机传播管理、新闻改革和新闻教育、一带一路与全球传播、巴基斯坦文化研究等领域积累了深厚的科研实力和大量的实践经验。中心已形成政策、学术、媒体多边互动的研究构架,被政界、学界和传媒界视为中国在国际传播和舆论研究方面的新型智库,在一些重要决策上参与咨询。

## 厦门大学高等教育发展研究中心

厦门大学高等教育发展研究中心是国内唯一一个以高等教育为研究对象的教育部文科重点研究基地,主要从事高等教育理论与政策、教育治理与高质量教育保障体系建设、区域与国际教育研究。中心的使命是建设国家级高等教育研究智库,对国家高等教育改革与发展发挥建设性影响,促进我国高等教育事业优质持续健康发展。近五年来,中心取得丰富的研究成果,承担多项重大课题和项目,获多项省部级以上科研成果奖。特色学术品牌"厦大高教论坛"影响力持续扩大。中心坚持以 PI 制强化核心团队，激发科研创新活力，同时积极促进跨学科合作交流。中心于 2018 年、2023 年入选 CTTI 高校百强智库，在高校智库排名中居高位。智库影响力稳步提升，主办国际性学术研讨会，共计国内外百余所高校的专家学者参会，直播浏览量超千万人次。

## 山东大学当代社会主义研究所

山东大学当代社会主义研究所创建于 1983 年，2000 年 10 月被批准为教育部人文社会科学重点研究基地，是一个建制完善、运行规范、教学和研究条件优越、科研实力较强、在国内当代社会主义研究领域具有特色优势和重要学术主导力的专业性研究机构，是山东大学推进"双一流大学"建设重要的学科平台。研究所下设当代社会主义理论研究室、中国特色社会主义政党政治发展研究中心、统一战线研究中心等学术机构，融合了科学社会主义与国际共产主义运动、中共党史（含党的建设）、统一战线、马克思主义中国化等学科，与政治学理论、国际政治与国际关系、公共管理等学科交叉互补。

## 山东大学山东区域金融改革与发展研究中心

山东区域金融改革与发展研究中心（山东大学）是山东省首批重点新型智库建设单位，入选 CTTI 2022 年度高校智库百强榜 A 类智库。智库主任胡金焱为山东大学经济学院教授、青岛大学党委书记，研究团队包括山东大学经济学院金融系教师 37 人，其中国家自然科学基金优秀青年科学基金获得者 1 人，山东省泰山学者特聘教授 1 人，山东省泰山学者青年专家 3 人。智库围绕国家和山东省重大战略需求积极开展学术研究和对策研究，在《经济研究》，*Journal of Financial Economics*，*Management Science* 等国内外权威期刊发表论文 200 余篇，获批国家社科重大项目、重点项目、国家自科面上项目等国家级项目 10 余项，共提交政府咨询/研究报告 40

余篇,其中8篇研究报告获得省级领导肯定性批示,《为民营经济高质量发展注入金融动能》研究报告中的一些观点被中央有关部门采用,在《人民日报》《光明日报》《大众日报》等权威报刊发表文章70余篇。

## 陕西师范大学西北国土资源研究中心

陕西师范大学西北国土资源研究中心是陕西省人文社会科学重点研究基地、陕西师范大学直属重点科研机构,2022年获批自然资源部国土空间规划高层次科技创新团队,入选CTTI高校百强智库。中心现有专职研究人员36人,其中高级职称32人。中心以解决关系和制约西北地区乃至全国可持续发展的资源环境领域重大科技问题为目标,取得了重要研究进展。为落实国家"一带一路"倡议和"精准扶贫"战略,中心主任曹小曙教授领衔的科研团队先后提交的《关于推进丝绸之路经济带战略实施和区域合作共赢的建议》《关于培育和发展小城镇,推进区域性整体贫困地区脱贫攻坚的建议》《加强资源整合,深化文化旅游合作,促进"一带一路"民心相通》三份决策咨询报告得到了国家领导人的批示。近五年来,中心承担并完成国家级、省部级重点科学研究课题80多项,出版专著23部,发表学术论文260多篇;获得教育部等学校科学研究优秀成果奖二等奖、陕西省哲学社会科学优秀成果一等奖等国家和省部级奖项12项。

## 陕西师范大学西北历史环境与经济社会发展研究院

陕西师范大学西北历史环境与经济社会发展研究院成立于2000年9月,为教育部人文社科重点研究基地,拥有独立建制,现有专职科研人员26人,校内外兼职人员30余人。本基地以历史地理和环境变迁研究为核心,充分发挥历史学、地理学、经济学、生态学等学科交叉优势,重视学科基础研究和实践应用研究的结合,积极围绕西北地区生态环境保护和经济社会发展等国家重大战略开展工作,在黄河流域生态保护和高质量发展、秦岭生态保护、西安特大城市基层政区优化调整等方面进行了系统深入研究,通过产学政研结合、人大政协和民主党派等平台,向各级政府部门提供决策咨询,有多篇研究报告和对策建议被全国人大、民主党派中央采用,得到国家领导人的肯定性批示。2021年本基地荣获中国智库综合评价项目入选内部治理创新参考案例,2022年入选CTTI高校智库百强榜A级,1篇研究报告荣获智库优秀成果特等奖。

## 四川大学中国藏学研究所

四川大学中国藏学研究所是教育部人文社科重点研究基地之一,2000年12月由教育部授牌正式成立。基地现设有三个研究方向:西藏和四省藏区经济社会发展研究、藏族历史与汉藏关系研究、藏族文化遗产保护与研究,另设有涉藏问题研究中心。基地长期开设有藏语、藏文系列课程,招收藏族史、西藏考古、藏传佛教艺术史、文物学与艺术史、藏族历史经济与社会等研究方向的硕士生、博士生。接收博士后进站研究和访问学者驻所研究。基地主办有藏学专业学术刊物《藏学学刊》(CSSCI来源集刊),刊发中英文论文,为半年刊,面向国内外发行。基地拥有独立的藏学、人类学、考古学图书资料室、网站和在建数据库。

## 苏州科技大学城市发展智库

苏州科技大学城市发展智库坚持开放的全球视野,立足新时代苏州发展实际,紧扣城市发展创新这一主题,服务于苏州建设国际化大城市定位的需要,组织开展跨学科、跨团队、跨平台的前瞻性研究,向苏州市委市政府提交政策和战略研究报告,为苏州勇当"两个标杆"建设"四个名城"实现高质量发展提供决策咨询服务,努力打造苏州联结全球创新体系的"桥头堡",优秀科研成果和先进管理思想的"蓄水池",政界、学界和业界优秀人才交流的"旋转门"。城市发展智库按照"驻院研究""专兼职相结合"等机制开展研究工作。学校"苏州乡村振兴研究院(苏州城乡一体化改革发展研究院)"、"苏州国家历史文化名城保护研究院"等现有社会服务型科研机构独立运行,在业务工作开展方面接受"城市发展智库"指导,学校人文社科处负责管理。

## 天津大学国家知识产权战略实施研究基地

天津大学国家知识产权战略实施研究基地于 2013 年 4 月获国家知识产权局批复成立,是天津大学首个智库性质的交叉学科研究平台。研究基地秉承管法经工学科交叉,聚焦创新驱动发展、知识产权强国战略开展研究,服务于党和政府科学决策、社会舆论引导。成立近十年,研究基地上下跨学科合作精诚团结,"制度保障＋专业管理"双向驱动的建设模式护航智库高水平建设,三次入选"CTTI 年度高校百强智库",在国家知识产权局年度考核评估中五次获评"优秀研究基地",连续三年入选"天津市优秀高校智库"。

## 天津大学中国绿色发展研究院

天津大学中国绿色发展研究院(以下简称绿研院)于 2015 年正式成立。绿研院以"国家亟需、特色鲜明、制度创新、引领发展"为目标,以"决策咨询、人才培养、科学研究、学科建设"四位一体创新能力提升为根本任务,以党和国家关于绿色发展重大决策咨询为导向,以服务重点区域社会绿色经济发展为依托,围绕绿色立法、绿色城市规划、绿色能源战略、绿色环境保护和绿色资源利用为主要研究方向,开展前瞻性、基础性和应用基础性研究,从而实现学校"绿色"相关学科的"文理贯通、相互支撑"式协同创新发展。绿研院将通过解决绿色发展规划中法律、能源、环境、城市规划、管理、计算机等领域的核心问题,形成国家绿色发展规划的重要咨政报告,统合国家绿色发展决策相关重大研究计划,并培养一批具有国际影响力的学术大师、领军人物,输出应用型、复合型创新人才,产出具有国内外顶尖水平的创新成果,引领并主导我国绿色发展,最终建设成为一个具有重大影响力的国家级智库。

## 天津师范大学国家治理研究院

天津师范大学国家治理研究院是响应党的十八届三中全会成立的集科学研究和社会服务于一体的智库型组织,下设国家治理研究中心、营商环境治理研究中心、网络内容建设与综合治理研究院、舆情信息直报点和风险治理与应急管理研究中心。研究院拥有国家重大人才项目9人、省部级人才项目11人、省部级创新团队3个。智库建设独创MOI模式,整合投入、产出和管理,向管理要效益,以有组织的科学研究和社会服务为治国理政服务。近年来,获批各类项目147项,发表国内外权威期刊论文62篇,向各级党政机关报送资政报告4 000余件,获中央领导、市领导批示60余次。在民主治理、应急管理、舆情研究、营商环境等多个领域取得了丰硕研究成果,有力地推进了国家治理体系与治理能力现代化。

## 武汉大学媒体发展研究中心

武汉大学媒体发展研究中心于2002年成立,是教育部人文社会科学重点研究基地,中国传播创新研究的重要平台。中心致力于科学研究、人才培养、学术交流、咨询服务和信息库建设,在创新、联通、共享的过程中,不断扩展中心的思想库、信息库、人才库功能。中心广纳海内外媒体研究领域的学术精英,形成了有共同致思取向的学术共同体,即面向人类传播智慧,面对中国传播问题,寻找传播创新路径。

## 西北大学中国西部经济发展研究中心

西北大学中国西部经济发展研究中心是按照教育部《普通高等学校人文社会科学重点基地建设计划》和贯彻高校科研体制改革精神,于2000年1月组建成立的具有新型运行机制的研究机构,其前身为成立于1986年的西北大学经济研究所(著名经济学家何炼成教授为首任所长,著名学者魏杰、张维迎、张曙光、刘世锦、邹东涛等先后担任过所长或兼职研究员),2000年12月正式列为教育部人文社会科学百所重点研究基地之一,也是全国143所重点研究基地中唯一一所以研究中国西部经济发展问题为宗旨的研究基地。

## 西南大学西南民族教育与心理研究中心

西南大学西南民族教育与心理研究中心是教育部和重庆市普通高校人文社科重点研究基地，是教育部民族教育发展中心民族教育发展与少数民族高层次人才培养研究重点基地。中心坚持以"铸牢中华民族共同体意识"为主线，聚焦前沿问题，积极建设"中华民族特色教育理论""同心圆"智库以及"中华民族共同体意识教育智能化实验室"等3大领域，组建铸牢中华民族共同体意识教育研究、中华优秀传统文化与教育传承研究队、民族教育现代化发展研究、民族区域发展与职业教育研究、民族地区乡村教师队伍发展研究五大团队。中心将以习近平新时代中国特色社会主义思想为指导，贯彻党的二十大精神，秉承"特立西南、学行天下"大学精神，遵照"含弘光大、继往开来"校训，以"铸牢中华民族共同体意识"为工作主线，服务党和国家工作大局，坚守育人初心，将中心建设成为特色鲜明、反哺学科的高水平科研平台，成为有影响力、有辐射力的高品质智库，为学校"双一流"建设贡献力量，为党和国家教育事业高质量发展贡献力量。

## 西南石油大学四川石油天然气发展研究中心

四川石油天然气发展研究中心是由四川省教育厅批准，于2006年12月2日成立的"四川省教育厅人文社会科学重点研究基地"。2007年10月，中心正式升格成为"四川省哲学社会科学重点研究基地"。中心以建成"一流基地、一流智库"为目标，秉承"开放、创新、合作、共赢"的发展理念，依托西南石油大学一流学科与多学科优势，树立全球视野，准确把握新时代能源领域发展的阶段性特征，发挥科学研究、社会服务、学术交流、人才培养等职能作用，倾力打造"能源智囊、国家智库"，服务地方及国家油气发展战略。

## 西南政法大学人权研究院

西南政法大学人权研究院(人权学院)是集人权智库建设、人权学科建设、人权人才培养多位一体的实体化研究机构。自2011年成立以来,以公共政策和战略研究咨询为主攻方向,积极服务国家人权战略。经过十余年建设,在人权咨政建言、人权理论与实践研究、人权国际交流与合作、人权话语传播、人权人才培养等方面居国内领先地位,具备了一定的国际影响力。2022年2月,按照重庆市委关于"人权研究院"与"人权学院"融合发展的要求,学校以人权研究院为依托组建了人权学院,成为全国首个在高校设立的人权学院。

## 西藏民族大学西藏文化传承发展协同创新中心

西藏文化传承发展协同创新中心是以西藏民族大学为依托单位,由西藏民族大学、中国人民大学、中山大学、中国藏学研究中心、西藏自治区社会科学院等高等院校、科研机构协同组建的改革创新实体。西藏文化传承发展协同创新中心以"国家急需、世界一流、制度先进、贡献突出"为根本出发点,积极开展西藏文化产业发展、数字化文化产品研发和数字化文化遗产保护技术的研究和推广,推动西藏文化产业形成西藏国民经济的支柱产业;研究传统宗教文化与当代社会相适应问题,针对西藏传统宗教文化的传承保护和西藏文化现代化发展的要求,探索与西藏社会发展相适应的文化发展战略;研究西藏文化对外传播的有效机制,扩大社会主义西藏文化影响力,推动西藏高等学校机制体制改革,将西藏文化传承发展协同创新中心建设成产、学、研一体的创新实体。

## 湘潭大学毛泽东思想研究中心

### (湘潭大学中国共产党革命精神与文化资源研究中心)

湘潭大学毛泽东思想研究中心(以下简称为"中心")创办于1980年,原为"毛泽东思想研究室"。1992年,经湖南省教委批准,升格为"毛泽东思想研究所";2001年,湘潭大学与湖南省韶山管理局签订协议,共同开展毛泽东思想研究,双方商定在研究资料、学术力量、科研项目、学术交流等各个方面加强合作;2002年,"毛泽东思想研究所"更名为"毛泽东思想研究中心",与湖南省管理局共建;2004年,"中心"被确定为湖南省普通高等学校哲学社会科学重点研究基地;同年11月,经教育部组织专家评审,"中心"被遴选为教育部高校人文社会科学重点研究基地。"中心"的学术研究和学科建设既遵循学术发展规律,又注重社会现实实践;既强调基础性研究,又重视应用性研究。在承继既有研究传统的基础上,"中心"形成了毛泽东思想发展史、毛泽东思想基本理论、毛泽东思想与现当代社会发展三个相对稳定的研究方向,并以此为基础,拓展到相关领域和学科的研究。

## 盐城师范学院沿海发展智库

沿海发展智库是江苏省首批省级重点培育智库。在省委宣传部、省社科规划办的领导下,以服务省委、省政府以及地方党委地方政府的科学决策为主旨,聚焦沿海地区高质量发展的重大理论和实践问题,深耕江苏沿海、辐射全国沿海,在省部级及以上领导批示、品牌彰显、科研服务、平台建设等方面,开展有针对性的理论探索和咨政建言。经过多年努力,沿海发展智库已形成体现江苏特点、盐城师范学院特色的沿海发展研究品牌。"十四五"期间,沿海发展智库将围绕国家发展和改革委员会公布的《江苏沿海地区发展规划(2021—2025)》开展研究,着力为江苏省委、省政府以及沿海各市发展建言献策,更好地为全国沿海发展提供智力支持。

## 燕山大学河北省公共政策评估研究中心

燕山大学河北省公共政策评估研究中心是河北省省政府设立的9家新型智库之一,领导单位为河北省委宣传部,业务主管单位为河北省哲学社会科学规划办公室和河北新型智库理事会,依托燕山大学建设,燕山大学社会科学处负责行政事务管理,办公室设置在燕山大学世纪楼,实验室及其设施平台设置在燕山大学人文馆。本中心建设总体思路与目标:在省委省政府领导下、在河北省哲学社会科学规划办公室直接管理下,建设成为机制创新、管理创新、平台创新和运行创新的实体化智库组织;力争成为河北公共政策的思想库、资源库和分析库;立足河北、面向全国、走向世界,成为具有重要影响力的新型智库。

## 浙江大学社会治理研究院

浙江大学社会治理研究院系浙江大学下属的独立研究机构,研究院旨在引领、倡导、影响中国社会治理研究,同时为加强和创新社会治理、打造共建共治共享的社会治理格局提供政策咨询。2019 年,浙江大学社会治理研究院入选中国智库索引(CTTI)来源智库;2020 年,入选浙江省新型重点专业智库。2022 年,教育部认定"社会组织与社会治理协同创新中心"为省部共建协同创新中心。2020—2022 年,浙江大学社会治理研究院连续三年发布"中国社会治理百强县(市、区)"。研究院编辑出版的英文期刊 *Journal of Chinese Governance* 已于 2020 年 7 月入选 SSCI,成为向世界报道中国治理、讲述中国治理故事的重要平台;截至 2023 年 6 月,研究院内部刊物《社会治理专报》已编发 50 余期,获省部级以上领导批示 100 余次。

## 浙江大学中国科教战略研究院

浙江大学中国科教战略研究院(原浙江大学发展战略研究院)成立于 2013 年 1 月,2016 年 5 月正式更名为中国科教战略研究院,是浙江大学直属单位。中国科教战略研究院的工作目标是搭建研究平台,组合研究力量,发挥整体功能,促进交叉合作,承担重要任务,通过"三个面向"(面向国家科技和高等教育发展战略需求、面向学校改革与发展重大需求、面向发展战略研究发展前沿)发挥战略研究的思想库作用,为科教兴国、科教兴校服务。

## 中国海洋大学中国企业营运资金管理研究中心

中国企业营运资金管理研究中心于 2009 年 8 月 8 日成立,是一个以中国会计学会和中国海洋大学为依托、以学者和名牌企业理财专家为研究主体、政产学研合作共建的开放式科研机构,是财政部全国会计领军人才培养工程合作研究基地和中国会计学会会员服务基地。中国企业营运资金管理研究中心以资本效率和财务风险评估为核心,在对企业经济活动重新进行科学分类并重新划分业务、财务边界的基础上,构建了以营业活动资本运用效率和筹资活动对营业活动资本需求保障能力为核心的财务分析新框架,创建了"基于渠道管理的营运资金管理绩效评价体系"和"基于营运资金需求保障能力的财务风险评估体系"。

## 中国人民公安大学首都社会安全研究基地

首都社会安全研究基地成立于 2004 年,依托于中国人民公安大学,现由治安学院全面负责建设,是北京哲学社会科学重点研究基地,也是北京市哲学社会科学规划办与北京市教育委员会共建基地。首都社会安全研究基地致力于打造社会安全高端新型智库平台,保持学术水平在全国社会安全研究领域居于领先地位,成为国内外有重要影响的社会安全学术交流中心和高素质人才培养中心,建设社会安全信息资料与数据中心,为维护首都社会安全稳定提供决策咨询和智力支持。

## 中南财经政法大学产业升级与区域金融湖北省协同创新中心

产业升级与区域金融湖北省协同创新中心于 2014 年 5 月获省教育厅批准立项建设,是湖北省实施"高等学校创新能力提升计划"("2011"计划)第二批认定的 15 个湖北省协同创新中心之一,也是中南财经政法大学首个获批的面向区域发展的省级协同创新中心。该中心参与各方将开展深度合作,根据"2011 计划"的精神,遵循"国家急需、国内一流、制度先进、贡献突出"的总体要求,面向湖北"建成支点,走在前列"国家战略中的产业升级与区域金融的重大需求,努力建设成为"传统优势产业升级与金融服务创新""战略新兴产业发展与科技金融创新""产业链整合与物流金融创新""信息技术发展与互联网金融创新""湖北城乡建设与金融模式创新""湖北金融资源整合与区域金融中心建设"等关键问题的智库、思想库、信息库和人才库。

### 中南财经政法大学城乡社区社会治理湖北省协同创新中心

"城乡社区社会管理湖北省协同创新中心"于 2012 年 12 月获批成立,是湖北省实施"国家高等学校创新能力提升计划"("2011 计划")的重要组成部分,是湖北省在全省各高校中首批设立的 18 个协同创新中心之一。中心立足于国家建设和湖北省跨越式发展的重大需求,由中南财经政法大学牵头成立,武汉大学、武汉科技大学、三峡大学参与共建,开展政、学、研、企、用五位一体协同攻关,构建城乡社区社会管理创新的"智库""人才库""思想库""信息库"。协同创新中心主要解决以下三大问题:推进城乡社区社会管理"三大创新"(理念观念创新、体制机制创新、方法手段创新);促进城乡社区社会管理实现"三大转变"(从条块分治向整体联动转变,从被动应对向主动服务转变,从传统方式向信息化手段转变);探索构建社区社会管理"一本四化"新体系(以人为本,管理网络化,支撑平台信息化,服务全程化,城乡一体化),推进城乡社区社会管理创新。

### 中南财经政法大学收入分配与现代财政学科创新引智基地

中南财经政法大学收入分配与现代财政研究院是由中南财经政法大学社会科学研究院与财政税务学院共建的研究型机构,于 2010 年 11 月成立。研究院拥有一支学养深厚、视野开阔、思想活跃的跨学科国际化研究团队,并积极参与和拓展多项国际科学合作项目,吸引了来自牛津大学、康奈尔大学、诺丁汉大学等国际著名高校的知名学者参与。研究院自成立以来在诸多国内外权威刊物上发表了诸多高质量研究成果,有多项研究成果获得了国家级和省部级奖励。研究院长期深入研究以下五个方面的问题:国家治理与现代财政制度,财税政策与收入分配,田野实验与财政政策评估、收入与财富不平等、贫困。

## 中南财经政法大学知识产权研究中心

中南财经政法大学知识产权研究中心秉持"问题导向、理论创新、打造智库、服务社会"之理念,以"世界知名中国一流"为发展目标,构建多个高端研究平台,开展全方位协同创新,全力打造知识产权国家智库。中心重点从事知识产权基础理论、知识产权国际保护、知识产权实务、知识产权比较等方面的研究,与此相对应地设立了知识产权基础理论研究室、中国知识产权战略研究室、WTO与知识产权国际保护研究室、知识产权贸易与管理研究室、德国与欧盟知识产权研究所等五个研究室(所)。中心开辟了《知识产权蓝皮书》、知识产权南湖论坛、国家精品课程、德恒知识产权大讲堂、知识产权暑期学校、图书馆和中国知识产权研究网等学术窗口,实现了科学研究、学术交流、人才培养、资料信息建设等方面的综合协调发展。中心依托重点研究基地,集中精干力量,打造学术精品,实现了从单一学术平台独立运转到将诸多平台叠加再创造的转变;实现了从传统的象牙塔里作文章到社会场中觅学问的转变。

## 中南大学知识产权研究院

中南大学知识产权研究院成立于2011年4月26日,坐落在湘江之滨、麓山之南的中南大学南校区。中南大学知识产权研究院是中南大学直属的科研机构和研究生培养单位,也是中南大学和湖南省知识产权局合作共建的知识产权研究、人才培养和社会服务基地。湖南省知识产权研究院依托中南大学知识产权研究院开展工作。在科学研究方面,研究院紧跟时代前沿,服务社会现实需求。在人才培养方面,研究院务实求真,实现机制创新。在宣传教育方面,研究院弘扬正能量,社会影响深远。在社会服务方面,研究院开拓进取,辐射范围不断扩大。秉承优良的科研传统、立足于经济社会发展的现实诉求、着眼于未来发展的制高点,湖南省知识产权研究院、中南大学知识产权研究院正以矫健的姿态——扬帆奋进、阔步前行。

## 中南大学中国文化法研究中心

中南大学中国文化法研究中心是全国高校首个专门的文化法研究机构,是集文旅政策研究、产业融合、人才培养、学术交流于一体的创新型智库平台。2016年成立伊始即入围中国智库索引;2017年荣登中国高校智库百强榜;同年设立全国首家文化法学"硕士学位点"与"博士学位点";2018年入选湖南省重点智库、专业特色智库;2019年入选国家文化和旅游部"文化和旅游研究基地"。中心成立以来,先后承担国家社科基金重大项目、重点项目、国家部委委托项目、省级项目逾50项;在国内权威期刊发表高水平学术论文约150余篇,出版专著5部,编写教材1部;举办高水平学术研讨会20余场,其中持续举办的文化强国法治论坛,形成一定影响力;研究中心专家多次参与中央、地方文化法律法规制定、文件起草工作;上报的咨政报告被中央级内参采纳,获国家相关机构及领导肯定性指示批示多项。

# 后　记

　　中国特色新型智库是国家软实力的重要组成部分，是构建国家现代治理体系和提高现代治理能力的重要抓手，建设中国特色新型智库，是党中央立足新时代党和国家事业发展全局，着眼为改革发展聚智聚力的一项重大决策。自党的十八大以来，以习近平总书记为核心的党中央围绕中国特色新型智库建设、决策咨询制度搭建与完善做出系列部署，前期颁布的《关于加强中国特色新型智库建设的意见》《国家高端智库管理办法（试行）》等文件为我国智库建设奠定总基调、提供总纲领、指明总方向；随着中国特色新型智库实体建设与理论研究均取得了显著进展，经历了从建设热潮到稳步提升的十年发展之路，中国特色新型智库迎来崭新发展阶段，需要以更高标准、更广视野、更深研究和更专业的精神服务党和国家重大战略需求，发挥好智库咨政建言、舆论引导、对外交流、公共服务、人才培养等基本功能，并不断拓展智库战略规划、政策教育、信息搜集、社会监督等衍生功能。

　　2022年是实施"十四五"规划的关键之年，是第二个百年目标的开局之年，也是中国共产党第二十次全国代表大会的召开之年。党的二十大系统阐释了新时代坚持发展中国特色社会主义的重大理论和实践问题，鲜明提出了新时代新征程中国共产党的使命任务，科学谋划了未来一个时期党和国家视野发展的目标任务和大政方针。随着《国家"十四五"时期哲学社会科学发展规划》《"十四五"文化发展规划》《关于中央企业新型智库建设的意见》等文件的陆续颁布，深入推进中国特色新型智库建设成为时代使命，国家高端智库和部门、地方智库和不同类型智库均做出了积极回应与热切关注。因此，亟须总结各智库在推进国家治理体系和治理能力现代化进程中的成效与经验、探索建成一批适应新时代新要求高水平智库的路径与模式，促进智库更好服务国家决策、更快提升国际影响。

在此背景下,南京大学中国智库研究与评价中心组织编撰《CTTI智库报告(2022)》(以下简称"《报告》")。作为南大智库文丛"CTTI智库报告"系列的第六部成果,《报告》具有一定的理论价值与实践价值。第一,系统总结中国特色新型智库建设情况。从发展环境、实体建设、学术研究与评价工作四个层面进行梳理,实现对近两年来我国智库事业现状的深层次认知。第二,全景扫描中国智库索引收录智库。由南京大学与光明日报社联合开发的中国智库索引(CTTI)系统自2016年正式上线以来,经过六年开发建设与迭代升级,已成为我国找智库、找专家、找成果的重要平台,积极发挥了智库搜索、智库数据管理和智库评价等重要功能,2022年10月25日,CTTI系统第三期正式上线,并对系统中原941家来源智库进行逐一审核和出清,同时于2022年10月28日启动CTTI来源智库增补工作,充分保障来源智库的代表性、示范性和规范性。因此《报告》对CTTI来源智库进行数据透视并剖析其政策研究领域,有助于彰显CTTI来源智库的亮点与价值,为推进智库共同体建设贡献CTTI智慧。第三,全面推广智库优秀建设与研究案例,助力智库荣誉供给体系形成与发展。《报告》面向全国智库界、思想界广泛征集高水平智库实体建设案例、高质量智库研究成果,经过小组初审、专家复审、论坛介绍、《报告》撰写组层层审议与筛选,最终将部分智库的最佳建设案例与精品研究成果汇编成文呈现于此书,旨在通过推介智库建设与研究中的"最佳实践",为我国特色新型智库建设提供极具创新性、科学性、代表性、可借鉴性的示范与标杆。与此同时,结合CTTI系统高校智库数量多、质量高、数据全、影响力大的特征,《报告》详细论述高校百强智库的推介过程与具体名单,并充分利用数据与算法进行分析,总结高校百强智库建设亮点。

《报告》坚持现状调研、数据驱动、示范先行相结合的原则,力求在突出CTTI研究与评价特色的基础上全面反映我国特色新型智库近两年来的建设进展与发展动向,为全国深入推进中国特色新型智库建设提供有效参考。

《报告》得以顺利付梓,感谢为本书提供案例、小传等内容的各智库单位,感谢南京大学出版社编辑付出的辛勤劳动。同时,对给予本书支持与指导的所有领导、专家、同仁在此表示衷心感谢!

由于水平和时间所限,相关材料征集仓促,书中难免存在疏漏不足之处,敬请各位领导、专家、同仁批评指正!

**2023 年 10 月**